수능 국어 어휘

KB214019

고교 내신 대비 EBS Line Up

고등학교 0학년 필수 교재
고등예비과정

국어, 영어, 수학, 한국사, 사회, 과학 6책

모든 교과서를 한 권으로,
교육과정 필수 내용을 빠르고 쉽게!

국어·영어·수학 내신 + 수능 기본서
올림포스

국어, 영어, 수학 16책

내신과 수능의 기초를 다지는 기본서
학교 수업과 보충 수업용 선택 No.1

국어·영어·수학 개념+기출 기본서
올림포스
전국연합학력평가
기출문제집

국어, 영어, 수학 8책

개념과 기출을 동시에 잡는 신개념 기본서
최신 학력평가 기출문제 완벽 분석

한국사·사회·과학 개념 학습 기본서
개념완성

한국사, 사회, 과학 19책

한 권으로 완성하는 한국사, 탐구영역의 개념
부가 자료와 수행평가 학습자료 제공

수준에 따라 선택하는 영어 특화 기본서
영어 POWER 시리즈

Grammar POWER 3책
Reading POWER 4책
Listening POWER 2책
Voca POWER 2책

원리로 익히는 국어 특화 기본서
국어 독해의 원리

현대시, 현대 소설, 고전 시가, 고전 산문,
독서 5책

국어 문법의 원리

수능 국어 문법, 수능 국어 문법 180제 2책

유형별 문항 연습부터 고난도 문항까지
올림포스 유형편

수학(상), 수학(하), 수학Ⅰ, 수학Ⅱ,
확률과 통계, 미적분 6책

올림포스 고난도

수학(상), 수학(하), 수학Ⅰ, 수학Ⅱ,
확률과 통계, 미적분 6책

최다 문항 수록 수학 특화 기본서
수학의 왕도

수학(상), 수학(하), 수학Ⅰ, 수학Ⅱ,
확률과 통계, 미적분 6책

개념의 시각화 + 세분화된 문항 수록
기초에서 고난도 문항까지 계단식 학습

단기간에 끝내는 내신
단기 특강

국어, 영어, 수학 8책

얇지만 확실하게, 빠르지만 강하게!
내신을 완성시키는 문항 연습

어휘가 독해다

수능 국어 어휘

이 책의 차례

I 화법·작문·언어

01강	화법·작문·언어 l 화법	8
02강	화법·작문·언어 l 작문	16
03강	화법·작문·언어 l 언어 (1)	24
04강	화법·작문·언어 l 언어 (2)	32
05강	화법·작문·언어 l 언어 (3)	40
06강	화법·작문·언어 l 형성 평가	48

II 문학

07강	문학 l 고전 시가 (1) – 자연 친화	56
08강	문학 l 고전 시가 (2) – 선조들의 삶	64
09강	문학 l 현대시 (1) – 감정과 태도	72
10강	문학 l 현대시 (2) – 자아	80
11강	문학 l 고전 소설 (1) – 양반과 백성	88
12강	문학 l 고전 소설 (2) – 영웅 이야기	96
13강	문학 l 현대 소설 (1) – 일제 강점기~6·25 전쟁	104
14강	문학 l 현대 소설 (2) – 근대화·산업화	112
15강	문학 l 형성 평가	120

Ⅲ 독서(인문·사회·예술)

16강	독서 Ⅰ 인문 (1) – 동양 철학	128
17강	독서 Ⅰ 인문 (2) – 서양 철학	136
18강	독서 Ⅰ 인문 (3) – 논리학·역사학	144
19강	독서 Ⅰ 사회 (1) – 법률	152
20강	독서 Ⅰ 사회 (2) – 경제	160
21강	독서 Ⅰ 사회 (3) – 사회 일반	168
22강	독서 Ⅰ 예술 (1) – 음악·영화·사진	176
23강	독서 Ⅰ 예술 (2) – 미술·건축	184
24강	독서 Ⅰ 형성 평가	192

Ⅳ 독서(과학·기술)

25강	독서 Ⅰ 과학 (1) – 생명 과학·화학	200
26강	독서 Ⅰ 과학 (2) – 물리학·지구 과학	208
27강	독서 Ⅰ 기술 (1) – 전자 공학	216
28강	독서 Ⅰ 기술 (2) – 정보 통신	224
29강	독서 Ⅰ 형성 평가	232

단어, 관용어, 한자 성어 색인	240
정답과 해설(별책)	

이 책의 구성과 활용법

수능 지문이 어려워져서 어휘력이 수능 성적에 직결된다!!!

- 어휘와 독해를 결합한 독창적인 체제로 구성
- 수능 문항 순서에 맞게 화법·작문·언어, 문학, 독서 순으로 구성

최근 7개년 수능, 모평, 학평의 빈출 어휘를 정리한다!!!

- 어휘의 뜻과 용례 정리
- '친절한 샘'을 통해 연관 어휘 정리
- '어휘 더하기'를 통해 다의어, 동음이의어 등 알아 두면 도움이 되는 어휘 정리

문제를 통해 수능 빈출 어휘를 학습한다!!!

- 어휘의 뜻, 용례를 확인하는 문제 풀이
- 화법·작문·언어와 문학의 개념어, 독서의 실전 어휘를 확인하는 문제 풀이

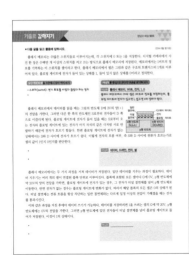

수능 기출 지문의 어휘와
중심 내용을 학습한다!!!

- 기출 지문의 낯선 어휘를 스스로 정리
- 기출 지문의 핵심어와 중심 내용을 스스로 정리
- 학습한 내용을 바탕으로 기출 지문의 문항 풀이

수능 독해에 꼭 필요한 배경지식과
심화 어휘들을 정리한다!!!

- 독해에 필요한 배경지식을 읽기 자료로 정리
- 관용 표현과 심화 어휘들을 읽기 자료로 정리

단기 완성으로,
수능 필수 어휘를 총정리한다!!!

- 학생 스스로가 29일에 이 책을 끝낼 수 있도록 내용 구성
- '형성 평가'를 통해 영역별로 배운 어휘들을 다양한 유형
  의 문제로 마무리

I

화법·작문·언어

01강 화법

02강 작문

03강 언어 (1)

04강 언어 (2)

05강 언어 (3)

06강 형성 평가

반대 신문(反對訊問)

반대 反
대할 對
물을 訊
물을 問

증인 신문에서, 주신문이 끝난 뒤에 반대 측 당사자가 증인을 상대로 행하는 신문.

예 피고인측 변호사 나오셔서 증인에게 반대 신문을 하세요.

친절한 샘 '반대 신문'은 원래 법률 용어로서 위와 같은 뜻을 지닌 말입니다. 여기에서 '**신문(訊問)**'은 '이미 알고 있는 일이 사실인지 거짓인지 확인하기 위하여 캐물음'을 뜻합니다.

이와 유사한 말로 '**심문(審問)**'이 있는데, 대체로 수사 기관이 어떤 사건의 진실을 알기 위해 캐묻는 절차를 '신문', 법원이 어떤 결정을 하기 전 직권으로 궁금한 것을 물어보는 절차를 '심문'이라고 합니다. 덧붙여 범죄 사실을 밝히기 위하여 혐의자나 죄인을 조사하는 것을 '**취조(取調)**', '**문초(問招)**'라고 합니다.

토론의 종류 중에 **반대 신문식 토론**이 있어요. 이때의 '반대 신문'이란 토론 참여자가 지정된 시간 안에 질문의 형식으로 상대측 발언의 내용을 검증하고 그에 대한 답변을 듣는 것을 말합니다. 반대 신문식 토론에 대해 14쪽에서 자세히 다루고 있으니 참고하세요.

준언어(準言語)

준할 準
말 言
말 語

의사소통에서, 언어적 요소와 분리할 수 없으나 발화된 음성 메시지와는 다른 의미를 지닐 수 있는 요소.

예 준언어적 요소를 적절하게 사용하지 않으면 연설이 지루해진다.

친절한 샘 '준(準)하다'라는 말이 있는데, 이는 '어떤 본보기에 비추어 그대로 좇다'를 뜻하는 말입니다. 그러니까 '준언어'는 '언어'에 준하는 것이라고 할 수 있습니다. 언어를 구사할 때 동반되는 소리의 크기나 높낮이, 말의 빠르기, 억양 등이 여기에 해당합니다.

언어적 표현이 아니라는 점에서 '비언어적 표현'과 유사하지만, 음성적 속성을 지니고 있느냐의 여부에 따라 구별됩니다. 음성적 속성을 지닌 것은 준언어적 표현입니다.

강사가 준언어적·비언어적 표현을 적절히 사용하니 내용이 쏙쏙 들어오네.

참고 어휘

비언어적(非言語的) 표현	표정이나 몸짓, 손짓, 상대방과의 거리, 자세 등을 통해 의미를 전달하는 방식

타당성(妥當性)

온당할 妥
마땅할 當
성질 性

사물의 이치에 맞는 옳은 성질.

예 건의 내용의 타당성을 높이기 위해 해결 방안의 한계점을 검토하였다.

친절한 샘 어떤 주장에서 논거가 이치에 맞고, 주장을 논리적으로 뒷받침할 때, '타당성이 있다'라고 합니다. 이와 같은 뜻의 말로 '**합리성(合理性)**'이 있습니다.

제언(提言)

제시할 提
말 言

의견이나 생각을 내놓음. 또는 그 의견이나 생각.

예 여러 제언을 검토한 후에 결정을 하기로 하자.

친절한 샘 '제언'과 유사한 의미로 일상생활에서 자주 쓰이는 단어에는 '**제안(提案)**', '**제의(提議)**'가 있습니다. '**제시(提示)**'도 유사한 의미를 지닌 말인데 '나타내어 보임'을 뜻하므로 앞의 단어들과 쓰임에 차이가 있습니다.

피력(披瀝)하다

헤칠 披
쏟을 瀝

생각하는 것을 털어놓고 말하다.

예 가정적 진술을 통해 자신의 의견이 정당함을 피력하고 있다.

친절한 샘 일상생활에서는 잘 쓰이지 않지만 문제의 선지에 종종 나오는 단어 중 하나입니다. '털어놓다', '(주장을) 펼치다', '(속마음을) 밝히다' 정도로 바꿔 쓸 수 있어요.

환기(喚起)하다

부를 喚
일어날 起

주의나 여론, 생각 따위를 불러일으키다.

예) 논쟁에서 벗어나지 않게 상대방의 주의를 환기하고 있다.

? 친절한 샘 문제의 선지에서 자주 쓰이는 '환기(喚起)'의 뜻을 잘 알아 두세요. 이와 종종 혼동하여 쓰이는 단어 중에 '**상기(想起)**'가 있는데, 이는 '지난 일을 돌이켜 생각하여 냄'을 뜻합니다.
실내 공기가 탁할 때 창문을 열어 '**환기(換氣)**'를 하죠? 이때는 한자가 달라요. 이 말은 문자 그대로 '탁한 공기를 맑은 공기로 바꿈'을 뜻합니다. 환기(喚起)와 '동음이의' 관계인 거죠.

경각심(警覺心)

경계할 警
깨달을 覺
마음 心

정신을 차리고 주의 깊게 살피어 경계하는 마음.

예) 독자에게 경각심을 준다는 점에서 좋은 근거라고 생각해.

? 친절한 샘 화법과 작문에서 주로 말하기 전략이나 쓰기 전략과 관련된 지문이나 선지에서 쓰이는 단어입니다. 문제 상황의 심각성을 강조하는 말(글)에서는 상대방의 관심을 유발하기 위해서 경각심을 고취할 만한 내용을 제시하는 것이 좋은 전략입니다.
경각심과 자주 어울려 쓰이는 '**고취(鼓吹)**'는 원래는 '북을 치고 피리를 붊'을 뜻하는데, 일반적으로는 '의견이나 사상 따위를 열렬히 주장하여 불어넣음'의 뜻으로 쓰입니다.

범주화(範疇化)

구획 範
무리 疇
될 化

동일한 성질을 가진 부류나 범위로 묶음.

예) 타인이나 대상에 대한 성급한 범주화와 그에 따른 비난은 잘못된 것이다.

? 친절한 샘 유사한 뜻을 지닌 말로 '**유형화(類型化)**'가 있습니다. 어떤 대상을 이루고 있는 요소들이나 성분들이 많을 경우, 일정한 기준에 따라 비슷한 성질을 가진 것끼리 모아 분류하면 그 대상을 이해하기 훨씬 쉬워집니다.
독서 지문에서 이 말은 특정한 집단을 하나로 묶어 일반화해서 판단하는 경우를 뜻하는 말로 쓰이기도 합니다.

도출(導出)하다

이끌 導
날 出

판단이나 결론 따위를 이끌어 내다.

예) 노사는 계속 협상을 벌였으나 합의를 도출하는 데 실패하였다.

? 친절한 샘 '도출(導出)'이 있으면 '**도입(導入)**'도 있겠죠? '도입'은 '기술, 방법, 물자 따위를 끌어 들임'을 뜻합니다. 예)에서 '협상'을 언급했으니, 이 뜻도 알아보죠. '**협상(協商)**'은 '어떤 목적에 부합되는 결정을 하기 위하여 여럿이 서로 의논함'을 뜻합니다. 협상이 잘 이루어져서 '의견이 대립된 양편에서 서로 양보하여 일을 끝맺는 것'을 '**타결(妥結)**'이라고 하고, '의견이 합쳐지지 않아서 각각 갈라서는 것'을 '**결렬(決裂)**'이라고 합니다.

절충(折衷)하다

꺾을 折
속마음 衷

서로 다른 사물이나 의견, 관점 따위를 알맞게 조절하여 서로 잘 어울리게 하다.

예) 두 사람의 관점을 절충하여 최적의 방안을 내놓았다.

? 친절한 샘 두 가지 이상의 서로 다른 의견이나 안건이 제시될 경우, '두 가지 이상의 안을 서로 보충하여 알맞게 조절한 안'을 '**절충안(折衷案)**'이라고 합니다.

고수(固守)하다

굳을 固
지킬 守

차지한 물건이나 형세 따위를 굳게 지키다.

예) 그는 여전히 강경한 태도를 고수하고 있다.

? 친절한 샘 협상을 할 때 처음의 입장만 고수한다면 그 협상은 진전 없이 결렬될 수 있습니다. 이때 필요한 것이 '양보'입니다.

01 ㉠과 ㉡에 들어가기에 적절한 말을 바르게 짝지은 것은?

> • 한용운은 일본인 판사의 (㉠)에 대해서 처음부터 끝까지 꿋꿋한 기개와 정연한 논리로 응대하였다.
> • 김 형사는 집요한 (㉡) 끝에 범인이 주장하는 내용이 모두 거짓이었다는 것을 밝혀낼 수 있었다.

	㉠	㉡		㉠	㉡
①	신문(訊問)	심문(審問)	②	신문(訊問)	심사(審査)
③	심문(審問)	신문(訊問)	④	심문(審問)	심사(審査)
⑤	취조(取調)	문초(問招)			

02 다음 중 준언어적 표현에 해당하지 <u>않는</u> 것은?

① 억양   ② 강세   ③ 얼굴 표정
④ 말의 빠르기   ⑤ 소리의 높낮이

03 연설의 내용을 평가하기 위해 떠올린 다음 질문과 가장 관련이 있는 것은?

> • 논거로부터 결론을 합리적으로 이끌어 내고 있는가?
> • 주장을 뒷받침하는 논거가 현실이나 이치에 부합하는가?

① 신뢰성   ② 객관성   ③ 타당성
④ 공정성   ⑤ 공익성

04 다음은 학생이 수업 시간에 한 발표의 일부이다. 이에 대한 평가를 한다고 할 때, 빈칸에 들어갈 말로 가장 적절한 것은?

> **학생의 발표:** (화면으로 '그림'을 보여 주면서) 이 작품은 어디선가 본 것 같지 않나요? (청중의 대답을 듣고) 맞습니다. 우리 학교 미술실에도 사진으로 걸려 있는, 고흐의 「잔디밭」이라는 작품입니다.
> **평가:** '그림'이 미술실에 사진으로 걸려 있다는 사실을 친구들에게 [   ] 있군.

① 소개하고   ② 한정하고   ③ 각인시키고
④ 상기시키고   ⑤ 제안하고

05 문맥을 고려할 때, 밑줄 친 말과 바꿔 쓰기에 가장 적절한 것은?

> 근대 초기의 합리론에 맞서 칸트는 미적 감수성을 '미감적 판단력'이라 부르면서, 이 또한 어떤 원리에 의거하며 결코 이성에 못지않은 위상과 가치를 지닌다는 주장을 펼친다. 이러한 작업에서 핵심 역할을 하는 것이 그의 취미 판단 이론이다.

① 관철한다   ② 고수한다   ③ 절충한다
④ 도출한다   ⑤ 피력한다

06 다음 빈칸에 들어가기에 적절한 말을 〈보기〉에서 찾아 쓰시오.

> ─〈 보기 〉─
>
> 노파심   경각심   공명심   제언   제공   제시

(1) 담뱃갑에는 흡연으로 망가진 폐나 심장, 뇌 등 손상된 인간의 장기 사진이 인쇄되어 있어 흡연가들에게 담배의 폐해에 대해 [   ] 을/를 주고 있다.

(2) 전문가들은 ○○시의 심각한 교통 체증 문제를 해결하기 위한 방안으로 몇 가지 [   ] 을/를 내놓았다.

개념어를 알면 답이 보인다

〈2019 6월 평가원 14번 변형〉

07 ㉠~㉤의 말하기 방식에 대한 이해로 적절하지 <u>않은</u> 것은?

> 학생 1: 공연이 얼마 안 남았는데 우리 둘이 기타 화음을 좀 더 맞춰 봐야 할 것 같아.
> 학생 2: ㉠아무래도 그렇겠지? 그럼 우리 토요일에 연습할까? ㉡주중에는 방과 후에 내가 학생회 회의가 계속 있거든.
> 학생 1: ㉢(고개를 저으며) 안 될 것 같아. ㉣나는 토요일에 공연 홍보지를 만들기로 약속이 잡혀 있어. 기타 연습은 주중에 했으면 했는데, 서로 시간이 안 맞아 아쉽네.
> 학생 2: ㉤아, 연습을 더 하긴 해야 하는데…….

▶ 문제에 쓰인 단어 중 이해하기 어려운 단어의 뜻을 찾아 적어 보자.

① ㉠: 질문하는 방식을 통해 상대방의 뜻에 동조하고 있음을 드러내고 있다.
② ㉡: 자신이 처한 상황을 밝히면서 앞의 발화에 대한 이유를 드러내고 있다.
③ ㉢: 비언어적 표현과 언어적 표현을 통해 부정의 의미를 드러내고 있다.
④ ㉣: 상대방의 제안을 받아들이기 어려운 상황을 밝히면서 아쉬운 마음을 드러내고 있다.
⑤ ㉤: 상대방의 말을 재진술하여 상대방의 말을 제대로 알아들었음을 드러내고 있다.

■ **다음은 토론의 일부이다. 물음에 답하시오.**   〈2017 수능〉

사회자: 우리 학교 동아리 축제에서 동아리 홍보관은 신입 회원 모집을 위한 홍보 효과가 높기 때문에 동아리들에게 인기가 많습니다. 그러나 홍보관 설치를 위한 공간이 ⓐ한정되어 있어, 지금까지는 학생회가 홍보관 운영 계획서를 ⓑ공모하여 심사한 후 홍보관을 운영할 동아리를 선정해 왔습니다. 그런데 기존 방식인 심사 방식 대신 새로운 방식으로 추첨 방식을 요구하는 동아리들이 많이 있어, 이번 시간에는 '동아리 축제에서 홍보관을 운영할 동아리를 선정할 때 추첨 방식으로 해야 한다.'라는 논제로 토론을 하겠습니다. 찬성 측 입론해 주십시오.

낯선 어휘의 뜻을 사전에서 찾아 적어 보자.

• 홍보: 널리 알림. 또는 그 소식이나 보도.

•

핵심어를 중심으로 문단의 내용을 요약해 보자.

핵심어 **동아리 홍보관 운영**
동아리 축제에서 홍보관을 운영할 동아리 선정 방식에 대해 토론한다.

찬성 1: 동아리 축제에서 홍보관을 운영할 동아리를 선정할 때 추첨 방식으로 해야 합니다. 심사 방식의 평가 기준이 타당하지 않고, 평가자 주관이 ⓒ개입될 수 있어 평가의 신뢰성이 낮아 학생들의 불만이 높기 때문입니다. 반면에 추첨 방식은 선정 과정에서 평가자의 견해가 반영될 수 없습니다. 또한 추첨 방식으로 한다면 홍보관 운영 동아리로 선정될 수 있는 기회가 모든 동아리에 ⓓ균등하게 부여될 수 있습니다. 그리고 동아리 홍보관 운영 계획서를 준비하는 과정에서 동아리들이 시간과 노력을 불필요하게 들이는 문제도 ⓔ해소할 수 있습니다.

•

•

핵심어 **추첨 방식**

사회자: 이번에는 반대 측에서 반대 신문을 해 주십시오.

반대 2: 추첨 방식이 기회를 균등하게 부여한다고 말씀하셨는데, 그럴 경우 동아리 홍보관 운영을 더 잘 계획하고 준비한 동아리가 탈락할 수도 있죠. 준비가 덜 된 동아리가 선정된다면 동아리 홍보관 운영의 부실로 이어질 수 있지 않나요? [A]

찬성 1: 그렇지 않습니다. 선정된 동아리들은 새로운 회원을 모집하기 위해 적극적으로 홍보해야 하므로, 홍보관 운영에 최선을 다할 것입니다.

•

•

•

핵심어 _____

- **'사회자'의 논제 안내**: 홍보관 운영 동아리 선정 방식 (심사 방식 대 추첨 방식)
- **'찬성 1'의 입론**
  - 주장: 홍보관 운영할 동아리를 [   ]❶ 방식으로 선정해야 한다.
  - 근거: ① 심사 방식은 평가 기준이 타당하지 않고, 평가의 [   ]❷이/가 낮아 불만이 높음.
    - ② 추첨 방식은 선정 기회가 모든 동아리에 균등하게 부여됨.
    - ③ 계획서 준비에 불필요하게 시간과 노력을 들이는 문제를 해소할 수 있음.
- **'반대 2'의 반대 신문**: [   ]❸이/가 덜 된 동아리 선정 시 운영 부실이 우려됨.
- **'찬성 1'의 답변**: 새 회원을 모집하기 위해 홍보관 운영에 최선을 다할 것임.

〈2017 수능 3번 변형〉

01 '찬성 1'의 입론에 대한 이해로 가장 적절한 것은?

① 논제와 관련된 문제 해결의 시급성을 강조하고 있다.
② 용어의 개념을 정의함으로써 논의의 범위를 한정하고 있다.
③ 기존 방식의 긍정적 측면을 근거로 삼아 새로운 방식을 반대하고 있다.
④ 새로운 방식을 도입할 때 발생하는 기대 효과를 중심으로 주장하고 있다.
⑤ 기존 방식과 새로운 방식의 장단점을 절충하여 제삼의 방안을 제언하고 있다.

〈2017 수능 4번 변형〉

02 [A]에 대한 설명으로 가장 적절한 것은?

① 상대측이 인용한 전문가의 설명이 적합한지 따지고, 사실 관계를 확인하고 있다.
② 상대측이 제시한 사례가 적합한지에 대해 의문을 제기하고, 적합한 사례를 제시할 것을 요구하고 있다.
③ 상대측이 앞서 진술한 내용의 일부를 확인하고, 기존 방식을 고수할 경우 생길 문제점을 제기하고 있다.
④ 상대측 주장을 뒷받침하는 근거가 믿을 만한지 의문을 제기하고, 그 근거의 출처를 제시할 것을 요구하고 있다.
⑤ 상대측이 주장하는 방식을 도입하였을 경우 예상되는 문제 상황을 언급하며 상대측 주장의 문제점을 지적하고 있다.

03 ⓐ~ⓔ의 사전적 의미로 적절하지 <u>않은</u> 것은?

① ⓐ: 수량이나 범위 따위가 제한되어 정해지다.
② ⓑ: 모집에 응하거나 지원하다.
③ ⓒ: 자신과 직접적인 관계가 없는 일에 끼어들게 되다.
④ ⓓ: 고르고 가지런하여 차별이 없다.
⑤ ⓔ: 어려운 일이나 문제가 되는 상태를 해결하여 없애 버리다.

▶ 문제에 쓰인 단어 중 이해하기 어려운 단어의 뜻을 사전에서 찾아 적어 보자.

토론, 경쟁하면서도 협력하는 의사소통이라고?

어휘 돋보기

논제(論題)

토론이나 논설, 논문 등의 주제.

• 논제는 기존의 상황에서 변화를 추구하는 찬성 측의 입장을 담아 긍정 평서문으로 이루어진다.

×	○
교내 휴대 전화 사용, 무엇이 문제인가?	교내 휴대 전화 사용을 금지해야 한다.

토론(討論)은 공동체의 문제를 다루는 논제에 대해 찬성과 반대로 나뉘어 자신의 주장이 옳고 상대측 논리가 부당함을 강조하여 청중을 설득하는 말하기예요. 일방적으로 자신의 주장을 무턱대고 반복하는 것이 아니라 같은 팀 구성원들과 협력하여 주장에 대해 최선의 논리적 근거를 들어 자신의 주장이 타당함을 밝히고 상대 주장의 허점을 드러내는 체계적인 의사소통 행위랍니다. 따라서 토론은 우리가 살아가는 사회에서 합리적으로 문제를 해결하기 위한 첫걸음이라고 할 수 있습니다.

반대 신문식 토론은 무엇일까요?

▲ 반대 신문식 토론의 절차

다양한 토론의 유형 중에서 학교 교육에서는 주로 '반대 신문식 토론'을 많이 채택하고 있는데 그 이유는 '반대 신문'의 특징 때문이지요. 반대 신문이란 토론 참여자가 정해진 시간과 순서에 질문의 형식으로 상대측 발언의 내용을 검증하고 그에 대한 답변을 듣는 것이에요. 이 과정을 통해 상대 발언의 오류나 허점을 드러낼 수 있고 논제에 대해 깊은 논의와 검증을 하게 되어 문제에 대한 합리적 해결 방안을 모색할 수 있게 됩니다. 반대 신문 시간을 잘 이용하려면 상대의 발언도 경청해야겠죠? 토론이 논쟁만 하는 것이 아니라, 상대에 대한 존중과 소통의 과정이 필요한 **협력적 의사소통**이라는 말이 이제는 이해가 되지요?

• **반대 신문의 형식**

– 확인 질문: 상대측 발언의 사실 여부를 확인하기 위한 질문.

⑩ 근거 자료로 10년 전 통계를 인용하신 것이 맞습니까?

– 검증 질문: 상대측 발언의 오류나 논리적 허점을 검증하기 위한 질문.

⑩ 근거로 든 통계 자료가 10년 전의 자료라면 시의성이 떨어진다고 생각하지 않습니까?

토론에서 꼭 알아야 할 기초 개념

쟁점(爭點)은 서로 다투는 중심이 되는 지점, 즉 의견을 달리하는 지점을 의미해요. 가령, 새로운 정책을 계획하는 단계에서 어떤 것에 대해 '~을 할 것인가' 또는 '~을 하지 말 것인가'를 묻는 형태인 정책 논제의 경우에는 주로 문제의 중요성, 심각성, 해결 가능성 등이 주요 쟁점으로 찬성과 반대의 의견이 갈리는 지점이 되지요.

입론(立論)은 논제에 대한 자신의 주장과 근거를 제시하며 그 주장을 정당화하는 과정을 의미해요. 입론에서는 용어의 개념을 정의하고 주요 쟁점을 분명히 밝히면서 자신의 주장을 설득력 있게 뒷받침해 줄 근거들을 제시하여 상대에게 빈틈을 보이지 않는 것이 핵심이에요.

반론(反論)은 상대의 입론을 듣고 논증 구조(주장－근거－사례)의 허점을 공격하는 것이에요. 순발력과 판단력이 필요한 역동적인 과정이지요.

┌ 찬성 측   ┌ 반대 측
• **입증의 책임, 반증의 의무**

🙂 우리는 기존의 상황을 변화시키려고 하는 찬성 측이야. 따라서 왜 변화해야 하는지에 대해 여러 근거를 들어 입증해야 할 책임이 있지.

🙂 우리는 찬성 측의 주장이 잘못되었다는 것을 여러 근거를 들어 증명해야 할 의무가 있는 반대 측이야.

우리가 사용하는 말은 여러 가지 맥락에서 만들어집니다. 누군가가 만든 신조어가 지금까지 사용되기도 하고, 외국어를 잘못 듣고 만들어진 단어가 굳어져 쓰이기도 하지요. 또는 역사의 한 상황이나 문학 작품의 한 구절에서 사용된 표현들이 일상생활에까지 확장되어 사용되기도 한답니다.

'함흥차사(咸興差使)'는 함흥으로 간 심부름꾼이라는 의미로 '심부름 가서 오지 않거나 늦게 온 사람을 이르는 말'이에요. 조선 시대 때 태조 이성계가 왕위를 물려주고 아들 태종(이방원)이 마음에 들지 않아 함흥으로 내려갔어요. 이때 태종이 아버지의 화난 마음을 돌리고자 계속 차사를 함흥으로 보냈지요. 그러나 태종이 보낸 차사를 태조 이성계가 잡아 가두거나, 죽이는 등 여러 이유로 차사들이 돌아오지 못했어요. 그때부터 심부름을 가서 돌아오지 않는 사람을 '함흥차사'라고 불렀대요.

▲ 운산의 금광

'노다지'는 '캐내려 하는 광물이 많이 묻혀 있는 광맥'을 의미하는 말이지만, 일상생활에서는 비유적으로 '손쉽게 많은 이익을 얻을 수 있는 일감'을 가리키는 말로 사용됩니다. 이 단어는 대한 제국 시기에 생긴 말이에요. 평안북도 운산의 금광은 우리나라 최대 규모였는데, 고종과 친분이 있던 미국인 앨런이 미국에 개발권을 넘겨 달라고 회유하여 미국이 개발하게 되었어요. 미국은 자신들이 채굴한 금을 '건드리지 마시오'라는 의미로 'No touch'라고 이야기했고, 우리나라 사람들은 이 말이 광산에서 캐 낸 광물 혹은 금을 의미한다고 생각했지요. 이 말이 '노다지'로 변해 지금까지 쓰이고 있답니다.

➕ 다음 만화 속 빈칸에 들어갈 적절한 말을 쓰시오.

• 다음 한자를 따라 쓰면서 한 자 성어의 뜻을 외워 보자.

咸 다 함	
興 일 흥	
差 심부름꾼 차	
使 사신 사	

어휘 돋보기

차사(差使)
임금이 중요한 임무를 위하여 파견하던 임시 벼슬. 또는 그런 벼슬아치.

광맥(鑛脈)
암석의 갈라진 틈에 유용 광물이 많이 묻혀 있는 부분. 금이 많이 묻혀 있는 광맥은 '금광맥'이라고 함.

➕ 문제 •
답 ❶ 노다지 ❷ 함흥차사(咸興差使)

응집성(凝集性)

엉길 凝
모일 集
성질 性

❶ 한군데에 엉겨서 뭉치는 성질.
❷ 글을 이루는 문장들이 형식상 특정한 장치에 의해 연결되는 원리.
📝 응집성이 떨어진 글은 산만한 느낌을 줄 수 있다.

> **❓ 친절한 샘** 응집성은 글의 형식적 구성 요건에 해당합니다. 응집성은 주로 지시 표현, 접속 부사 등과 같은 연결어에 의해 표현됩니다. 응집성을 판단할 때에는 글에서 지시어, 연결어가 적절히 사용되었는지, 중심 내용과 뒷받침 내용 간의 관계가 긴밀하게 연결되었는지 등을 따져 봐야 합니다.

통일성(統一性)

거느릴 統
하나 一
성질 性

❶ 다양한 요소들이 있으면서도 전체가 하나로서 파악되는 성질.
❷ 글의 내용이 하나의 주제로 긴밀하게 연결되는 원리.
📝 이 문장은 통일성을 깨뜨리므로 삭제해야 한다.

> **❓ 친절한 샘** 위의 📝는 작문 영역에서 고쳐쓰기 문제의 선지에서 종종 접하는 문장이죠? 통일성은 응집성과 달리 내용적 구성 요건에 해당합니다. 통일성을 판단할 때에는 글의 주제에서 벗어난 내용은 없는지, 각 부분이 위계적으로 주제를 잘 뒷받침하는지를 따져 봐야 합니다.

표지(標識)

표 標
기록할 識

표시나 특징으로 어떤 사물을 다른 것과 구별하게 함. 또는 그 표시나 특징.
📝 시간과 관련된 표지를 제시하여 분위기를 조성하고 있다.

> **❓ 친절한 샘** '어떤 사실을 알리기 위해 일정한 표시를 해 놓은 판'을 '표지판(標識板)'이라고 하죠? 글(말)에서도 표지판과 같은 역할을 하는 단어들이 있어요. '첫째, 둘째, …', '마지막으로', '요약하면', '예를 들어'와 같은 말들을 표지라고 합니다. 이런 표지를 활용하면 글(말)의 내용을 예측하거나 구조적으로 파악하는 데 도움을 받을 수 있습니다.

맥락(脈絡)

줄기 脈
이을 絡

서로 이어져 있는 관계나 연관된 흐름.
📝 단어는 다양한 맥락에서 사용되면서 다의 관계를 이루기도 한다.

> **❓ 친절한 샘** 어휘력이 부족한 학생이라 하더라도 글의 맥락만 잘 살피면 잘 모르는 단어의 의미를 짐작해 낼 수 있습니다. 그만큼 독해에서는 글의 흐름을 놓치지 않는 것이 중요합니다. 화법과 작문에서 '맥락'은 담화나 글을 수용하거나 생산하는 활동에 작용하는 배경을 뜻합니다.

참고 어휘 화법과 작문의 맥락

상황 맥락	주제, 목적, 화자(필자), 청자(독자), 담화(글)의 유형, 활용 매체 등
사회·문화적 맥락	역사적·사회적 상황, 공동체의 가치관이나 신념 등

부각(浮刻)하다

뜰 浮
새길 刻

어떤 사물을 특징지어 두드러지게 하다.
📝 소재에 상징적 의미를 부여하여 주제 의식을 부각하고 있다.

> **❓ 친절한 샘** '부각(浮刻)'은 원래 '조각에서, 평평한 면에 글자나 그림 따위를 도드라지게 새기는 일'을 말합니다. 이처럼 '부각하다'는 어떤 대상의 특징을 두드러지게 하는 것을 의미해요.

논거(論據)

논할 論
의거할 據

어떤 이론이나 논리, 논설 따위의 근거.

예 상대가 제시할 논거를 예상하며 반박 자료를 준비하였다.

친절한 샘 논거란 주장을 뒷받침하는 자료를 말합니다. 이렇게 논거를 들어 주장하는 것을 '**논증(論證)**'이라고 합니다. 논거 없이 주장만 반복하거나 상대가 수용하기 어려운 논거를 제시하는 말이나 글은 설득력을 얻기 어렵습니다.

참고 어휘 '논(論)'으로 시작하는 개념어

논제(論題)	토론이나 논의의 주제.
논지(論旨)	어떤 문제에 대해 논하는 말이나 글에서 근본이 되는 목적이나 뜻.
논쟁(論爭)	생각이 다른 사람들이 자신의 생각이 옳다고 말이나 글로 다툼.

예 논제에 대한 각자의 논지가 많이 달라서 논쟁이 길어질수록 토론장의 열기가 뜨거워졌다.

시급성(時急性)

때 時
급할 急
성질 性

시각을 다툴 만큼 절박하고 급한 상태의 성질.

예 A는 논제와 관련된 문제 해결의 시급성을 강조하고 있다.

친절한 샘 '시○성(時○性)'이 들어간 말이 꽤 있죠? 자주 쓰이는 단어들을 여기에서 확실히 정리해 볼까요? '**시의성(時宜性)**'은 그 당시의 사정이나, 사회의 요구에 알맞은 성질을, '**시사성(時事性)**'은 그 당시에 일어난 여러 가지 사회적 사건이 내포하고 있는 시대적 성격 및 사회적 성격을 뜻합니다.

부합(符合)하다

부신 符
합할 合

사물이나 현상이 서로 꼭 들어맞다.

예 상위 항목에 부합하지 않는 내용이므로 삭제한다.

친절한 샘 나뭇조각이나 두꺼운 종이에 글자를 기록하고 도장을 찍은 뒤에, 두 조각으로 쪼개어 나누어 가진 후 나중에 서로 맞추어서 증거로 삼던 물건을 '**부신(符信)**'이라고 합니다. 일종의 '**신표(信標)**'였던 셈이죠. 부신을 서로 합치면 꼭 들어맞듯 사물이나 현상이 서로 꼭 들어맞는 것을 '부합'이라고 합니다.

이와 뜻이 같은 단어로 '**동부(同符)하다**'가 있어요. 어디선가 본 것 같죠? 「용비어천가」〈제1장〉에 '고성(古聖)이 동부(同符)하시니'라는 구절이 나오는데, 그 뜻은 '(중국의) 옛 성군들이 한 일과 꼭 들어맞으시니'입니다.

▲ 부신

불가피(不可避)하다

아닐 不
옳을 可
피할 避

피할 수 없다.

예 그는 불가피한 사정으로 인해 회의에 참석하지 못하였다.

친절한 샘 '**불가(不可)**'는 그 자체로 '옳지 않음', '가능하지 않음'을 뜻하는 단어입니다. 어떤 단어가 이 말로 시작하면 '할 수 없다'나 '안 된다'로 해석하면 됩니다. 예를 들어 '**불가사의(不可思議)**'는 사람의 생각으로는 미루어 헤아릴 수 없다는 뜻으로 해석할 수 있습니다.

참고 어휘 '불가(不可)'로 시작하는 어휘

불가 (不可)	+ 나눌 분(分) = 불가분	나누거나 따로 떼어 낼 수 없음.
	+ 아닐 불(不) = 불가불	하지 아니할 수 없음. = 부득불(不得不)
	+ 이해할 해(解) = 불가해	이해할 수 없음.
	+ 모자랄 결(缺) = 불가결	없어서는 아니 됨.

01 다음과 같이 글의 구성 요건을 정리할 때, ㉠~㉢에 들어갈 적절한 말을 〈보기〉에서 찾아 쓰시오.

(㉠)	(㉡)
• 형식적 구성 요건 • 글을 구성하는 문장들이 자연스럽게 연결되어야 함.	• 내용적 구성 요건 • 글의 내용들이 하나의 (㉢)을/를 중심으로 일관성을 가져야 함.

〈 보기 〉

제재   주제   통일성   합리성   타당성   응집성

02 다음 빈칸에 공통으로 들어갈 말로 가장 적절한 것은?

• 한옥에서 창살 문양은 집주인의 품격을 나타내는 (   )이/가 된다.
• 강의나 연설을 들을 때 (   )을/를 활용하면 뒤에 이어질 내용을 예측하는 데 도움이 된다.
• 독자가 글의 내용을 구조적으로 파악할 수 있도록 (   )을/를 효과적으로 사용한다.

① 수준(水準)　　　　　　② 상징(象徵)　　　　　　③ 특징(特徵)
④ 역량(力量)　　　　　　⑤ 표지(標識)

03 다음 빈칸에 들어가기에 적절한 단어를 찾아 기호를 연결하시오.

(1) (   )이/가 부실하면 주장에 대한 설득력이 떨어진다.　　　　　•

(2) 주민들은 쓰레기장 건립 문제를 놓고 격렬한 찬반 (   )을/를 벌였다.　•

(3) 이 글은 주요 논점을 벗어나 (   )와/과 상관없는 내용을 다루고 있다.　•

(4) 글에 나타난 필자의 중심 생각인 (   )을/를 잘 파악하려면 각 단락을 요약해 보는 것이 좋다.

• ㉠ 논거

• ㉡ 논제

• ㉢ 논지

• ㉣ 논쟁

04 다음 ㉠과 ㉡에 들어갈 말을 바르게 짝지은 것은?

> 오랜 시일이 필요한 공사는 겨울 방학 기간을 활용하고 (㉠)한 공사의 경우 기간을 단축할 수 있는 방안을 모색하면 된다. (㉡)하게 학기 중에 공사를 하게 되더라도 불편 없이 진행할 수 있다. 실제로 우리 학교에서 지난 학기 중 특별실 보수 공사를 하였지만 불편 없이 진행되었다.

	㉠	㉡		㉠	㉡
①	시급(時急)	불가결(不可缺)	②	시급(時急)	불가피(不可避)
③	긴급(緊急)	불가결(不可缺)	④	성급(性急)	불가해(不可解)
⑤	성급(性急)	불가피(不可避)			

개념어를 알면 **답**이 보인다

〈2019 6월 평가원 9번 변형〉

05 '사극을 어떻게 바라볼 것인가'에 대한 초고를 쓴 후, 그 일부를 아래와 같이 수정하는 과정에서 고려했을 내용으로 가장 적절한 것은?

우리는 실제 역사 속 인물과 사건을 통해 현재의 삶을 성찰하며 지혜를 얻는다. 한편 사극을 통해서는 감동과 즐거움을 얻는다. 이처럼 실제 역사와 사극은 저마다의 가치를 지니며 우리의 삶을 풍요롭게 만들어 주기에 어느 하나도 포기할 수 없다.

→

사극은 상상력을 바탕으로 실제 역사를 현실로 소환하면서, 끊임없이 과거와의 대화를 시도한다. 이로 인해 시간적 간극에도 불구하고 우리는 사극에서 재창조된 인물에 공감하거나 그들의 삶을 통해 의미 있는 경험을 하게 된다. 이러한 공감과 경험을 온전하게 즐길 수 있으려면 사극을 실제 역사 그 자체의 재현이 아닌 허구적 창작물로 인식해야 한다.

▶ 문제에 쓰인 단어 중 이해하기 어려운 단어의 뜻을 찾아 적어 보자.

① 사극의 순기능과 역기능을 함께 제시하여 통일성이 약화되므로, 허구적 창작물이 사극의 본질이라는 입장이 부각되도록 한다.

② 실제 역사와 사극으로 초점이 분산되어 논지가 흐려지므로, 사극은 상상력을 바탕으로 한 창작물이라는 입장이 부각되도록 한다.

③ 실제 역사의 장점을 위주로 제시하여 주장이 분명하게 드러나지 않으므로, 사극이 실제 역사에 긍정적 영향을 미친다는 입장이 강조되도록 한다.

④ 실제 역사와 사극의 긍정적 기능을 함께 제시하여 일관성이 부족하므로, 사극의 본질은 실제 역사를 온전히 수용하는 데 있다는 입장이 강조되도록 한다.

⑤ 실제 역사 반영이 사극에서 중요함을 제시하여 설득력이 부족하므로, 허구적 창작물로서의 사극이 갖는 효용에 주목해야 한다는 입장이 강조되도록 한다.

■ **다음 글을 읽고 물음에 답하시오.**
〈2020 6월 평가원〉

　시청 측과 솔빛 마을 주민 측은 △월 △일 시청에서 회동해, 지역 경제 활성화와 전통 한옥의 가치 전파를 위한 한옥 관광지 조성 사업을 연내 추진하는 데 큰 틀에서 합의했다.

낯선 어휘의 뜻을 사전에서 찾아 적어 보자.
• 회동: 일정한 목적으로 여러 사람이 한데 모임.
•

핵심어를 중심으로 문단의 내용을 요약해 보자.
핵심어 한옥 관광지 조성 사업
시청 측과 솔빛 마을 주민 측은 한옥 관광지 조성 사업을 연내 추진하는 데 큰 틀에서 합의했다.

　시청 측은 솔빛 마을의 한옥이 타 지역 한옥에 비해 규모가 크고 보존 상태가 양호해 사업 경쟁력이 충분할 것이라고 말했다. 또한 전통 문화 체험 프로그램 운영, 둘레 길 조성, 마을 진입로 정비 등을 추진할 계획이라고 밝혔다.

•
•

핵심어 사업 경쟁력
시청 측은 솔빛 마을의 한옥이 사업 경쟁력이 충분할 것이라고 보고 다양한 사업을 추진할 계획이다.

　주민 측도 사업이 마을 발전과 한옥의 가치 전파에 기여할 것이라고 말했다. 다만 한옥 관광지로 조성된 인근 ○○ 마을에서 발생한 과잉 관광 현상이 솔빛 마을에서 되풀이되지는 않을지 걱정했다.

•
•

핵심어 과잉 관광 현상

　지역 연구소 자료에 의하면 2010년 이래 ○○ 마을의 마을 소득과 관광객 수는 각각 연평균 약 5%, 7%씩 증가했다. ㉠그러나 관광객 수가 마을이 감당할 수 있는 방문 인원의 최대치인 관광 수용력을 초과했다. 이로 인해 주민들은 각종 문제에 봉착했고, 그에 따라 올해 4월 기준 ○○마을의 토착 거주 인구는 8년 전 대비 12% 감소했다.

•
•

핵심어 _____
○○ 마을은 소득과 관광객 수가 증가했지만, 관광 수용력을 초과하여 거주 인구는 감소했다.

　주민 측은 ○○ 마을을 타산지석으로 삼아 예상되는 문제를 최소화할 방안을 마련해 이를 시청 측과 논의할 것이라고 말했다. 양측은 세부적인 사업 추진 계획을 협의하기 위해 이달 내 추가 협상을 진행한다.

•
•

핵심어 _____

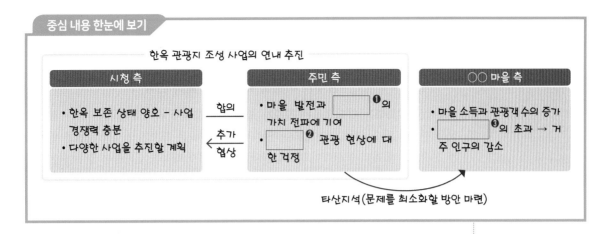

한옥 관광지 조성 사업의 연내 추진

시청 측		주민 측		○○ 마을 측

시청 측
• 한옥 보존 상태 양호 – 사업 경쟁력 충분
• 다양한 사업을 추진할 계획

합의
추가 협상 ←

주민 측
• 마을 발전과 [ ]❶의 가치 전파에 기여
• [ ]❷ 관광 현상에 대한 걱정

○○ 마을 측
• 마을 소득과 관광객 수의 증가
• [ ]❸의 초과 → 거주 인구의 감소

타산지석(문제를 최소화할 방안 마련)

〈2020 6월 평가원 4번〉

01 다음은 기자가 윗글을 작성하기 전 취재 계획을 메모한 것이다. 윗글에 반영되지 <u>않은</u> 것은?

▶ 문제에 쓰인 단어 중 이해하기 어려운 단어의 뜻을 찾아 적어 보자.

> [기사 내용] 솔빛 마을 한옥 관광지 조성 사업
> [조사 방법] 관계자 취재, 관련 기관 문헌 자료 수집
> 〈시청 측과 주민 측 협상 취재〉
> • 사업 추진 목적 및 양측 합의 사항
> 〈시청 측과의 인터뷰〉
> • 사업 경쟁력에 대한 판단 ·················· ①
> • 사업 추진 계획 ························· ②
> 〈솔빛 마을 주민 측과의 인터뷰〉
> • 사업 추진에 따른 기대 및 우려 사항 ············ ③
> 〈지역 연구소 자료 수집〉
> • ○○ 마을 한옥 관광지 사업 관련 통계 ·········· ④
> • 관광지 운영에 따른 피해 경감 사례 ············· ⑤

〈2020 6월 평가원 5번〉

02 〈보기〉는 ㉠의 초안이다. 〈보기〉를 ㉠과 같이 수정한 이유로 가장 적절한 것은?

〈 보기 〉

> 그러나 관광객 수가 마을의 관광 수용력을 초과했다. 이로 인해 주민들은 각종 문제에 봉착했고, 그에 따라 올해 4월 기준 ○○ 마을 토착 인구는 8년 전 대비 12% 감소했다.

① 독자의 관심도를 고려하여 인과 관계에 따라 정보를 배열하기 위해
② 독자의 이해도를 고려하여 주요 개념에 대한 정보를 추가하기 위해
③ 글의 통일성을 고려하여 주제와 관련이 없는 정보를 삭제하기 위해
④ 글의 응집성을 고려하여 맥락에 적합하지 않은 담화 표지를 수정하기 위해
⑤ 글의 가독성을 고려하여 긴 문장을 두 문장으로 나누어 간결하게 표현하기 위해

상대의 마음을 움직이는 설득 전략

- 에토스, 로고스, 파토스는 그리스 철학자 아리스토텔레스가 '수사학'에서 설득의 세 가지 방식이라고 구분한 것이다.

• **수사학(rhetoric)**
사상이나 감정 따위를 효과적·미적으로 표현할 수 있도록 문장과 언어의 사용법을 연구하는 학문으로 아리스토텔레스 이후 활발하게 연구되었다.

상대를 설득하는 방식으로는 화자가 활용하는 자원에 따라 인성적·이성적·감성적 설득 전략이 있습니다. '에토스'라는 인성적 설득 전략은 화자의 인성적 자원을 활용하는 전략으로 화자의 공신력이 중요합니다. 즉, 상대가 화자를 신뢰하는 경우에는 그렇지 않은 경우보다 쉽게 설득될 수 있지요. '로고스'라는 이성적 설득 전략은 객관적인 자료를 근거로 제시하는 전략으로 논리적으로 상대를 설득하는 방식이에요. '파토스'라는 감성적 설득 전략은 청중의 감성에 호소하여 설득의 효과를 높이는 방식이에요. 인간이 이성적 존재일 뿐만 아니라 감성적 존재이기도 하기 때문에 가능한 전략이지요.

1. 에토스(ethos) – 인성적 설득 전략

화자에 대한 공신력은 화자에게 느끼는 이미지, 태도를 의미해요. 아무리 논리적으로 맞는 이야기를 할지라도 화자의 공신력이 낮으면 화자가 하는 말에 집중하거나 공감하기가 쉽지 않지요. 따라서 상대를 효과적으로 설득하기 위해서는 청중이 화자를 긍정적으로 인식하고 신뢰할 수 있도록 하는 것이 중요해요.

물론 모든 역사가들이 정확성과 객관성을 역사 서술의 우선적 원칙으로 앞세운 것은 아니다. 오히려 헬레니즘과 로마 시대의 역사가들 중 상당수는 수사학적인 표현으로 독자의 마음을 움직이는 것을 목표로 하는 서술에 몰두하였고, 이런 경향은 중세 시대에도 어느 정도 지속되었다. 이들은 이야기를 감동적이고 설득력 있게 쓰는 것이 사실을 객관적으로 기록하는 것보다 더 중요하다고 보았다. 이런 점에서 그들은 역사를 수사학의 테두리 안에 접어 넣은 셈이 된다.
〈2013 6월 평가원〉

⑤ 이성적으로 설명하는 말인 ㉠을 감성적으로 호소하는 말인 ㉡으로 바꾸어 그리움의 정서를 부각한다.
〈2016 6월 평가원〉

2. 로고스(logos) – 이성적 설득 전략

상대를 논리적으로 설득하기 위해서는 통계 자료나 법률 조항 혹은 실제 사례 등과 같이 객관적으로 존재하는 사실 또는 그 사실을 가공한 자료를 근거로 활용합니다. 즉, 주장과 근거의 관계가 얼마나 타당하고 합리적인지, 그리고 제시된 근거가 얼마나 다양하고 풍부한지에 따라서 설득의 정도가 달라질 수 있지요.

오른쪽 그림은 환경부에서 제공하는 '음식물 쓰레기 줄이기' 홍보지의 내용입니다. 음식물 쓰레기를 줄이면 얻을 수 있는 이익에 대해 매우 구체적

인 수치를 통해 논리적으로 제시하여 상대를 설득하고 있습니다.

3. 파토스(pathos) – 감성적 설득 전략

인간은 이성만큼이나 풍부한 감성을 지닌 존재입니다. 그렇기 때문에 기쁨, 슬픔, 공포, 연민, 분노 등과 같은 감정에 호소하는 것 역시 하나의 설득 전략이 될 수 있지요. 가령, 상대가 공감할 만한 경험을 제시하거나 상대가 놓여 있는 상황의 어려움이나 위태로움 등을 자극하여 공감대를 형성하는 것이지요. 다음은 미국의 유명 흑인 인권 운동가인 마틴 루서 킹의 '워싱턴 평화 대행진 연설'의 일부로, 청중이 겪은 고난과 시련을 열거하여 감성에 호소하며 '포기하지 말고 신념을 지켜 활동할 것'을 설득하고 있습니다.

"여러분 중에는 큰 시련을 겪고 있는 사람이 있을 것입니다. 여러분 중에는 좁디좁은 감방에서 방금 나온 사람도 있을 것입니다. 여러분 중에는 자유를 달라고 외치면 갖은 박해를 당하고 경찰의 가혹한 폭력에 시달려야 하는 지역에서 오신 분들도 있을 것입니다. 여러분은 갖은 고난에 시달려 왔을 것입니다. 아무 잘못도 하지 않고 받는 고통은 반드시 보상을 받을 것이라는 신념을 지니고 계속 활동합시다."

▲ 마틴 루서 킹의 연설 모습

– 클레이본 카슨, 『나에게는 꿈이 있습니다』(마틴 루서 킹 자서전)

이와 같은 설득 전략은 각각의 특징을 잘 살려서 균형 있게 활용하는 것이 중요해요. 왜냐하면 인성적 설득 전략만으로는 내용의 논리성에 한계가 있고, 이성적 설득 전략만으로는 마음을 움직이는 것이 어려울 수 있어요. 또한 감성적 설득 전략에 치우치면 자칫 선동으로 느껴지기 쉽기 때문이에요.

상대를 설득하기 위해서는 설득 전략을 잘 세우는 것 뿐만 아니라 준언어적·비언어적 표현을 적절하게 활용하는 것이 중요합니다. **준언어적 표현**은 언어 표현과 결합하여 의미 전달에 영향을 미치는 요소로 말의 높낮이, 크기, 속도, 억양, 어조 등이 있어요. 가령, 높은 소리는 상대에게 강한 에너지를 전하고, 낮은 소리는 엄숙함과 신뢰감을 줄 수 있지요. **비언어적 표현**은 언어가 아닌 표정, 몸짓, 옷차림, 시각 자료 등을 통해 생각이나 느낌을 나타내는 것을 말해요. 때로는 언어적 표현보다 더 강력한 설득 수단이 되기도 하지요.

비언어적 표현의 국가별 의미 차이

한국, 일본: 돈

프랑스: 무가치함

미국, 서유럽: OK(네, 응, 좋아)

브라질: 음탕함을 의미하는 욕설

• 마틴 루서 킹(Martin Luther King, 1929~1968)

미국의 인권 운동가이자 목사로 흑인 차별에 맞서 평화적인 방법으로 제도를 개선하는 데 앞장섰다. 그 결과 흑인의 투표권을 얻어 내는 등 평화적인 방법으로도 자유와 평등의 실현이 가능하다는 것을 온몸으로 보여 주었다. 이러한 노력과 성과를 인정받아 1964년 노벨 평화상을 수상하였다. 그로부터 4년 후 그의 활동을 못마땅하게 여긴 백인의 총에 맞아 목숨을 잃었다.

• 메라비언의 법칙(The Law of Mehrabian)

대화에서 시각적·청각적 이미지가 중요한 비중을 차지한다는 의사소통 이론으로, 1971년 로스앤젤레스 캠퍼스 심리학과 교수인 앨버트 메라비언이 발표한 법칙이다.

즉, 대화 상황에서 상대방에게 영향을 미치는 요소로 언어적 요소는 7%만 차지하고, 나머지 93%는 복장, 표정 등의 시각적 요소와 목소리 톤, 억양 등의 청각적 요소가 차지한다는 이론이다.

언어적 요소 7%
청각적 요소 38%
시각적 요소 55%

▲ 대화 상황에서 상대방에게 영향을 미치는 요소

03강 화법·작문·언어 | 언어 (1)

자의성(恣意性)

마음대로 恣
뜻 意
성질 性

소리와 의미의 관계가 필연적이지 않은 특성.

예 언어는 자의성이 있어서 소리와 의미의 관계가 필연적이지 않다.

? 친정한 샘 독서 지문에서 자주 접하는 '**자의적**'이라는 말은 '일정한 질서를 무시하고 제멋대로 하는 것'을 뜻합니다. 한편 문법에서는 언어의 내용에 해당하는 뜻[意]과 형식에 해당하는 소리가 마음대로[恣] 결합하는 특성을 '자의성'이라고 합니다. 예를 들어, 🐱(내용)를 가리키는 우리말의 소리(형식)는 '고양이'이지만, 영어에서는 '캣(cat)', 일본어에서는 '네코(ねこ)'라고 합니다. '자의적'과 유사한 말은 '**임의적(任意的)**', 반대말은 '**필연적(必然的)**'입니다.

참고 어휘 ▶ 언어의 대표적인 특성

기호성	언어는 '의미(내용)'와 '말소리(형식)'가 결합한 기호임.
사회성	소리와 의미의 관계가 사회적으로 약속된 것이어서 개인이 마음대로 바꿀 수 없음.
역사성	시간이 흐름에 따라 단어의 소리와 의미가 변하거나 문법 요소가 변화함.

음소(音素)

소리 音
바탕 素

더 이상 작게 나눌 수 없는 음운론상의 최소 단위.

예 한글은 음소를 재조합하여 새로운 단어를 쉽게 만들 수 있다.

? 친정한 샘 말의 뜻을 구별해 주는 소리의 가장 작은 단위를 '**음운(音韻)**'이라고 합니다. 음운은 '**음소(音素)**'와 '**운소(韻素)**'로 나뉩니다. 그러니까 '음운'은 '음소'의 '음'과 '운소'의 '운'이 결합된 말이라고 보면

됩니다. 우리말에서는 다른 소리와 잘 나뉘는 **분절(分節)** 음운에 해당하는, 자음과 모음이 '음소'에 해당하며, **비분절(非分節)** 음운인 소리의 길이가 '운소'에 해당합니다.
참고로 '곰 : 솜'에서 'ㄱ'과 'ㅅ'처럼 단어를 구성하는 모든 요소는 같고, 오직 한 가지 요소에 의해서만 의미가 구별되는 단어의 짝을 '**최소 대립쌍**'이라고 합니다.

음절(音節)

소리 音
마디 節

하나의 종합된 음의 느낌을 주는 말소리의 단위.

예 '행복'은 두 개의 음절로 이루어졌다.

? 친정한 샘 사전적 풀이를 적어 놓으니 더 어려운 느낌이 들죠? '음절'은 쉽게 말해 각각의 소리 덩어리(마디)를 뜻합니다. '숲길'을 발음하면 [숩낄]이 되죠? 이때 각각의 소리 덩어리인 [숩]과 [낄]을 음절이라고 합니다. 한 음절에는 반드시 하나의 모음이 포함되어야 하기 때문에 음절의 개수와 모음의 개수는 같답니다. 첫소리와 끝소리에 오는 자음은 필수가 아닌 선택입니다.

참고 어휘 ▶ 음절의 끝소리 규칙

음절의 끝소리에는 일곱 개의 자음(ㄱ, ㄴ, ㄷ, ㄹ, ㅁ, ㅂ, ㅇ)만 올 수 있어요. 그러니까 여기에 해당하지 않는 자음은 '숲[숩]'과 같이 대표음으로 바꾸어 발음해야 합니다.

숲[숩] ─ 첫소리 / 가운뎃소리 / 끝소리

연음(連音)

이을 連
소리 音

앞 음절의 끝 자음이 모음으로 시작되는 뒤 음절의 초성으로 이어져 나는 소리.

예 '밭에'를 '[바테]'라고 발음하는 것은 연음의 예에 해당한다.

? 친정한 샘 음운 변동이 일어나는 환경이 아닌 경우, 받침 뒤에 모음으로 시작하는 형식 형태소가 오면 연음해야 합니다. 예를 들어 '꽃을'을 [꼬슬]이라고 발음하면 안 됩니다. 연음하여 [꼬츨]이라고 해야 하죠. '닭이'는 어떻게 발음해야 할까요? [달기]가 정답입니다.

24 수능 국어 어휘

반모음(半母音)

절반 **半**
어미 **母**
소리 **音**

단독으로 음절을 이루지 못하고 단모음의 앞이나 뒤에 놓여 이중 모음을 형성하는 음.

너와 내가 만나면 이중 모음!
단모음
반모음

예 반모음은 이중 모음을 만들어 주는 것이라고 생각하면 돼.

친절한 샘 반모음에는 'ㅣ̆'와 'ㅗ̆/ㅜ̆'가 있는데, 이들은 단모음과 만나 이중 모음을 만들어요. 예를 들어, 'ㅑ'는 반모음 'ㅣ̆'와 단모음 'ㅏ'가, 'ㅘ'는 반모음 'ㅗ̆/ㅜ̆'와 단모음 'ㅏ'가 결합한 이중 모음입니다.

참고 어휘 **반모음과 관련 있는 음운 변동**

반모음화	어간의 모음이 반모음으로 바뀌는 음운 현상 예 그리- + -어 → 그려('ㅣ'가 'ㅣ̆'로 바뀜.)
반모음 첨가	모음과 모음 사이에 반모음이 삽입되는 음운 현상 예 피어[피여]('ㅣ̆'가 추가되어 발음됨.)

동화(同化)

같을 **同**
될 **化**

말소리가 서로 이어질 때, 어느 한쪽 또는 양쪽이 영향을 받아 비슷하거나 같은 소리로 바뀌는 소리의 변화를 이르는 말.

예 발음을 좀 더 쉽게 하려는 의도에서 동화가 일어난다.

친절한 샘 동화에 해당하는 대표적인 음운의 변동은 다음과 같습니다.

참고 어휘 **동화에 해당하는 음운의 변동**

유음화	'ㄴ'이 유음 'ㄹ' 앞이나 뒤에서 'ㄹ'로 바뀌는 현상 예 진리[질리], 설날[설:랄]
비음화	'ㄱ, ㄷ, ㅂ'이 뒤에 오는 'ㄴ, ㅁ'에 동화되어 'ㅇ, ㄴ, ㅁ'으로 바뀌는 현상 예 국민[궁민], 돕는[돔:는], 닫네[단네]
구개음화	'ㄷ, ㅌ'이 모음 'ㅣ' 혹은 반모음 'ㅣ̆'로 시작되는 형식 형태소와 만나 'ㅈ, ㅊ'으로 바뀌는 현상 예 해돋이[해도지], 같이[가치]

모음 조화(母音調和)

어머니 **母**
소리 **音**
고를 **調**
화할 **和**

두 음절 이상의 단어에서, 뒤의 모음이 앞 모음의 영향으로 그와 가깝거나 같은 소리로 되는 언어 현상.

예 중세 국어에서는 모음 조화가 잘 지켜졌다.

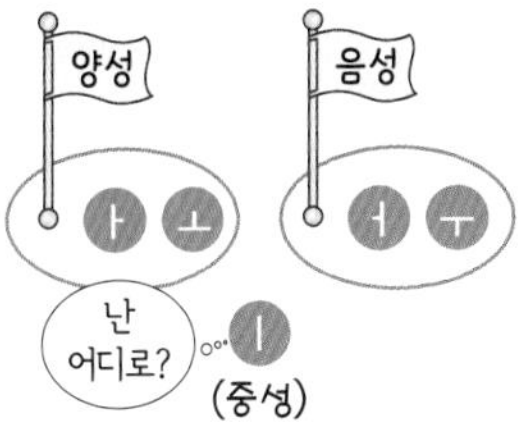

양성
음성
ㅏ ㅗ
ㅓ ㅜ
난 어디로?
ㅣ
(중성)

친절한 샘 양성 모음은 양성 모음끼리, 음성 모음은 음성 모음끼리 어울리는 현상을 말합니다. '먹아'가 아니라 '먹어'가 되는 것은 'ㅓ'끼리 어울리려는 모음 조화 때문입니다. 현대 국어에서는 중세 국어에 비해 모음 조화가 엄격하게 지켜지지는 않아요.

참고 어휘 **양성 모음과 음성 모음**

양성 모음	어감이 밝고 산뜻한 모음 예 ㅏ, ㅗ, ㅑ, ㅛ, ㅐ 등
음성 모음	어감이 어둡고 큰 모음 예 ㅓ, ㅜ, ㅕ, ㅠ, ㅔ 등

자음군(子音群)

아들 **子**
소리 **音**
무리 **群**

초성이나 종성에 자음이 두 개 이상 무리 지어 나타나는 것.

예 중세 국어에는 'ㅄ', 'ㅵ', 'ㅴ' 등과 같이 'ㅂ'으로 시작되는 자음군이 쓰였다.

친절한 샘 중세 국어에서는 자음군이 단어의 첫머리에 오기도 했는데요, 이를 '**어두 자음군**'이라고 합니다. '뿔'의 'ㅄ', '빼'의 'ㅵ' 등이 여기에 해당합니다. 현대 국어에서 자음군은 받침에만 나타납니다. 겹받침이라고도 하죠. 겹받침은 발음할 때, 홑자음으로 바꾸어 발음해야 하는데, 이를 '**자음군 단순화**'라고 합니다. 예를 들어 '몫'이 '[목]'으로, '닭'이 '[닥]'으로 발음되는 것을 말합니다.

01 다음 사례와 관련이 있는 언어의 특성에 해당하는 기호를 연결하시오.

(1) 조선 시대에는 '어리석다'는 뜻으로 쓰이던 '어리다'라는 말이 오늘 •
날에는 '나이가 적다'는 뜻으로 바뀌었다.

• ㉠ 자의성

(2) 어떤 사람이 한자어인 '비행기(飛行機)'를 순우리말인 '날틀'로 바꾸 •
자고 제안하였지만 바뀌지 않았다.

• ㉡ 사회성

(3) 개가 짖는 소리를 우리말에서는 '멍멍'이라고 하지만, 영어에서는 •
'바우와우(bowwow)', 일본어에서는 '왕왕(わんわん)'이라고 한다.

• ㉢ 역사성

02 다음 글을 읽고 ㉠과 ㉡에 들어가기에 적절한 말을 〈보기〉에서 각각 찾아 쓰시오.

'발'과 '팔'은 나머지 구성 요소는 같고 오직 초성인 'ㅂ'과 'ㅍ'의 차이에 의해서 의미가 달라지는데 이때의 'ㅂ'과 'ㅍ'을 각각 하나의 ⌐ ㉠ ⌐ (이)라고 한다. 그리고 이와 같이 단어를 구성하는 모든 요소는 같고 오직 한 가지 요소에 의해서만 의미가 구별되는 단어의 짝을 ⌐ ㉡ ⌐ (이)라고 한다.

〈 보기 〉

운소   음운   음절   최소 대립쌍   직접 구성 요소

〈2015 6월 평가원〉

03 다음 〈자료〉를 바탕으로 국어의 '음절'에 대해 설명한 내용으로 적절하지 <u>않은</u> 것은?

〈 자료 〉

음운이 모여서 이루어지는 소리의 결합체를 음절이라고 한다. 현대 국어의 음절 유형은 다음 네 가지로 나눌 수 있다.
ㄱ. '중성'으로 이루어진 음절 (예 아, 야, 와, 의)
ㄴ. '초성+중성'으로 이루어진 음절 (예 끼, 노, 며, 소)
ㄷ. '중성+종성'으로 이루어진 음절 (예 알, 억, 영, 완)
ㄹ. '초성+중성+종성'으로 이루어진 음절 (예 각, 녹, 딸, 형)

① 초성에는 최대 두 개의 자음이 온다.
② 중성에 올 수 있는 음운은 모음이다.
③ 종성에 올 수 있는 음운은 자음이다.
④ 초성 또는 종성이 없는 음절도 있다.
⑤ 모든 음절에는 중성이 있어야 한다.

04 다음 빈칸에 들어가기에 적절한 말을 쓰시오.

(1) 앞 음절의 종성에 있는 자음이 모음으로 시작하는 뒤 음절의 초성으로 옮겨 가 발음되는 현상을 ⬜⬜⬜⬜(이)라고 한다.

(2) 표기를 할 때에는 음절의 종성 자리에 두 개의 자음이 올 수 있는데, 이 겹받침을 ⬜⬜⬜⬜(이)라고 한다. 두 개의 자음이 오더라도 발음할 때에는 하나의 자음만 발음된다.

(3) 성질이 비슷한 모음끼리 어울리는 현상을 ⬜⬜⬜⬜(이)라고 하는데, 현대 국어에 비해 중세 국어에서는 비교적 철저하게 지켜졌다.

05 다음 ㉠과 ㉡에 해당하는 사례를 바르게 짝지은 것은?

> 단모음으로 끝나는 어간과 단모음으로 시작하는 어미가 결합하면 모음의 변동이 자주 일어난다. 모음 변동의 결과 두 개의 단모음 중 하나가 없어지기도 하고, ㉠어간의 단모음이 반모음으로 변하여 어미의 단모음과 합쳐져 이중 모음이 되기도 하며[반모음화], ㉡단모음 사이에 반모음이 첨가되어 어미의 단모음이 이중 모음으로 발음되기도 한다[반모음 첨가].

㉠	㉡
① 피 + 어 → [피여]	되 + 어 → [되여]
② 보 + 아 → [봐:]	기 + 어 → [기여]
③ 피 + 어 → [피여]	살피 + 어 → [살펴]
④ 나가 + 아 → [나가]	올리 + 어 → [올려]
⑤ 배우 + 어 → [배워]	그리 + 어 → [그려]

〈2019 6월 평가원 14번 변형〉

개념어를 알면 **답**이 보인다

06 〈보기〉의 ⓐ∼ⓒ에 들어갈 말로 적절한 것은?

> ── 〈 보기 〉 ──
>
> 겹받침을 가진 용언을 발음할 때 어떤 음운 변동이 나타나야 표준 발음에 맞는지 혼동되는 경우가 있다. 자음군 단순화, 된소리되기, 비음화, 유음화 등의 음운 변동으로 비표준 발음과 표준 발음을 설명해 보자.
>
> | | 비표준 발음 | 표준 발음 |
> |---|---|---|
> | ㉠ 긁는 | [글른] | [긍는] |
> | ㉡ 짧네 | [짬네] | [짤레] |
>
> ㉠의 비표준 발음과 ㉡의 표준 발음에는 (ⓐ) 후 (ⓑ)가 나타난다. 이에 비해, ㉠의 표준 발음과 ㉡의 비표준 발음에는 (ⓐ) 후 (ⓒ)가 나타난다.

	ⓐ	ⓑ	ⓒ		ⓐ	ⓑ	ⓒ
①	자음군 단순화	유음화	비음화	②	자음군 단순화	비음화	유음화
③	자음군 단순화	된소리되기	유음화	④	된소리되기	유음화	비음화
⑤	된소리되기	비음화	유음화				

▶ 문제에 쓰인 단어 중 이해하기 어려운 단어의 뜻을 사전에서 찾아 적어 보자.

■ 다음 글을 읽고 물음에 답하시오.

〈2019 고3 3월 교육청〉

현대 국어에서는 음절의 종성에서 실제로 발음되는 소리가 제한되어 있다. ㉠음절의 종성에 마찰음, 파찰음이 오거나 파열음 중 된소리나 거센소리가 오면 모두 예사소리 'ㄱ, ㄷ, ㅂ'으로 교체되고, ㉡음절의 종성에 자음군이 올 때는 한 자음이 탈락한다. 그런데 모음으로 시작하는 형식 형태소가 뒤에 오면 앞 음절의 종성에 있던 자음이 곧바로 연음된다. 이렇게 연음되어 뒤 음절의 초성에서 소리 나는 자음은 제 음가대로 발음된다.

낯선 어휘의 뜻을 사전에서 찾아 적어 보자.

• 마찰음: 입 안이나 목청 따위의 조음 기관이 좁혀진 사이로 공기가 비집고 나오면서 마찰하여 나는 소리

•

핵심어를 중심으로 문단의 내용을 요약해 보자.

핵심어 음절의 종성 발음
현대 국어에서는 음절의 종성에서 실제로 발음되는 소리가 제한되어 있다.
– 교체(음절의 끝소리 규칙), 탈락(자음군 단순화), 연음

연음이 일어나는 조건이 갖추어지더라도 다른 현상이 일어나 제 음가대로 발음이 되지 않는 경우도 있다. 가령, ㉢'ㄷ, ㅌ'으로 끝나는 말 뒤에 'ㅣ'로 시작하는 형식 형태소가 오면 'ㄷ, ㅌ'이 'ㅈ, ㅊ'으로 변하는 구개음화가 일어난다. 또한 용언 어간 말음 'ㅎ'은 모음으로 시작하는 형식 형태소가 뒤에 오면 연음되지 않고 탈락한다. ㉣용언 어간 말음 'ㅎ' 뒤에 'ㄱ, ㄷ, ㅈ'으로 시작하는 어미가 오면 'ㅎ'과 'ㄱ, ㄷ, ㅈ'이 거센소리로 축약되는데 이를 통해 용언 어간 말음 'ㅎ'이 존재함을 간접적으로 알 수 있다.

• 음가: 낱낱의 글자가 가지고 있는 소리.

•

핵심어 연음, 음가
연음이 일어나는 조건이지만 제 음가대로 발음되지 않는 경우도 있다.
– 구개음화, ㅎ 탈락, 거센소리되기

[A]
연음과 음운 변동에 대한 지식을 활용하여 중세 국어 자료를 검토해 보면 현대 국어에서 찾아보기 어려운 형태의 단어를 발견할 수 있다. 예를 들어, 현대 국어에서는 'ㅎ'을 말음으로 가진 체언을 찾아보기 어렵다. 그러나 중세 국어 자료를 살펴보면 '돓(돌)', '나랗(나라)'와 같이 'ㅎ'을 말음으로 가진 체언을 확인할 수 있다. 중세 국어 시기에는 체언 말음 'ㅎ'이 모음으로 시작하는 조사와 결합하면 '나라히'와 같이 연음되어 나타나는 것을 확인할 수 있다. 또한 'ㅎ'을 말음으로 가진 체언이 '과', '도'와 같은 조사와 결합하면 'ㅎ'이 뒤에 오는 'ㄱ, ㄷ'과 축약되어 'ㅋ, ㅌ'으로 나타났는데, 이를 통해서 'ㅎ'의 존재를 간접적으로 확인할 수 있다. 하지만 어떤 체언이 'ㅎ'을 말음으로 가지고 있다고 하더라도, 그 체언이 단독으로 쓰이거나 관형격 조사 'ㅅ'과 결합하여 쓰였을 때는 'ㅎ'이 실현되지 않아서 'ㅎ'을 말음으로 가지지 않은 체언과 구별되지 않았다. 해당 체언이 연음이나 축약이 일어나는 자리에 쓰인 사례를 검토해야 체언 말음 'ㅎ'의 존재 여부를 알 수 있다.

•

•

•

핵심어 _____

현대 국어	중세 국어
〈음절의 종성 발음〉 ┌ 마찰·파찰·파열음(된소리·거센소리) → ㄱ, ☐**❶**, ㅂ ├ 자음군 → 한 자음 탈락 ├ 모음으로 시작하는 형식 형태소 앞 → 연음 └ 음가대로 발음×: ☐**❷**, 'ㅎ' 탈락, 거센소리되기	**〈'ㅎ'을 말음으로 가진 체언〉** ┌ 모음으로 시작하는 조사와 결합 → 연음 ├ 'ㄱ, ㄷ'으로 시작하는 조사와 결합 → ㅋ, ☐**❸** └ 단독, ☐**❹**과 결합 → 'ㅎ' 실현 ×

〈2019 고3 3월 교육청 11번〉

01 ⊙~@에 대한 이해로 적절한 것은?

① '한몫[한목]'을 발음할 때, ⊙이 일어난다.
② '놓기[노키]'를 발음할 때, @이 일어난다.
③ '끓지[끌치]'를 발음할 때, ⓒ과 ⓒ이 일어난다.
④ '값할[가팔]'을 발음할 때, ⓒ과 @이 일어난다.
⑤ '맞힌[마친]'을 발음할 때, ⓒ과 @이 일어난다.

▶ 문제에 쓰인 단어 중 이해하기 어려운 단어의 뜻을 사전에서 찾아 적어 보자.

〈2019 고3 3월 교육청 12번〉

02 [A]를 참조하여 〈보기〉의 @~@를 분석한 것으로 적절한 것은?

< 보기 >

[학습 목표]
중세 국어 자료를 통해 체언 '하늟'에 대해 탐구한다.
[중세 국어 자료]
• @하늘히 ᄆᆞᅀᆞᆷ 뮈우시니 (하늘이 마음을 움직이게 하시니)
• ⓑ하늟 光明中에 드러 (하늘의 광명 가운데에 들어)
• ⓒ하늘 섬기ᅀᆞᆸ 듯 ᄒᆞ야 (하늘 섬기듯 하여)
• ⓓ하늘토 뮈며 (하늘도 움직이며)
• ⓔ하늘콰 ᄯᅡ콰ᄅᆞᆯ 니르니라 (하늘과 땅을 이르니라)

① @에서는 연음되어 음운의 개수에 변동이 없지만, ⓓ에서는 음운 변동이 일어나 음운의 개수가 줄어들었음을 알 수 있다.
② ⓑ에서는 'ㅎ'이 다른 음운으로 교체되었음을 알 수 있고, ⓒ에서는 'ㅎ'이 실현되지 않았다.
③ ⓑ에서는 체언 말음 'ㅎ'의 존재를 알 수 있지만, ⓓ에서는 체언 말음 'ㅎ'의 존재를 알 수 없다.
④ ⓑ와 ⓒ에서 동일한 체언이 단독으로 쓰일 때, 서로 다른 형태로도 실현되었음을 알 수 있다.
⑤ ⓓ와 ⓔ에서 체언에 현대 국어에 존재하지 않는 조사 '토', '콰'가 결합했음을 알 수 있다.

한글, 과학적이고 아름다운 우리의 유산

한글 창제의 취지와 원리를 담은 『세종어제훈민정음』이 '유네스코 세계 기록 유산'으로 등록되었어요. 이처럼 한글은 세계적으로 유일하게 창제 목적과 창제 원리를 가진 글자랍니다. 한글은 말소리를 그대로 문자로 표기하고, 표기된 문자를 발음 기호 없이 그대로 읽을 수 있는데, 이것이 가능한 이유는 한글이 표음 문자이자 음소 문자이기 때문이에요. 그래서 우리나라는 세계 문맹률이 제일 낮은 나라가 될 수 있었죠.

『세종어제훈민정음』은 1443년에 만들어졌어요. 제일 먼저 나오는 '어지(御旨)'를 보면 훈민정음의 창제 목적을 분명하게 알 수 있지요.

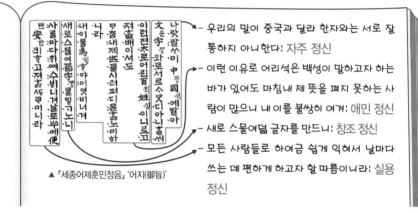

- 우리의 말이 중국과 달라 한자와는 서로 잘 통하지 아니한다: 자주 정신
- 이런 이유로 어리석은 백성이 말하고자 하는 바가 있어도 마침내 제 뜻을 펴지 못하는 사람이 많으니 내 이를 불쌍히 여겨: 애민 정신
- 새로 스물여덟 글자를 만드니: 창조 정신
- 모든 사람들로 하여금 쉽게 익혀서 날마다 쓰는 데 편하게 하고자 할 따름이니라: 실용 정신

▲ 『세종어제훈민정음』 '어지(御旨)'

훈민정음의 제자 원리를 보면 그 과학성을 분명하게 확인할 수 있답니다.

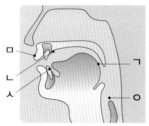

▲ 발음 기관의 모양을 본떠 만든 자음

자음의 경우 5개의 기본 글자를 발음할 때 발음 기관의 모양이 어떻게 되는지를 정확하게 파악하고 그 모양을 본떠 만들었어요. 'ㄱ'은 혀뿌리가 목구멍을 막는 모양, 'ㄴ'은 혀가 윗잇몸에 닿는 모양, 'ㅁ'은 입모양, 'ㅅ'은 이(齒)모양, 'ㅇ'은 목구멍 모양에서 따온 글자랍니다. 이 기본자를 바탕으로 나머지 자음은 획을 하나씩 더 붙여서 완성했지요. 놀라운 사실은 소리의 세기에 따라 획을 추가했다는 점이에요. 그래서 모양만 보고도 소리의 세기와 서로 같은 계열의 소리라는 것을 추측할 수 있지요.

모음의 경우 3개의 기본자에 우주의 원리가 담겨 있어요. 'ㆍ'는 하늘의 모양, 'ㅡ'는 땅의 모양, 'ㅣ'는 사람의 모양을 본떠 만들었지요. 나머지 모음은 이 기본자를 서로 조합해서 완성했답니다. 더욱이 'ㅁㅓㄱㄷㅏ'와 같이 자음과 모음을 풀어서 쓰지 않고 '먹다'와 같이 조합해서 표기하는 것도 한글의 효율성과 경제성을 높이게 되는 것이죠.

어휘 돋보기

표음 문자(表音文字)
말소리를 그대로 기호로 나타낸 문자.

음소 문자(音素文字)
음소적 단위의 음을 표기하는 문자로 '한글', '로마자' 등이 있다.

어지(御旨)
임금의 뜻을 이르던 말.

• **한글에 대한 해외 석학의 평가**

세종과 집현전 학자들은 문자의 운용 원칙과 형태 등 모든 세부 사항을 스스로 고안해 냈습니다. 그리하여 그들은 세계의 어떠한 문자 체계에서도 유례가 없는 놀랍고도 새로운 원칙을 만들었습니다. 세종은 음소를 블록 안에 배열하여 음절별로 분류하도록 했고, 특정 문자 형태가 정해진 소리를 대표하도록 만들었습니다. 그리고 특정 자음을 발음할 때의 혀와 입술 모양에 착상한 자음의 형태를 생각해 냈습니다.
– 재레드 다이아몬드,
『총, 균, 쇠』서문, 문학사상

언어는 시간의 흐름에 따라 끊임없이 변하고, 또 사라지기도 하며, 새롭게 생겨나기도 한답니다. 문화 교류가 활발해짐에 따라서 외래어나 외국어가 많이 사용되기도 하는데요, 이 과정에서 아름다운 순우리말과 멀어지게 되는 경우도 많지요.

우리말에는 뜻이 예쁜 단어들이 많이 있어요. 우리말의 가치를 알고 소중히 여기며 즐겨 사용함으로써 아름다운 우리말이 사라지지 않도록 지켜 내는 것이 우리가 해야 할 일이겠지요?

다음 빈칸에 들어갈 단어를 쓰시오.

동지(冬至)달 기나긴 밤을 한 허리를 버혀 내어* 춘풍(春風) 이불 아래 (❶) 넣었다가 어룬님* 오신 날 밤이어든 굽이굽이 펴리라
― 황진이의 시조

*버혀 내어: 베어 내어.
*어룬님: 사랑하는 임.

➡ 이 작품은 동짓달 긴 밤을 사랑하는 임과 함께하지 못하고 홀로 보내는 외로운 여인의 심정을 노래한 시조이다.

■ 다음 순우리말 중 뜻을 알고 있는 것에 ✓표를 하시오.

☐ 윤슬　　☐ 누리　　☐ 아람　　☐ 마중물
☐ 우수리　☐ 여우비　☐ 시나브로　☐ 서리서리

■ 순우리말의 뜻을 알아볼까요?

단어	의미 및 용례
윤슬	햇빛이나 달빛에 비치어 반짝이는 잔물결. 예 고향 땅의 봄 바다에 반짝이는 윤슬이 아름답다.
누리	'세상'을 뜻하는 순우리말. ('세상'의 예스러운 말) 예 온 누리가 하얗다.
아람	밤이나 상수리 따위가 충분히 익어 저절로 떨어질 정도가 된 상태. 예 아람이 벌어진 밤송이가 밤나무 가지에서 떨어졌다.
마중물	펌프질을 할 때 물을 끌어 올리기 위하여 위에서 붓는 물. 예 펌프로 물을 퍼 올리려면 한 바가지의 마중물이 있어야 한다.
우수리	❶ 물건값을 제하고 거슬러 받는 잔돈. 　예 우수리는 받지 않을 테니 물건이나 좋은 것으로 주세요. ❷ 일정한 수나 수량에 차고 남는 수나 수량. 　예 우수리는 모아서 다음에 필요할 때 쓰도록 하자.
여우비	볕이 나 있는 날 잠깐 오다가 그치는 비. 예 여우비가 온 끝이라 개울가의 물빛이 더욱 뚜렷하였다.
시나브로	모르는 사이에 조금씩 조금씩. 예 바람은 불지 않았으나 낙엽이 시나브로 날려 쌓였다.
서리서리	❶ 국수, 새끼, 실 따위를 헝클어지지 아니하도록 둥그렇게 포개어 감아 놓은 모양. 　예 반짇고리에 실을 서리서리 포개어 모아 두었다. ❷ 감정 따위가 매우 복잡하게 얽혀 있는 모양. 　예 서리서리 얽힌 한을 어찌 하룻밤에 풀겠는가.

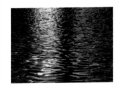
▲ 윤슬

▲ 마중물

▲ 서리서리

문제 ●
📖 ❶ 서리서리

04강 화법·작문·언어 | 언어 (2)

어간(語幹)
말 語
줄기 幹

용언과 서술격 조사가 활용할 때에 변하지 않는 부분.

예 '보다', '아름답다'의 어간은 각각 '보–'와 '아름답–'이다.

친절한 쌤 위의 뜻풀이에 쓰인 '**활용(活用)**'이란 용언(동사, 형용사)의 어간에 다양한 어미가 붙어서 문법적 기능을 바꾸는 것을 말합니다. 용언이 활용할 때 변하지 않는 부분이 어간이고, 변하는 부분이 '**어미(語尾)**'입니다. 위의 예처럼 용언의 기본형에서 어미 '–다'를 제외한 부분이 어간입니다.

참고 어휘 어간과 어근

- 어근(語根)은 단어를 분석할 때 실질적 의미를 나타내는, 중심이 되는 부분을 뜻합니다.
- 어간이 어미와 짝을 이룬다면, 어근은 접사와 짝을 이룹니다.
- 어근과 접사에 대해 38쪽에서 자세히 다루고 있으니 참고하세요.

전성 어미(轉成語尾)
구를 轉
이룰 成
말 語
꼬리 尾

용언의 어간에 붙어 다른 품사의 기능을 수행하게 하는 어미.

예 전성 어미는 용언의 품사를 바꾸지 않으면서 그 기능만 바꾸어 준다.

친절한 쌤 어미는 활용하는 말의 맨 뒤에 오는 어미인 '**어말 어미(語末語尾)**'와 어말 어미 앞에 오는 '**선어말 어미(先語末語尾)**'로 나뉩니다. 그리고 어말 어미는 다시 '전성 어미', '연결 어미', '종결 어미'로 나뉩니다.

참고 어휘 어말 어미의 종류

전성 어미	용언이 다른 품사의 기능을 수행하는 어미 예 –음, –기, –ㄴ, –게, …
연결 어미	문장을 끝맺지 않고 다음 말에 연결하는 구실을 하는 어미 예 –고, –며, –어서, …
종결 어미	문장을 종결하게 하는 어미 예 –다, –냐, –구나, …

보조 용언(補助用言)
도울 補
도울 助
쓸 用
말씀 言

본용언과 연결되어 그것의 뜻을 보충하는 역할을 하는 용언.

예 보조 용언은 본용언의 뜻을 더해 주는 기능을 하므로 단독으로 쓰일 수 없다.

친절한 쌤 두 개의 용언이 나란히 올 경우 주어를 주되게 서술하는 것을 **본용언**, 본용언 뒤에서 그 뜻을 보충해 주는 용언을 보조 용언이라고 합니다. 예를 들어 '네가 보고 싶다.'에서 '보고'는 본용언, '싶다'는 보조 용언에 해당합니다.

참고 어휘 '보(補)'가 들어간 문법 개념어

보조사	다른 단어 뒤에 붙어서 특별한 의미를 더해 주는 조사 예 이것은 너만 알아야 해.
보어	주어와 서술어만으로는 뜻이 완전하지 못한 문장에서, 그 불완전한 곳을 보충하여 뜻을 완전하게 하는 문장 성분. '되다', '아니다' 앞에 조사 '이/가'를 취하여 나타남. 예 건이는 박사가 되었다.

무정 명사(無情名詞)
없을 無
감정 情
이름 名
말 詞

감정을 나타내지 못하는, 식물이나 무생물을 가리키는 명사.

예 '기쁘다', '슬프다' 등 감정을 표현하는 형용사는 무정 명사와 어울리지 못한다.

친절한 쌤 '무정 명사'가 있다면, '**유정 명사(有情名詞)**'도 있겠죠? 생각, 감정 등이 있는 사람이나 동물을 가리키는 명사를 유정 명사라고 합니다. 유정 명사냐, 무정 명사냐에 따라 뒤에 오는 조사가 달라지는 경우도 있으니 둘을 구별할 수 있어야 해요. 예를 들어 부사격 조사의 경우 유정 명사 뒤에는 '에게', 무정 명사 뒤에는 '에'를 써야 합니다. '소에게(나무에) 물을 주다.'와 같이 말이죠.

난 유정! 난 무정!

미지칭(未知稱)

아닐 未
알 知
일컬을 稱

모르는 사물이나 사람을 가리키는 대명사.

예 "저 사람은 누구지?"에서 '누구'는 미지칭 대명사야.

친절한 샘 '미지칭'에서 '미지(味知)'는 '알지 못한다'는 뜻입니다. '미지칭'과 자주 어울려 쓰이는 **부정칭(不定稱)**은 정해지지 않은 대상을 가리키는 대명사입니다. '부정(不定)'은 '정해지지 않았다'를 뜻합니다. 이 둘을 구분하는 쉬운 방법은 그 자리에 '아무'를 대신 넣어 보는 것입니다. 자연스러우면 '부정칭', 자연스럽지 않으면 '미지칭'으로 보면 됩니다. '아무' 자체가 부정칭 대명사거든요.
예를 들어, '이 영화는 누구나 볼 수 있다.'에서 '누구'를 '아무'와 바꾸어 써도 자연스럽기 때문에 이 문장에 쓰인 '누구'는 부정칭 대명사입니다. 참고로, 대명사 중에 **재귀칭(再歸稱)**은 앞에 나온 대상을 도로 가리키는 대명사를 뜻합니다.

접사(接辭)

접할 接
말 辭

단독으로 쓰이지 아니하고 항상 다른 어근이나 단어에 붙어 새로운 단어를 구성하는 부분.

예 '헛수고', '욕심쟁이'에서 '헛-'과 '-쟁이'는 접사에 해당한다.

친절한 샘 어근의 앞에 붙는 접사를 **접두사**, 뒤에 붙는 접사를 **접미사**라고 해요. 위의 예에서 '헛-'은 접두사, '-쟁이'는 접미사입니다.

참고 어휘	합성어와 파생어
합성어	두 개 이상의 어근이 결합된 단어 예 돌 + 다리 → 돌다리
파생어	어근에 접사가 결합하여 만들어진 단어 예 놀-(어근) + -이(접사) → 놀이

통사(統辭)

거느릴 統
말 辭

생각이나 감정을 말과 글로 표현할 때 완결된 내용을 나타내는 최소의 단위.

예 통사는 주어와 서술어를 갖추고 있는 것이 원칙이다.

친절한 샘 '통사'라는 말이 좀 어렵죠? '통사'는 '문장'을 뜻한다고 보면 됩니다. '**통사적 합성어**', '**비통사적 합성어**'에 나오는 정도니까 어렵다고 너무 걱정하지 마세요.
어근들의 결합 방식이 일반적인 문장(통사) 구성 방식과 같은 합성어를 통사적 합성어, 일반적인 문장(통사) 구성 방식과 다른 합성어를 비통사적 합성어라고 합니다. 예를 들어 용언의 어간은 어미와 단짝처럼 붙어 쓰이는 것이 일반적 방식인데, 어미 없이 다른 말과 결합한다면 비통사적 합성어가 된답니다.

참고 어휘 비통사적 합성어의 유형

- 용언 어간+어미+용언 어간 예 검붉다, 굳세다, 오가다, …
- 용언 어간+어미+명사 예 덮밥, 접칼, 검버섯, …
- 부사+명사 예 반짝세일, 척척박사, …

품사 통용(通用)

통할 通
쓸 用

어떤 단어가 두 가지 이상의 품사로 사용되는 경우를 이름.

예 '다섯'은 수사로 쓰일 수 있고, 관형사로도 쓰일 수 있어 품사 통용의 예에 해당한다.

친절한 샘 '통용(通用)'은 서로 넘나들어 두루 쓰는 것을 뜻해요. 단어는 하나의 품사로 사용되는 경우가 일반적이지만 둘 이상의 품사로 사용되는 경우도 있습니다. 예를 들어, '밝다'는 '밤이 지나고 환해지며 새날이 오다'라는 뜻의 동사로도 쓰이고, '불빛 따위가 환하다'라는 뜻의 형용사로도 쓰입니다.
'만큼', '대로', '뿐' 등은 의존 명사로도 쓰이고 조사로도 쓰이는데, 이에 따라 띄어 쓰기도 달라지니 유의하세요. 의존 명사일 경우에는 앞말과 띄어 쓰고, 조사일 경우에는 앞말과 붙여 써야 합니다.

녀의 품사는?

01 다음 설명에서 ㄱ~ㅇ에 들어가기에 알맞은 단어를 〈보기〉에서 찾아 쓰시오.

> 어근과 어간을 헷갈려 하는 학생들이 있어요. 어간은 용언에만 존재합니다. 용언이 (ㄱ)할 때에 변하지 않는 부분을 (ㄴ), 변하는 부분을 (ㄷ)(이)라고 합니다. 어근은 기본적으로 거의 모든 단어에 하나 이상 포함되어 있습니다. 어근이 (ㄹ)와/과 만나면 (ㅁ)이/가 되죠. '치솟다'에서 '치솟-'은 (ㅂ)에 해당하는데, 이는 다시 (ㅅ)인 '치-'와 (ㅇ)인 '솟-'으로 나눌 수 있습니다.

〈 보기 〉

어근   접사   어간   어미   활용   파생어   합성어

02 다음 문장에 쓰인 어미의 종류로 알맞은 것의 기호를 연결하시오.

> 집 앞에 있는 카페는 조용해서 책을 읽기에 좋다.

(1) '있는'에서 '-는'   •

(2) '조용해서'에서 '-아서'   •

(3) '읽기'에서 '-기'   •

(4) '좋다'에서 '-다'   •

• ㄱ 전성 어미

• ㄴ 연결 어미

• ㄷ 종결 어미

03 다음 빈칸에 들어가기에 알맞은 단어를 쓰시오.

(1) 단어는 하나의 품사로 사용되는 경우가 일반적이지만 둘 이상의 품사로 사용되는 단어도 있다. 이를 품사의 [   ](이)라고 한다.

(2) 문장에서 두 개의 용언이 나란히 올 때, 경우에 따라서는 뒤의 용언이 앞의 용언을 도와 주는 기능을 하는데 이런 용언을 [   ](이)라고 한다.

04 비통사적 합성어의 예에 해당하지 <u>않는</u> 것은?

① 뛰놀다   ② 여닫다   ③ 오가다

④ 갈아입다   ⑤ 굶주리다

05 다음은 한 학생이 문법 공부를 하며 필기한 내용이다. 빈칸에 들어가기에 적절한 말은?

> ☐ ── '되다', '아니다' 앞에 옴.
> └── 조사 '이/가'와 결합함.

① 주어　　　　② 보어　　　　③ 목적어　　　　④ 부사어　　　　⑤ 관형어

06 다음을 참고할 때, 〈보기〉의 ㉠~㉣에 들어갈 말을 바르게 짝지은 것은?

> 여러 형태소로 이루어진 단어는 그 구조를 명확히 파악하기 어렵다. 가령, '줄넘기'가 합성어인지 파생어인지를 판별하기 쉽지 않다. 이처럼 복잡한 단어나 문장의 구조를 명확히 파악하기 위한 효과적인 방법으로 직접 구성 요소 분석이 있다. 직접 구성 요소란 어떤 말을 직접 이루고 있는 두 부분으로 나누었을 때 나오는 두 요소이다. 앞의 '줄넘기'에서는 '줄'과 '넘기'가 직접 구성 요소가 된다. 이 분석은 '넘기'에 대해서도 더 적용할 수 있다. 이렇게 직접 구성 요소를 분석해 보면 한 단어에 합성과 파생 과정이 모두 있는 '줄넘기'는 파생어가 아닌 합성어임을 알 수 있다.

〈 보기 〉

> '나들이'는 어근 '나(다)'와 어근 '들(다)', 접사 '-이'가 결합하여 이루어진 단어이다. 이 단어를 직접 구성 요소로 분석하면 (㉠)와/과 (㉡)이다. 직접 구성 요소로 분석할 때 접사가 (㉢), '나들이'는 (㉣)이다.

	㉠	㉡	㉢	㉣
①	나들	이	있으므로	합성어
③	나들	이	있으므로	파생어
⑤	나	들이	있으므로	합성어

	㉠	㉡	㉢	㉣
②	나들	이	없으므로	파생어
④	나	들이	없으므로	합성어

〈2014 수능 B형 11번〉

개념어를 알면 답이 보인다 ●

07 〈보기〉의 ㉠, ㉡의 예로 적절한 것은?

〈 보기 〉

> '[한글 맞춤법] 제4장(형태에 관한 것)'의 파생어와 합성어에 대한 표기 규정은 다음과 같이 네 가지로 정리해 볼 수 있다.
> • 파생어이면서 어근의 원형을 밝히어 적는 경우
> • 파생어이면서 어근의 원형을 밝히어 적지 않는 경우 ·············· ㉠
> • 합성어이면서 어근의 원형을 밝히어 적는 경우 ·················· ㉡
> • 합성어이면서 어근의 원형을 밝히어 적지 않는 경우

▶ 문제에 쓰인 단어 중 이해하기 어려운 단어의 뜻을 사전에서 찾아 적어 보자.

	㉠	㉡
①	길이, 마중	무덤, 지붕
③	뒤뜰, 쌀알	무덤, 지붕
⑤	마중, 지붕	길이, 쌀알

	㉠	㉡
②	무덤, 지붕	뒤뜰, 쌀알
④	길이, 무덤	뒤뜰, 쌀알

■ 다음 글을 읽고 물음에 답하시오.

〈2013 수능〉

용언은 어간과 어미로 이루어진다. 일반적으로 용언이 활용할 때 변하지 않는 부분을 어간이라 하고 변하는 부분을 어미라 한다. ㉠용언은 서술어뿐 아니라 주어, 목적어, 관형어, 부사어 등 여러 문장 성분으로 쓰이면서 다양한 문법적 기능을 한다. 이러한 문법적 기능은 주로 어미에 의하여 나타나게 되므로 국어 문법 연구에서 어미의 특성을 이해하는 것은 매우 중요하다.

낯선 어휘의 뜻을 사전에서 찾아 적어 보자.

• 활용: 용언의 어간이나 서술격 조사에 변하는 말이 붙어 문장의 성격을 바꿈.

•

핵심어를 중심으로 문단의 내용을 요약해 보자.

핵심어 어간과 어미

용언이 활용할 때 변하지 않는 부분을 어간, 변하는 부분을 어미라 하고 용언의 문법적 기능은 주로 어미에 의하여 나타난다.

어미의 특성을 이해하기 위해서는 어미를 그와 유사한 것들과 함께 살펴볼 필요가 있다. 먼저, 조사와 비교해 볼 때 어미와 조사는 모두 홀로 쓰일 수 없다는 공통점이 있다. 그런데 ㉡어미는 항상 어간과 결합하여 쓰이므로 그 선행 요소인 어간도 독립적으로 쓰일 수 없다. 이러한 점을 고려하여 학교 문법에서는 어미를 단어로 인정하지 않고 그에 따라 별도의 품사로 설정하지 않는다. 따라서 '어간+어미' 전체가 한 단어로 취급된다. 이에 반해 조사는 홀로 쓰이지는 못하지만 ㉢조사의 앞에 결합하는 요소(주로 체언)가 단독으로 쓰일 수 있고 문맥에 따라 조사의 생략도 가능하므로 선행 요소와 분리되기가 쉽다. 이 점을 고려하여 조사는 단어로 인정하여 별도의 품사로 설정한다.

• 선행: 어떠한 것보다 앞서가거나 앞에 있음.

•

핵심어 어미와 조사

– 어미와 조사는 모두 홀로 쓰일 수 없다.
– 어미는 단어로 인정하지 않지만, 조사는 단어로 인정한다.

홀로 쓰이지 못한다는 공통점은 어미와 접미사 사이에서도 발견된다. 더욱이 ㉣접미사 중에는 어간 뒤에 결합하는 것들이 있어 어미와 혼동을 불러일으키기도 한다. 그러나 어미와 접미사는 새로운 단어를 생성하는지 여부로 구별할 수 있다. '읽었고, 읽겠습니다, 읽었느냐, ……'와 같이 용언 어간 '읽-'에 어떤 어미들이 결합하더라도 그것은 '읽다'라는 한 단어의 활용형일 뿐 새로운 단어가 만들어지는 것은 아니다. 활용형들은 별도의 단어가 아니므로 일일이 사전에 등재하지 않으며, 활용형 중 어간에 평서형 종결 어미 '-다'를 결합한 것을 기본형이라 하여 이것만을 사전에 표제어로 등재한다. 이에 반해 ㉤접미사는 어미와 달리 새로운 단어를 파생시키며 이 단어는 사전에 등재한다.

•

•

핵심어 _____
–
–

용언	→	어간	용언이 활용할 때 변하지 않는 부분
		❶	용언이 활용할 때 변하는 부분 – 용언의 다양한 문법적 기능이 나타남.

	어미	조사
공통점	홀로 쓰일 수 없음.	
차이점	항상 ❷과 결합하여 쓰임. → 단어로 인정 ×, 품사로 설정 ×	선행 요소와 분리되기 쉬움. → 단어로 인정 ○, 별도의 품사로 설정 ○

	어미	접미사
공통점	홀로 쓰일 수 없음.	
차이점	새로운 단어의 파생 × → 기본형(어간+-다)만 사전 등재	새로운 단어의 파생 ○ → 사전 등재

〈2013 수능 37번〉

01 윗글을 통해 알 수 있는 내용으로 적절하지 <u>않은</u> 것은?

① 용언은 어간에 어미가 결합해야만 문장 성분이 될 수 있다.

② 어미는 조사와 마찬가지로 선행 요소와 분리되어 쓰일 수 있다.

③ 어미는 학교 문법에서 품사로 분류되지 않는다.

④ 용언은 특정한 어미가 결합한 활용형만 사전에 표제어로 등재한다.

⑤ 어미는 접미사와 달리 새로운 단어를 파생시키지 않는다.

▶ 문제에 쓰인 단어 중 이해하기 어려운 단어의 뜻을 사전에서 찾아 적어 보자.

〈2013 수능 38번 변형〉

02 〈보기〉의 ⓐ~ⓔ를 ㉠~㉤의 예로 들어 설명할 때, 적절하지 <u>않은</u> 것은?

< 보기 >

지훈: 어제 집 앞에서 ⓐ지나가는 선우를 ⓑ만났어. ⓒ병원에 가는 길이라고 하더라. ⓓ많이 좋아졌대.

수진: 정말? 이제 마음이 ⓔ놓이네. 계속 걱정하고 있었거든.

① ⓐ: 문장 내에서 '선우'를 꾸며 주는 관형어로 기능하고 있으므로 ㉠의 예로 들 수 있다.

② ⓑ: 어간인 '만나-'와 어미인 '-았-', '-어'가 모두 문장 내에서 독립적으로 쓰일 수 없으므로 ㉡의 예로 들 수 있다.

③ ⓒ: 조사 '에'는 생략 가능하므로 ㉢의 예로 들 수 있다.

④ ⓓ: 형용사 어간 '많-'에 결합한 '-이'는 어미로도 볼 수 있고, 접미사로도 볼 수 있으므로 ㉣의 예로 들 수 있다.

⑤ ⓔ: 동사 어간 '놓이-'는 '놓-'에 접미사 '-이-'가 결합하여 새로운 단어가 만들어진 것이므로 ㉤의 예로 들 수 있다.

접사는 얼마나 많은 단어를 파생시킬까?

단어는 어근과 접사로 구성되어 있어요. 어근은 실질적인 의미를 나타내는 중심 부분이고, 접사는 어근에 붙어 그 뜻을 한정하

는 주변 부분이에요. 즉, 접사는 어근에 뜻을 보태어 주며 새로운 단어를 파생시키는 기능을 하지요. 어근을 기준으로 하여 앞에 오면 접두사, 뒤에 오면 접미사예요. 여러 어근과 결합하며 새로운 단어를 만드는데 적극적으로 기여하는 접사를 '생산적 접사'라고 하고, 제한된 어근과 결합하는 접사를 '비생산적 접사'라고 해요. 여기에서는 생산적 접사가 파생하는 여러 단어에 대해서 알아볼까요?

• 어간과 어미

어근과 접사가 단어 형성의 차원과 관계있는 개념이라면, 어간과 어미는 단어 중에서도 용언의 활용과 관련되는 개념이다. 즉, 용언이 활용할 때 변하지 않는 부분을 어간이라 하고, 변하는 부분을 어미라고 한다.

짓밟히다

어근	접사	어간	어미
밟-	짓-, -히-	짓밟히-	-다

〈보기〉와 같이, 밑줄 친 파생어의 의미를 적절하게 풀어서 표현한 것은?

〈 보기 〉
밤중에 발을 헛디디지 않도록 조심해야 한다. (→ 잘못 디디지)

① 그는 눈을 <u>치뜨고</u> 정면을 응시하였다. (→ 가늘게 뜨고)
② 문이 망가져 널빤지를 <u>덧대어</u> 수리했다. (→ 겹쳐 대어)
③ 당시에 그 나라에는 도적이 <u>들끓었다</u>. (→ 안에서 끓었다.)
④ 간호사가 환자의 팔에 붕대를 <u>되감았다</u>. (→ 친친 감았다.)
⑤ 동생이 가마솥 속의 팥죽을 <u>휘젓고</u> 있다. (→ 원형으로 젓고)

〈2013 6월 평가원〉

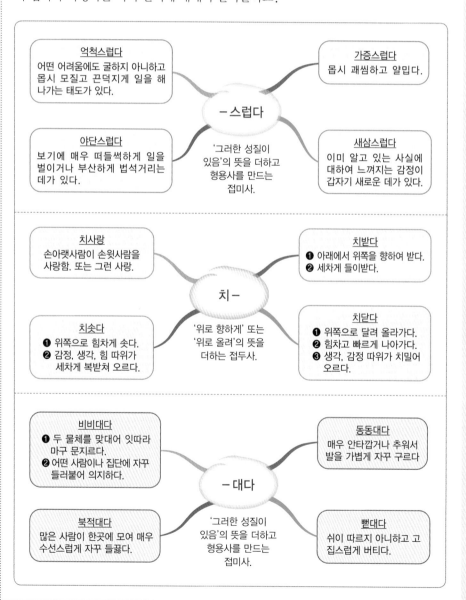

관용적 표현이란 둘 이상의 낱말이 합쳐져서 원래의 뜻과는 전혀 다른 새로운 뜻으로 굳어져서 사용되는 표현을 가리킵니다. 이미 굳어져서 한 낱말처럼 사용되기 때문에 마음대로 표현을 바꾸어 사용하면 원래 가지고 있던 특수한 의미를 상실하게 되지요.

■ 다음 관용적 표현 중, 뜻을 알고 있는 것에 ✓표를 하시오.

☐ 태풍의 눈   ☐ 악어의 눈물

■ 자주 사용되는 관용적 표현의 의미를 알아볼까요?

태풍의 눈

악어의 눈물

어떤 사물에 큰 영향을 주는 근본이 되는 것을 이르는 말.
예) 이번 조작 사건은 다음 투표 결과에 태풍의 눈이 될 것이다.

거짓 눈물을 비유적으로 이르는 말. 악어가 먹잇감을 잡아 먹을 때 쉽게 삼키기 위해 눈물을 흘리는 특성이 있는데, 여기에서 유래된 말.
예) 그 정치인의 눈물은 악어의 눈물이라고 생각해.

➕ 다음 글을 읽고 학생들이 나눈 내용이다. 빈칸에 들어갈 수 있는 관용적 표현을 쓰시오.

지난해 여름 한 연예인이 인터넷 포털 사이트에 자신의 프로필 정보를 속여서 올린 것이 밝혀지자 울면서 사과했다. 불순한 의도는 아니었으나 더 좋은 이미지를 만들고 싶다는 욕심으로 옳지 못한 선택을 한 것을 반성한다는 말에 팬들은 그를 한번 더 믿고 격려해 주었다. 그러나 1년이 채 지나지 않은 지금, 그 당시 변경한 프로필의 내용 역시 사실 정보가 아니라는 점이 밝혀지면서 팬들은 실망을 금치 못하고 있다. 평소 솔직하고 진솔한 모습으로 많은 사랑을 받아 왔기에 그가 다시 활동을 재개하는 것이 쉽지 않아 보인다. 또한 현재 대표 모델로 활동하고 있는 △△ 기업에서는 '정직'이라는 기업의 이미지를 실추했다는 이유로 위약금 반환 소송을 진행하고 있다. 과연 이 연예인이 이 위기를 어떻게 극복해 갈지 귀추가 주목된다.

병현: 똑같은 실수를 반복했다는 것은 진심으로 반성하는 태도가 아니라고 생각해. 결국 과거에 흘린 눈물은 (❶)(이)라고 할 수 있어.
지희: 그러게. 아마도 이번 사건은 이 연예인이 지금의 기획사와 재계약을 하는 데 (❷)이/가 될 거야.

• 태풍에 '눈'이 있다고?
'태풍의 눈'은 태풍의 중심을 가리키는 말이다. 태풍이 다가오면 비바람이 몰아치다가 어느 순간 갑자기 고요하게 날씨가 개는 경우가 있다. 그때가 바로 태풍의 '눈' 속으로 들어간 때이다. 태풍의 눈 주위에 있는 구름 띠에서는 강한 비가 내린다. 즉, 태풍의 눈을 벗어나면 다시 비바람이 몰아치는 것이다.

어휘 돋보기

재개(再開)
어떤 활동이나 회의 따위를 한동안 중단했다가 다시 시작함.

실추(失墜)
명예나 위신 따위를 떨어뜨리거나 잃음.

귀추(歸趨)
일이 되어 가는 형편.

➕ 문제 •
📖 ❶ 악어의 눈물 ❷ 태풍의 눈

05강 화법·작문·언어 | 언어 (3)

상보적(相補的)

서로 **相**
도울 **補**
과녁 **的**

서로 모자란 부분을 보충하는 관계에 있는 것.

📝 표준어와 방언은 대립적이라기보다는 상보적이다.

> **친절한 샘** '상보적'은 '**상호 보완적**'의 준말이라고 보면 됩니다. 서로 다른 특성을 지닌 두 대상이 서로 부족한 부분을 보충해 주는 관계를 '상보적 관계'라고 합니다. 만약 두 대상이 상대를 거부하고 따돌린다면 '**배타적(排他的)**'이라는 말을 씁니다.
> '상보적'이면서 동시에 '배타적'일 수도 있을까요? 문법에서 **상보 반의어**라는 것을 접하게 되는데요, 두 단어가 서로 양립할 수 없으면서(배타적), 서로 모자란 부분을 보충해서(상보적) 전체가 되는 것을 가리킵니다. 예를 들어, '남자'와 '여자'라는 단어는 의미상 배타적이면서 상보적인 관계라고 할 수 있어요.

참고 어휘 반의 관계의 종류

상보 반의어	모순의 관계를 이루는 반의어 📝 죽다–살다, 있다–없다, …
등급 반의어	정도나 등급의 대립 관계를 나타내는 반의어 📝 길다–짧다, 대–소, …
방향 반의어	방향상의 대립 관계를 나타내는 반의어 📝 위–아래, 출발–도착, …

사동(使動)

시킬 **使**
움직일 **動**

문장의 주체가 남에게 어떤 일이나 행동을 하도록 시키는 동사의 성질.

📝 사동의 뜻을 더하는 접사에는 '–이–, –히–, –리–, –기–, –우–, –구–, –추–'가 있다.

> **친절한 샘** '사(使)'는 '시키다'는 뜻을 지닌 한자입니다. 문자 그대로 남에게 어떤 동작을 하도록 시키는 것을 '사동'이라고 해요. '사동'과 자주 함께 나오는 '피동(被動)'은 주어가 남의 힘에 의해 움직이는 동사의 성질을 뜻합니다. '피(被)'는 '입다, 당하다'는 뜻을 지닌 한자입니다.

객체(客體)

손님 **客**
몸 **體**

문장 내에서 동사의 행위가 미치는 대상.

📝 '뵙다', '드리다', '여쭈다', '모시다' 등은 객체를 높일 때 쓰이는 말이다.

> **친절한 샘** 어떤 문장에서 목적어나 부사어가 지시하는 대상을 객체라고 합니다. 그리고 주어가 지시하는 대상을 '**주체(主體)**'라고 합니다. 예를 들어, '나는 할머니를 모시고 공원에 갔다.'에서 주어 자리에 있는 '나'가 주체, 목적어 자리에 있는 '할머니'가 객체에 해당합니다.

수사 의문문

(修辭疑問文)

꾸밀 **修**
말 **辭**
의심할 **疑**
물을 **問**
글월 **文**

문장의 형식은 물음을 나타내나 답변을 요구하지 아니하고 강한 긍정 진술을 내포하고 있는 의문문.

📝 수사 의문문이 쓰인 표현을 설의법이라고 한다.

> **친절한 샘** 의문문은 기본적으로 상대에게 대답을 요구하는 문장입니다. 하지만 수사 의문문은 형태만 의문문일 뿐, 대답을 요구하지 않고 어떤 특별한 뜻을 강조하여 나타내는 의문문입니다. '와, 정말 멋지지 않니?', '가난하다고 사랑을 모르겠는가.' 등이 여기에 해당해요.

참고 어휘 의문문의 종류

판정 의문문	단순히 긍정이나 부정의 대답을 요구하는 의문문 📝 숙제했어?
설명 의문문	일정한 설명을 요구하는 의문문 📝 숙제가 뭐지?
수사 의문문	굳이 대답을 요구하지 않는 의문문 📝 숙제가 없으면 얼마나 좋을까?

■ 동작상(動作相)

움직일 動
지을 作
모양 相

동사가 가지는 동작의 양태(樣態)·특질 따위를 나타내는 문법 범주의 하나.

예 우리말의 시간 표현에는 시제와 동작상이 있다.

> **? 친절한 샘** 동작상은 시간의 흐름 속에서 동작이 일어나는 모습을 표현하는 것으로 '진행상'과 '완료상'으로 나뉩니다.

참고 어휘	진행상과 완료상
진행상	동작이 진행 중임을 나타냄. **예** 승호는 운동장을 돌고 있다.
완료상	동작의 완료를 나타냄. 해당 사건이 끝난 결과가 지속됨. **예** 꽃이 피어 있다.

■ 종속적(從屬的)

따를 從
무리 屬
과녁 的

어떤 것에 딸려 붙어 있는.

예 근로자는 임금을 목적으로 종속적인 관계에서 사용자에게 근로를 제공하는 사람이다.

> **? 친절한 샘** '종속(從屬)'은 '자주성이 없이 주가 되는 것에 딸려 붙음'을 뜻합니다. '종속적으로 이어진 문장'에서 뒤 절은 의미가 독립적이지 못하고 앞절에 딸려 붙어 있습니다. 그래서 대등하게 이어진 문장과 달리 앞 절과 뒤 절의 순서를 바꿀 수가 없어요.
> 예를 들어 '비가 와서, 땅이 젖었다.'에서 '땅이 젖었다'는 '비가 와서'에 딸려 있는 문장이기 때문에 이 둘의 위치를 바꾸어 "땅이 젖어서, 비가 왔다."로 순서를 바꾸면 어색해집니다.

■ 중의성(重義性)

거듭 重
뜻 義
성질 性

한 단어나 문장이 두 가지 이상의 뜻으로 해석될 수 있는 현상이나 특성.

예 어떤 부정문은 그 뜻이 여러 가지로 해석되는 중의성을 가진다.

> **? 친절한 샘** '중(重)'은 '무겁다'는 뜻 외에 '거듭'의 뜻도 지니고 있어요. '거듭하거나 겹침'을 '중복(重複)'이라고 하죠? 여기에도 '거듭'을 뜻하는 '중(重)'이 쓰였어요. 참고로 '의미 중복'이 나타난 표현은 올바르지 않기 때문에 고쳐 써야 합니다.
> 예를 들어, '미리 예고하다'는 '예고(豫告)'에 이미 '미리'라는 뜻이 들어 있기 때문에 '예고하다'나 '미리 알리다'로 고쳐야 해요. '중의적 문장'은 둘 이상의 의미로 해석될 수 있는 문장을 뜻해요. 예를 들어 '친구들이 다 오지 않았다.'는 '친구들이 모두 안 왔다.'는 뜻과 '친구들이 일부만 왔다.'는 뜻으로 해석될 수 있는 중의적 문장이죠.

■ 담화(談話)

말씀 談
말할 話

❶ 서로 이야기를 주고받음.
❷ 한 단체나 공적인 자리에 있는 사람이 어떤 문제에 대한 견해나 태도를 밝히는 말.
❸ 둘 이상의 문장이 연속되어 이루어지는 말의 단위.

예 어떤 발화는 담화 상황을 고려해야 그 뜻을 정확히 파악할 수 있다.

> **? 친절한 샘** ❶은 '대화(對話)'와 유사한 뜻이죠? ❷는 '특별 담화', '대통령의 담화' 등과 같이 뉴스나 신문에서 자주 접할 수 있어요. 문법에서는 ❸의 의미로 쓰이죠.
> 담화는 하나 이상의 '발화'로 이뤄지는데, '발화(發話)'는 구체적인 맥락에서 말이나 글로 실현된 문장이라고 할 수 있습니다.

■ 연철(連綴)

이을 連
엮을 綴

한 음절의 종성을 다음 자의 초성으로 내려서 씀.

예 '구름에'를 '구르메'라고 쓰는 것은 연철의 표기 방식이다.

> **? 친절한 샘** 우리말의 표기 방식을 보면 중세 국어에서는 '말싼미'와 같은 연철(이어 적기)이 많이 나타나다가, 근대로 오면서 '말씀이'와 같은 분철(끊어 적기)로 점차 바뀝니다. 과도기 형태로, 잠시 '말씀미'와 같은 혼철(거듭 적기)이 나타나기도 합니다.

01 〈보기〉에서 '상보 반의어'를 모두 골라 묶은 것은?

〈 보기 〉

ㄱ. 많다 – 적다   ㄴ. 검다 – 희다   ㄷ. 살다 – 죽다
ㄹ. 있다 – 없다   ㅁ. 스승 – 제자   ㅂ. 남쪽 – 북쪽

① ㄱ, ㄴ   ② ㄷ, ㄹ   ③ ㄴ, ㄷ, ㅂ
④ ㄱ, ㄷ, ㅁ   ⑤ ㄴ, ㄹ, ㅁ, ㅂ

02 다음 문장에서 '주체'와 '객체'에 해당하는 사람은 각각 누구인지 찾아 쓰시오.

매일 아침마다 아버지는 시골에 사시는 할아버지께 안부 전화를 하신다.

(1) 주체: _____   (2) 객체: _____

03 다음 의문문의 종류에 해당하는 기호를 찾아 연결하시오.

(1) 네 생일이 언제야?   •

(2) 전주 한옥 마을에 가 본 적이 있나요?   •

(3) 흔들리지 않고 피는 꽃이 어디 있겠는가?   •

(4) 어떻게 공부해야 국어 실력이 좋아질 수 있어?   •

• ㉠ 판정 의문문

• ㉡ 설명 의문문

• ㉢ 수사 의문문

04 다음 중 문장의 앞 절과 뒤 절이 종속적인 관계를 맺고 있지 <u>않은</u> 것은?

① 감기 들지 않도록 옷을 따뜻하게 입어라.
② 비가 너무 많이 와서, 체육 대회가 취소되었다.
③ 날이 더워지자, 아이스크림 판매량이 늘어났다.
④ 동규는 축구를 좋아하고, 수민이는 야구를 좋아한다.
⑤ 이 옷이 마음에 들지 않으면, 다른 옷으로 바꿔 가세요.

05 다음 문장의 동작상이 진행상이면 '진', 완료상이면 '완'이라고 쓰시오.

(1) 지은이는 혼자서 공원 의자에 앉아 있다. ·· (   )

(2) 지금 밖에는 함박눈이 펑펑 내리고 있다. ·· (   )

(3) 은수는 독서실에서 한창 공부하는 중이다. ·· (   )

(4) 호영이가 혼자서 피자 한 판을 다 먹어 버렸다. ·································· (   )

06 중의적 문장에 해당하지 <u>않는</u> 것은?

① 약속 장소에 아무도 오지 않았다.

② 철수는 그리워하는 친구들이 많다.

③ 누나는 나보다 드라마를 더 좋아한다.

④ 예쁜 동생의 인형을 잠시 맡아 두기로 했다.

⑤ 지희는 웃으면서 교실에 들어오는 친구에게 인사했다.

개념어를 알면 **답**이 보인다

〈2015 6월 평가원 A형 13번〉

07 〈보기〉의 ㉠, ㉡에 해당하는 것은?

> ─〈 보기 〉─
>
> 우리말의 용언 중에는 피동사와 사동사의 형태가 동일한 것이 있다. 예를 들어, '보다'는 사동사와 피동사가 모두 '보이다'로 그 형태가 같다. 이때 ㉠사동사로 쓰인 경우와 ㉡피동사로 쓰인 경우는 다음과 같이 문장에서의 쓰임을 통해 구별된다.
> ┌ 동생이 새 시계를 내게 <u>보였다</u>. (사동사로 쓰인 경우)
> └ 구름 사이로 희미하게 해가 <u>보였다</u>. (피동사로 쓰인 경우)

▶ 문제에 쓰인 단어 중 이해하기 어려운 단어의 뜻을 찾아 적어 보자.

① ┌ ㉠: 운동화 끈이 <u>풀렸다</u>.
   └ ㉡: 아빠의 칭찬에 피로가 금세 <u>풀렸다</u>.

② ┌ ㉠: 우는 아이가 엄마 등에 <u>업혔다</u>.
   └ ㉡: 누나가 이모에게 아기를 <u>업혔다</u>.

③ ┌ ㉠: 나는 젖은 옷을 햇볕에 <u>말렸다</u>.
   └ ㉡: 동생은 집에 가겠다는 친구를 <u>말렸다</u>.

④ ┌ ㉠: 새들이 따뜻한 곳에서 몸을 <u>녹였다</u>.
   └ ㉡: 햇살이 고드름을 천천히 <u>녹였다</u>.

⑤ ┌ ㉠: 형이 친구에게 꽃다발을 <u>안겼다</u>.
   └ ㉡: 아기 곰이 어미 품에 포근히 <u>안겼다</u>.

■ 다음 글을 읽고 물음에 답하시오.

〈2018 6월 평가원〉

  단어의 의미 관계 중 상하 관계는 의미상 한 단어가 다른 단어를 포함하거나 다른 단어에 포함되는 관계를 말한다. 이때 다른 단어의 의미를 포함하는 단어를 상의어라 하고 다른 단어의 의미에 포함되는 단어를 하의어라하는데, 상의어일수록 일반적이고 포괄적인 의미를 지니며 하의어일수록 구체적이고 한정적인 의미를 지닌다.

> **낯선 어휘의 뜻을 사전에서 찾아 적어 보자.**

> • 포괄적: 일정한 대상이나 현상 따위를 어떤 범위나 한계 안에 모두 끌어넣는.
>
> •

> **핵심어를 중심으로 문단의 내용을 요약해 보자.**

> **핵심어** 상하 관계(상의어, 하의어)
>
> 상하 관계에서 상의어일수록 일반적·포괄적 의미를, 하의어일수록 구체적·한정적 의미를 지닌다.

  상하 관계에 있는 단어들은 상의어와 하의어가 상대적으로 정해진다. 이를테면 '구기'는 '스포츠'와의 관계 속에서 하의어가 되지만, '축구'와의 관계 속에서는 상의어가 된다. 그런데 '구기'의 하의어에는 '축구' 외에 '야구', '농구' 등이 더 있다. 이때 상의어인 '구기'에 대해 하의어 '축구', '야구', '농구' 등은 같은 계층에 있어 이들을 상의어 '구기'의 공하의어라 하며, 이들 공하의어 사이에는 ㉠비양립 관계가 성립한다. 곧 어떤 구기가 '축구'이면서 동시에 '야구'나 '농구'일 수는 없다.

> • 상대적:
>
> •

> **핵심어** 공하의어, 비양립 관계
>
> 상의어와 하의어는 상대적으로 정해지며, 같은 계층에 있는 공하의어 사이에는 비양립 관계가 성립한다.

  한편 상하 관계에서는 하의어들이 상의어의 의미를 이어받아 상의어를 의미적으로 함의한다. 일례로 어떤 새가 '장끼'이면 그 '장끼'는 상의어 '꿩'의 의미를 이어받으므로 '꿩'을 의미적으로 함의하는 것이다. 그러나 어떤새가 '꿩'이라 해서 그것이 꼭 '장끼'여야 하는 것은 아니므로, 상의어는 하의어를 의미적으로 함의하지 못한다. 이를 '[ ]'로 표현하는 의미 자질로 설명하면, 하의어 '장끼'는 상의어 '꿩'의 의미 자질들을 가지면서 [수컷]이라는 의미 자질을 더 가져, 결국 하의어 '장끼'는 상의어 '꿩'보다 의미 자질 개수가 많다. 곧 상의어보다 의미 자질이 많은 하의어는 상의어를 의미적으로 함의하는 것이다.

> • 함의:
>
> •

> **핵심어** _____

  그런데 앞에서 살폈듯이 '구기'의 공하의어가 여러 개인 것과 달리, '꿩'의 공하의어는 성별로 구분했을 때 '장끼'와 '까투리' 둘뿐이다. '구기'의 공하의어인 '축구', '야구' 등과 마찬가지로 '장끼', '까투리'는 '꿩'의 공하의어로서 비양립 관계에 있다. 그러나 '장끼'와 '까투리'의 경우, '장끼'가 아닌 것은 곧 '까투리'이고 그 역도 성립한다는 점에서 ㉡상보적 반의 관계에 있다. 따라서 한 상의어가 같은 계층의 두 단어만을 공하의어로 포함하면, 그 공하의어들은 상보적 반의 관계에 있다고 할 수 있다.

> •
>
> •

> **핵심어** _____

상의어	일반적이고 포괄적인 의미
하의어	구체적이고 ❶[ ]인 의미

← 하의어   상의어 →
야구, 농구, 축구 ⊂ 구기 ⊂ 스포츠
공하의어([ ]❷ 관계)

- **하의어**: 상의어를 의미적으로 함의함.
  - 〔예〕 장끼: '꿩'의 의미 자질들[+수컷] → '장끼'(하의어)는 '꿩'(상의어)보다 의미 자질 개수가 많음.
- 한 [ ]❸이/가 같은 계층의 두 단어만을 공하의어로 포함함. → [ ]❹ 반의 관계
  - 〔예〕 장끼 - 까투리

〈2018 6월 평가원 11번〉

01 윗글을 바탕으로 다음 자료를 탐구한 것으로 적절하지 <u>않은</u> 것은?

> **악기(樂器)**[-끼] 〔명〕
> 〔음악〕 음악을 연주하는 데 쓰는 기구를 통틀어 이르는 말. 연주법에 따라 일반적으로 현악기, 관악기, 타악기로 나눈다.
>
> **타-악기(打樂器)**[타:-끼] 〔명〕
> 〔음악〕 두드려서 소리를 내는 악기를 통틀어 이르는 말. 팀파니, 실로폰, 북이나 심벌즈 따위이다.

① '타악기'는 '실로폰'의 상의어로서 '실로폰'보다 포괄적인 의미를 갖겠군.
② '북'은 '타악기'의 하의어이므로 [두드림]을 의미 자질 중 하나로 갖겠군.
③ '기구'는 '악기'를 의미적으로 함의하고 '악기'는 '북'을 의미적으로 함의하겠군.
④ '타악기'와 '심벌즈'는 모두 '기구'의 하의어이지만, '기구'의 공하의어는 아니겠군.
⑤ '현악기'와 '관악기'는 '악기'의 공하의어이므로 모두 '악기'의 상의어 '기구'보다 의미 자질의 개수가 많겠군.

〈2018 6월 평가원 12번〉

02 윗글을 바탕으로 할 때 ㉠과 ㉡을 모두 만족시키는 단어 쌍만을 〈보기〉에서 있는 대로 고른 것은?

> ── 〈 보기 〉 ──
>
> ⓐ여름에 고향을 출발한 그가 마침내 ⓑ북극에 도달했다는 소식에 나는 다급해졌다. 지구의 양극 중 ⓒ남극에는 내가 먼저 가야 했다. 남극 대륙은 ⓓ계절이 여름이어도 내 고향의 ⓔ겨울만큼 바람이 찼다. 남극 대륙에서 나를 위로해 준 것은 썰매를 끄는 ⓕ개들과 귀여운 몸짓을 하는 ⓖ펭귄들, 그리고 먹이를 찾아 날아다니는 ⓗ갈매기들뿐이었다.

① ⓑ-ⓒ
② ⓐ-ⓔ, ⓑ-ⓒ
③ ⓑ-ⓒ, ⓖ-ⓗ
④ ⓐ-ⓓ, ⓑ-ⓒ, ⓖ-ⓗ
⑤ ⓐ-ⓔ, ⓑ-ⓒ, ⓕ-ⓗ

▶ 문제에 쓰인 단어 중 이해하기 어려운 단어의 뜻을 사전에서 찾아 적어 보자.

국어사전에 한 단어의 의미가 이렇게나 많다고?

사전에 하나의 표제어로 제시되어 있는데, 두 가지 이상의 여러 의미를 지니는 단어를 다의어라고 합니다. 다의어 중에서 가장 기본적이고 핵심적인 의미를 중심적 의미라고 하고, 상황이나 맥락에 따라 의미 범위가 확장된 의미를 주변적 의미라고 해요. 중심적 의미는 주로 사전의 첫 번째 뜻풀이로 제시된답니다.

일손
"손님이 많아져서 손이 부족해."

손

힘이나 노력, 기술
"일의 성패는 너의 손에 달려 있어."

영향력이나 권한이 미치는 범위
"범인은 경찰의 손이 미치지 않는 곳으로 도망갔다."

사람의 팔목 끝에 달린 부분

사람의 수완이나 꾀
"장사꾼의 손에 놀아났군."

■ **기출 문제에는 어떻게 나왔는지 지문을 통해서 확인해 볼까요?**

> 단어는 다양한 맥락에서 사용되면서 중심적 의미가 주변적 의미로 확장되어 다의 관계를 이루기도 한다. 일례로 자연과 관련된 단어가 자연물이나 자연현상을 그대로 나타내는 중심적 의미로 쓰이다가 비유적으로 확장되어 주변적 의미로 사용되기도 한다.
> 〈2016 6월 평가원〉

- 〈2017 수능 지문〉 공간과 관련된 중심적 의미를 지니던 것이 추상화되어 주변적 의미도 지니게 된 것이라고 할 수 있지.
- 〈2018 수능 선지〉 표제어의 뜻풀이가 추가되어 다의어의 중심적 의미가 수정되었군.

■ **중심적 의미와 주변적 의미는 국어사전을 찾아보면 분명하게 알 수 있습니다. 국어사전에는 단어의 뜻풀이뿐만 아니라 품사, 문형 정보, 관용구 등 다양한 정보가 담겨 있답니다. 그럼 이제 국어사전을 함께 볼까요?**

'닫다¹'과 '닫다²'는 서로 다른 표제어임. → 동음이의어

닫다¹ [닫따] (달아[다라], 달으니[다르니], 닫는[단는]) 동
  └ 표준 발음 └ 활용 정보   └ 품사
빨리 뛰어가다.
  예 그는 땀을 뻘뻘 흘리며 달아 간신히 목적지에 도착했다.

닫다² [닫따] (달아[다다], 닫으니[다드니], 닫는[단는]) 동【…을】
                                                    └ 문형 정보
❶ 열린 문짝, 뚜껑, 서랍 따위를 도로 제자리로 가게 하여 막다.
  예 서랍을 닫다   └ 중심적 의미
❷ 회의나 모임 따위를 끝내다.
  예 오늘 모임은 이만 닫고, 내일 다시 열기로 하겠습니다.
❸ 하루의 영업을 마치다.
  예 지금은 은행이 문을 닫았을 시간이다.
❹ ('입'을 목적어로 하여) 굳게 다물다.
  예 그는 이 문제에 대해서는 입을 닫고 아무 말을 하지 않았다.
  ❷ ~ ❹는 주변적 의미

- **사전적 의미와 함축적 의미**
감정 가치나 문맥적 용법이 배제된 상태의 의미로서 사전의 일차적 의미를 **사전적 의미** 또는 **개념적 의미**라고 한다. 하지만 우리가 일상생활 속에서는 사전적 의미로만 의미 전달이 되지 않는 경우가 있다. 사전적 의미에 덧붙여서 연상이나 관습 등에 의해 형성되는 의미를 **함축적 의미** 또는 **내포적 의미**라고 한다.

> 금잔화도 인가도 보이지 않는 밤이 되면
> 폭포는 곧은 소리를 내며 떨어진다
> – 김수영, 「폭포」ㅣ
> 〈2013 수능〉

- **'금잔화'의 의미**
① 사전적 의미: 국화과의 한해살이 풀.
② 함축적 의미: 희망, 생명.

- **'밤'의 의미**
① 사전적 의미: 해가 져서 어두워진 때부터 다음 날 해가 떠서 밝아지기 전까지의 동안.
② 함축적 의미: 어두운 시대, 부정적 현실.

사전의 정보 이해하기

- **표제어**: 표제가 되는 말.
- **문형 정보**: 주어를 제외하고 서술어가 요구하는 필수적 문장 성분. 따라서 문장에서 서술어가 될 수 있는 '용언(동사, 형용사)'에만 제시됨.
- **활용 정보**: 체언과 조사의 결합 또는 용언의 어간과 어미가 결합된 형태를 제시하고 필요한 경우 발음이 함께 제시됨.

서양에서 유래한 관용적 표현 중에 알아 두면 유용한 표현이 몇 가지 있어요. 관용적 표현의 경우에는 결합된 단어 그 자체의 의미와는 전혀 다른 의미로 굳어져 사용되기 때문에 별도로 익혀 둘 필요가 있답니다.

■ 다음 관용적 표현 중, 뜻을 알고 있는 것에 ✓표를 하시오.

☐ 뜨거운 감자　　　　　　　☐ 양날의 칼

■ 서양에서 유래한 관용적 표현은 우리의 일상에서도 많이 사용하고 있답니다. 자주 사용되는 관용적 표현을 알아볼까요?

뜨거운 감자

양날의 칼

중요한 문제이지만 쉽게 다루기 어려운 문제를 비유적으로 이르는 말. 이럴 수도 없고 저럴 수도 없는 곤란한 경우 또는 사건을 가리키는 말.
⑩ 무역 전쟁의 뜨거운 감자, ○○은 어떤 기업인가?

어떠한 것이 쓰임에 따라 상대방에게 위협이 되는 동시에 자신에게도 위협이 됨을 비유적으로 이르는 말.
⑩ 질투는 양날의 칼과 같다는 것을 알아야 한다.

➕ 다음 글을 읽고 빈칸에 들어가기에 적절한 관용적 표현을 쓰시오.

> 스크린 독과점 문제가 다시 ┃ **❶** ┃ (으)로 떠올랐다. 스크린 독과점은 2000년대부터 꾸준히 제기되어 온 한국 영화계의 고질적인 문제이지만 한국 대작 영화의 스크린 점유율은 갈수록 높아져 온 것이 현실이다. 산업의 측면에서 최대한 많은 수의 극장을 잡아 개봉하는 방식은 단기간의 이윤을 확보할 수 있어 근시안적으로는 현명해 보일지 모른다. 〈중략〉 그러나 '공급이 수요를 창출한다.'라는 식의 발상에 기반을 둔 일방적인 독주는 장기적으로 여러 가지 문제점을 초래한다.
>
> – 국제신문, 2017. 8. 17.

어휘 돋보기

독과점(獨寡占)
혼자서 모두 차지한다는 의미인 '독점'과 몇몇 기업이 어떤 상품 시장의 대부분을 지배하는 상태를 가리키는 말인 '과점'을 아우르는 말.

고질적(痼疾的)
오랫동안 앓고 있어 고치기 어려운 것.

근시안적(近視眼的)
앞날의 일이나 사물 전체를 보지 못하고 눈앞의 부분적인 현상에만 사로잡히는 것.

➕ 문제 •
📖 ❶ 뜨거운 감자

01 다음 설명에 해당하는 개념어로 적절한 것의 기호를 연결하시오.

(1) 뜻을 가진 가장 작은 말의 단위.   •   • ㉠ 음운

(2) 말의 뜻을 구별하여 주는 소리의 가장 작은 단위.   •   • ㉡ 음절

(3) 하나의 종합된 음의 느낌을 주는 말소리의 단위.   •   • ㉢ 형태소

02 밑줄 친 대명사가 미지칭이면 '미', 부정칭이면 '부', 재귀칭이면 '재'라고 쓰시오.

(1) 이번 선거에서는 <u>누구</u>에게 표를 주어야 할까? ·· (　　　)

(2) 이곳은 <u>누구</u>나 들어올 수 있는 곳이야. ·· (　　　)

(3) 너와 함께라면 <u>어디</u>나 갈 수 있어. ·· (　　　)

(4) 할머니는 <u>당신</u>이 손수 만드신 옷을 나에게 주셨다. ·· (　　　)

03 다음 밑줄 친 말을 통칭하는 단어로 가장 적절한 것은?

> 글을 쓸 때에는 <u>글의 주제</u>와 <u>예상 독자</u>, <u>글의 유형</u>, 활용하고자 하는 <u>매체의 특성</u> 등을 종합적으로 고려해야 한다.

① 요소   ② 맥락   ③ 제재   ④ 구성   ⑤ 관습

04 다음 ⓐ~ⓓ에 들어갈 말로 적절한 것을 〈보기〉에서 골라 쓰시오.

• 탐구 자료

조음 방법＼조음 위치	입술소리	잇몸소리	센입천장소리	여린입천장소리
비음	ㅁ	ㄴ		ㅇ
유음		ㄹ		

㉠왕릉 → [왕능]   ㉡진리 → [질리]

• 탐구 내용

　㉠과 ㉡에 공통으로 나타난 음운 변동은 모두 (ⓐ)에 해당한다. ㉠에서는 'ㄹ'이 앞에 있는 'ㅇ'의 영향을 받아 'ㄴ'으로 바뀌는 (ⓑ)이/가 일어났으며, ㉡에서는 'ㄴ'이 뒤에 오는 'ㄹ'의 영향을 받아 'ㄹ'로 바뀌는 (ⓒ)이/가 일어났다. ㉠과 ㉡ 모두 음운 변동의 과정에서 (ⓓ)이/가 바뀌었다.

―〈 보기 〉―

동화   연음   축약   유음화   구개음화   비음화   조음 위치   조음 방법

05 다음 ㉠~㉣에 들어갈 말을 바르게 짝지은 것은?

> 동사와 형용사를 구별하는 기준으로 [　㉠　] 양상을 내세우기도 한다. 동사와 달리 형용사는 원칙적으로 선어말 어미 '-ㄴ/는-', 관형사형 [　㉡　] '-는', 명령형·청유형 [　㉢　] '-어라', '-자', 의도나 목적을 나타내는 [　㉣　] '-려고' 등과 결합하여 쓰이지 않는다.

	㉠	㉡	㉢	㉣
①	활용	전성 어미	종결 어미	연결 어미
②	활용	전성 어미	연결 어미	종결 어미
③	활용	연결 어미	종결 어미	전성 어미
④	동화	전성 어미	종결 어미	연결 어미
⑤	동화	연결 어미	종결 어미	전성 어미

〈2018 수능 11번 변형〉

06 〈보기〉의 문장에서 ㉠~㉤에 해당하는 예를 찾아 이를 설명한 내용으로 적절하지 <u>않은</u> 것은?

> 국어의 단어들은 ㉠어근과 어근이 결합해 만들어지기도 하고 어근과 파생 접사가 결합해 만들어지기도 한다. 어근과 파생 접사가 결합한 단어는 ㉡파생 접사가 어근의 앞에 결합한 것도 있고, ㉢파생 접사가 어근의 뒤에 결합한 것도 있다. 어근이 용언 어간이나 체언일 때, 그 뒤에 결합한 파생 접사는 어미나 조사와 혼동될 수도 있다. 그러나 파생 접사는 주로 새로운 단어를 만든다는 점에서 차이가 있다. 이에 비해 ㉣어미는 용언 어간과 결합해 용언이 문장 성분이 될 수 있도록 해 주고, ㉤조사는 체언과 결합해 체언이 문장 성분임을 나타내 줄 뿐 새로운 단어를 만들지는 않는다. 이 점에서 어미와 조사는 파생 접사와 분명하게 구별된다.

〈 보기 〉

아기장수가 맨손으로 산 위에 쌓인 바위를 깨뜨리는 모습이 멋졌다.

① '아기장수'는 ㉠에 해당하는 예로, 어근 '아기'와 어근 '장수'가 결합하였다.
② '맨손'은 ㉡에 해당하는 예로, 파생 접사 '맨-'이 어근 '손' 앞에 결합하였다.
③ '쌓인'의 어간은 ㉢에 해당하는 예로, 파생 접사 '-이-'가 어근 '쌓-' 뒤에 결합하였다.
④ '깨뜨리는'은 ㉣에 해당하는 예로, 어미 '-리는'이 용언 어간 '깨뜨-'와 결합하였다.
⑤ '모습이'는 ㉤에 해당하는 예로, 조사 '이'가 체언 '모습'과 결합하였다.

07 의문문의 종류를 파악한 것으로 적절하지 <u>않은</u> 것은?

① 진호야, 지금 나랑 같이 도서관에 가 줄 수 있어? ·· 판정 의문문
② 세 살짜리도 풀 수 있는 쉬운 문제를 내가 못 풀겠니? ······························· 수사 의문문
③ 이번 주제 발표에서 어떤 내용으로 발표할지 생각해 봤어? ······················· 설명 의문문
④ 남한산성이 시대별 축성술의 표본이라는 것은 어떤 의미인가요? ············· 설명 의문문
⑤ 우리가 생활 속에서 실천할 수 있는 나눔에는 어떤 것이 있을까? ·············· 설명 의문문

08 〈보기〉와 같이 '휘날리다'를 분석할 때, ㉠~㉣에 들어갈 개념어를 바르게 짝지은 것은?

	㉠	㉡	㉢	㉣
①	어간	어미	접사	어근
②	어간	어미	어근	접사
③	어근	어미	어간	접사
④	어근	접사	어간	어미
⑤	접사	어미	어근	어간

09 밑줄 친 말이 〈보기〉의 ㉡과 쓰임이 유사한 것은?

〈 보기 〉

• 그는 인기척을 ㉠내고 방문을 열었다.
• 그는 끝까지 유혹을 참아 ㉡내었다.

　위에서 ㉠은 문장에서 자립적으로 쓰여 서술어 기능을 한다. 그러나 ㉡은 혼자서는 쓰이지 못하고 반드시 다른 용언의 뒤에서 의미를 더하여 주는 '보조 용언'의 기능을 한다.

① 소화기를 눈에 잘 띄는 곳에 두었다.
② 그는 지금까지 외로움을 잘 견뎌 왔다.
③ 소희는 친구의 자전거를 고쳐 주었다.
④ 내 말을 못 믿겠으면 네가 직접 가서 봐라.
⑤ 민우는 일주일 용돈을 하루에 다 써 버렸다.

10 문맥상 밑줄 친 단어의 쓰임이 적절하지 <u>않은</u> 것은?

① 밤새 진행된 노사 간의 협상이 극적으로 <u>결렬되어</u> 파업을 피할 수 있게 되었다.

② 최근 우리나라 국민이 나트륨을 과도하게 섭취하고 있어 이에 대한 관리가 <u>시급하다</u>.

③ 난민으로 인정받지 못한 인도적 체류자들에게도 난민에 <u>준하는</u> 혜택을 제공하자고 말했다.

④ 아리스토텔레스의 형이상학을 <u>고수하는</u> 종교 지도자들은 그의 이론을 받아들이려 하지 않았다.

⑤ 이 작품은 전쟁으로 인해 기본적인 존엄성마저 상실한 채 살아가는 인간의 모습을 <u>상기하게</u> 하는군.

11 다음 빈칸에 공통으로 들어갈 단어로 가장 적절한 것은?

- 이 토의에서는 최적화된 결과를   하기 위해 제삼의 방안을 절충안으로 결정하였다.
- 이 글에서는 특정 이론에 대한 다양한 비판의 타당성을 검토한 후 새로운 이론을   하고 있다.
- 유비 논증은 이미 알고 있는 전제에서 새로운 정보를 결론으로   하게 된다는 점에서 유익하기 때문에 일상생활과 과학에서 흔하게 쓰인다.

① 유추(類推)   ② 제시(提示)   ③ 도출(導出)

④ 유도(誘導)   ⑤ 합의(合意)

12 다음 밑줄 친 말과 바꿔 쓰기에 가장 적절한 것은?

(1)
    정부는 대내외적인 경제 상황이 악화되어 올해 경제 성장률이 당초 예상치에 <u>들어맞는</u> 결과가 나오기 어려울 것으로 전망했다.

① 부각(浮刻)하는   ② 부상(浮上)하는   ③ 부합(符合)하는

④ 규합(糾合)하는   ⑤ 부응(副應)하는

(2)
    인터뷰에서 박사는 일만 원권 화폐에 담긴 문화유산을 설명하기 위해, 학생들이 국어 시간에 '용비어천가'를 학습했던 경험을 <u>불러일으키고</u> 있군.

① 도입(導入)하고   ② 피력(披瀝)하고   ③ 제안(提案)하고

④ 환기(喚起)하고   ⑤ 호출(呼出)하고

13 의미 관계를 고려할 때, 'ㄱ-ㄴ'과 같은 쌍으로 묶이지 <u>않은</u> 것은?

> 기호의 형식인 음성과 기호의 내용인 의미의 결합이 ㉠필연적인 이유 없이 ㉡자의적으로 이루어지는 특성을 '언어의 자의성'이라고 한다. 언어의 자의성은 언어마다 특정한 의미(내용)를 가진 대상에 대하여 다른 음성(형식)을 사용하는 것이나, 의미 하나에 소리가 여러 가지인 경우, 또 소리 하나에 의미가 여러 가지인 경우에서 확인할 수 있다.

① 타결(妥結) – 결렬(決裂)　　　　　　② 음소(音素) – 운소(韻素)
③ 취조(取調) – 문초(問招)　　　　　　④ 종속적(從屬的) – 독립적(獨立的)
⑤ 양성 모음(陽性母音) – 음성 모음(陰性母音)

14 밑줄 친 순우리말의 쓰임이 적절하지 <u>않은</u> 것은?

① 마당에 피어 있던 꽃이 <u>시나브로</u> 지고 없어졌다.
② 언덕에 올라 호수의 <u>윤슬</u>을 바라보니 마음이 편안해진다.
③ 지루하게 계속 내리던 <u>여우비</u>가 그치자 마음까지 상쾌해진다.
④ 그 순간 그녀는 마음에 <u>서리서리</u> 슬픔이 뒤엉키는 것을 느꼈다.
⑤ 우리도 좀 필요한 데가 있어서 <u>우수리</u>를 떼고 20만 원만 드리기로 했다.

〈2016 6월 평가원 13번〉

15 〈보기〉의 ㉠, ㉡에 해당하는 예로 적절하지 <u>않은</u> 것은?

> ───────〈 보기 〉───────
>
> 　단어는 다양한 맥락에서 사용되면서 ㉠중심적 의미가 ㉡주변적 의미로 확장되어 다의 관계를 이루기도 한다. 일례로 자연과 관련된 단어가 자연물이나 자연 현상을 그대로 나타내는 중심적 의미로 쓰이다가 비유적으로 확장되어 주변적 의미로 사용되기도 한다.
>
> 　(가) 여름이 오기 전에 홍수를 대비한다.
> 　(나) 우리는 정보의 홍수 시대에 살고 있다.
>
> (가)의 '홍수'는 중심적 의미로, (나)의 '홍수'는 주변적 의미로 사용되었다.

① ┌ ㉠: 천체 망원경으로 밤하늘의 별을 관찰했다.
　└ ㉡: 어제 물리학계의 큰 별이 졌다.
② ┌ ㉠: 천둥과 번개를 동반한 비가 내렸다.
　└ ㉡: 그는 도망가는 데만큼은 정말 번개야.
③ ┌ ㉠: 그는 자신의 뿌리를 찾고자 노력한다.
　└ ㉡: 잡초가 다시 자라지 않도록 뿌리를 뽑았다.
④ ┌ ㉠: 일출을 기다리는 우리 앞에 붉은 태양이 떠올랐다.
　└ ㉡: 그녀는 그가 자기 마음의 태양이라고 말했다.
⑤ ┌ ㉠: 들판에는 풀잎마다 이슬이 맺혔다.
　└ ㉡: 그녀는 두 눈에 맺힌 이슬이 뜨겁게 흘러내렸다.

16 다음 빈칸에 공통으로 들어갈 한자 성어로 적절한 것은?

> • 준호가 돌아올 때가 지났는데 아직도 ⬜⬜⬜이다.
> • 심부름을 보낸 지가 언젠데 여태껏 ⬜⬜⬜(이)란 말인가.

① 와신상담(臥薪嘗膽) ② 주마간산(走馬看山)
③ 설상가상(雪上加霜) ④ 풍전등화(風前燈火)
⑤ 함흥차사(咸興差使)

17 다음 상황을 고려할 때 빈칸에 들어갈 관용어로 가장 적절한 것은?

 대입 제도를 개편할 때마다 늘 이렇게 찬반이 첨예하게 맞서네.

 우리 사회에서 대입 제도는 언제나 ⬜⬜⬜(이)라고 할 수 있어.

① 양날의 칼   ② 악어의 눈물   ③ 동전의 양면
④ 뜨거운 감자   ⑤ 콜럼버스의 달걀

18 다음의 열쇠 말을 참고하여 오른쪽에 있는 표의 빈칸에 알맞은 말을 쓰시오.

[가로 열쇠]
1. 남을 배척하는 것. ○○○ 태도.
3. 용언의 어간에 붙어 다른 품사의 기능을 수행하게 하는 어미.
5. 어떤 사물이나 처소 따위를 이르는 대명사를 ○○ 대명사라 함.
6. 정해지지 아니한 사람, 물건, 방향, 장소 따위를 가리키는 대명사.
7. 정신을 차리고 주의 깊게 살피어 경계하는 마음을 ○○심이라 함.
9. 단모음과 결합하여 이중 모음을 만드는 모음.
11. 동일한 성질을 가진 부류나 범위로 묶음.

[세로 열쇠]
2. 사물의 이치에 맞는 옳은 성질.
4. 모르는 사물이나 사람을 가리키는 대명사. '누구', '어디', '무엇' 따위가 있다.
6. 어떤 사물을 특징지어 두드러지게 함.
8. 서로 반대되거나 어긋남. 두 사람은 서로 ○○된 진술을 했다.
10. 겹받침이 어말이나 자음으로 시작하는 형태소 앞에서 발음될 때, 홑자음으로 바뀌어 소리 나는 현상. '삶'이 '[삼:]'으로, '닭들'이 '[닥뜰]'로 발음되는 것.

1	2			8		10
				9		
3			4			
			5			
	6					
7				11		

Ⅱ

문학

07강   고전 시가 (1) – 자연 친화

08강   고전 시가 (2) – 선조들의 삶

09강   현대시 (1) – 감정과 태도

10강   현대시 (2) – 자아

11강   고전 소설 (1) – 양반과 백성

12강   고전 소설 (2) – 영웅 이야기

13강   현대 소설 (1) – 일제 강점기~6·25 전쟁

14강   현대 소설 (2) – 근대화·산업화

15강   형성 평가

강호(江湖)

강 江
호수 湖

❶ 강과 호수를 아울러 이르는 말.
❷ (옛날에) 시인이나 정치인 등이 현실을 도피하여 살던 시골이나 자연.
⑩ 강호에 봄이 드니 미친 흥(興)이 절로 난다. 〈2016 대수능 | 맹사성, 「강호사시가」〉

? 친절한 샘 고전 시가에서 강호(江湖)는 단순히 강과 호수가 아니라 옛사람들이 현실을 떠나 지냈던 자연을 의미합니다. 특히 이곳에서 시인들이 자연을 벗삼으며 일으킨 시가 창작의 한 경향을 **강호가도(江湖歌道)**라 하며, 이에 담긴 한가로운 심정을 **강호한정(江湖閑情)**이라고 합니다.

은거(隱居)

숨을 隱
살 居

❶ 세상을 피하여 숨어서 삶.
❷ 예전에, 벼슬자리에서 물러나 한가로이 지내던 일.
⑩ 「방옹시여(放翁詩餘)」는 정계에서 밀려난 신흠이 은거 상황을 배경으로 창작한 시조 작품을 모아 놓은 것이다. 〈2017 9월 평가원〉

? 친절한 샘 소부(巢父)와 허유(許由)는 속세를 떠나 자연 속에 은거하며 평생을 살아간 사람들로, **은자(隱者)**라고 합니다. 이들은 부정적 현실을 피해 자연 속에서 살았습니다. 하지만 꼭 부정적인 세상을 피해서가 아니라 벼슬자리에서 물러나 자연 속에서 살아가며 은거하는 사람들도 있었습니다.

풍류(風流)

바람 風
흐를 流

멋스럽고 풍치가 있는 일. 또는 그렇게 노는 일.
⑩ '거문고와 노래'는 매화가 불러일으킨 시흥을 즐기기 위한 풍류적 요소이다.
〈2014 9월 평가원〉

? 친절한 샘 '멋스럽다'는 '보기에 썩 좋으며 훌륭하다'는 뜻이며, **'풍치(風致)'**는 '격에 맞는 멋'이란 뜻입니다. 즉 '풍류(風流)'란 격에 맞추어 훌륭하게 노는 것입니다. 선조들은 이런 풍류를 즐기며 살았죠. 풍류 속에는 **'흥취(興趣)'**가 있었는데 '즐거움을 일어나게 하는 감정'이라는 뜻입니다.

자규(子規)

아들 子
법 規

두견과의 새. 한국, 일본, 말레이시아 등지에 분포함.
⑩ 일지춘심(一枝春心)을 자규(子規)야 알랴마는 〈2015 6월 평가원 | 이조년의 시조〉

? 친절한 샘 '자규(子規)'는 다른 말로 '두견새, 귀촉도'라고 불리는데, 시가에 자주 등장하여 한(恨)이나 슬픔을 나타냅니다. 그리고 '귀뚜라미'를 의미하는 **'실솔(蟋蟀)'**도 종종 등장하는데, 가을이라는 계절감을 환기하거나 쓸쓸한 정서를 부각시킵니다.

사립문(一門)

문 門

사립짝(나뭇가지를 엮어서 만든 문짝)을 달아서 만든 문.
⑩ 적막한 사립문을 녹음(綠陰) 속에 닫았도다. 〈2016 6월 평가원 | 정학유, 「농가월령가」〉

? 친절한 샘 양반들이 격식 있게 대문을 만든 것과 달리 서민들이 주변에서 쉽게 구할 수 있는 싸리나무를 엮어 만든 문이 '사립문'입니다. 처음에는 싸리를 엮어 만들어 '사립문'이라고 불렀는데 나중에는 서민들 집의 대문을 통칭하는 말로 쓰였습니다.

탈속(脫俗)

벗을 脫
풍속 俗

❶ 부나 명예와 같은 현실적인 이익을 추구하는 마음으로부터 벗어남.
❷ 속세를 벗어남
⑩ 시적 공간의 탈속성이 시상을 형성하는 데 기여하고 있다. 〈2019 9월 평가원〉

? 친절한 샘 높은 이상이나 종교적 믿음이 없어 세상의 일반적인 풍속을 따르는 것을 **'세속적(世俗的)'**이라고 합니다. 이와 달리 '탈속(脫俗)'은 세상의 풍속을 벗어나는 거죠. 이때 '세상의 일반적인 풍속'이란 돈이나 권력과 같은 현실적인 이익을 추구하는 것을 말합니다.

고황(膏肓)

기름 膏
명치끝 肓

심장과 횡격막의 사이. 이 사이에 병이 생기면 낫기 어렵다고 함.

예 고황(膏肓)에 든 병을 편작(扁鵲)인들 고칠쏘냐. 〈2015 수능 | 박인로, 「상사곡(想思曲)」〉

친절한 샘 '고황(膏肓)'은 '고치기 어려운 병'을 말합니다. 그런데 '자연을 몹시 사랑하여 고치기 어려운 병이 됨'을 의미하는 '천석고황(泉石膏肓)'은 실제로 병에 걸렸다는 것이 아니라 그만큼 자연을 좋아한다는 것을 의미합니다. 비슷한 말로는 '연하고질(煙霞痼疾)'이 있습니다.

홍진(紅塵)

붉을 紅
티끌 塵

❶ 거마(車馬)가 일으키는 먼지.
❷ 번거롭고 속된 세상을 비유적으로 이르는 말.

예 홍진(紅塵)에 묻힌 분네 이 내 생애(生涯) 어떠한고 〈2014 수능 | 정극인, 「상춘곡」〉

친절한 샘 '홍진(紅塵)'은 '붉은 먼지'라는 뜻으로 차나 말이 지나다니면서 일으키는 먼지를 말합니다. 그런데 사람들이 일으키는 이 먼지가 속세의 어지러운 모습을 나타내기 때문에 '홍진(紅塵)'은 '속세(俗世)'를 가리키는 말로 사용됩니다.

공명(功名)

공 功
이름 名

공을 세워서 자기의 이름을 널리 드러냄. 또는 그 이름.

예 계교(計較) 이렇더니 공명(功名)이 늦었어라. 〈2019 9월 평가원 | 권호문, 「한거십팔곡」〉

친절한 샘 '공명(功名)'과 비슷한 말로 '출세(出世)'가 있는데 사회적으로 높은 지위에 오르거나 유명하게 되는 것을 말합니다. 또한 '공명(功名)'은 '부귀공명(富貴功名)'처럼 쓰이기도 하는데, 그 뜻은 '재산이 많고 지위가 높으며 공을 세워 이름을 떨친다'는 것입니다.

군은(君恩)

임금 君
은혜 恩

임금의 은혜.

예 이 몸이 한가(閑暇)하옴도 역군은(亦君恩)이샷다. 〈2016 수능 | 맹사성, 「강호사시가」〉

친절한 샘 '성은이 망극하옵니다.'라는 말을 들어보셨죠? 이때 '성은(聖恩)'이라는 말의 뜻도 '임금의 은혜'입니다. 그리고 종종 자연을 노래한 시가에서 '역군은(亦君恩)'이라는 말이 사용되는데 '이것 또한 임금의 은혜'라는 뜻입니다.

어휘 더하기

정답과 해설 12쪽

[동음이의어]

시비¹ (侍婢) 「명사」
곁에서 시중을 드는 계집종.
예 그제야 선군이 시비 매월의 소행인 줄 알고
– 작자 미상, 「숙영낭자전」

시비² (柴扉) 「명사」
사립짝을 달아서 만든 문.
예 시비를 여지 마라 날 차즈리 뉘 이스리.
– 신흠, 「방옹시여(放翁詩餘)」

시비³ (是非) 「명사」
❶ 옳은 것과 잘못된 것.
예 국가는 법을 통해 개인 간의 시비를 가려 주는 역할을 한다.
❷ 옳고 그름을 따지는 말다툼.
예 그는 길을 가다 술 취한 사람과 어깨가 부딪혀 시비가 붙었다.

시(詩)를 새긴 비석을 뭐라고 할까요? 네, '시비(詩碑)'라고 합니다. 그런데 고전 문학 작품을 읽다 보면 또 다른 뜻을 가진 '시비'가 나옵니다. 하나는 '계집종'이구요, 다른 하나는 '사립문'입니다. '시비'의 동음이의어가 참 많죠? 심지어 하나 더 있습니다. 우리가 흔히 '시비를 가리자'라고 말할 때의 '시비'는 '옳고 그름'을 의미합니다. 이렇게 '시비'가 가리키는 의미가 많으니 한자어나 문맥을 잘 살펴서 그 의미를 정확하게 파악하세요.

⊙ **밑줄 친 단어의 의미를 쓰시오.**

시비를 시켜 묘지기 집에 가서 밥을 구해 와서는 세 사람이 나누어 먹었다.
– 김만중, 「사씨남정기」

01 빈칸에 들어갈 말의 초성과 뜻을 보고, 알맞은 낱말을 써 넣어 문장을 완성해 보세요.

(1) 남루한 모습에도 불구하고 그에게서는 어딘가 (ㅌ ㅅ)한 듯한 분위기가 느껴졌다.

                                속세를 벗어남.

(2) 과거에는 깊은 산 속에 (ㅇ ㄱ)한 선비들이 많았다.

               세상을 피하여 숨어서 삶.

(3) 부귀와 (ㄱ ㅁ)을 누리던 사람들도 세월 앞에서는 무기력할 수밖에 없었다.

   공을 세워서 자기의 이름을 널리 알림.

02 다음 ㉠~㉢에 들어갈 말을 바르게 짝지은 것은?

> • 화자와 어옹(漁翁)은 모두 자연 속에서 함께 (㉠)을/를 즐길 벗을 원하고 있다.
> • 어옹은 (㉡)의 명리(名利)를 떠나 자연 속에서 초연한 삶을 살아가는 선비를 떠올리게 한다.
> • 폐하의 (㉢)을/를 만분의 일이나 갚을까 하오니 근심하지 마옵소서.

	㉠	㉡	㉢		㉠	㉡	㉢
①	풍류(風流)	공명(功名)	홍진(紅塵)	②	풍류(風流)	세속(世俗)	성은(聖恩)
③	풍류(風流)	강호(江湖)	홍진(紅塵)	④	흥취(興趣)	은거(隱居)	성은(聖恩)
⑤	흥취(興趣)	세속(世俗)	홍진(紅塵)				

03 다음 밑줄 친 단어와 뜻이 유사한 것은?

> 이화(梨花)에 월백(月白)하고 은한(銀漢)이 삼경(三更)인 제
> 일지춘심(一枝春心)을 <u>자규(子規)</u>야 알랴마는
> 다정(多情)도 병인 양하여 잠 못 들어 하노라.
>
>   – 이조년의 시조

① 실솔(蟋蟀)   ② 두견(杜鵑)   ③ 백구(白鷗)
④ 대붕(大鵬)   ⑤ 원앙(鴛鴦)

04 다음은 낱말 카드의 앞면과 뒷면입니다. 빈칸에 들어갈 말을 3음절로 쓰시오.

나뭇가지를 엮어서 만든 문

📝 옛날 농촌에는 대문이 없거나 [   ] 을/를 단 집이 대부분이어서 이웃끼리 부담 없이 드나들었다.

05 다음 빈칸에 들어갈 말로 적절한 것은?

> 이런 둘 엇더ᄒ며 뎌런들 엇더ᄒ료
> 초야우생(草野愚生)이 이러타 엇더ᄒ료
> ᄒ믈며 천석(泉石) [　　　]을 고텨 무슴ᄒ료
>
> — 이황, 「도산십이곡」 〈제1수〉

① 고황(膏肓) 　　② 풍월(風月) 　　③ 홍진(紅塵)
④ 인성(人性) 　　⑤ 자연(自然)

06 다음 빈칸에 공통으로 들어갈 단어를 쓰시오. (단, 세 단어는 동음 이의 관계에 있음.)

> • 평국이 규중에 홀로 있어 매일 (　　　)을/를 데리고 장기와 바둑으로 세월을 보냈다.
> • 늘 (　　　)하는 소리 귀에 들릴세라 짐짓 흐르는 물로 온 산을 둘러 버렸다네.
> • 밤이란 언제 줍고 고기란 언제 낙고 (　　　)란 뉘 담으며 딘 곳츠란 뉘 쓸려뇨.

07 다음 밑줄 친 말과 의미가 유사한 것으로 적절한 것은?

> ᄉᆞ히(四海) 바닷 기픠ᄂᆞᆫ 단줄로 자히리어니와
> 님의 덕틱(德澤) 기픠ᄂᆞᆫ 어ᄂᆡ 줄로 자히리잇고
> 향복 무강(享福無疆)ᄒ샤 萬歲(만세)를 누리쇼셔
> 향복 무강(享福無疆)ᄒ샤 萬歲(만세)를 누리쇼셔
> 일간 명월(一竿明月)이 <u>역군은</u>(亦君恩)이샷다.
>
> — 작자 미상, 「감군은(感君恩)」

① 탈속(脫俗) 　　② 성은(聖恩) 　　③ 공명(功名)
④ 풍치(風致) 　　⑤ 출세(出世)

08 다음 초성과 낱말의 뜻을 보고 빈칸에 들어갈 말을 쓰시오.

> 짙은 단풍 빛에 붉게 누렇게 물든 검은 절경의 성장(盛裝), 그것을 선을 두른 동해보다도 더 푸른 하늘 빛, 천사가 흘리고 간 헝겊인 듯 봉우리 위에 가볍게 비낀 백옥보다도 흰 엷은 구름 조각.
> 　이것은 분명히 자연이 흘려 놓은 예술의 극치다. 그러나 겸손한 자연은 그의 귀한 예술이 (ㅎㅈ)거마(車馬)가 일으키는 먼지, 번거롭고 속된 세상.
> 에 물들 것을 염려하여 그것을 이 깊은 산골짜기에 감추었던 것인가 보다.
>
> — 김기림, 「주을온천행」

■ 다음 글을 읽고 물음에 답하시오.

〈2016 수능〉

강호(江湖)에 봄이 드니 미친 흥(興)이 절로 난다
탁료계변(濁醪溪邊)에 금린어(錦鱗魚)가 안주로다
이 몸이 한가(閑暇)하옴도 역군은(亦君恩)이샷다   〈제1수〉

낯선 어휘의 뜻을 사전에서 찾아 적어 보자.

• 탁료(濁醪): 우리나라 고유한 술의 하나. = '막걸리.'

•

•

핵심어를 중심으로 문단의 내용을 요약해 보자.

핵심어 강호, 봄, 흥, 탁료, 계변, 한가함

강호의 봄날 시냇가에서 한가롭게 술을 마신다.

강호에 여름이 드니 초당(草堂)에 일이 업다
유신(有信)한 강파(江波)는 보내나니 바람이로다
이 몸이 서늘하옴도 역군은이샷다   〈제2수〉

• 강파(江波): 강에서 일어나는 물결

•

•

핵심어 강호, 여름, 강파, 서늘함

강호에 가을이 드니 고기마다 살져 있다
소정(小艇)에 그물 실어 흘리띄워 던져두고
이 몸이 소일(消日)하옴도 역군은이샷다   〈제3수〉

•

•

•

핵심어 _____

강호에 겨울이 드니 눈 깊이 한 자가 넘네
삿갓 빗기 쓰고 누역으로 옷을 삼아
이 몸이 춥지 아니하옴도 역군은이샷다   〈제4수〉   – 맹사성, 「강호사시가(江湖四時歌)」

•

•

•

핵심어 _____

봄	여름	가을	겨울
강호에서 봄날을 [ ]❶ 롭게 보냄.	강호에서 여름을 [ ]❷ 하게 보냄.	강호에서 가을날 [ ]❸ 하며 보냄.	강호에서 겨울날 [ ]❹ 않게 보냄.

강호에서 여유 있고 편안하게 보내는 것은 모두 [ ]❺의 덕분임.

〈2016 수능 41번〉

01 〈보기〉는 윗글의 글쓴이가 창작을 위해 세운 계획을 가상적으로 구성한 것이다. 〈제1수〉 ~〈제4수〉에 공통적으로 반영된 것만을 있는 대로 고른 것은?

▶ 문제의 선지에 쓰인 단어 중 뜻을 모르는 것을 찾아 적어 보자.

〈 보기 〉

ㄱ. 각 수 초장의 전반부에는 계절적 배경을 제시하며 시상의 단서를 드러내야 겠군.
ㄴ. 각 수 초장의 후반부에서는 내면적 감흥을 구체적 사물을 통해 표현해야겠군.
ㄷ. 각 수 중장에서는 주변의 자연 풍광을 묘사하여 내가 즐기고 있는 삶의 모습 을 제시해야겠군.
ㄹ. 각 수 종장의 마지막 어절에는 동일한 시어를 배치하여 전체적 통일성을 확 보해야겠군.

① ㄱ, ㄴ ② ㄱ, ㄹ ③ ㄴ, ㄷ
④ ㄱ, ㄷ, ㄹ ⑤ ㄴ, ㄷ, ㄹ

〈2016 수능 42번 변형〉

02 〈보기〉를 바탕으로 윗글을 감상한 것으로 적절하지 <u>않은</u> 것은?

〈 보기 〉

「강호사시가」는 정계를 떠난 선비가 강호에서 누리는 개인적 삶을 표현한 작 품으로 사대부에 의해 창작되었다. 사대부들은 수신(修身)을 임무로 하는 사(士) 와 관직 수행을 임무로 하는 대부(大夫), 즉 선비와 신하라는 두 가지 정체성을 지니고 있었다. 이로 인해 사대부들이 향유한 시가는 정치적인 성격을 띠기도 한다.

① '강호'는 개인적·정치적 의미를 모두 지니고 있다.
② 시냇가에 앉아 술을 마시는 모습에서 강호에서 누리는 개인적 삶이 나타난다.
③ 자신의 몸이 서늘해지는 것에 대한 이유를 말하는 태도에서 신하로서의 정체 성이 드러난다.
④ '한가'하게 소일하는 개인적 삶도 임금의 은혜 덕분이라고 표현한 데서 정치 적 성격을 엿볼 수 있다.
⑤ '강파', '바람' 등의 자연물과 '소정', '그물' 등의 인공물의 대립은 '사(士)'와 '대부(大夫)'라는 정체성 사이에서 고뇌하는 모습을 드러낸다.

자연에 귀의한 삶에 대한 만족과 예찬

우리 조상들은 노장사상의 영향을 받아 전통적으로 자연을 인간과 더불어 살아가는 친화적 대상으로 인식했어요. 특히 조선 시대 사대부들은 벼슬에 나아가 국가를 위해 몸 바쳐 일하고 은퇴 후 자연과 하나 되어 살아가는 것을 이상적인 삶의 모습으로 여겼어요. 또한 연산군 이후 계속되던 당쟁으로 인해 벼슬길에서는 자칫 일신을 보전하기 어렵게 되자 이러한 정치적 소용돌이에서 벗어나 자연에 파묻혀 사는 삶을 더욱 지향하기도 했지요. 물론 이와 같이 자연 속에서 유유자적한 삶을 살아가는 것의 배후에는 경제적인 여유가 뒷받침되었지요. 이처럼 정치적·경제적 요건으로 인해 자연스럽게 형성된 조선 시대의 자연 예찬 문학의 한 사조를 '강호가도(江湖歌道)'라고 한답니다.

조선 시대 사대부(士大夫)는 '사(士)'와 '대부(大夫)'의 두 가지 정체성을 갖고 있었어요. 그래서 사대부들이 창작하고 향유했던 시가 작품에는 이 두 가지 태도가 함께 드러나는 경우가 많아요.

▲ 강세황, 「산수도」

사(士)	선비로서 자신의 마음을 갈고 닦음.	도학적 자세로 자연 속에 묻혀 살며 인격을 수양하고, 자연과 하나가 되어 풍류를 즐기는 삶을 예찬함.
+		
대부(大夫)	벼슬길에 나아가 신하로서 관직 수행을 제대로 함.	자연 속에서 즐길 수 있는 것은 임금의 은혜 덕분이라고 생각하며 신하로서 나라와 임금을 걱정하는 충(忠)의 마음을 드러냄.

무등산(無等山) 한 줄기가 동쪽으로 뻗어서 멀리 떨어져 나와 제월봉(霽月峯)이 되었거늘 끝없이 넓은 들판에 무슨 생각을 하느라고 일곱 굽이가 함께 움츠려서 무더기로 벌여 있는 듯하다. 그중에서 가운데 굽이는 구멍에 든 늙은 용이 풋잠을 막 깨어 머리를 얹은 것 같다. 너럭바위 위에 대나무와 소나무를 헤치고 정자를 앉혔으니 구름을 탄 청학(靑鶴)이 천 리를 가려고 두 날개를 벌리고 있는 듯하다.

〈중략〉

강산풍월(江山風月) 거느리고 백 년을 다 누리면 악양루(岳陽樓) 위에 이태백이 살아서 온다고 한들 호탕한 마음이야 이보다 더하겠는가. 이 몸이 이렇게 지내는 것도 역군은(亦君恩)이샷다.
　　　　　　　　　　　　　　　　　　　　　　　　　– 송순, 「면앙정가(俛仰亭歌)」

➡ 이 작품은 작가가 벼슬에서 물러나 고향인 전라도 담양에서 머물던 시기에 창작했어요. 면앙정 주변의 풍경을 묘사하고 아름다운 자연에서 얻은 흥취를 사계절의 변화에 따라 서술하고 있지요. 또한 이 모든 풍요와 즐거움이 '임금의 은혜'라고 하며 유교적 충(忠) 사상을 충실히 드러내고 있는 작품입니다.

• '역군은(亦君恩)이샷다'

| 역(또한 亦) 군(임금 君) 은(은혜 恩) | + | 이시다 |

이 모든 것은 '임금의 은혜 덕분이다'라는 의미로 임금의 선정(善政)을 높이고 있다. 이러한 표현을 통해 임금을 향한 칭송과 감사의 마음을 효과적으로 전달하고 있다.

1등급 어휘 창고 — 자연 속에 파묻힌 삶과 관련 있는 한자 성어에는 무엇이 있을까?

전통적으로 우리 선조들은 자연을 벗 삼아 즐기는 삶을 귀하게 여겼어요. 세속의 욕망으로부터 벗어나 자연 속에서 소박한 삶을 사는 것을 지향하는 선비들도 많이 있었지요. 이러한 삶의 자세와 관련된 한자 성어를 알아 두면 문학 작품을 이해하는 데 도움이 될 거예요.

■ **다음 중 뜻을 알고 있는 것에 ✓표를 하시오.**

- ☐ 안빈낙도
- ☐ 안분지족
- ☐ 단표누항
- ☐ 산림처사
- ☐ 청운지지
- ☐ 홍진

■ **자연 속에 묻혀 살아가는 삶과 관련된 한자 성어를 알아볼까요?**

한자 성어	의미
안빈낙도 (편안할 安 + 가난할 貧 + 즐길 樂 + 이치 道)	가난한 생활을 하면서도 편안한 마음으로 도를 즐겨 지킴.
안분지족 (편안할 安 + 나눌 分 + 알 知 + 발 足)	편안한 마음으로 제 분수를 지키며 만족할 줄을 앎.
단표누항 (광주리 簞 + 표주박 瓢 + 좁을 陋 + 거리 巷)	누항에서 먹는 한 그릇의 밥과 한 바가지의 물이라는 뜻으로, 선비의 청빈한 생활을 이르는 말.
산림처사 (산 山 + 수풀 林 + 살 處 + 선비 士)	벼슬을 하지 않고 세속을 떠나 산골에 파묻혀 글이나 읽고 지내는 선비.

↕

한자 성어	의미
청운지지 (푸를 靑 + 구름 雲 + 어조사 之 + 뜻 志)	높은 지위에 오르고자 하는 욕망.

➕ **다음 글을 읽고 밑줄 친 한자어가 비유하는 의미를 쓰시오.**

> 짙은 단풍 빛에 붉게 누렇게 물든 검은 절경의 성장, 그것을 선을 두른 동해보다도 더 푸른 하늘빛. 천사가 흘리고 간 헝겊인 듯 봉우리 위에 가볍게 비낀 백옥보다도 흰 엷은 구름 조각.
>
> 이것은 분명히 자연이 흘려 놓은 예술의 극치다. 그러나 겸손한 자연은 그의 귀한 예술이 홍진(紅塵)에 물들 것을 염려하여 그것을 이 깊은 산골짜기에 감추었던 것인가 보다.
>
> – 김기림, 「주을온천행」 | 〈2019 6월 평가원〉

• 고전 문학에서 '빈(貧)'의 의미

'빈'의 의미

- 가난한 삶
- 사사로운 욕심에 지배받지 않는 태도
- 청빈한 삶의 태도

고전 문학에서 '빈(貧)'은 주로 가난한 삶을 의미함과 동시에 청렴결백하고 자신의 분수를 알며 남의 것을 탐내지 않고 가진 것에 만족할 줄 아는 삶의 자세를 가리키는 의미로 사용되었다.

• 한자어 '홍진'의 비유적 의미

홍진
(붉을 紅 + 먼지 塵)

거마(車馬)가 일으키는 먼지. 번거롭고 속된 세상을 비유적으로 이르는 말.

어휘 돋보기

성장(盛裝)
잘 차려입음. 또는 그런 차림.

➕ **문제** ●————
🅰 번거롭고 속된 세상, 세속

암향(暗香)

어두울 暗
향기 香

그윽히 풍기는 향기. 흔히 매화의 향기를 이름.

예 창밖에 심은 매화 두세 가지 피었어라. 가뜩 냉담한데 암향(暗香)은 무슨 일고.

〈2013 6월 평가원 | 정철, 「사미인곡」〉

친절한 샘 '그윽한 향기가 은은히 떠도는 것'을 '**암향부동(暗香浮動)**'이라고 합니다. 이때 '부동(浮動)'은 물이나 공기 중에 떠서 움직인다는 뜻이므로, '움직이지 아니함'을 의미하는 '부동(不動)'과 구분해야 합니다. 또한 복숭아꽃인 '**도화(桃花)**'와 살구꽃인 '**행화(杏花)**'도 시가에 나옵니다.

빈천(貧賤)

가난할 貧
천할 賤

가난하고 천함.

예 빈천도 내 분수니 서러워해 무엇하리. 〈2016 9월 평가원 | 정훈, 「탄궁가」〉

친절한 샘 '가난한 생활을 하면서도 편안한 마음으로 도를 즐겨 지키는 것'을 '**안빈낙도(安貧樂道)**'라고 합니다. '편안한 마음으로 제 분수를 지키며 만족하는 것'은 '**안분지족(安分知足)**'이라고 하고, '가난하지만 남을 원망하지 않는다'는 뜻의 '**빈이무원(貧而無怨)**'이라는 말도 있습니다.

백구(白鷗)

흰 白
갈매기 鷗

갈매깃과의 새. 물갈퀴가 있어 헤엄을 잘 치고 물고기를 잡아먹으며 해안, 항구에 삶.

예 백구(白鷗)로 벗을 삼아 어조 생애(漁釣生涯) 늘거가니 〈2013 9월 평가원 | 권구, 「병산육곡」〉

친절한 샘 바닷가에 가면 흔히 볼 수 있는 흰 갈매기가 '**백구(白鷗)**'입니다. 그런데 '무심(無心)한 백구(白鷗)는 내 좇는가 제 좇는가'와 같은 시구를 보면 화자가 자연물인 백구와 하나되는 모습이 종종 나옵니다. '**물아일체(物我一體)**'는 '외부 사물과 자신이 어울려 하나가 됨'의 의미를 갖습니다.

삼경(三更)

석 三
고칠 更

하룻밤을 오경(五更)으로 나눈 셋째 부분. 밤 열한 시에서 새벽 한 시 사이임.

예 이화(梨花)에 월백(月白)하고 은한(銀漢)이 삼경(三更)인 제 〈2015 6월 평가원 | 이조년의 시조〉

친절한 샘 오후 7시부터 오전 5시까지를 밤으로 보는 시간 표현입니다. '일경(一更)'은 오후 7시~오후 9시, 이경(二更)은 오후 9시~오후 11시를 나타냅니다. '자축인묘진사오미신유술해'의 십이지신을 이용한 시간 표현도 있는데, 오후 11시~오전 1시인 삼경(三更)은 '**자시(子時)**'에 해당합니다.

홍안(紅顔)

붉을 紅
얼굴 顔

'붉은 얼굴'이라는 뜻으로, 젊어서 혈색이 좋은 얼굴을 이르는 말.

예 홍안을 어디 두고 백골만 묻혔느냐. 〈2014 수능 | 임제의 시조〉

친절한 샘 '홍안'이 젊은 사람의 얼굴을 의미하는 것과 달리 노쇠한 얼굴 또는 노인의 얼굴은 '**노안(老顔)**'이라고 합니다. 또한 고려 말 우탁이 지은 시조를 보면 늙어가는 것을 안타까워하는 내용이 나오는데, 이 시조를 '**탄로가(嘆老歌)**'라고 합니다. 늙음을 한탄한다는 뜻이죠.

망혜(芒鞋)

까끄라기 芒
신 鞋

삼이나 노 따위로 짚신처럼 삼은 신. 흔히 날을 여섯 개로 함.

예 복건 망혜(幞巾芒鞋)로 실컷 다니다가 〈2013 수능 | 권섭, 「독자왕유희유오영」〉

친절한 샘 '망혜(芒鞋)'는 마혜(麻鞋)를 잘못 이르는 말로, 순우리말로는 '**미투리**'라고 합니다. 「성호사설유선」에는 망혜는 가난한 사람의 신이었다는 기록이 있습니다. '**죽장망혜(竹杖芒鞋)**'는 대지팡이와 짚신이라는 뜻으로, 먼 길을 떠날 때의 아주 간편한 차림새를 이르는 말입니다.

성현(聖賢)

성인 聖
어질 賢

지혜롭고 현명하며 인격이 훌륭하여 많은 사람들이 본받을 만한 사람.

⑩ 성현도 많거니와 호걸도 많고 많다. 〈2013 수능 | 정철, 「성산별곡」〉

친절한 샘 '중국 공자의 사상을 중심으로 하고 사서오경을 경전으로 하는 학문'을 '**유학(儒學)**'이라고 합니다. 보통 옛 시가에서 성현(聖賢)이라 하면 '공자(孔子)'나 '맹자(孟子)'와 같은 사람들을 일컫습니다. 또한 옛 사람을 의미하는 '**고인(古人)**'이라는 말도 있습니다.

만고(萬古)

일만 萬
옛 古

아주 오랜 세월 동안.

⑩ 성현(聖賢)의 가신 길이 만고(萬古)에 흔가지라. 〈2019 9월 평가원 | 권호문, 「한거십팔곡」〉

친절한 샘 '천추(千秋)의 한'이라는 말을 들어보았나요? 이때 '**천추(千秋)**'의 뜻이 '아주 오랜 세월'입니다. 천 번의 가을, 즉 천 년이니 정말 오랜 세월이죠. 마찬가지로 '만고(萬古)'에서 '만(萬)'도 일만 만을 의미하기 때문에 만 년, 즉 아주 긴 세월을 의미합니다.

무상(無常)

없을 無
항상 常

모든 것이 덧없음.

⑩ 세월의 흐름을 나타내어 인생의 무상함을 느끼게 하는 소재이다. 〈2018 수능〉

친절한 샘 '인생무상(人生無常)'에서 '상(常)'의 의미는 '항상'이며, 그래서 '무상(無常)'의 의미는 '항상인 것은 없다'가 됩니다. 즉 영원한 것은 없다는 거죠. 많은 사람들이 인생에서 중요하게 여기는 돈, 사랑, 권력 그 어느 것도 영원하지 않기에, '인생이 덧없다'고 하는 것입니다.

나위(羅幃)

비단 羅
휘장 幃

얇은 비단으로 만든 장막.

⑩ 꽃 지고 새 잎 나니 녹음이 깔렸는데 나위 적막하고 수막이 비어 있다.

〈2013 수능 | 정철, 「사미인곡」〉

친절한 샘 '볕 또는 비바람을 피할 수 있도록 둘러치는 막'을 '**장막(帳幕)**'이라고 합니다. 수를 놓아 장식한 장막을 '**수막(繡幕)**'이라고 하구요. 또한 '원앙을 수놓은 이불'을 '**앙금(鴦衾)**'이라고 하는데, '앙금(鴦衾)'이 차다고 말하며 외로움을 호소하는 내용이 시가에 자주 등장하죠.

어휘 더하기

정답과 해설 13쪽

[동음이의어]

경각(頃刻) 「명사」
눈 깜빡할 사이, 또는 아주 짧은 시간.
⑩ 경각 사이에 성중에 물이 불어 넘쳐 바다가 되고
— 작자 미상, 「임진록」
⑩ 병이 위중하여 생명이 경각에 달렸다.

식경(食頃) 「명사」
(주로 수 관형사 다음에 쓰여) 밥을 먹을 동안이라는 뜻으로, 잠깐 동안을 이르는 말.
⑩ 금방 온다던 사람이 서너 식경이 되어서야 왔다.
⑩ 그 풀을 부인 입에 넣으니, 식경 후에 부인이 몸을 운동하여 돌아눕거늘
— 작자 미상, 「금방울전」

불교에서 매우 짧은 시간을 '찰나(刹那)'라고 하고, 영원한 세월을 '영겁(永劫)'이라고 하죠? 고전 문학 작품에도 이렇게 시간을 나타내는 표현이 있습니다. '경각(頃刻)'은 눈을 깜빡할 정도이므로 약 1초 정도의 시간을 나타내며, '식경(食頃)'은 한 끼 밥을 먹을 정도이므로 약 20~30분의 시간을 나타냅니다. 그런데 '식경'은 '경각'과 달리 수 관형사의 꾸밈을 받아 '한 식경, 두 식경' 등으로 쓰였다는 것이 특이한 점입니다.

⊙ 다음 괄호 안에 들어갈 말로 적절한 것을 고르시오.

그 산 너머를 향해 나그네는 혼자 밤길을 걸은 지가 여러 (경각 / 식경)이다.

01 다음 빈칸에 들어갈 말을 쓰시오. (초성 힌트: ㅎㅇ)

> 춘산(春山)에 눈 녹인 ㅂ름 건 듯 불고 간 듸 업다
> 져근 덧 비러다가 마리 우희 불니고져
> 귀 밋틱 히묵은 셔리를 녹여볼가 ㅎ노라.
>
> — 우탁의 시조

➡ 이 작품은 눈을 녹이는 봄바람으로 백발을 녹여 젊음을 되찾겠다고 노래하고 있다. 그런데 우리는 백발뿐만 아니라 노쇠한 얼굴인 노안을 봐도 자신이 늙었음을 깨닫게 되며, 젊은 날의 아름다웠던 얼굴인 (   )을/를 떠올리며 아쉬움을 느끼게 된다.

02 다음 두 사물을 참고하여 '먼 길을 떠날 때의 아주 간편한 차림새'를 의미하는 말을 쓰시오.

+   =   (   )

03 문맥을 고려할 때, 빈칸에 들어갈 단어로 적절한 것을 고르시오.

(1) 유의한 두견성과 창파만경의 (백구 / 실솔)들이 비거비래(飛去飛來) 소리 질러 자탄으로 겨우 든 잠을 놀라 깨니 첩첩원한 무궁리라.

(2) 봄비에 절로 길어진 풀은 세월의 흐름을 나타내어 인생의 (무상함 / 무구함)을 느끼게 한다.

04 밑줄 친 시구와 관련 있는 한자 성어로 적절한 것은?

> 출(出)ㅎ면 치군택민(致君澤民) 처(處)ㅎ면 조월경운(釣月耕雲)
> 명철군자(明哲君子)는 이룰사 즐기ᄂ니
> 하물며 부귀(富貴) 위기(危機) ㅣ라 빈천거(貧賤居)를 ㅎ오리라
>
> — 권호문, 「한거십팔곡」

① 곡학아세(曲學阿世) ② 권토중래(捲土重來) ③ 일취월장(日就月將)
④ 마부위침(磨斧爲針) ⑤ 안분지족(安分知足)

05 다음 빈칸에 들어갈 말로 적절한 것은?

> 성현(聖賢)의 가신 길이 (　　　)에 ᄒᆞᆫ가지라
> 은(隱)커나 현(見)커나 도(道)ㅣ 어찌 다르리
> 일도(一道)ㅣ오 다르지 아니커니 아무 덴들 어떠리
>
> ― 권호문의 시조

① 삼경(三更)　　　　② 암향(暗香)　　　　③ 만고(萬古)
④ 무상(無常)　　　　⑤ 장막(帳幕)

06 다음 설명 중, 맞으면 ○표, 틀리면 ×표를 하시오.

(1) '나위'에 수를 놓아 장식을 했다면 '수막'이라고 말할 수 있다. ┈┈┈┈┈┈┈┈┈┈┈┈ (　　　)
(2) '나위'와 '앙금'은 둘 다 '비단'이라는 소재를 사용하여 만든 것이다. ┈┈┈┈┈┈┈┈┈┈ (　　　)

07 밑줄 친 단어와 뜻이 동일한 말로 적절한 것은?

> 　밤은 깁허 삼경(三更)에 니루엇고 구진비는 오동에 훗날릴제 이리 궁글 저리 궁글 두루 생각다가 잠 못 이루에라.
> 　동방(洞房)에 실솔성(蟋蟀聲)과 청천(靑天)에 뜬 기러기 소래 사람의 무궁한 심회를 짝지여 울고 가는 저 기럭아
> 　갓득에 다 셕어 스러진 구븨 간장이 이 밤 새우기 어려워라
>
> ― 작자 미상의 사설시조

① 자시(子時)　　　　② 축시(丑時)　　　　③ 묘시(卯時)
④ 오시(午時)　　　　⑤ 술시(戌時)

08 다음 빈칸에 들어갈 말로 적절한 것은?

> 암향(暗香)「명사」
> 그윽히 풍기는 향기. 흔히 (　　　)의 향기를 이른다.

① 이화(梨花)　　　　② 도화(桃花)　　　　③ 행화(杏花)
④ 매화(梅花)　　　　⑤ 두견화(杜鵑花)

■ 다음 글을 읽고 물음에 답하시오. 〈2013 9월 평가원〉

(가) 강호 한 꿈을 꾼 지도 오래러니
　　입과 배가 누가 되어 어즈버 잊었도다
　　저 물을 바라보니 푸른 대도 하도 할샤
　　훌륭한 군자들아 낚대 하나 빌려스라
　　갈대꽃 깊은 곳에 명월 청풍 벗이 되어
　　임자 없는 풍월 강산에 절로절로 늙으리라
　　무심한 백구(白鷗)야 오라 하며 말라 하랴
　　다툴 이 없을 건 다만 이건가 여기노라
　　이제는 소 빌 이 맹세코 다시 말자
　　무상한 이 몸에 무슨 지취(志趣) 있으련만
　　두세 이랑 밭 논을 다 묵혀 던져두고
　　있으면 죽이요 없으면 굶을망정
　　남의 집 남의 것은 전혀 부러워 말겠노라
　　내 빈천 싫게 여겨 손을 저어 물러 가며
　　남의 부귀 부럽게 여겨 손을 친다고 나아오랴
　　인간 어느 일이 명(命) 밖에 생겼으리
　　[A]
　　빈이무원(貧而無怨)을 어렵다 하건마는 / 내 생애 이러하되 설운 뜻은 없노매라
　　　　　　　　　　　　　　　　　　　　　　　　　　　　－ 박인로, 「누항사(陋巷詞)」

낯선 어휘의 뜻을 사전에서 찾아 적어 보자.
• 하도 할샤: 많기도 많구나.
•

핵심어를 중심으로 문단의 내용을 요약해 보자.
핵심어 강호, 낚대, 풍월 강산, 논, 빈천, 생애,
강호에서 풍월 강산을 즐기며 늙어갈 것이다. 또한 남의 부귀 부러워하지 않고 빈천을 명(命)이라 생각하며 살아갈 것이다.

(나) 천심절벽(千尋絶壁) 섯난 아래 일대 장강(一帶長江) 흘러간다.
　　백구(白鷗)로 벗을 삼아 어조 생애(漁釣生涯) 늘거가니　　[B]
　　두어라 세간 소식(世間消息) 나는 몰라 하노라. 〈제2곡〉

　　공산리(空山裏) 저 가는 달에 혼자 우는 저 두견(杜鵑)아.
　　낙화 광풍(落花狂風)에 어느 가지 의지하리.　　[C]
　　백조(百鳥)야 한(恨)하지 말아 내곳 설워 하노라. 〈제4곡〉
　　　　　　　　　　　　　　　　　　　　　　　－ 권구, 「병산육곡(屛山六曲)」

•
•

핵심어 백구, 어조 생애, 낙화광풍, 백조, 설워 하노라.

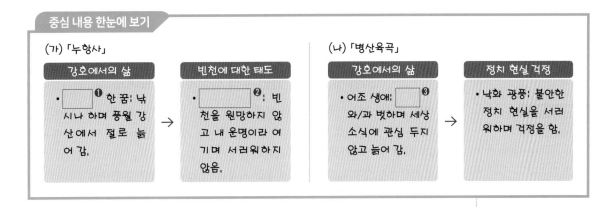

(가) 「누항사」

강호에서의 삶
· ⬛**❶** 한 꿈: 낚시나 하며 풍월 강산에서 절로 늙어 감.

→

빈천에 대한 태도
· ⬛**❷**: 빈천을 원망하지 않고 내 운명이라 여기며 서러워하지 않음.

(나) 「병산육곡」

강호에서의 삶
· 어조 생애: ⬛**❸** 와/과 벗하며 세상 소식에 관심 두지 않고 늙어 감.

→

정치 현실 걱정
· 낙화 광풍: 불안한 정치 현실을 서러워하며 걱정을 함.

〈2013 9월 평가원 37번〉

01 [A] 부분에 〈보기〉의 내용이 들어 있는 이본(異本)이 있다. 〈보기〉가 추가됨으로써 나타나는 효과로 가장 적절한 것은?

───〈 보기 〉───

가난타 이제 죽으며 부유하다 백년 살랴
원헌(原憲)*이는 몇 날 살고 석숭(石崇)*이는 몇 해 살았나

*원헌: 춘추 시대에 청빈(淸貧)하게 산 학자.
*석숭: 진(晉)나라 때의 큰 부자.

① 여러 인물을 등장시켜 대화 상황으로 전환하고 있다.
② 새로운 공간을 더하여 사건의 선후 관계를 짐작하게 한다.
③ 이질적인 이야기를 삽입하여 새로운 갈등을 유발하고 있다.
④ 구체적인 단서를 제공하여 인물 간의 심리적 거리를 드러내고 있다.
⑤ 역사 속 인물을 끌어와 화자의 삶에 대해 독자의 공감을 이끌어 내고 있다.

▶ 문제의 선지에 쓰인 단어 중 뜻을 모르는 것을 찾아 적어 보자.

〈2013 9월 평가원 38번〉

02 [B]와 [C]에 대한 감상으로 적절하지 <u>않은</u> 것은?

① [B]의 초장은 수직과 수평 이미지를 통해 공간을 묘사하고 있다.
② [B]의 중장은 대상에게 말을 건네는 방식을 사용하여 자연과의 일체감을 강조하고 있다.
③ [C]의 초장은 시각과 청각 이미지를 통해 애상적 분위기를 자아내고 있다.
④ [C]의 중장은 설의적 표현을 사용하여 대상의 처지를 드러내고 있다.
⑤ [B]와 [C]의 종장은 화자가 직접 등장하여 내면을 드러내고 있다.

24절기(節氣)를 알면 우리 조상의 삶이 보여요

어휘 돋보기

입춘대길(立春大吉)
입춘을 맞이하여 길운을 기원하며 벽이나 문짝 따위에 써 붙이는 글귀.

쥐불놀이
정월 대보름의 전날에 논둑이나 밭둑에 불을 붙이고 돌아다니며 노는 놀이. 특히, 밤에 아이들이 기다란 막대기나 줄에 불을 달고 빙빙 돌리며 노는 것을 이른다.

> 쥐불놀이를 한다고 쑥방망이를 들고 들로 나가는 아이들도 있었다.
> – 김원일, 「불의 제전」

한 해를 스물넷으로 나눈, 계절의 표준이 되는 것을 24절기라고 합니다. 태양의 위치에 따라 1년을 24절기로 나눈 것입니다. 농경 생활을 주로 했던 우리는 이 절기에 따라 행해지는 자연 및 인간사에 관한 여러 풍속을 만들고 향유했답니다. 절기의 특징과 그에 따른 세시 풍속을 잘 이해한다면 고전 문학 작품을 더 깊이 이해할 수 있어요.

입춘: 봄에 들어가다

우수: 봄비가 내리기 시작하다

경칩: 겨울잠에서 깨어나다

세시 풍속 | 설날(정월 초하루), 쥐불놀이, 정월 대보름
설날에는 새해를 맞아 새로 장만한 옷인 '설빔'을 입고 아침 일찍 차례를 지낸 후 어른들께 세배로 인사하지요. 정월 대보름은 건강, 화목, 풍년을 기원하며 부럼, 오곡밥, 귀밝이술 등을 먹는 날이에요.

춘분: 밤과 낮의 길이가 거의 같다

청명: 하늘이 차츰 맑아지다

곡우: 곡식이 잘 자라도록 비가 내리다

세시 풍속 | 삼짇날(음력 3월 3일) 화전놀이, 장(간장, 된장) 담그기
화전놀이는 꽃놀이라고 하는데, 부녀자들이 삼삼오오 모여 꽃잎을 따서 전을 부쳐 먹으며 봄꽃을 구경하며 즐기는 놀이예요.

입하: 여름이 시작되다

소만: 곡식이 조금 익어 가다

망종: 모를 심는다

기출 작품에서 보는 절기

> 사월이라 초여름 되니 입하 소만 절기로다
> 비 온 끝에 볕이 나니 날씨도 화창하다
> – 정학유, 「농가월령가」
> 〈2016 6월 평가원〉

> 성기가 다시 자리에서 일어나게 된 것은 이듬해 우수도 경칩도 다 지나 청명 무렵의 비가 질금거릴 무렵이었다.
> – 김동리, 「역마」
> 〈2013 9월 평가원〉

세시 풍속 | 관등 행사, 탑돌이 행사, 단오(음력 5월 5일)
단오는 '수릿날'이라고도 하는데, 5월의 가장 큰 행사로 그네뛰기, 씨름 대회, 창포로 머리 감기 등 다양한 풍속이 있어요.

하지: 일년 중 낮이 가장 길다

소서: 더위가 시작되다

대서: 매우 덥다

세시 풍속 | 유두절, 삼복(삼계탕 먹기)
유두는 '동류수두목욕(東流水頭沐浴)'의 약자로 더위를 막기 위해 동쪽으로 흐르는 물에 머리를 감고 목욕을 했어요.

입추: 가을에 들어가다

처서: 더위가 멈추다

백로: 이슬이 내리다

세시 풍속 | 칠월 칠석, 백중맞이, 추석(한가위, 중추절)

백중(百中)은 이 시기에 과일과 채소가 많이 나와 백 가지 곡식의 씨앗을 갖추어 놓았다고 하여 유래된 명칭으로 술과 음식을 준비하여 죽은 부모의 명복을 비는 날이었어요.

추석은 요즘도 아주 큰 명절이죠? 송편을 비롯하여 다양한 음식을 풍성하게 먹고, 강강술래, 성묘, 농악 등을 즐기며 풍요로운 결실을 나누는 날이었답니다.

추분: 밤과 낮의 길이가 같아지다

한로: 찬 이슬이 내리다

상강: 서리가 내리기 시작하다

세시 풍속 | 중양절(음력 9월 9일)

중양절은 양수인 9가 두 번 겹친 날이라는 의미로 유자를 썰어 화채를 만들어 먹고 차례를 지냈어요. 각 가정에서는 국화전을 부쳐 먹었어요.

입동: 겨울에 들어가다

소설: 첫눈이 내리다

대설: 큰 눈이 내리다

세시 풍속 | 김장하기

추운 겨울 오랫동안 저장해 놓고 먹을 수 있도록 이웃들이 한자리에 모여 채소를 절여 여러 종류의 김치를 만들었어요.

동지: 낮이 가장 짧고 밤이 가장 길다

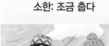
소한: 조금 춥다

대한: 아주 춥다

세시 풍속 | 동짓날, 섣달 그믐[제석(除夕)]

동짓날은 액운을 막는다는 의미로 붉은색인 팥죽을 쑤어 나누어 먹고, 남은 팥죽은 집안 곳곳에 뿌리고 벽에 발랐어요. 한 해의 마지막 날인 섣달 그믐은 '작은 설'이라고도 하여 묵은세배를 하기도 하고, 이날 잠을 자면 눈썹이 하얗게 센다고 하여 남녀노소가 불을 켜 놓고 밤을 새우기도 했답니다.

• 꽃으로 음식을 해 먹는 우리의 풍습

우리 조상들은 오래전부터 꽃으로 다양한 음식을 만들어 먹었다. 예를 들어 봄철에는 여럿이 모여 진달래 화전을 만들어 먹었고, 가을이면 국화차를 마시기도 했다.
〈2017 9월 평가원〉

어휘 돋보기

오경(五更)

하룻밤을 다섯으로 나눈 시각을 통틀어 일컫는 말.

고전 문학 작품 중에는 '삼경'이라는 시간이 자주 나타나는데, 이 경우 화자(또는 등장인물)가 한밤중에도 잠을 이루지 못할 만한 특별한 상황에 놓여 있다고 볼 수 있다.

이화(梨花)에 월백(月白)하고 은한(銀漢)이 삼경(三更)인 제
일지춘심(一枝春心)을 자규(子規)야 알랴마는
다정(多情)도 병(病)인 양 하여 잠 못 들어 하노라
– 이조년의 시조
〈2015 6월 평가원〉

격정(激情)

과격할 激
뜻 情

강렬하고 갑작스러워 누르기 어려운 감정.

예 그녀는 느닷없이 불쑥 치밀어 오르는 어떤 격정 때문에 도무지 다음 말을 이을 수가 없었다.

? 친절한 샘 '일이나 대상에 대하여 마음에 일어나는 느낌이나 기분'을 '감정(感情)'이라고 합니다. 비슷한 표현의 '감성(感性)'은 '자극에 대해 마음이나 감각이 느끼고 반응하는 성질'을 말하는데, 감성이 예민하거나 풍부한 것을 '감성적(感性的)'이라고 합니다.

애상적(哀傷的)

슬플 哀
상처 傷
과녁 的

슬퍼하거나 가슴 아파하는 것.

예 애상적 어조를 통해 비극적 분위기를 드러내고 있다. 〈2014 6월 평가원〉

? 친절한 샘 '희로애락(喜怒哀樂)' 알죠? 이때 '애(哀)'가 슬픔을 의미합니다. 그리고 '상(傷)'은 상처를 의미해요. 그러니 '애상(哀傷)'은 슬픔과 상처를 의미하는 거죠. 비슷한 말로 '슬픔과 서러움'을 의미하는 '비애(悲哀)'가 있습니다.

객수(客愁)

손님 客
근심 愁

객지에서 느끼는 쓸쓸함이나 시름.

예 이 시인의 초기 작품 대부분은 머나먼 타향에서 느끼는 객수를 노래한 것들이다.

? 친절한 샘 '객지(客地)'는 '자기 집을 떠나 임시로 있는 곳'을 말하며 비슷한 말로 '타지(他地)'가 있습니다. 둘 다 고향이 아닌 곳을 말합니다. 고향을 떠나 혼자 있으면 외로움이나 쓸쓸함을 많이 느끼겠죠? 그것이 '객수(客愁)'입니다. 다른 말로 '객창감(客窓感)'이라고도 합니다.

회한(悔恨)

뉘우칠 悔
뜻 恨

뉘우치고 한탄함.

예 이별을 감내하면서도 지나간 사랑에 연연해하고 있는 화자의 회한을 드러내고 있다.

? 친절한 샘 원통하거나 뉘우치는 일이 있을 때 한숨을 쉬며 탄식하는 것을 '한탄(恨歎)'이라고 합니다. 이전의 잘못을 깨치고 뉘우치는 것은 '후회(後悔)'라고 하죠. '탄식(歎息)'의 뜻도 한탄하여 한숨을 쉬는 것이니, '회한(悔恨), 한탄(恨歎), 탄식(歎息)' 모두 비슷한 뜻이죠?

동경(憧憬)

그리워할 憧
그리워할 憬

어떤 대상을 마음속으로 간절히 그리워하고 바람.

예 색채어를 활용하여 신화적 세계에 대한 동경을 드러내고 있다. 〈2015 6월 평가원〉

? 친절한 샘 비슷한 말로 '갈망(渴望)'이 있는데, '간절히 바람'이라는 뜻을 의미한다. 그리고 고향을 그리워하는 마음이나 시름을 나타내는 '향수(鄕愁)'라는 말도 있습니다.

경외(敬畏)

공경할 敬
두려워할 畏

어떤 대상을 두려워하며 우러러 봄.

예 ⓐ는 사물에 비유됨으로써 경외감을, ⓑ는 다른 대상과 비교됨으로써 비장감을 자아낸다. 〈2016 9월 평가원〉

? 친절한 샘 우리는 종종 절대자나 대자연의 위력 앞에서 그 대상에 대한 두려움과 존경심을 동시에 느끼기도 하는데, 이를 '경외(敬畏)'라고 합니다. 그리고 이때 대상이 나타내는 숭고한 아름다움을 '숭고미(崇高美)'라고 합니다.

관조적(觀照的)

볼 觀
비출 照
과녁 的

고요한 마음으로 사물이나 현상을 관찰하거나 깊이 생각하는 것.

ⓔ 작가는 비극적 사건을 다루면서도 관조적이고 담담한 필체를 사용하고 있다.

〈2016 6월 평가원〉

친절한 샘 '어떤 일에 끼어들어 관계하는 것'을 '참여하다'라 하고, '자신과 직접적인 관계가 없는 일에 끼어드는 것'을 '개입하다'라고 합니다. 이와 달리 관조적 태도는 대상을 물끄러미 관찰만 하는 것입니다.

회의적(懷疑的)

품을 懷
의심할 疑
과녁 的

어떤 일에 의심을 품는 것.

ⓔ 절대자의 존재에 대한 화자의 회의적 태도를 드러내는군. 〈2013 6월 평가원〉

친절한 샘 '회의적' 태도란 어떤 일을 부정적으로 바라보고 그 대상을 불신하는 태도를 말합니다. 그렇기 때문에 의심을 품는 거죠. 또한 '냉소적(冷笑的)'이라는 말이 있는데, 이는 '대상을 쌀쌀한 태도로 업신여기어 비웃는 것'을 말합니다.

매개체(媒介體)

중매 媒
끼일 介
몸 體

둘 사이에서 어떤 일을 맺어 주는 것.

ⓔ '영창'은 화자의 내면과 외부 세계를 잇는 매개체로서 화자의 만족감을 상징하는군.

〈2018 9월 평가원〉

친절한 샘 우연히 어렸을 적 사진을 보면 옛날이 생각나죠? 이때 '사진'을 과거 회상의 매개체라고 말합니다. 현재와 과거를 연결해 주기 때문이죠. 비슷한 말로는 '매개자(媒介者)', '매개물(媒介物)'이 있습니다. 아, 그리고 '회상(回想)'의 뜻은 '지난 일을 다시 생각함'입니다.

환기(喚起)하다

부를 喚
일어날 起

주의나 여론, 생각 따위를 불러일으킴.

ⓔ 과거에 대한 회상을 통해 그리움의 정서를 환기하고 있다. 〈2013 9월 평가원〉

친절한 샘 '탁한 공기를 맑은 공기로 바꾸는 것'도 '환기'라고 하는데, 동음이의어니 헷갈리지 마세요. 그리고 '지난 일을 다시 생각해 내다'는 뜻의 '상기(想起)하다'가 '저 소년은 내 어린 시절을 상기하게 한다.'와 같이 '상기하게 하다'의 형태로 쓰일 경우 그 의미가 비슷합니다.

정답과 해설 15쪽

어휘 더하기

[현대시의 수사법]

환유(換喻) 「명사」
어떤 사물을, 그것의 속성과 밀접한 관계가 있는 다른 낱말을 빌려서 표현하는 수사법. 우리 민족을 '흰옷'으로 표현하는 것을 말함.

제유(提喻) 「명사」
사물의 한 부분으로 그 사물의 전체를 나타내는 수사법. 예를 들어, '인간은 빵만으로 살 수 없다.'에서 '빵'이 '식량'을 나타내는 것을 말함.

'제유'는 일부분으로 전체를 가리키는 방법입니다. '빵'은 우리가 먹는 음식 중의 하나입니다. 우리는 빵 외에 떡볶이나 피자도 먹으니까요. 그런데 '빵' 하나가 '음식' 전체를 의미하게 되면 이건 '제유'인 거죠. 이와 달리 '환유'는 관련 있는 사물로 대상을 표현합니다. '백의민족(白衣民族)'이 우리 민족을 의미하는 것은 우리가 예로부터 흰옷을 즐겨 입었기 때문입니다.

⊙ 다음 괄호 안에 들어갈 말로 적절한 것을 고르시오.

이상화의 시(詩)에서 '빼앗긴 들'이 '조국'을 의미하는 것은 (환유 / 제유)에 해당된다.

01 낱말의 뜻풀이를 참고하여 빈칸에 들어갈 말을 쓰시오.

> 선뜻! 뜨인 눈에 하나 차는 영창
> 달이 이제 밀물처럼 밀려오다.
> 미욱한 잠과 베개를 벗어나
> 부르는 이 없이 불려 나가다.
>
> – 정지용, 「달」

선생님: "이 시에서 '영창'은 외부 세계와 화자의 내면을 잇는 _____ (으)로서의 역할을 하고 있어."
└ 둘 사이에서 어떤 일을 맺어 주는 것.

02 다음 시의 주된 정서로 적절한 것은?

> 아홉이나 남아 되던 오랩동생을
> 죽어서도 못 잊어 차마 못 잊어
> 야삼경(夜三更) 남 다 자는 밤이 깊으면
> 이 산 저 산 옮아가며 슬피 웁니다.
>
> – 김소월, 「접동새」

① 애상(哀傷)　　　　② 환희(歡喜)　　　　③ 증오(憎惡)
④ 분노(憤怒)　　　　⑤ 감격(感激)

03 다음 초성과 낱말의 뜻을 보고 빈칸에 들어갈 말을 쓰시오.

(1) 그는 끝없이 떨어지는 거대한 폭포 앞에서 자연에 대한 감탄과 두려움의 마음으로 (ㄱ ㅇ)감을 느꼈다.
　　　　　　　　　　　　　　　　　　　　　　　└ 어떤 대상을 두려워하며 우러러 봄.
(2) 사랑에 빠진 지수는 (ㄱ ㅅ ㅈ) 감정에 휩싸여 가슴이 두근거렸다.
　　└ 감정이 강하게 치밀어 올라 참기 어려운 (것).
(3) 이 영화는 한 여인의 삶을 과장이나 꾸밈없이 (ㄱ ㅈ ㅈ) 시선을 통해 그려 내고 있다.
　　　　　　　　　└ 고요한 마음으로 사물이나 현상을 관찰하거나 깊이 생각하는 (것).

04 다음 빈칸에 공통으로 들어갈 말로 적절한 것은?

> • 선생님은 학생들의 흥미를 ( )하기 위해 커다란 도표를 펼치셨다.
> • 우리는 소외된 사람들에 대한 사회적 관심을 ( )하기 위해 자원봉사를 하기로 했다.

① 매개(媒介)　　　　② 환기(喚起)　　　　③ 상기(想起)
④ 극복(克服)　　　　⑤ 심화(深化)

05 다음 밑줄 친 말과 바꿔 쓸 수 있는 단어로 가장 적절한 것은?

> 거시 세계와 달리 양자 역학이 지배하는 미시 세계에서는, 우리가 관찰하기 이전에는 상호 배타적인 상태가 공존하는 것이다. 배타적인 상태의 공존과 관찰 자체가 물체의 상태를 결정한다는 개념을 받아들이기 힘들었기 때문에, 아인슈타인은 "당신이 달을 보기 전에는 달이 존재하지 않는 것인가?"라는 말로 양자 역학의 해석에 <u>회의적인</u> 태도를 취하였다.

① 긍정적   ② 우호적   ③ 부정적
④ 관조적   ⑤ 격정적

06 다음 빈칸에 들어갈 단어로 적절한 것은?

> 이것은 소리 없는 아우성
> 저 푸른 해원을 향하여 흔드는
> 영원한 노스탤지어의 손수건
> — 유치환, 「깃발」

이 시는 이상향을 (   )하면서도 도달하지 못하고 좌절할 수밖에 없는 인간의 운명을 나타내고 있다.

① 회한(悔恨)   ② 성찰(省察)   ③ 경외(敬畏)
④ 한탄(恨歎)   ⑤ 동경(憧憬)

07 밑줄 친 단어와 유사한 감정으로 적절한 것은?

> 대중가요의 주요 주제 중 하나는 고향에 대한 <u>향수</u>입니다. (시냇가에 있는 버드나무 영상을 보여 주며) 시냇가 버드나무는 떠나온 고향을 연상케 하는 대표적인 소재랍니다. 최근에는 버드나무가 줄어든 만큼 노랫말에서도 쉽게 찾아볼 수 없어 아쉽습니다.

① 경외(敬畏)   ② 애증(愛憎)   ③ 갈망(渴望)
④ 희열(喜悅)   ⑤ 분노(憤怒)

08 다음 대화 상황의 빈칸에 들어갈 말을 바르게 짝지은 것은?

〈대화 상황 1〉
A: 철수는 항상 자기 신세 (㉠)만 해서 같이 있으면 피곤해.
B: 아무래도 자꾸 안 좋은 소리만 하면 듣는 사람이 힘들지.

〈대화 상황 2〉
A: 부모님께 잘해야지 생각하면서도 막상 실천이 잘 안 돼.
B: 그래도 계속 노력해 봐. 안 그러면 나중에 부모님이 돌아가신 후에 (㉡)의 눈물을 흘리게 될 수 있어.

	㉠	㉡
①	한탄(恨歎)	회상(回想)
②	한탄(恨歎)	회한(悔恨)
③	경외(敬畏)	후회(後悔)
④	경외(敬畏)	성찰(省察)
⑤	경외(敬畏)	회상(回想)

■ 다음 글을 읽고 물음에 답하시오.　　　　　　　　　　　　　〈2019 6월 평가원〉

(가) 산과 산이 마주 향하고 믿음이 없는 얼굴과 얼굴이 마주 향한 항시 어두움 속에서 꼭 한 번은 천동 같은 화산이 일어날 것을 알면서 요런 자세로 꽃이 되어야 쓰는가. //

저어 서로 응시하는 쌀쌀한 풍경. 아름다운 풍토는 이미 고구려 같은 정신도 신라 같은 이야기도 없는가. 별들이 차지한 하늘은 끝끝내 하나인데 …… 우리 무엇에 불안한 얼굴의 의미는 여기에 있었던가. //

모든 유혈(流血)은 꿈같이 가고 지금도 나무 하나 안심하고서 있지 못할 광장. 아직도 정맥은 끊어진 채 휴식인가 야위어 가는 이야기뿐인가. //

언제 한 번은 불고야 말 독사의 혀같이 징그러운 바람이여. 너도 이미 아는 모진 겨우살이를 또 한 번 겪으라는가 아무런 죄도 없이 피어난 꽃은 시방의 자리에서 얼마를 더 살아야 하는가 아름다운 길은 이뿐인가. //

산과 산이 마주 향하고 믿음이 없는 얼굴과 얼굴이 마주 향한 항시 어두움 속에서 꼭 한 번은 천동 같은 화산이 일어날 것을 알면서 요런 자세로 꽃이 되어야 쓰는가.

　　　　　　　　　　　　　　　　　　　　　　　　　　- 박봉우, 「휴전선」

낯선 어휘의 뜻을 사전에서 찾아 적어 보자.

• 유혈(流血): 피를 흘림. 또는 흘러나오는 피.
•

핵심어를 중심으로 문단의 내용을 요약해 보자.

핵심어 **믿음, 불안, 화산**

화자는 남과 북이 서로 믿음 없이 대치하는 휴전선 앞에서, 불안한 마음으로 전쟁(화산)을 염려하며 남북의 화합을 염원하고 있다.

(나) 득음은 못하고, 그저 시골장이나 떠돌던
　　소리꾼이 있었다, 신명 한 가락에
　　막걸리 한 사발이면 그만이던 흰 두루마기의 그 사내
　　꿈속에서도 폭포 물줄기로 내리치는 / 한 대목 절창을 찾아 떠돌더니
　　오늘은, 왁새 울음 되어 우항산 솔밭을 다 적시고
　　우포늪 둔치, 그 눈부신 봄빛 위에 자운영 꽃불 질러 놓는다　[A]
　　살아서는 근본마저 알 길 없던 혈혈단신　　　　　　　　　[B]
　　텁텁한 얼굴에 달빛 같은 슬픔이 엉켜 수염을 흔들곤 했다
　　늙은 고수라도 만나면 / 어깨 들썩 산 하나를 흔들었다
　　필생 동안 그가 찾아 헤맸던 소리가　　　　　　　　　　[C]
　　적막한 늪 뒷산 솔바람 맑은 가락 속에 있었던가
　　소목 장재 토평마을 양파들이 시퍼런 물살 몰아칠 때　　[D]
　　일제히 깃을 치며 동편제 넘어가는 / 저 왁새들
　　완창 한 판 잘 끝냈다고 하늘 선회하는
　　그 소리꾼 영혼의 심연이　　　　　　　　　　　　　　[E]
　　우포늪 꽃잔치를 자지러지도록 무르익힌다

　　　　　　　　　　　　　　　　　　　　　　　　　　- 배한봉, 「우포늪 왁새」

•
•

핵심어 **소리꾼, 왁새, 우포늪, 완창**

중심 내용 한눈에 보기

(가) 「휴전선」

현재의 상황	화자의 마음
❶ 을/를 사이에 두고 남과 북이 서로 믿음 없는 얼굴로 대치하고 있음.	화자는 ❷ 같은 전쟁이 일어날 것을 불안해하며 남북의 화합을 염원하고 있음.

(나) 「우포늪 왁새」

과거(소리꾼)	현재(왁새)
혈혈단신으로 시골장을 떠돌며 필생 절창을 찾아 헤맸으나 ❸ 을/를 하지는 못했음.	화자가 우포늪의 ❹ 을/를 보며 소리꾼을 떠올리고, 이 왁새가 완창을 끝내고 하늘을 선회한다고 상상함.

〈2019 6월 평가원 28번〉

01 (가), (나)에 대한 설명으로 적절하지 않은 것은?

① (가)는 설의적 표현으로 현실에 대한 화자의 안타까움을 드러내고 있다.
② (나)는 청각의 시각화를 통해 소재의 생동감을 부각하고 있다.
③ (가)는 시간의 흐름에 따라, (나)는 시선의 이동에 따라 시상을 전개하고 있다.
④ (가)는 동일한 시구를 반복하여, (나)는 인물에 대한 이야기를 활용하여 주제 의식을 강조하고 있다.
⑤ (가)와 (나)는 모두 화자의 인식을 자연물에 투영하여 시적 정서를 환기하고 있다.

▶ 문제의 선지에 쓰인 단어 중 뜻을 모르는 것을 찾아 적어 보자.

〈2019 6월 평가원 30번〉

02 〈보기〉를 참고하여 [A]~[E]를 이해한 내용으로 적절하지 않은 것은?

〈 보기 〉

　이 시의 화자는 '우포늪'에서 왁새 울음소리를 들으며, 득음을 못한 채 생을 마감했던 한 '소리꾼'을 상상적으로 떠올리고 있다. 화자는 왁새 울음소리에서 고단하고 외로웠던 소리꾼이 평생을 추구했던 절창을 연상함으로써, 우포늪의 생명력이 소리꾼의 영혼을 절창으로 이끌었음을 표현하고자 했다. 자연과 인간이 어우러진 세계에서 창조되는 예술의 경지와 우포늪의 아름다움을 조화롭게 형상화한 것이다.

① [A]: 화자는 왁새 울음소리와 우포늪의 풍경을 연결 지어 소리꾼이 추구했던 절창을 상상적으로 떠올리고 있다.
② [B]: 득음의 경지를 찾아 떠돌았던 소리꾼의 얼굴에 묻어나는 삶의 비애를 감각적으로 표현하고 있다.
③ [C]: 소리꾼이 평생 추구했던 절창을 우포늪에서 찾아낸 화자의 정서를 드러내고 있다.
④ [D]: 화자가 상상적으로 떠올린 세계를 우포늪 일대의 현실적 공간과 결부하고 있다.
⑤ [E]: 날아가는 왁새와 완창을 한 소리꾼을 대비하여 자연과 인간이 통합된 예술의 형상을 사실적으로 보여 주고 있다.

'말도 안 돼!'는 역설(逆說, paradox), '거짓말!'은 반어(反語, irony)

아이러니는 반어(反語)일까 역설(逆說)일까? 반어를 영어로 'irony'라고 하고, 역설을 'paradox'라고 하다 보니 '아이러니'가 반어로만 쓰여야 할 것 같은데, 우리가 일반적으로 알고 있는 '반어법'과는 다른 의미로 사용되는 경우를 보면 당황할 수 있습니다.

'아이러니'는 '반어'나 '역설'보다 범주가 조금 더 큰 개념으로 이해하면 헷갈리지 않습니다. '아이러니'는 언어적 아이러니와 상황적 아이러니가 있습니다. 언어적 아이러니는 반어법이고, 상황적 아이러니는 역설적(모순적) 상황을 의미합니다. 아래 표를 통해 구체적으로 이해해 봅시다.

아이러니

언어적 아이러니(=반어법),
상황적 아이러니(=역설적 상황)

언어적 아이러니 ➡ 말이나 글에서 표면적으로 진술한 의미와는 반대되는 의도를 나타내는 어법(=반어법)
　例 이별의 상황에서 떠나는 임을 붙잡고 싶지만 '나 보기가 역겨워 가실 때에는 말없이 고이 보내드리겠다'라고 말하는 경우

상황적 아이러니 ➡ 어떤 인물이 처한 상황과 그 상황에 대한 인식이나 태도가 부조화를 일으킬 때 발생하는 아이러니(=모순된 상황, 역설적인 상황을 통해 의미를 전달함.)
　例 매일 지각하는 형이 지각한 동생에게 훈계를 하는 상황

역설은 표면적 진술이 진리에 어긋나 모순을 야기하는 것 같으나 그 이면에는 중요한 진리가 담겨 있는 표현을 말해요. 반어와 비슷하게 느껴지지요? 하지만, '반어'는 사랑하는 사람과 헤어지는 상황에서 '난 슬프지 않아.', '안 울 거야.'와 같이 말하는 것으로, 표면적 진술 자체에는 아무런 문제가 없지만 속마음과 반대되는 의미를 표현하는 경우를 말하지요. 반면에 '역설'은 '임은 갔지만 나는 임을 보내지 아니하였습니다.'와 같이 표면적 진술 자체에 모순이 있지만 그 이면에는 '임과의 재회에 대한 강한 믿음'이라는 의미를 드러내고 있지요. 즉, 거짓말처럼 겉으로는 문제가 없지만 속마음과는 다른 표현은 반어, 겉으로 말이 안 되지만 속으로는 중요한 의미를 지니는 표현은 역설이라고 하는 것이지요.

역설 안에는 '모순 형용'이라는 것이 있어요. 모순 형용이란 역설적 표현 중에서도 수식하는 말과 수식받는 말이 서로 모순적인 경우를 가리키는 표현법이에요. 가령, '소리 없는 아우성', '외로운 황홀한 심사' 등이 이에 해당해요.

역설

모순 형용

『삼국지』는 중국 한나라 말기를 배경으로 하여 위촉오 삼국의 역사를 기록한 역사서예요. 이를 바탕으로 쓴 장편 소설이 『삼국지연의』예요. 여기에 나오는 재미있는 한자성어가 많답니다.

■ 다음 한자 성어 중 뜻을 알고 있는 것에 ✓표를 하시오.

☐ 도원결의   ☐ 고육지책   ☐ 출사표

▲ 작가 미상, 「삼국지연의도」

■ 「삼국지」에서 유래된 한자 성어의 뜻을 알아볼까요?

한자 성어	의미
도원결의 (복숭아 桃 + 동산 園 + 맺을 結 + 옳을 義)	• 의형제를 맺음을 이르는 말. • 뜻이 맞는 사람끼리 하나의 목적을 이루기 위해 행동을 같이할 것을 약속한다는 의미임.

나라를 위기로 내모는 황건적 무리를 물리치기 위해 유비, 관우, 장비가 한마음으로 맞서 싸우고자 모였다. 이들은 장비의 집 뒤 복숭아밭에 모여서 의형제를 맺고 황건적을 토벌한 후 촉나라를 세웠다. 이때 나온 말이 '도원결의(桃園結義)'이다.

고육지책 (쓸 苦 + 고기 肉 + 어조사 之 + 꾀 策)	자기 몸을 상해 가면서까지 꾸며 내는 계책이라는 뜻으로, 어려운 상태를 벗어나기 위해 어쩔 수 없이 꾸며 내는 계책을 이르는 말.

위나라 조조와 오나라 손권 세력이 양자강을 사이에 두고 벌인 전쟁이 적벽대전이다. 이 전쟁에서 노장 황개가 거짓으로 조조에게 항복하는 척하며 다가가 배에 불을 지르자는 꾀를 내었다. 책략이 뛰어난 조조를 속이기 위해 황개가 고육계를 쓰기로 하고, 조조를 격파하지 못할 바에야 항복하는 것이 낫다고 일부러 연기를 하였다. 주유는 이에 사기를 떨어뜨리는 소리를 한다며 일부러 화를 내는 척하며 황개에게 100대의 곤장을 쳤다. 이 과정에서 황개는 피투성이가 되었고 주유를 욕하며 조조에게 거짓 항복 편지를 썼으며, 조조는 그 편지에 깜박 속아서 전쟁에서 패배하게 되었다.

출사표 (날 出 + 스승 師 + 표 表)	• 출병할 때에 그 뜻을 적어서 임금에게 올리던 글. • 경기, 경쟁 따위에 참가 의사를 밝히는 것을 관용적 표현으로 '출사표를 던지다(내다)'라고 한다.

촉나라 황제 유비가 죽을 때 제갈량에게 천하 통일을 이루어 달라는 유언을 남기고 떠난다. 제갈량은 군사를 조직하여 위나라를 치기 위해 떠나는데, 이때 앞서 황제 유선에게 출사표를 올린다. 이 출사표의 내용이 매우 비장하고 절절하여 읽는 사람마다 모두 감동을 받았다고 한다.

➕ 다음 대화의 빈칸에 들어갈 한자 성어를 쓰시오.

〈상황 1〉

선생님: 너는 리더십이 뛰어난 것 같아.
학생: 감사합니다. 안 그래도 이번에 학생 회장 선거에 (❶)을/를 던졌어요.

〈상황 2〉

학생 1: 정부가 왜 배추 공급량을 줄인다는 거야?
학생 2: 가만히 뒀다가는 배춧값의 폭락이 뻔해서 농민들의 피해가 더 커지기 전에 공급량을 줄인다는 (❷)을/를 쓴 거래.

➕ 문제 •
❶ 출사표(出師表) ❷ 고육지책(苦肉之策)

나목(裸木)

벌거벗을 裸
나무 木

잎이 지고 가지만 앙상히 남은 나무.

⑩ 온몸을 뿌리 박고 대가리 쳐들고 무방비의 나목(裸木)으로 서서

〈2015 9월 평가원 | 황지우, 「겨울-나무로부터 봄-나무에로」〉

친절한 샘 겨울이 되어 앙상하게 나뭇가지만 남은 나무를 '겨울나무'라고 하는데 '나목'과 같은 대상을 가리키는 말입니다. 이와 달리 여름이 되면 푸른 잎이 울창하게 우거진 나무나 수풀이 보이는데, 이를 **'녹음(綠陰)'**이라고 합니다.

심연(深淵)

깊을 深
못 淵

❶ 깊은 못.
❷ 좀처럼 빠져나오기 힘든 구렁을 비유적으로 이르는 말.

⑩ 영혼의 심연이 우포늪 꽃잔치를 자지러지도록 무르익힌다.

〈2019 6월 평가원 | 배한봉, 「우포늪 왁새」〉

친절한 샘 '땅바닥이 진흙으로 우묵하고 깊게 파이고 항상 물이 많이 괴어 있는 곳'을 '늪'이라고 하는데, 이 말은 빠져나오거나 그만두기 힘든 상황을 의미하는 말로 쓰입니다. 비슷한 말로 **'수렁'**도 있습니다.

성찰(省察)

살필 省
살필 察

자기 마음을 반성하고 살핌.

⑩ '무엇을 기록'해야 하는지에 대해 자기 성찰을 하게 되는 계기라고 할 수 있겠군.

〈2018 수능〉

친절한 샘 '자신의 말이나 행동을 되돌아보면서 잘못을 살피거나 그것을 깨닫고 뉘우치는 것'을 **'반성(反省)'**이라고 합니다. 또한 '지나간 일을 돌이켜 생각하는 것'을 **'회고(回顧)'**라고 하는데, 이때는 잘못을 살핀다는 의미는 없습니다. 그리고 **'회상(回想)'**도 '회고(回顧)'와 같은 말입니다.

묵중(默重)하다

잠잠할 默
무거울 重

말이 적고 몸가짐이 신중하다.

⑩ 늙은 나무를 만났다. 수도승일까. 묵중하게 서 있었다. 〈2017 9월 평가원 | 박목월, 「나무」〉

친절한 샘 과묵한 사람은 어떤 사람일까요? **'과묵(寡默)'**은 '말이 적고 침착하다'는 뜻입니다. 따라서 '묵중하다'와 비슷한 말입니다. 이와 달리 **'헤프다'**는 말이 있는데 '말이나 행동 따위를 삼가거나 아끼는 데가 없이 마구 하는 듯하다'의 뜻을 갖고 있습니다. 전혀 과묵하지 않은 사람이겠죠?

투영(投影)하다

던질 投
그림자 影

❶ 물체의 그림자를 어떤 물체 위에 비추다.
❷ (비유적으로) 어떤 일을 다른 일에 반영하여 나타내다.

⑩ 화자에게 닥친 일상적 현실이 절망적 상황임을 노래에 투영하여 드러내고 있다.

〈2018 수능〉

친절한 샘 그림자는 그 대상의 모습을 똑같이 보여 주죠? 따라서 그림자는 그 대상의 모습이나 특징을 반영하고 있는 것입니다. 예를 들어 사랑하는 사람에게 꽃을 선물한다면 그 꽃 속에 상대방에 대한 나의 애정을 투영하고 있는 거죠. 보통 **'반영하다'**로 바꾸어 쓰면 쉽게 이해됩니다.

촉발(觸發)되다

닿을 觸
필 發

어떤 일을 당하여 감정, 충동 따위가 일어나다.

⑩ [A]는 대상에 대한 태도가 드러나며 시상이 촉발되는 부분으로, 〈2015 6월 평가원〉

친절한 샘 '순간적으로 어떤 행동을 하고 싶다고 느끼는 마음'을 **'충동(衝動)'**이라고 합니다. 그때 무엇을 가지려 하거나 원하는 마음을 **'욕망(欲望)'**이라고 하죠. 하지만 우리는 이를 정도에 넘지 않도록 알맞게 조절하여 제한하기도 하는데 이를 **'절제(節制)'**라고 합니다.

자조(自嘲)

스스로 自
비웃을 嘲

자기를 비웃음.

예 자조적 표현을 통해 삶의 모순을 드러내고 있다. 〈2014 수능〉

? 친절한 샘 '자조적인 웃음'은 자기를 비웃는 듯한 웃음을 말합니다. '비웃음'은 빈정거리거나 업신여기면서 웃는 웃음을 말하는데, 다른 말로 '조소(嘲笑)'라고도 합니다. 하지만 스스로를 비웃는 것은 안 좋으니 자기의 품위를 스스로 지키는 '자존(自尊)'을 바로 세워야겠죠?

괴리(乖離)

어그러질 乖
떠날 離

사실들이 서로 어긋나 생겨난 차이.

예 공간의 대조를 통해 이상과 현실의 괴리를 드러내고 있다. 〈2016 9월 평가원〉

? 친절한 샘 '이상(理想)'은 생각할 수 있는 가장 완전한 상태를 말하는데, 종종 현실과 일치하지 않아 '괴리감(乖離感)'을 느끼죠. 또한 우리는 어떤 것의 성질이 서로 달라 낯설거나 잘 맞지 않을 때 '이질감(異質感)'을 느끼고 그 반대일 때는 '동질감(同質感)'을 느낍니다.

분열(分裂)

나눌 分
찢을 裂

❶ 하나의 집단, 단체, 사상 등이 여러 개로 갈라져 나뉨.
❷ 감정, 의미, 충동 등의 이상으로 정신이 흐트러지거나 인격이 여러 개로 나뉨.

예 현대시에서는 시적 자아가 분열된 모습으로 등장하는 경우가 많다. 〈2013 9월 평가원〉

? 친절한 샘 '자아(自我)'라는 말을 많이 들어봤죠? '세상에 대한 인식이나 행동의 주체가 되는 자기'를 말합니다. 그런데 종종 이러한 자아의 감정이 여러 개로 나뉘는 경우가 있는데, 이를 '정신 분열'이라고 합니다. 이러한 병을 '조현병(調絃病)'이라 하고요.

지조(志操)

뜻 志
잡을 操

원칙이나 신념을 굽히지 아니하고 끝까지 지켜 나가는 꿋꿋한 의지.

예 지조 높은 개는 밤을 세워 어둠을 짖는다. 〈2013 수능 9월 평가원 | 윤동주, 「또 다른 고향」〉

? 친절한 샘 '신념, 신의 따위를 굽히지 아니하고 굳게 지키는 꿋꿋한 태도'를 '절개(節槪)'라고 합니다. '절개가 굳은 여자'는 '열녀(烈女)'라고도 하죠. 그런데 주변 여건에 따라 이리저리 옮겨 다니는 사람을 빗대어 나타내는 말로 '철새'가 있습니다. 이런 사람이 되어서는 안 되겠죠?

어휘 더하기

정답과 해설 17쪽

['이름'과 관련 있는 단어들]

명명(命名) 「명사」
사람, 물건, 일 등에 이름을 지어 붙임.
예 회사는 직원 휴게소를 '만남의 장소'라고 명명했다.
예 여러 동료가 나의 자리라고 명명(命名)하여 주었다.

호명(呼名) 「명사」
이름을 부름.
예 면접 대기자들은 대기실에서 호명을 기다렸다.
예 반복적 호명을 통해 중심 대상으로 초점을 모으고 있다.

개명(改名) 「명사」
이름을 바꿈.
예 승규는 법원에 개명을 신청해 민준으로 이름을 바꿨다.
예 지역의 이름들이 순수 우리말 이름으로 개명이 되었다.

'다른 것과 구별하기 위해 동물, 사물, 현상 등에 붙여서 부르는 말'을 '이름'이라고 합니다. 우리가 길가에서 이름 없는 풀을 보았다고 칩시다. 이 풀에 관심과 애정을 갖고 이름을 붙여 주었다면 그것은 '명명(命名)'입니다. 그리고 그 이름을 불러 주었다면 이는 '호명(呼名)'이 되고, 이후 다른 이름으로 바꿔 주었다면 그것은 '개명(改名)'이 됩니다.

⊙ 밑줄 친 부분의 의미에 해당하는 단어를 쓰시오.

> 내가 그의 이름을 불러 주었을 때
> 그는 나에게로 와서 / 꽃이 되었다.
>
> – 김춘수, 「꽃」

01 '나'의 이름은 무엇인지 쓰시오.

겨울이 되어 앙상하게 나뭇가지만 남은 나무를 '겨울나무'라고 하는데, 이것은 '나'의 다른 이름입니다.

'나'는 두 글자로 이루어진 낱말이구요. 한자 그대로 해석하면 '벌거벗은 나무'라는 뜻입니다.

02 다음 밑줄 친 부분과 바꿔 쓸 수 있는 말로 적절한 것은?

공자는 군자가 되기 위해서는 항상 마음이 참되고 미더운 상태가 되도록 자신의 내면을 잘 <u>살피라고</u> 하였다. 이렇게 도덕적 수양을 할 뿐만 아니라 옛 성현의 책을 읽고 육예(六藝)를 고루 익혀 다양한 학문적 소양을 갖춰야 한다고 하였다.

① 성찰(省察)하라고　　　　② 투영(投影)하라고　　　　③ 분열(分裂)하라고
④ 회고(回顧)하라고　　　　⑤ 과묵(寡默)하라고

03 다음 (가)와 (나)의 빈칸에 공통으로 들어갈 말로 적절한 것은?

(가) 우뚝 솟은 산(山), (　　　)히 엎드린 산(山), 골골이 장송(長松) 들어섰고, 머루 다랫넝쿨 바위 엉서리에 얽혔고, 샅샅이 떡갈 나무 억새풀 우거진 데 너구리, 여우, 사슴, 산(山)토끼, 오소리, 도마뱀, 능구리 등(等), 실로 무수한 짐승을 지니인,　　　　　　　　　　　　　　　　　　　　　　　　　　－ 박두진, 「향현」
(나) 유성에서 조치원으로 가는 어느 들판에 우두커니 서 있는 한 그루 늙은 나무를 만났다. 수도승일까. (　　　)하게 서 있었다. 〈중략〉 (　　　)한 그들의. 침울한 그들의. 아아 고독한 모습. 그 후로 나는 뽑아낼 수 없는 몇 그루의 나무를 기르게 되었다.　　　　　　　　　　　　　　　　　－ 박목월, 「나무」

① 활발(活潑)　　　　② 묵중(默重)　　　　③ 명랑(明朗)
④ 유쾌(愉快)　　　　⑤ 상쾌(爽快)

04 ⓐ와 ⓑ가 공통적으로 비유하는 바로 적절한 것은?

• 어떻게 사업 실패라는 ⓐ<u>심연</u>을 극복하셨나요?
• 그 남자는 도박의 ⓑ<u>늪</u>에 빠져 전 재산을 날리고 말았다.

① 자신에 대한 책망　　　　② 타인에 대한 원망　　　　③ 자신에 대한 믿음
④ 빠져나오기 힘든 상황　　　　⑤ 삶에 대한 깊은 성찰

05 다음 밑줄 친 낱말을 참고하여 'A'를 이해한 것으로 적절한 것은?

> A: 내가 이럴 줄 알았어. 역시나 실패했잖아. 내 주제에 무슨 사업이야.
> B: 아니야, 경험이 쌓이면 잘할 수 있어! 그렇게 <u>자조</u>하지 마.

① 스스로를 비웃고 있다.　　　　　② 욕망을 절제하고 있다.
③ 자신의 신념이 확고하다.　　　　④ 타인에 대해 말이 헤프다.
⑤ 자아가 둘로 분열되고 있다.

06 문맥을 고려할 때, 괄호 안에 들어갈 적절한 단어를 고르시오.

(1) 시민 연대는 정부를 향해 한순간에 (촉발 / 투영)된 감정으로 정부 정책을 비판하고 나섰다.
(2) 어떠한 법과 제도도 현실과는 (분열 / 괴리)이/가 있기 마련이다.

07 다음 시에서 알 수 있는 화자의 태도로 가장 적절한 것은?

> 검은 그림자 쓸쓸하면,
> 마침내 호수 속 깊이 거꾸려져
> 차마 바람도 흔들진 못해라
>
> — 이육사, 「교목」

① 분열(分裂)　　　　② 지조(志操)　　　　③ 괴리(乖離)
④ 자조(自嘲)　　　　⑤ 성찰(省察)

08 다음 초성을 보고 빈칸에 들어갈 말을 쓰시오.

> 　그것은 이미 예전의 귀에 익은 음성이 아니었다. 언제나 보이지 않는 따뜻함과 부드러움으로 흘러나오곤 하던 그 목소리에는 대신 어딘가 냉랭하면서도 들떠 있는 듯한 건조함이 배어 있었다. 그 음성을 듣는 순간 그가 내심 섬찟했던 것은 바로 그 생경한 (ㅇ ㅈ ㄱ) 때문이었는지도 모른다.
>
> — 임철우, 「눈이 오면」

■ 다음 글을 읽고 물음에 답하시오.

〈2017 수능〉

만약에 나라는 사람을 유심히 들여다본다고 하자
그러면 나는 내가 시와는 반역된 생활을 하고 있다는 것을 알 것이다

먼 산정에 서 있는 마음으로 나의 자식과 나의 아내와
그 주위에 놓인 잡스러운 물건들을 본다

그리고 / 나는 이미 정해진 물체만을 보기로 결심하고 있는데
만약에 또 어느 나의 친구가 와서 나의 꿈을 깨워 주고 / 나의 그릇됨을 꾸짖어 주어도 좋다

함부로 흘리는 피가 싫어서 /이다지 낡아빠진 생활을 하는 것은 아니리라
먼지 낀 잡초 우에 / 잠자는 구름이여 / 고생도 마음대로 할 수 없는 세상에서는
철 늦은 거미같이 존재 없이 살기도 어려운 일

방 두 칸과 마루 한 칸과 말쑥한 부엌과 애처로운 처를 거느리고
외양만이라도 남과 같이 살아간다는 것이 이다지도 쑥스러울 수가 있을까

낯선 어휘의 뜻을 사전에서 찾아 적어 보자.

• **말쑥하다:** 지저분함이 없이 말끔하고 깨끗하다.

•

핵심어를 중심으로 문단의 내용을 요약해 보자.

핵심어 나, 고생, 시, 반역, 쑥스러움,
나는 고생도 마음대로 할 수 없는 세상에서 시와는 반역된 생활
을 하고 있으나, 이에 쑥스러움을 느끼고 있다.

시를 배반하고 사는 마음이여
자기의 나체를 더듬어 보고 살펴볼 수 없는 시인처럼 비참한 사람이 또 어디 있을까
거리에 나와서 집을 보고 집에 앉아서 거리를 그리던 어리석음도 이제는 모두 사라졌나 보다
날아간 제비와 같이

날아간 제비와 같이 자국도 꿈도 없이
어디로인지 알 수 없으나 / 어디로이든 가야 할 반역의 정신

나는 지금 산정에 있다 — / 시를 반역한 죄로
이 메마른 산정에서 오랫동안 꿈도 없이 바라보아야 할 구름 / 그리고 그 구름의 파수병인 나.

– 김수영, 「구름의 파수병」

•

•

핵심어 시, 제비, 반역, 파수병

화자	생활에 몰두하는 자아	새롭게 시를 지향하는 자아	
자기 ❶ 의 태도: 나를 유심히 들여다봄.	시를 ❷ 하고 사는 생활: 아내와 자식을 거느리고 외양만이라도 남과 같이 살아감.	꿈을 추구하는 나: 쑥스러움과 비참함을 느끼며 어디로든 가야 할 ❸ 의 정신을 가짐.	구름의 ❹ : 메마른 산정에서 바라볼 구름을 지키고자 함.

→ ↔ →

〈2017 수능 27번〉

01 위 시를 이해한 내용으로 적절하지 않은 것은?

① 화자는 자신과 가족뿐만 아니라 '주위'의 '물건들'까지 살펴보면서 자기의 생활을 성찰하고 있다.

② 화자는 '나의 친구'가 방문한 뒤에야 비로소 자신의 삶이 '그릇됨'을 자각하고 있다.

③ 화자는 '고생도 마음대로 할 수 없는 세상'에서 '존재 없이' 살아가는 것이 어렵다고 느끼고 있다.

④ 화자는 자신을 '자기의 나체를 더듬어 보고 살펴볼 수 없는' 비참한 존재로 인식하고 있다.

⑤ 화자는 '시와는 반역된 생활'을 '죄'로 받아들이면서 자신을 '구름의 파수병'으로 규정하고 있다.

▶ 문제의 선지에 쓰인 단어 중 뜻을 모르는 것을 찾아 적어 보자.

〈2017 수능 28번〉

02 〈보기〉를 고려하여 위 시를 감상한 내용으로 적절하지 않은 것은?

── 〈 보기 〉 ──

「구름의 파수병」에는 시와 생활 사이에서 갈등하는 화자의 진솔한 자기 성찰이 드러난다. 화자는 ㉠생활에 몰두하려는 자아와 이러한 자아를 극복하고자 하면서 ㉡시를 새롭게 지향하려는 자아를 등장시킨다. ㉠은 시선을 고정하려는 태도나 움츠러들어 있는 이미지로 나타나는데, ㉠에서 벗어나 ㉡으로 변모하고자 하는 화자는 '날아간 제비'를 떠올리다가 '반역의 정신'을 추구하는 데 이른다.

① '내가 시와는 반역된 생활을 하고 있다'에서는 화자의 진솔한 성찰의 어조가 느껴지는군.

② '나는 이미 정해진 ~ 결심하고'는 ㉠과 ㉡의 갈등을 해소한 화자의 심정을 드러낸 것이겠군.

③ 화자가 자신을 '어디로이든 가야 할' 존재로 여기는 것은 ㉠에서 ㉡으로 나아가려는 의지에서 비롯한 것이겠군.

④ 화자가 '메마른 산정'에서 지향하는 '반역의 정신'은 ㉡이 추구하는 것이겠군.

⑤ '구름의 파수병'은 두 자아의 갈등 속에서 시를 새롭게 지향하려는 화자의 의식이 반영된 이미지이겠군.

빼앗긴 우리 민족의 35년

1910년 일본은 대한 제국을 강제로 합병하였고 우리는 국권 상실이라는 상황에 처하게 되었어요. 이처럼 열악한 시기에 우리 민족은 폭력적인 수탈과 통제에 맞서 국내외에서 다각적으로 민족 운동을 전개하며 빼앗긴 나라를 되찾기 위해 노력했어요. 여기에서는 일제 강점기를 이해하기 위한 배경지식이 될 수 있는 내용 몇 가지를 살펴보겠습니다.

• 동양 척식 주식회사

일본 정부의 강요에 의해 1908년에 창립된 한일 합작 회사로 일본의 대륙 침략을 위해 설립되었고 우리나라의 농민 수탈의 선봉이 되었다. 특히 한국 정부로부터 출자분의 명목으로 받은 토지 1만 7714정보(땅 넓이의 단위. 1정보=3,000평)와 더불어 토지조사사업으로 얻게 된 땅까지 포함하면 1937년 이 회사가 소유한 우리 땅만 6만여 정보였다.

• 6 · 10 만세 운동(1926)

순종의 장례 행렬이 지나는 창덕궁에서부터 동대문까지 학생과 시민들이 만세 운동을 벌였다.

• 조선어 학회 사건(1942)

일제의 우리말 말살 정책에도 불구하고 조선어 학회에서는 '한글 맞춤법 통일안' 등을 제정하고 우리말 연구 정리에 힘을 쏟았다. 이를 못마땅하게 여기던 일제는 조선어 학회를 민족 운동 단체로 규정하고 회원들을 탄압하고 고문하며 조선어 학회를 강제 해산시켰다.

일제 강점기의 시대별 핵심 사건

1910년대
- 1910. 국권 피탈
  토지 조사 사업
- 1919. 3 · 1 운동, 대한민국 임시
  정부 수립

1920년대
- 1920. 봉오동 전투, 청산리 대첩
- 1926. 6 · 10 만세 운동
- 1927. '신간회', '근우회' 조직
- 1929. 광주 학생 항일 운동

1930년대
- 1931. 신채호, 『조선상고사』 연재
- 1933. '한글 맞춤법 통일안' 제정
- 1936. 일장기 말살 사건
- 1938. '조선 의용대' 창설

1940년대
- 1940. '한국 광복군' 창설
- 1942. '조선어 학회' 사건
- 1945. 8 · 15 광복

조선 총독부

한반도 식민 통치 및 수탈을 위해 세운 일본의 통치 기관으로, 조선 총독은 일본 왕의 직속으로서 조선을 통괄하였으며 강력한 무단 정치를 통해 우리 민족을 탄압하였어요.

대한민국 임시 정부

1919년 3 · 1 운동에 기초하여 그해 4월 19일 중국 상해에 임시 정부를 설립하고, 같은 해 9월 11일에는 경성, 연해주 임시 정부를 통합하여 단일 정부를 수립했어요. 이를 거점으로 하여 국내외에서 대한민국이 주권 국가임을 알리고 독립운동을 조직적으로 발전시켜 나갔답니다.

신간회 결성

6 · 10 만세 운동에 자극을 받아 국내의 민족주의자와 사회주의자가 힘을 합쳐 1927년 2월에 결성한 독립 단체예요. 140여 개의 지역 조직을 가지고 있었으며, 회원수가 4만 명에 이른, 일제 강점하의 민족 최대 규모의 합법적인 항일 단체예요. 자체 해산한 1931년 5월까지 노동 · 농민 · 청년 · 여성 · 인권 운동 및 민족 계몽 활동에 주력하였어요.

'우리나라' 하면 떠오르는 색깔이 무엇이 있나요? 과거 조상들의 삶의 모습을 생각하면 소박하고 깔끔한 흰색이 떠오르고, 시집간 새색시가 자주 입던 한복을 생각하면 고운 다홍빛이 떠오르고, 월드컵의 뜨거운 열기를 생각하면 붉은색이 떠오르지요. 과거부터 사용해 오던 단어에는 색깔이 들어가는 표현이 많이 있어요. 그중 몇 가지를 함께 살펴보겠습니다.

■ 다음 단어 중 뜻을 알고 있는 것에 ✓표를 하시오.

☐ 백의민족   ☐ 청백리   ☐ 홍일점 /청일점
☐ 녹의홍상   ☐ 청출어람

➕ 다음 그림을 보고, 상황에 맞는 단어를 빈칸에 쓰시오.

『좋은 정치인상』
시상식

영호: 재물에 대한 욕심 없이 곧고 깨끗한 자세로 나라를 위해 노력하다니 (❶) 정치인의 표상이라 할 수 있는 분이군.

■ 다음 단어의 의미를 알아볼까요?

단어	의미 및 용례
백의민족 (흰 白 + 옷 衣 + 백성 民 + 겨레 族)	흰옷을 입은 민족이라는 뜻으로 '한민족'을 이르는 말. 우리 민족이 예부터 흰옷을 즐겨 입은 데서 유래한 표현이다. 예 백의민족의 독립을 위해 나부터 앞장서야겠어.
청백리 (맑을 淸 + 흰 白 + 관리 吏)	재물에 대한 욕심이 없이 곧고 깨끗한 관리. 예 지난해 깨끗한 공무원으로 선정된 그는 청백리 집안의 자손이었다.
홍일점 (붉을 紅 + 하나 一 + 점 點)	•푸른 잎 가운데 피어 있는 한 송이의 붉은 꽃. •여럿 속에서 오직 하나 다른 색을 띠는 것을 비유적으로 이르는 말. •많은 남자 사이에 끼어 있는 한 사람의 여자를 비유적으로 이르는 말. 예 그녀는 우리 모둠의 홍일점이다.
청일점 (푸를 淸 + 하나 一 + 점 點)	많은 여자 사이에 끼어 있는 한 사람의 남자를 비유적으로 이르는 말. 예 그는 우리 회사에서 청일점이다.
녹의홍상 (초록빛 綠 + 옷 衣 + 붉을 紅 + 치마 裳)	•연두저고리와 다홍치마. 예 녹의홍상이라는 것이 정말 아름다운 복장이라는 생각을 했다. •곱게 차려입은 젊은 여자의 옷차림을 이르는 말. 예 녹의홍상으로 곱게 단장한 여인의 미모는 뛰어났다.
청출어람 (푸를 靑 + 날 出 + 어조사 於 + 쪽빛 藍)	쪽에서 뽑아낸 푸른 물감이 쪽보다 더 푸르다는 뜻으로, 제자나 후배가 스승이나 선배보다 나음을 비유적으로 이르는 말. 예 청출어람이라더니 너의 실력이 스승을 뛰어넘었구나.

• '청출어람'의 유래
청출어람은 '청출어람이청어람(靑出於藍而靑於藍)'의 줄임 표현이다.
'쪽'은 한해살이 풀로 푸른색인데, 여러 과정을 거쳐서 이 풀에서 남색 염료를 만들어 낼 수 있다. 즉, 쪽빛은 남색인데, 본래 푸른색에서 나온 것으로 '푸른색은 쪽에서 나왔으나 쪽보다 더 푸르다'는 의미가 성립된다. 이를 확장하여 제자가 스승보다 더 뛰어난 것을 가리킬 때 '청출어람'이라는 말을 사용하게 되었다.

▲ 쪽

➕ 문제 •
답 ❶ 청백리(淸白吏)

조정(朝廷)

아침 朝
조정 廷

임금이 나라의 정치를 신하들과 의논하거나 집행하는 곳, 또는 그런 기구.

예 조정에 사람이 무수하거늘 어찌 구태여 중을 보내리오. 〈2013 6월 평가원 | 작자 미상, 「임진록」〉

친절한 샘 예전에, 벼슬아치들이 모여 나랏일을 처리하던 곳을 '**관아(官衙)**'라고 했습니다. '관아'는 보통 마을마다 하나씩 있었죠. 이와 달리 '조정(朝廷)'은 오늘날의 정부에 해당하는 곳으로 '임금'이 '정사(政事)'를 돌보던 곳을 말합니다.

사대부(士大夫)

선비 士
큰 大
사내 夫

❶ 사(士)와 대부(大夫)를 아울러 이르는 말. 문무 양반(文武兩班)을 일반 평민층에 상대하여 이르는 말이다.
❷ 벼슬이나 문벌이 높은 집안의 사람.

예 도련님은 사대부라 여기저기 청탁하여 또다시 송사에서 지게 하겠지요.

〈2018 9월 평가원 | 작자 미상, 「춘향전」〉

친절한 샘 고려·조선 시대에 지배층을 이루던 신분이 '**양반(兩班)**'이었습니다. '벌여 선 자리'를 '**반(班)**'이라 하는데, 궁중의 조회 때 문관은 동쪽에 벌여 서서 '**동반(東班)**'이라 했고 무관은 서쪽에 벌여 서서 '**서반(西班)**'이라 했습니다. 이 둘을 합쳐서 '양반(兩班)'이라 한 것이죠.

규중(閨中)

도장방 閨
가운데 中

부녀자가 거처하는 곳.

예 여복을 갈아입고 규중에 몸을 숨어 세월을 보냄이 옳다. 〈2016 6월 평가원 | 작자 미상, 「홍계월전」〉

친절한 샘 바늘, 자, 가위, 인두, 다리미, 실, 골무를 의인화한 작품인 「규중칠우쟁론기」를 아시죠? 제목에 '규중(閨中)'이 쓰인 것은 부녀자가 있는 곳의 물건들이 주인공이기 때문입니다. 유사한 말로 '**규방(閨房)**'이 있으며, 부녀자가 짓거나 읊은 가사 작품을 통틀어서 '**규방 가사(閨房歌詞)**'라고 합니다.

주렴(珠簾)

구슬 珠
발 簾

구슬 따위를 꿰어 만든 발.

예 여동의 인도를 받아 내려오는데, 걷었던 주렴을 내리는 소리가 요란하였다.

〈2018 수능 | 김만중, 「사씨남정기」〉

친절한 샘 '가늘고 긴 줄을 여러 개 나란히 늘어뜨려 만든 물건'을 '발'이라고 하는데, 주렴(珠簾)은 구슬을 꿰어서 만든 발입니다. 비슷한 말로 '**수정렴(水晶簾)**'이 있는데, '수정 구슬을 꿰어서 만든 아름다운 발'을 의미합니다.

배설(排設)하다

늘어설 排
베풀 設

연회나 의식(儀式)에 물건을 차려 놓다.

예 이날 큰 잔치를 배설하고 삼 일을 즐기니라. 〈2016 6월 평가원 | 작자 미상, 「홍계월전」〉

친절한 샘 '축하, 위로, 환영 따위를 위하여 여러 사람이 모여 베푸는 잔치'를 '**연회(宴會)**'라고 합니다. 많은 사람들이 모였으니 즐겁게 먹고 마시며 놀아야겠죠? 이때 음식과 그릇 등을 차려 놓는 것을 '배설(排設)'이라고 합니다.

행장(行裝)

다닐 行
꾸밀 裝

여행할 때 쓰는 물건과 옷이나 가방 등을 입거나 꾸려서 갖춘 상태.

예 즉시 행장에서 피리를 꺼내 몇 곡을 불어서 가슴속에 맺힌 회한을 풀었다.

〈2017 6월 평가원 | 조위한, 「최척전(崔陟傳)」〉

친절한 샘 여행에는 지팡이가 필요한데 '명아줏대로 만든 지팡이'를 '**청려장(靑藜杖)**'이라고 합니다. 또한 물을 떠서 먹을 표주박이 필요한데, '한 개의 표주박'을 '**단표자(單瓢子)**'라고 합니다. '대나무로 만든 밥그릇에 담은 밥과 표주박에 든 물이라는 뜻으로, 청빈하고 소박한 생활을 이르는 말'인 '**단사표음(簞食瓢飮)**'도 같이 알아 두세요.

서자(庶子)

여러 庶
아들 子

양반과 양민 여성 사이에서 낳은 아들.

⬤ 과거에는 아무리 양반이어도 서자로 태어나면 온갖 멸시와 차별을 견디며 살아야 했다.

> **친절한 샘** 홍길동이 '호부호형(呼父呼兄)'을 못했던 것을 기억하죠? 그 이유는 홍길동이 '서자(庶子)'였기 때문입니다. 이와 반대로 정실(正室) 부인, 즉 본부인이 낳은 아들을 '**적자(嫡子)**'라고 합니다. 그리고 '**장자(長子)**'는 맏아들을 의미하는 말입니다.

노복(奴僕)

종 奴
종 僕

종살이를 하는 남자.

⬤ 지난번에 난리를 겪어 친척들과 노복들이 뿔뿔이 흩어지고

〈2017 9월 평가원 | 김시습, 「이생규장전」〉

> **친절한 샘** 예전에, 남의 집에 딸려 천한 일을 하던 사람을 '종'이라고 했습니다. 이 중에서 사내종을 '**노복(奴僕)**'이라 하고, 계집종을 '**시비(侍婢)**'라고 합니다. 그리고 사내종과 계집종을 합쳐서 '**노비(奴婢)**' 또는 '**비복(婢僕)**'이라고 합니다.

환곡(還穀)

돌아올 還
곡식 穀

조선 시대에 곡식을 저장하였다가 백성들에게 꾸어 주고 이자를 붙여 거두던 일, 또는 그 곡식.

⬤ 환곡 장리는 무엇으로 마련하며 〈2016 9월 평가원 | 정훈, 「탄궁가」〉

> **친절한 샘** '**장리(長利)**'는 '돈이나 곡식을 꾸어 주고, 받을 때에는 한 해 이자로 본래 곡식의 절반 이상을 받는 변리(邊利)'를 말합니다. 50%가 넘다니 이자의 양이 엄청나죠? 당시의 높은 이자는 백성들의 고통을 가중시키는 여러 원인 중의 하나였습니다.

부역(賦役)

구실 賦
부릴 役

국가에서 국민에게 대가를 치르지 않고 의무적으로 시키는 노동.

⬤ 부역 세금은 어찌하여 차려 낼꼬 〈2016 9월 평가원 | 정훈, 「탄궁가」〉

> **친절한 샘** '국가나 공공 단체가 지우는 의무'를 '**공역(公役)**'이라고 합니다. 이 중 '군사적 의무'를 '**병역(兵役)**'이라 하고, '육체적 노동의 의무'를 '**부역(賦役)**'이라고 합니다. 이때 백성들은 몹시 힘들게 일했는데, 이렇게 '몹시 힘든 육체적 노동'을 '**노역(勞役)**'이라고 합니다.

어휘 더하기

정답과 해설 18쪽

['한탄'과 관련된 한자 성어]

각골통한(刻骨痛恨) 「명사」
뼈에 사무칠 만큼 원통하고 한스러움. 또는 그런 일.

풍수지탄(風樹之嘆) 「명사」
효도를 다하지 못한 채 어버이를 여읜 자식의 슬픔을 이르는 말.

맥수지탄(麥秀之嘆) 「명사」
고국의 멸망을 한탄함을 이르는 말. 기자(箕子)가 은(殷)나라가 망한 뒤에도 보리만은 잘 자라는 것을 보고 한탄하였다는 데서 유래한다.

인생을 살다 보면 뼈에 사무칠 만큼 원통하고 한탄스러운 일들이 많습니다. 뼈에 사무친다는 것은 '원한이나 고통 따위가 뼛속에 파고들 정도로 깊고 강하다'는 뜻으로 그만큼 원통함과 한스러움이 크다는 뜻이죠. 이러한 한탄에는 부모를 잃은 아픔과 조국을 잃은 슬픔이 있습니다. '각골통한'을 하지 않으려면 지금부터라도 부모님을 위하고 나라를 사랑하는 것이 좋겠죠?

⊙ 다음과 관련 있는 한자 성어를 쓰시오.

> 흥망(興亡)이 유수하니 만월대도 추초(秋草)로다
> 오백 년 왕업이 목동의 피리 소리에 담겼으니
> 석양에 지나는 나그네가 눈물겨워 하더라.
> – 원천석의 시조

01 빈칸에 들어갈 말의 초성과 뜻을 보고, 알맞은 낱말을 써서 문장을 완성하시오.

(1) 그는 (ㅈㅈ)에서 물러나 향리에 머물면서 저술 활동에 매진하였다.
임금이 나라의 정치를 신하들과 의논하던 곳, 또는 그런 기구.

(2) 이 지방의 현관(顯官), (ㅅㄷㅂ), 평민에 이르기까지 신분, 재산, 봉록 등이 깨알처럼 적혀 있다.
문무 양반을 일반 평민층에 상대하여 이르는 말.

(3) 선비는 (ㅎㅈ)을/를 꾸려 고향으로 떠났다.
여행할 때 쓰는 물건과 옷이나 가방 등을 입거나 꾸려서 갖춘 상태.

02 다음 밑줄 친 단어와 뜻이 유사한 것은?

> 조정의 신하들을 모아 의논하시되 우승상 명연태 아뢰기를,
> "이 도적을 좌승상 평국을 보내어 방비하올 것이니 급히 영을 내려 부르옵소서." / 천자 들으시고 한참 뒤에,
> "평국이 전일에는 출세하였기로 불러 국사를 의논하였거니와 지금은 <u>규중</u> 여자라 어찌 영으로 불러 들여 전장에 보내리오."
> – 작자 미상, 「홍계월전」

① 연회(宴會) ② 노복(奴僕) ③ 부역(賦役)
④ 규방(閨房) ⑤ 관아(官衙)

03 다음 ㉠~㉡에 들어갈 말을 바르게 짝지은 것은?

> • 방 안에만 앉아 있던 유씨 부인은 문에 걸려 있는   ㉠   을/를 걷고 마루로 나왔다.
> • 옛 선인들은 물을 떠서 먹을   ㉡   을/를 들고 산천경개(山川景槪)를 구경하며 전국을 유람하였다.

	㉠	㉡		㉠	㉡
①	일단(一簞)	주렴(珠簾)	②	앙금(鴦衾)	단표자(單瓢子)
③	주렴(珠簾)	청려장(靑藜杖)	④	앙금(鴦衾)	청려장(靑藜杖)
⑤	주렴(珠簾)	단표자(單瓢子)			

04 밑줄 친 부분을 통해 알 수 있는 '길동'의 신분으로 적절한 것은?

> 모든 길동 등이 나올새 종일토록 나오더니, 그제야 참 길동이 다시 궐내에 들어가 명을 받들고 절하며 슬피 통곡하여 왈, / "신의 아비 대대로 국은을 입었거늘 신이 어찌 나라를 저버리리까? <u>신의 몸이 천비(賤婢)에서 나와 아버지를 아버지라 못하옵고 형을 형이라 못하여 제 몸이 천대를 받으매</u>, 여의주 없는 용이요 날개 부러진 봉이라, 어찌 장부의 힘을 갖고 속절없이 집안에서만 늙으리까?" – 작자 미상, 「홍길동전」

① 장자(長子) ② 적자(嫡子) ③ 서자(庶子)
④ 양반(兩班) ⑤ 사대부(士大夫)

05 다음 밑줄 친 단어와 반의 관계에 있는 말로 적절한 것은?

> 다시 파랑새가 한 마리가 또 나오며,
> "매월이다, 매월이다, 매월이다."
> 세 번 울고 날아갔다. 그제야 선군이 시비 매월의 소행인 줄 알고, 화를 이기지 못하여 급히 밖에 나와 형구를 벌이고 모든 <u>노복</u>을 차례로 신문하였다.

① 노비(奴婢)   ② 비복(婢僕)   ③ 시비(侍婢)
④ 행장(行裝)   ⑤ 동지(僮指)

06 문맥을 고려할 때, 빈칸에 들어갈 적절한 말을 고르시오.

> 조선 후기에는 삼정의 문란으로 백성들의 고통이 극심해졌는데, 특히 탐관오리들이 곡식을 빌려 쓰는 제도인 (환곡 / 공역)을 악용하면서 백성들의 원성을 샀다. 또한 백성들을 아무런 대가 없이 강제로 데려다가 심한 노역을 시켰는데 이를 (부역 / 병역)이라고 한다.

07 밑줄 친 부분을 바꿀 수 있는 말로 적절한 것은?

> 즉시 별당을 깨끗이 치우고 <u>잔치를 배설하여</u> 토끼를 정으로 청하여 상좌에 앉히고 별주부 내외 당하에 꿇어 백배 애걸하는 말이,
> "오늘날 우리 두 사람 목숨이 선생께 달렸으니 넓으신 도량으로 짐작하여 잔명을 구하여 주옵소서."
> — 작자 미상, 「토끼전」

① 잔치를 열지 물어보고   ② 잔치에 초청하기로 하고
③ 잔치를 취소하기로 하고   ④ 잔치를 열기로 계획하고
⑤ 잔치에 물건을 차려 놓고

개념어를 알면 **답**이 보인다

〈2013 수능 16번〉

08 다음 ⓐ의 상황을 나타내는 말로 가장 적절한 것은?

> 첩의 팔자 기박하여 한낱 자식을 난중(亂中)에 잃고 지금 보전함은 요행 생전에 만나 볼까 하였더니 십여 년 존망을 모르매 병입골수하여 명이 오늘뿐이라. ⓐ<u>구천에 돌아간</u>들 어찌 눈을 감으리오?
> — 작자 미상, 「금방울전」

▶ 선지에 쓰인 한자 성어 중 뜻을 모르는 말의 뜻을 찾아 적어 보자.

① 각골통한(刻骨痛恨)   ② 구사일생(九死一生)
③ 사필귀정(事必歸正)   ④ 순망치한(脣亡齒寒)
⑤ 연목구어(緣木求魚)

■ 다음 글을 읽고 물음에 답하시오.

〈2019 6월 평가원〉

두 옹고집이 송사 가는 제, 읍내를 들어가니 짚옹고집 거동 보소. 주저 없이 제가 앞에 가며 읍의 촌가인 하나와 만나 보면 깜짝 반겨 두 손을 잡고, "나는 가변을 송사하러 가는지라. 자네와 나와 아무 연분에 서로 알아 죽마고우로 지냈으니 나를 몰라볼쏘냐." / 또 하나를 보면, "자네 내게서 아무 연분에 돈 오십 냥을 취하여 갔으니 이참에 못 주겠느냐. 노잣돈 보태 쓰게 하라." / 또 하나 보면, "자네 쥐골평 논 두 섬지기 이때까지 소작할 제, 거년 선자(先資) 스물닷 말을 어찌 아니 보내는가."

- 송사(訟事): 백성끼리 분쟁이 있을 때, 관부에 호소하여 판결을 구하던 일.
-

핵심어 짚옹고집, 송사, 촌가인

짚옹고집은 송사를 하러 가며 마을 사람들을 만나면 반기면서 아는 체를 함.

이처럼 하니 참옹고집이 짚옹고집을 본즉 낱낱이 내 소견대로 내가 할 말을 제가 먼저 하니 기가 질려 뒤에 오며, 실성한 사람같이, ⓐ아는 사람도 오히려 짚옹고집같이도 모르는지라.

짚옹고집이 노변에서 지나가는 사람 데리고 하는 말이, "가운이 불길하여 어떠한 놈이 왔으되 용모 나와 비슷해 제가 내라 하고 자칭 옹고집이라 하기로, 억울한 분을 견디지 못하여 일체 구별로 송사하러 가는지라. 뒤에 오는 사람이 기네. 자네들도 대소간 눈이 있거든 혹 흑백을 가릴쏘냐."

참옹고집이 뒤에 오면서 기가 막히고 얼척도 없어 말도 못하고 울음 울 제, 행인들이 이어 보고 하는 말이, "누가 알아보리오. 뉘 아들인지 알 수가 없다. 아마도 상동이란 말밖에 또 하리오."〈중략〉

-
-
-

핵심어 짚옹고집, 참옹고집, 행인, 상동

하루는 주효를 낭자케 장만하고 원근에 모모한 친구며 사방 사람을 청좌하여 대연을 배설할 제, 이때의 참옹고집 전전걸식하다가 맹랑촌 옹고집 활인구제한단 말 듣고 분심으로 하는 말이,

"ⓑ남의 재물 갖고 제 마음대로 쓰는 놈은 어떤 놈의 팔자인고. 찾아가서 내 집 망종 보고 죽자."

하고 죽장망혜로 찾아갈 제, ⓒ짚옹고집 도술 보고 근처에 참옹고집 온 줄 알고 사환을 분부하되,

"오늘 큰 잔치에 음식도 낭자하고 걸인도 많을 제, 타일 천하게 다투던 거짓 옹가 놈이 배도 고프고 기한(飢寒)을 견디지 못하여 전전걸식 다닐 제, 잔치 소문을 듣고 마을 근처에 왔으나 차마 못 들어오는가 싶으니 너희 등은 가서 데려오라. 일변 생각하면 되도 못할 일 하다가 중장(重杖)만 맞았으니 불쌍하다."

사환 등이 영을 듣고 사방으로 나가 보니 ⓓ과연 마을 뒷산에 앉아 잔치하는 데를 보고 눈물을 흘리고 앉았거늘 사환들이 바로 가서 엉겁결에 배례하고 문안하니, 슬프다. 참옹고집이 대성통곡 절로 난다.

사환들이 가자 하니, "ⓔ갈 마음 전혀 없다."

– 작자 미상, 「옹고집전」

핵심어 _____

-
-
-

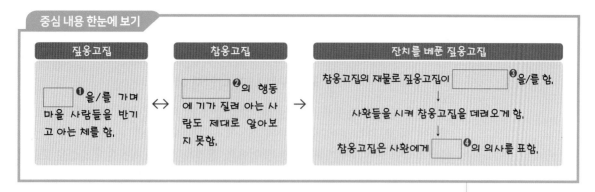

짚옹고집	참옹고집	잔치를 베푼 짚옹고집

❶을/를 가며 마을 사람들을 반기고 아는 체를 함.

↔

❷의 행동에 기가 질려 아는 사람도 제대로 알아보지 못함.

→

참옹고집의 재물로 짚옹고집이 [   ]❸을/를 함.

↓

사환들을 시켜 참옹고집을 데려오게 함.

↓

참옹고집은 사환에게 [   ]❹의 의사를 표함.

〈2019 6월 평가원 39번 변형〉

01 윗글에 대한 설명으로 가장 적절한 것은?

① 송사 원인이 금전적 이해관계에 있음이 밝혀진다.
② 송사 결과에 대한 행인들의 상반된 예측이 제시된다.
③ 송사 가는 이의 답답한 심정이 서술자에 의해 드러난다.
④ 송사 가는 이들 간에 서로를 비방하는 대화가 이어진다.
⑤ 송사 가는 길에 새롭게 등장한 인물의 외양이 묘사된다.

▶ 문제의 선지에 쓰인 단어 중 뜻을 모르는 것을 찾아 적어 보자.

〈2019 6월 평가원 40번 변형〉

02 ㉠~㉤에 대한 이해로 적절하지 <u>않은</u> 것은?

① ㉠: 참옹고집은 짚옹고집 때문에 아는 사람도 못 알아보고 있다.
② ㉡: 참옹고집은 짚옹고집을 못마땅하게 여기고 있다.
③ ㉢: 짚옹고집은 참옹고집의 거동을 수상히 여기고 있다.
④ ㉣: 참옹고집은 집에 들어가지 못한 채 서러워하고 있다.
⑤ ㉤: 참옹고집은 사환들에게 거절의 의사를 표하고 있다.

03 윗글을 읽은 독자의 반응으로 적절하지 <u>않은</u> 것은?

① 참옹고집은 짚옹고집이 활인구제하는 것에 대해서는 어느 정도 인정하고 있어.
② 짚옹고집은 송사 가는 길에 마을 사람들을 만날 때마다 정말 반기는 태도로 말하고 있어.
③ 짚옹고집은 참옹고집에 대한 연민의 마음을 드러내며 사환에게 데려오라고 시키고 있어.
④ 참옹고집이 짚옹고집에게 자리를 빼앗기고 전전걸식하는 모습에서 어려운 생활 형편을 알 수 있어.
⑤ 참옹고집은 자신의 재물로 큰 잔치를 벌이는 짚옹고집의 모습을 보며 분한 마음을 주체하지 못하고 있어.

꿈을 꾸는 내가 나인지 아닌지

'몽자류 소설'과 '몽유록 소설'이라는 말을 들어 본 적이 있나요? '몽자류(夢字類)'는 제목에 '몽(夢)'자가 들어가는 종류의 소설이고, '몽유록(夢遊錄)'은 글자 그대로 '꿈속에서 놀았던 이야기의 기록'이라는 뜻이에요. 몽자류 소설과 몽유록계 소설은 구조적 측면에서 공통점이 있어요. 즉, '현실 – (입몽) → 꿈 – (각몽) → 현실'의 구조로 되어 있어요. 몽자류 소설과 몽유록 소설의 특징을 살펴볼까요?

몽자류 소설	몽유록 소설
– 주인공이 꿈속에서 현실과는 다른 새로운 인물로 태어나 여러 가지 일들을 경험함. – 전지적 작가 또는 3인칭 관찰자에 의해 이야기가 서술됨. – 현실과 꿈 모두가 의미가 있어 현실에 관한 깨달음을 얻게 됨.	– 꿈꾸기 전의 인물과 동일한 인물이 그 의식을 유지한 채 꿈속에서 여러 가지 일들을 경험함. 주로 역사상 실존했던 인물들의 혼령을 만나 대화를 하는 기이한 체험을 함. – 꿈을 깬 후 자신이 꿈속에서 겪은 일을 기억하고 기록함. – 이상적 공간인 꿈속에서 현실에 대한 비판 의식이 강하게 드러남.
ⓔ 김만중, 「구운몽」	ⓔ 임제, 「원생몽유록」

• 임제, **「원생몽유록」**

이 작품은 조선 중기에 지어진 한문 소설로 몽유록계 소설의 대표작이다. 재야에 묻혀 살아가는 선비 '원자허'가 꿈에서 죽은 왕(단종)과 다섯 신하가 있는 정자로 가서 고금의 흥망사를 비판적으로 논하며 시를 주고 받다가 꿈에서 깨어나는 이야기이다.

■ 기출 지문을 통해 몽자류 소설을 구체적으로 살펴볼까요?

"사부는 어찌하면 저로 하여금 춘몽을 깨게 하실 수 있나이까?"

노승이 이르기를, "이는 어렵지 않도다." 하고 손에 잡고 있던 지팡이를 들어 돌난간을 두어 번 두드렸다. 갑자기 네 골짜기에서 구름이 일어나 누각 위를 뒤덮어 지척을 분변하지 못하였다. 승상이 정신이 아득하여 마치 꿈속에 있는 듯하다 소리를 질러 말하기를,

"사부는 어찌하여 정도(正道)로 소유를 인도하지 아니하고 환술(幻術)로써 희롱하시나이까?"

승상이 말을 마치지 못하여 구름이 걷히는데 노승은 간 곳이 없고 좌우를 돌아보니 팔 낭자도 간 곳이 없었다. 〈중략〉

그리고 생각하기를, '처음에 스승에게 책망을 듣고 풍도옥(=지옥)으로 가서 인간 세상에 환도하여 양가의 아들이 되었다가, 장원급제를 하여 한림학사를 한 후 출장입상(出將入相)*, 공명신퇴(功名身退)*하여 두 공주와 여섯 낭자로 더불어 즐기던 것이 다 하룻밤의 꿈이로다. 이는 필연 사부가 나의 생각이 그릇됨을 알고 나로 하여금 그런 꿈을 꾸게 하시어 인간 부귀와 남녀 정욕이 다 허무한 일임을 알게 한 것이로다.

– 김만중, 「구운몽」 | 〈2014 6월 평가원〉

* 출장입상: 나가서는 장수가 되고 들어와서는 재상이 됨.
* 공명신퇴: 공을 세워서 자기의 이름을 널리 드러낸 후 물러남.

• 김만중, **「구운몽」**

이 작품은 작가가 유배지에서 어머니를 위로하기 위해 지은 몽자류 소설이다. 주인공 성진이 하루 동안의 꿈속에서 겪은 일을 서술하고 있다.

현실	성진과 팔선녀가 있음. 성진은 세속적 욕망으로 인해 불교적 진리와 수양에 대해 번뇌함.
↓	
꿈	성진은 양소유로 태어나 두 명의 처, 여섯 명의 첩과 함께 부귀공명을 누리면서 살아감.
↓	
현실	다시 성진은 세속적 욕망과 부귀영화가 덧없음을 깨닫고 불교에 정진함. → 일장춘몽

1등급 어휘 창고   '夢(꿈 몽)'으로 끝나는 한자 성어에는 무엇이 있을까?

꿈속에서 우리는 현실에서 이루지 못한 소망을 이루기도 하고 현실과는 반대되는 상황을 경험하기도 하지요. 하지만 꿈에서 깨면 다시 변하지 않는 현실과 마주하게 되어 아쉬움을 느끼기도 하고 때로는 안도감을 느끼기도 해요. 문학 작품에서도 꿈은 주요한 소재가 되었답니다. 주로 주인공이 답답하게 느끼는 현실에서 벗어나 자유롭게 자신의 이상을 펼치는 공간으로 그려지는데, 간혹 주인공이 피하고 싶은 상황을 꿈속에서 경험하여 현실에서 새로운 깨달음을 얻기도 한답니다.

■ 다음 한자 성어 중 뜻을 알고 있는 것에 ✓표를 하시오.

□ 백일몽   □ 남가일몽
□ 일장춘몽   □ 한단지몽

■ '꿈'과 관련된 한자 성어의 의미를 알아볼까요?

한자 성어	의미 및 유래
백일몽 (흰 白 + 해 日 + 꿈 夢)	대낮에 꿈을 꾼다는 뜻으로, 실현될 수 없는 헛된 공상을 이르는 말.
남가일몽 (남녘 南 + 가지 柯 + 한 一 + 꿈 夢)	• 꿈과 같이 헛된 한때의 부귀영화를 이르는 말. • 중국 당나라의 순우분이 술에 취하여 홰나무의 남쪽으로 뻗은 가지 밑에서 잠이 들었는데 괴안국의 부마가 되어 남가군을 다스리며 20년 동안 영화를 누리는 꿈을 꾸었다는 데서 유래함.
일장춘몽 (한 一 + 마당 場 + 봄 春 + 꿈 夢)	한바탕의 봄 꿈이라는 뜻으로, 헛된 영화나 덧없는 일을 비유적으로 이르는 말.
한단지몽 (땅이름 邯 + 땅이름 鄲 + 어조사 之 + 꿈 夢)	• 인생과 영화의 덧없음을 이르는 말. • 노생이 한단이란 곳에서 여옹의 베개를 빌려 잠을 잤는데, 꿈속에서 80년 동안 부귀영화를 다 누렸으나 깨어 보니 메조로 밥을 짓는 동안이었다는 데서 유래함.(=일취지몽, 노생지몽)

➕ 다음 빈칸에 들어갈 수 있는 표현으로 적절하지 <u>않은</u> 것은?

일일은 승상이 술에 취하시어 책상에 의지하여 잠깐 졸더니 문득 봄바람에 이끌려 한 곳에 다다르니 이곳은 승상이 평소에 고기도 낚으며 풍경을 구경하던 조대(釣臺, 낚시터)라. 그 위에 상서로운 기운이 어렸거늘 나아가 보니 청룡이 조대에 누웠다가 승상을 보고 고개를 들어 소리를 지르고 반공에 솟거늘, 깨달으니   **❶**   이라.

– 작자 미상, 「소대성전」 | 〈2015 수능〉

① 호접몽   ② 자각몽   ③ 남가일몽
④ 한단지몽   ⑤ 일장춘몽

• 환몽 구조

현실 ➡ 꿈 ➡ 현실

문학 작품에서 환몽 구조는 꿈과 현실을 오가는 이야기 구조이다. 현실 속의 주인공이 희망하던 바가 꿈속에서 실현되면서 다양한 경험을 하고 꿈에서 깨어나 깨달음을 얻게 된다.

어휘 돋보기

상서(祥瑞)롭다
복되고 길한 일이 일어날 조짐이 있다.

호접몽(胡蝶夢)
나비에 관한 꿈이라는 뜻으로, 인생의 덧없음을 이르는 말. 중국의 장자가 꿈에 호랑나비가 되어 훨훨 날아다니다가 깨서는, 자기가 꿈에 호랑나비가 되었던 것인지 호랑나비가 꿈에 장자가 되었는지 모르겠다고 한 이야기에서 유래하였다.

➕ 문제 •───
답 ❶ ②

군담(軍談)

군사 軍
말씀 談

전쟁에 대한 이야기.

예) 「임진록」은 임진왜란이라는 역사적 사실을 소재로 한 군담 소설이다.

친절한 샘 '대립하는 나라나 민족이 군대와 무기를 사용하여 서로 싸우는 것'을 '**전쟁(戰爭)**'이라고 합니다. '군담(軍談)'은 군대의 이야기인데, 군대는 전쟁을 위해 만든 군인들의 집단이므로 '전쟁(戰爭)'에 대한 이야기가 되는 겁니다.

원수(元帥)

으뜸 元
장수 帥

군대에서 제일 높은 계급.

예) 원수가 천자께 물러 나와 연왕 앞에 엎드려 아뢰기를 〈2015 9월 평가원 | 작자 미상, 「유충렬전」〉

친절한 샘 '억울하고 원통하여 마음에 응어리가 맺힐 정도로 자기에게 해를 끼친 사람이나 집단'을 '**원수(怨讐)**'라고 하며, 한 나라에서 최고 권력을 지니면서 나라를 다스리는 사람도 '**원수(元首)**'라 하므로 이를 잘 구별해야 합니다. '**천자(天子)**'는 하늘의 아들로 황제 또는 임금을 뜻합니다.

반공(半空)

반 半
빌 空

땅으로부터 그리 높지 아니한 허공.

예) 칠백 중들이 합송하니 송경 소리 반공에 사무치는지라.

〈2018 6월 평가원 | 작자 미상, 「적성의전」〉

친절한 샘 '하늘과 땅 사이의 빈 곳'을 '**공중(空中)**'이라고 하며, '텅 빈 공중'을 '**허공(虛空)**'이라고 합니다. '반공(半空)'은 '반공중(半空中)'의 줄임말로서 '반(半)'이 1 / 2을 나타내므로 땅에서 가까운 공중을 말합니다.

상서(祥瑞)**롭다**

상서로울 祥
상서 瑞

복되고 좋은 일이 일어날 듯하다.

예) 그 위에 상서로운 기운이 어렸거늘 나아가 보니 청룡이 조대에 누웠다가

〈2015 수능 | 작자 미상, 「소대성전」〉

친절한 샘 아침에 까치를 보면 기분이 어떤가요? 우리나라에서 까치는 반가운 소식을 전해 주는 새로 알려져 있기 때문에 좋은 일이 일어날 것 같은 기분이 들지 않나요? 이럴 때 쓰는 말이 '상서롭다'입니다. 운수 따위가 좋지 않을 때는 '**불길(不吉)하다**'라고 표현합니다.

희롱(戲弄)**하다**

놀 戲
희롱할 弄

말이나 행동으로 실없이 놀리다.

예) 분명 선동(仙童)이 옥저를 불어 속객을 희롱하는도다. 〈2018 6월 평가원 | 작자 미상, 「적성의전」〉

친절한 샘 '상대에게 성적으로 불쾌감을 주는 말이나 행동'을 '**성희롱(性戲弄)**'이라고 하죠? 이처럼 '희롱(戲弄)'은 특별한 이유없이 사람을 놀리는 것을 말합니다. 시끄럽게 자꾸 떠들거나 소란을 일으키는 것을 '**야단(惹端)스럽다**'라고 하는데 의미가 서로 다르니 잘 구별하세요.

주술(呪術)

빌 呪
방법 術

불행을 막거나 원하는 일을 이루기 위해 주문을 외거나 신비한 기술을 부리는 일.

예) 옛날 사람들은 가뭄 때 비를 내리게 하기 위하여 여러 가지 주술을 행하였다.

친절한 샘 '주술(呪術)'은 어떤 목적을 이루기 위해 신비로운 능력을 발휘하는 것입니다. 어떤 목적이란 귀신을 쫓아내거나 신비한 일을 일으키는 것인데, 이때 외우는 글귀를 '**주문(呪文)**'이라고 합니다. 이와 달리 '**제문(祭文)**'은 죽은 사람에 대하여 애도의 뜻을 나타낸 글을 말합니다.

전기적(傳奇的)

전할 傳
기이할 奇
과녁 的

기이하여 세상에 전할 만한 것.

예 전기적 요소를 활용하여 비현실적 장면을 부각하고 있다. 〈2013 6월 평가원〉

❓친절한 샘 '한 사람의 일생을 기록한 글'을 '**전기(傳記)**'라 하고, '빛이나 열을 내거나 기계 등을 움직이는 데 쓰이는 에너지'도 '**전기(電氣)**'라고 합니다. 이와 달리 '전기(傳奇)'의 핵심은 '기이(奇異)'하다는 것입니다. 고전 소설에서 날씨를 변화시키고 땅이 솟아오르게 하는 것 등을 말합니다.

적강(謫降)하다

귀양갈 謫
내릴 降

신선이 인간 세상에 내려오거나 사람으로 태어나다.

예 사대부 남성이 이계를 체험하고 돌아오는 구도는 몽유록 소설로, 이원적 공간 구도는 적강한 영웅의 일생을 다룬 영웅 소설로 계승되었다. 〈2017 9월 평가원〉

❓친절한 샘 '이계(異系)'는 인간 세상이 아닌 다른 세상을 말합니다. 그곳에는 '신선(神仙)'이 살고 신선 세계의 과일인 '선도(仙桃)'도 있습니다. 그 세계는 하늘에 있기 때문에 인간 세계로 오는 것을 '내려온다'고 말합니다. 그래서 '내리다'는 뜻의 '강(降)' 자를 쓰는 거죠.

저어하다

염려하거나 두려워하다.

예 남이 알까 저어하여 낮이면 막 속에 두고 밤이면 품속에 품고 자더니

〈2013 수능 | 작자 미상, 「금방울전」〉

❓친절한 샘 대상에 대한 감정을 나타내는 말에는 여러 가지가 있습니다. '**둏다**'는 '좋다'의 옛말이며, '**믜다**'는 '미워하다'의 옛말입니다. '**괴다**'는 '(예스러운 표현으로) 특별히 귀여워하고 사랑하다'를 의미합니다. '**씌우다**'라는 말도 있는데 '꺼리다'는 뜻을 갖고 있습니다.

속절없다

단념할 수밖에 달리 어찌할 도리가 없다.

예 어찌 장부의 힘을 갖고 속절없이 집안에서만 늙으리까? 〈2019 9월 평가원 | 허균, 「홍길동전」〉

❓친절한 샘 걸인이 되어 돌아온 이몽룡을 보고 춘향은 "이내 신세, 하릴없이 되었구나."라고 말합니다. '**하릴없다**'는 '달리 어떻게 할 도리가 없다'는 뜻으로 '속절없다'와 유사한 뜻을 가진 말입니다. 춘향이가 이몽룡이라는 희망을 잃고서 한 말입니다.

어휘 더하기

정답과 해설 20쪽

[다의어] 이기다 「동사」

❶ 【…에 / 에게】【…을】 내기나 시합, 싸움 따위에서 재주나 힘을 겨루어 우위를 차지하다.
　예 아군의 수가 월등히 많아서 적에게 쉽게 이겼다.

❷ 【…을】 감정이나 욕망, 흥취 따위를 억누르다.
　예 유혹을 이기지 못하다.

❸ 【…을】 고통이나 고난을 참고 견디어 내다.
　예 그는 온갖 역경을 이기고 마침내 성공했다.

❹ 【…을】 몸을 곧추거나 가누다.
　예 술에 취해 제 몸을 이기지 못하다.

'이기다'는 모두 【…을】의 형태로 사용할 수 있기 때문에 문형 정보로 의미를 구별할 수는 없습니다. 그러나 '이기다'라는 서술어의 대상이 무엇인지를 살펴보면 그 의미를 쉽게 구별할 수 있습니다. '이기다'의 대상만 볼 때, ❶은 적이나 상대, ❷는 감정이나 욕망, ❸은 고통, 고난, 역경, ❹는 '몸'입니다. 이것만 잘 구별하면 됩니다.

⊙ **다음 밑줄 친 말의 뜻을 쓰시오.**

여름에 삼계탕을 먹는 것은 더위를 <u>이기는</u> 하나의 방법이다.

01 ㉠~㉡에 들어갈 말을 바르게 짝지은 것은?

> • 해가 설핏 기울어 (㉠)에 걸렸다.
> • 선녀가 옥황상제께 득죄하여 인간으로 (㉡)하였다.

	㉠	㉡		㉠	㉡
①	반공(半空)	득도(得道)	②	반공(半空)	적강(謫降)
③	이계(異界)	득도(得道)	④	이계(異界)	적강(謫降)
⑤	규방(閨房)	득도(得道)			

02 다음 밑줄 친 말과 의미가 유사한 단어로 적절한 것은?

> 형의 집에 들어가서 전후좌우 바라보니, 앞노적, 뒷노적, 멍에 노적 담불담불 쌓였으니, 흥부 마음 즐거우나 놀부 심사 무거하여 형제끼리 내외하여 구박이 태심하니 흥부가 <u>하릴없어</u> 뜰아래서 문안하니 놀부가 묻는 말이, "네가 뉜고?" / "내가 흥부요."
> – 작자 미상, 「흥부전」

① 저어하다 ② 속절없다 ③ 희롱하다
④ 적강하다 ⑤ 상서롭다

03 다음에 나타나는 고전 문학의 특징으로 적절한 것은?

> 사명당이 심중에 망극하여 납관을 쓰고 조선 향산을 향하여 사배하더니 문득 서녘에서 오색구름이 일어나며 천지가 희미하거늘 사명당이 마지못하여 정히 철마를 타려 하더니 홀연 벽력 소리 진동하며 천지 뒤눕는 듯하고 태풍이 진작하여 모래 날리고 돌이 달음질하고 비 바가지로 담아 붓듯이 와 사람이 지척을 분변치 못하는지라.
> – 작자 미상, 「임진록」

① 전기적(傳奇的) ② 애상적(哀想的) ③ 비판적(批判的)
④ 냉소적(冷笑的) ⑤ 자조적(自嘲的)

04 다음 설명 중, 맞으면 ○표, 틀리면 ✕표를 하시오.

(1) '원수(元帥)'는 하늘의 아들로 황제나 임금을 가리킨다. ·································· (　　)
(2) 「임진록」을 '군담 소설'이라고 하는 것은 전쟁에 대한 이야기를 다루고 있기 때문이다. ········· (　　)
(3) '주문(呪文)'과 '제문(祭文)'은 둘 다 신비로운 능력을 발휘하는 것이다. ····························· (　　)

05 다음 빈칸에 공통으로 들어갈 말을 2음절로 쓰시오.

> • 그는 남의 귀를 (　　　)하기는커녕 오히려 다들 들으란 듯이 큰 목소리로 말했다.
> • 그는 집 밖으로 나서기를 (　　　)하는 것 같았다.
> • 그녀는 그가 떠날까 (　　　)하며 노심초사했다.

06 다음 빈칸에 들어갈 말을 쓰시오.

영수: 우와! 무지개가 떴어. 무슨 좋은 일이 생길 것 같아.
민지: 맞아. 정말 좋은 일이 일어날 것 같은 느낌이야.

➡ 영수와 민지가 말하는 내용은 　　　　　(이)라는 단어와 관련이 있다.

07 다음 내용에 대한 이해로 적절한 것은?

> 승상이 정신이 아득하여 마치 꿈속에 있는 듯하다 소리를 질러 말하기를,
> "사부는 어찌하여 정도(正道)로 소유를 인도하지 아니하고 환술(幻術)로써 희롱하시나이까?"
> — 작자 미상, 「구운몽」

① 승상은 사부의 환술을 보며 두려움을 느끼고 있다.
② 승상은 사부의 환술에 감탄하며 존경심을 보이고 있다.
③ 승상은 사부에게 환술을 배우고 싶다고 요청하고 있다.
④ 승상은 사부가 환술로써 자신을 놀리고 있다고 생각한다.
⑤ 승상은 사부가 환술로써 자신에게 은혜를 베풀고 있다고 생각한다.

개념어를 알면 답이 보인다

〈2015 9월 평가원 42번〉

08 ㉠의 문맥적 의미와 가장 가까운 것은?

> "불효자 충렬이 남적을 소멸하고 오는 길에 회수에 와 모친을 기리는 제사를 지내다가, 천행인지, 뜻밖에도 죽은 줄 알았던 모친을 만나 모시고 왔습니다!"
> 하니, 연왕이 반가움을 ㉠이기지 못하여 말하였다.
> — 작자 미상, 「유충렬전」

▶ 지문에 쓰인 단어 중 뜻을 모르는 단어의 뜻을 찾아 적어 보자.

① 나는 분을 이기지 못하고 울음을 터뜨렸다.
② 친구는 제 몸을 이기지 못하고 비틀거렸다.
③ 형은 온갖 역경을 이기고 마침내 성공했다.
④ 우리 팀이 상대를 큰 차이로 이기고 우승했다.
⑤ 삼촌은 병을 이기고 마침내 건강을 회복하였다.

■ 다음 글을 읽고 물음에 답하시오.

〈2018 6월 평가원〉

[중략 줄거리] 일영주를 구해 돌아오던 중 성의는, 왕위를 이어받는 데 위협을 느낀 형 항의에게 공격을 당해 일영주를 빼앗기고 눈이 먼다.

각설, 이때 성의 한 조각 판자를 의지하였으니 어찌 가련치 아니하리오. 두 눈이 어두웠으니 천지일월성신이며 만물을 어찌 알리오. 동서남북을 어찌 분별하며 흑백장단을 어이 알리오. 다만 바람이 차면 밤인 줄 알고 일기가 따스한즉 낮인 줄 짐작하나 ⓐ만경창파에 금수 소리도 없는지라. 삼일 삼야 만에 판자 조각이 다다른 곳이 있는지라. 놀래어 손으로 어루만지니 큰 바위라. 기어 올라가 정신을 수습하여 바위를 의지하고 앉아 탄식 왈,
"사형(舍兄)이 어찌 이다지 불량하여 무죄한 인명을 창파 중에 원혼이 되게 하고, 나로 하여금 이 지경이 되게 하였으니 이제는 부모가 곁에 계신들 얼굴을 알지 못하게 되었으니 어찌 통한치 아니하리오. 그러나 모친 환우가 어떠하신지, 일영주를 썼는지 알지 못하니 어찌 원통치 아니하며, 인자하신 우리 모친이 속절없이 황천에 돌아가시겠도다." / 하고 슬피 통곡하니 창천이 욕열하고 일월이 무광한지라.

낯선 어휘의 뜻을 사전에서 찾아 적어 보자.

• 만경창파(萬頃蒼波): 만 이랑의 푸른 물결이라는 뜻으로, 한없이 넓고 넓은 바다를 이르는 말
•

핵심어를 중심으로 문단의 내용을 요약해 보자.

핵심어 성의, 만경창파, 바위, 탄식, 모친

형에게 공격을 당해 일영주를 빼앗기고 눈이 먼 성의는 만경창파를 떠돌다가 바위에 다다라 모친 걱정을 하며 탄식한다.

ⓑ사고무인(四顧無人) 적막한데 십이 세 적공자가 불량한 사형에게 두 눈을 상하고서 일시에 맹인이 되어 외로운 암석 상에 홀로 앉아 자탄하니 그 아니 처량한가. 적적무인(寂寂無人) 야삼경의 추풍은 삽삽하여 원객의 수심을 자아내고, 강수동류원야성(江水東流猿夜聲)의 잔나비 슬피 울고, 유의한 두견성과 창파만경의 백구들은 비거비래(飛去飛來) 소리 질러 자탄으로 겨우 든 잠을 놀라 깨니 첩첩원한 무궁리라. 하늘을 우러러 탄식을 마지 아니하더니 문득 ㉠청아한 소리 들리거늘 귀를 기울여 들으며 헤아리되, '이는 분명한 대 소리로다. 이 같은 대해 중에 어찌 대밭이 있는고.' 하며 '이는 반드시 촉나라 땅이로다.' 하고 소리를 쫓아 내려가고저 하더니, 문득 ㉡오작(烏鵲)이 우지지며 손에 자연 짚이는 것이 있거늘 이는 곧 실과라. 먹으니 배 부른지라 정신이 상쾌하거늘, 오작에게 사례하고 인하여 바위에 내려 죽림을 찾아가니 울밀한 죽림이라. 들으니 그중에 ㉢한 대가 금풍을 따라 스스로 응하여 우는지라. / 여러 대를 더듬어 우는 대를 찾아 잡고 주머니에서 칼을 내 대를 베어 단저를 만들어서 한 곡조를 부니 ㉣소리 처량하여 ㉤산천초목이 다 우짖는 듯하더라.
차시에 성의 오작에게 밥을 부치고 단저로 벗을 삼아 심회를 덜며 일분도 그 형을 원망치 아니하고, 주야에 부모를 생각하니 그 천성대효(天性大孝)를 ⓓ천지신명이 어찌 돕지 아니하리오.

•
•

핵심어 오작, 실과, 단저, 소리

각설, 이때 중국에 호마령이라 하는 재상이 있으니 벼슬이 승상에 오른지라. 황명을 받자와 남일국에 사신 갔다가 삼 삭만에 돌아오더니 이곳에 이르러 일행을 쉬더니 청풍은 서래하고 수파는 고요한데, ㉥처량한 피리 소리 풍편에 들리거늘 호승상이 혜오되, '이곳은 ⓔ무인지경(無人之境)이라. 분명 선동(仙童)이 옥저를 불어 속객을 희롱하는도다.'

– 작자 미상, 「적성의전」

•
•

핵심어 _____

주인공의 시련과 성품	시련의 극복	조력자와의 만남
성의는 형 항의에게 공격을 당해 [ ]❶을/를 빼앗기고 눈이 멀게 됨. → 자신이 눈이 먼 것보다 모친이 돌아가실 것을 걱정하는 선한 모습이 나타남	성의는 대 소리를 듣고 자신이 [ ]❷ 땅에 도착했음을 짐작하고, [ ]❸울음소리를 따라 짚이는 실과를 먹으니 정신이 상쾌함.	성의가 대를 베어 단저를 만들어 한 곡조를 붊. → 중국의 승상이 이 소리를 듣고 [ ]❹이/가 부는 소리라고 생각함.

〈2018 6월 평가원 35번 변형〉

01 윗글의 내용에 대한 이해로 가장 적절한 것은?

① 성의는 자신의 눈을 멀게 한 사형에게 복수할 것을 다짐하고 있다.

② 호 승상은 성의에게 오작을 보내 성의가 목숨을 구하도록 돕고 있다.

③ 성의는 사람들에게 도움을 청하기 위해 단저를 만들어 처량한 곡조를 불었다.

④ 성의는 일영주를 쓰지 못하여 모친이 속절없이 돌아가실까 봐 걱정하고 있다.

⑤ 호 승상은 남일국에 사신으로 가는 길에 선동에게 희롱당한 것을 불쾌하게 여기고 있다.

▶ 문제의 선지에 쓰인 단어 중 뜻을 모르는 것을 찾아 적어 보자.

〈2018 6월 평가원 37번〉

02 ㉠~㉤에 드러나는 소리에 대한 이해로 적절하지 않은 것은?

① ㉠: 표류하던 성의가 자신이 있는 위치를 가늠할 수 있게 하는 정보이다.

② ㉡: 먹을 것이 주위에 있다는 것을 성의에게 알려 주는 신호이다.

③ ㉢: 성의가 피리의 재료로 쓸 대나무를 발견하는 계기가 된다.

④ ㉣: 성의가 자신의 피리 부는 재능이 탁월함을 천상계에 알리는 신호이다.

⑤ ㉤: 고립되어 있던 성의가 타인과 만나는 계기가 된다.

03 ⓐ~ⓔ의 뜻으로 적절하지 않은 것은?

① ⓐ: 들판이 넓게 펼쳐진 곳

② ⓑ: 주위에 사람이 없어 쓸쓸함

③ ⓒ: 산과 내와 풀과 나무라는 뜻으로 자연을 이르는 말

④ ⓓ: 천지의 조화를 주재하는 온갖 신령

⑤ ⓔ: 사람이 살지 않는 외진 곳

'일생의 행적을 적은 기록'과, '기이한 이야기'가 모두 '전기'라고?

의미는 다른데 소리만 같은 단어들이 있지요? 특히 고전 문학을 공부할 때 구분해야 할 단어로 '전기'라는 말이 있어요. 어떤 한자인지에 따라서 전혀 다른 의미로 사용되기 때문에 반드시 구분하여 의미를 알고 있어야 해요. 다음 만화를 보며 그 의미를 알아볼까요?

'전기(傳記)'는 '한 사람의 일생 동안의 행적을 적은 기록'이라는 의미예요. 그래서 '뛰어나고 훌륭한 사람의 업적과 삶을 적은 글'을 '위인전기'라고 하지요. 주로 영웅 소설이나 건국 신화 등이 인물의 일대기를 기록하여 구성한답니다. 이러한 소설의 형식을 '전기적 구성'이라고 해요.

한편, '전기(傳奇)'는 일반적으로 '–적'을 붙인 형태로 많이 쓰이기 때문에 사전에도 '전기적(傳奇的)'이라는 말이 등재되어 있는데 '기이하여 세상에 전할 만한 (것)'을 의미하는 단어예요. 고전 소설에서는 현실 세계에서 설명하기 어려운 기이한 내용이 많이 등장해요. 대표적으로 김시습의 「금오신화」가 있어요. 전쟁 중에 죽은 여인이 환생하여 남편과 함께 살거나, 화려한 용궁을 체험하는 등 초현실적인 장면져 그려져 있답니다.

> "나도 부인과 함께 황천으로 갔으면 하오. 어찌 무료히 홀로 여생을 보내겠소. 지난번에 난리를 겪어 친척들과 노복들이 뿔뿔이 흩어지고, 부모님의 유골이 들판에 버려졌을 때, 부인이 아니었더라면 누가 능히 장사를 지내 주었겠소. 〈중략〉"
>
> 최낭은 "낭군의 수명은 아직 남아 있으나 저는 이미 저승의 명부에 이름이 올라 있어 더 이상 머물 수 없습니다. 만일 제가 인간 세상을 그리워해 미련을 가지면 저승의 법에 위반되고, 죄가 제게만이 아니라 낭군님께도 미칠 것입니다. 다만 제 유골이 아무 곳에 흩어져 있으니 은혜를 베풀어 유골을 거두어 비바람 맞지 않게 해 주십시오."
>
> – 김시습, 「이생규장전」 | 〈2017 9월 평가원〉

한자 성어 중에는 '−지탄(之歎)'으로 끝나는 표현이 많이 있어요. 이때 '탄(歎)'은 '탄식하다'는 의미로 어떠한 상황에 대해 안타까워하며 탄식한다는 뜻을 나타낼 때 사용된답니다. 여기에서는 고전 문학에서 자주 다루어지는 '탄(歎)'으로 끝나는 한자 성어를 살펴보겠습니다. 어떤 상황에 대한 탄식인지 함께 생각해 보겠습니다.

■ 다음 한자 성어 중, 뜻을 알고 있는 것에 ✓표를 하시오.

☐ 풍수지탄(風樹之歎)   ☐ 맥수지탄(麥秀之歎)   ☐ 만시지탄(晩時之歎)
☐ 비육지탄(髀肉之歎)   ☐ 망양지탄(亡羊之歎)   ☐ 망양지탄(望洋之歎)

■ 다음 한자 성어의 뜻을 알아볼까요?

한자 성어	의미
풍수지탄 (바람 風 + 나무 樹 + 어조사 之 + 탄식할 歎)	• 효도를 다하지 못했는데 어버이가 돌아가시어, 효도하고 싶어도 할 수 없는 슬픔을 이르는 말. • '수욕정이풍부지(樹欲靜而風不止), 자욕양이친부대(子欲養而親不待)'라는 옛 글귀에서 유래함.
맥수지탄 (보리 麥 + 빼어날 秀 + 어조사 之 + 탄식할 歎)	• 고국의 멸망을 한탄함을 이르는 말. • 기자(箕子)가 은(殷)나라가 망한 뒤에도 보리만은 잘 자라는 것을 보고 한탄하였다는 데서 유래함.
만시지탄 (늦을 晩 + 때 時 + 어조사 之 + 탄식할 歎)	시기에 늦어 기회를 놓쳤음을 안타까워하는 탄식.
비육지탄 (넓적다리 髀 + 고기 肉 + 어조사 之 + 탄식할 歎)	• 재능을 발휘할 때를 얻지 못하여 헛되이 세월만 보내는 것을 한탄함을 이르는 말. • 『삼국지』 「촉지(蜀志)」에서 중국 촉나라 유비가 오랫동안 말을 타고 전쟁터에 나가지 못하여 넓적다리만 살찜을 한탄한 데서 유래.
망양지탄 (망할 亡 + 양 羊 + 어조사 之 + 탄식할 歎)	갈림길이 매우 많아 잃어버린 양을 찾을 길이 없음을 탄식한다는 뜻으로, 학문의 길이 여러 갈래여서 한 갈래의 진리도 얻기 어려움을 이르는 말.
망양지탄 (바랄 望 + 큰바다 洋 + 어조사 之 + 탄식할 歎)	큰 바다를 바라보며 하는 한탄이란 뜻으로, 어떤 일에 자기 자신의 힘이 미치지 못할 때에 하는 탄식을 이르는 말.

➕ 다음 작품을 감상해 보고, 화자의 정서와 관련이 있는 한자 성어를 쓰시오.

> 오백 년 도읍지를 필마(匹馬)로 도라드니,
> 산천은 의구(依舊)ᄒ되 인걸(人傑)은 간 듸 업다.
> 어즈버, 태평연월(太平烟月)이 꿈이런가 ᄒ노라.
>
> – 길재의 시조

마름

지주를 대리하여 소작권을 관리하는 사람.

예 대부분의 마름들이 장인과 같이 행동하였다면, '가을'에 많은 소작농들은 불안감에 시달렸겠군. 〈2016 6월 평가원〉

친절한 샘 '토지의 소유자'를 '**지주(地主)**'라고 합니다. 농지가 없는 사람들이 땅을 빌려 농사를 지었는데 이들을 '**소작농(小作農)**' 또는 '**소작인(小作人)**'이라고 합니다. 바로 이들을 관리했던 사람이 마름인데 막강한 권력을 갖고 있었기 때문에 횡포가 매우 심했습니다.

저자

❶ '시장'을 예스럽게 이르는 말.
❷ 시장에서 물건을 파는 가게.

예 저자의 술집 창문마다 가게 빈지문마다 사람들의 머리가 하나 둘씩 끄집어내어지는 중이었다. 〈2013 6월 평가원〉

친절한 샘 '가게가 죽 늘어서 있는 거리'를 '**저잣거리**'라고 합니다. 그리고 예전에 많은 사람이 모여 여러 가지 물건을 사고파는 곳을 '**장(場)**'이라고 했습니다. 장이 열리는 것을 '장이 서다'라고 표현하죠. 특히 아이들은 '장 구경'을 좋아했는데, 장에서 파는 물품을 보며 즐기는 일을 말합니다.

세간

집안 살림에 쓰는 온갖 물건.

예 덕기는 '세간 값'으로 치러야 하는 돈을 낭비라고 생각한다. 〈2017 6월 평가원〉

친절한 샘 집에서 새로운 냉장고를 사면 살림을 장만했다고 말하는데, 이때 '**살림**'이란 집 안에서 주로 쓰는 세간을 말합니다. 비슷한 말로 '**가재도구(家財道具)**'가 있는데, '집안 살림에 쓰는 여러 물건'이란 뜻을 갖고 있습니다.

정미소(精米所)

찧을 精
쌀 米
곳 所

쌀 찧는 일을 전문적으로 하는 곳.

예 조 의관의 유산 목록에 정미소가 없었다는 것을 안 정훈은 정미소를 차지하려고 한다.
〈2017 6월 평가원 | 염상섭, 「삼대(三代)」〉

친절한 샘 정미소는 '**도정(搗精)**'을 하는 곳인데, '도정'이란 곡식을 찧어 속꺼풀을 벗기고 깨끗하게 하는 것을 말합니다. 벼의 가장 바깥쪽 껍질을 '**왕겨**'라고 하는데, 이것만 벗겨 낸 누르스름한 쌀을 '**현미(玄米)**'라고 합니다. 가장 속에 있는 껍질까지 벗겨 낸 것이 흰 쌀인 '**백미(白米)**'이고요.

치부(恥部)

부끄러워할 恥
나눌 部

남에게 드러내고 싶지 아니한 부끄러운 부분.

예 [A]에서는 아버지가 아들의 치부를 들추어내며 책망한다. 〈2017 6월 평가원〉

친절한 샘 다른 사람들을 볼 낯이 없거나 스스로 떳떳하지 못한 것을 '**수치(羞恥)**'라고 합니다. '수치스럽다' 등의 형태로 많이 사용하죠. 이때 부끄러운 부분을 정확히 가리켜 '**치부(恥部)**'라고 합니다. '**약점(弱點)**'과 비슷한 말인데 떳떳하지 못하다는 것이 좀 더 강조되는 말입니다.

무고(無辜)하다

없을 無
허물 辜

아무런 잘못이나 허물이 없다.

예 피에 젖은 '쌀자루'는 전쟁의 폭력이 무고한 인물에게 끼친 전쟁의 상흔을 나타내는군.
〈2017 수능〉

친절한 샘 '**무고죄(誣告罪)**'라고 들어봤나요? '다른 사람이 처벌을 받게 할 목적으로 거짓으로 죄를 꾸며 신고한 범죄'를 말합니다. 그런데 이때의 '무고(誣告)'는 '속여 아뢰다'의 뜻을 갖고 있습니다. '무고(無辜)'는 '허물이 없다'는 뜻이니 두 단어를 헷갈리면 안 됩니다.

상흔(傷痕)

상처 傷
흉터 痕

상처를 입은 자리에 남은 흔적. = 상반.

예 (다)는 실재했던 전쟁을 다루면서도 그 상흔을 직시하려는 의지에 따라 허구화가 이루어졌다. 〈2017 수능〉

? 친절한 샘 '상처가 아물고 남은 자국'을 '흉터'라고 합니다. 전쟁은 군인들뿐만 아니라 민간인들에게도 이런 상처를 남겼습니다. 이때 '민간인(民間人)'이란 군인이 아닌 일반 사람을 말합니다 군인들은 우리 편 군대를 '아군(我軍)'이라 하고, 적의 군대는 '적군(敵軍)'이라고 합니다.

전장(戰場)

싸울 戰
마당 場

싸움을 치르는 장소.

예 '식량'을 얻으려다가 인물이 죽게 되는 것은 전장과 후방이 구분되지 않는 혼돈의 현장을 보여 주는 것이로군. 〈2017 수능〉

? 친절한 샘 '전장(戰場)'은 흔히 '전쟁터(戰爭터)'라고 부르는 곳을 말합니다. 전쟁으로 인한 재화나 피해를 '전화(戰禍)'라 하고, 총포를 쏠 때 일어나는 불을 '포화(砲火)'라고 합니다. 또한 전쟁이 일어나면 사람들이 많이 죽는데 '죽은 사람의 몸'을 '주검'이라고 합니다.

수복(收復)되다

거둘 收
돌아올 復

잃었던 땅이나 권리 따위를 되찾아지다.

예 그는 수복되자 재빨리 셋방 하나를 얻어 병원을 차렸다. 〈2014 9월 평가원 | 전광용, 「꺼삐딴 리」〉

? 친절한 샘 우리나라는 1950년 6월 28일 북한군에게 점령되었던 서울을 1950년 9월 28일에 되찾았습니다. 이렇듯 잃었던 땅을 되찾는 것을 '수복(收復)'이라고 말합니다. 비슷한 말로 '탈환(奪還)'이 있는데, '빼앗겼던 것을 도로 빼앗아 찾음'이라는 의미를 갖습니다.

시대착오(時代錯誤)

때 時
대신할 代
섞일 錯
그릇할 誤

변화된 새로운 시대의 풍조에 낡고 뒤떨어진 생각이나 생활 방식으로 대처하는 일.

예 현실에 대한 백 주사의 부정적 태도를 통해 그의 시대착오적 역사 인식을 비판적으로 드러낸다. 〈2014 6월 평가원〉

? 친절한 샘 '착오(錯誤)'는 '착각을 하여 생각이나 행동을 잘못하는 것'을 뜻합니다. 시대가 변하면 생활 방식이 변하는데 이를 따라가지 못하면 시대착오적인 것이 됩니다. 그리고 '시행착오(試行錯誤)'는 '학습자가 목표에 도달하는 확실한 방법을 모르는 채 본능, 습관 따위에 의하여 시행과 착오를 되풀이하다가 우연히 성공한 동작을 계속함으로써 점차 시간을 절약하여 목표에 도달할 수 있게 된다는 원리'로, 여러 번의 시도와 잘못을 되풀이하다가 점차 알맞은 방법을 찾는 일을 일컬을 때 쓰인다.

어휘 더하기

정답과 해설 22쪽

['생(生)'과 '사(死)'가 들어간 한자 성어]

생사기로(生死岐路) 「명사」
사느냐 죽느냐 하는 갈림길.

사생결단(死生決斷) 「명사」
죽고 사는 것을 돌보지 않고 끝장을 내려 함.

생사고락(生死苦樂) 「명사」
삶과 죽음, 괴로움과 즐거움을 통틀어 이르는 말.

사생동거(死生同居) 「명사」
살아서나 죽어서나 늘 함께 있다는 뜻으로, 다정한 부부 사이를 이르는 말.

'생사(生死)'는 삶과 죽음을 아울러 이르는 말입니다. 이 단어가 들어간 한자 성어가 여럿 있는데, '생사기로'와 '사생결단'은 삶과 죽음의 경계선에 있는 모습을 나타냅니다. 그만큼 절체절명(絕體絕命)의 순간인 거죠. 이와 달리 '생사고락'과 '사생동거'는 삶과 죽음의 경계선을 넘어서서 늘 함께한다는 뜻을 지닙니다.

⊙ **다음 빈칸에 들어갈 한자 성어를 쓰시오.**

그는 버마 전선의 같은 소대에서 만나, 나흘 전 인천항에 귀국해서 헤어질 때까지 이 녀석를 그야말로 (   )을/를 같이한 기막힌 사이였다.
− 조정래, 「태백산맥」

01 ⓐ~ⓒ에 들어갈 말을 〈보기〉에서 찾아 쓰시오.

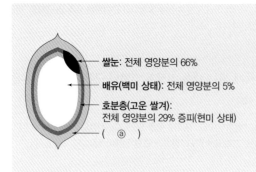

쌀눈: 전체 영양분의 66%

배유(백미 상태): 전체 영양분의 5%

호분층(고운 쌀겨):
전체 영양분의 29% 증피(현미 상태)

(ⓐ)

• 철민: (ⓑ)은/는 (ⓐ)을/를 벗겨 낸 상태를 말하는데, 쌀눈과 호분층이 100% 남아 있어 영양식으로 아주 좋지만 소화하기 어려워.
• 수진: '백미'는 시중에 판매되고 있는 쌀의 도정분으로 영양분의 95%가 깎여 나간 상태이지만 밥맛으로 따지자면 가장 좋다고 해.
• 민수: 그리고 쌀 찧는 일을 전문적으로 하는 곳을 (ⓒ)(이)라고 해.

〈 보기 〉

현미   왕겨   도정   제철소   정미소

02 ㉠~㉢에 들어갈 말을 바르게 짝지은 것은?

　허나 인심을 정말 잃었다면 욕보다 읍의 배참봉 댁 (㉠)(으)로 더 잃었다. 번이 (㉠)(이)란 욕 잘 하고 사람 잘 치고 그리고 생김 생기길 호박개 같아야 쓰는 거지만 장인님은 외양이 똑 됐다. (㉡) 이/가 닭 마리나 좀 보내지 않는다든가 애벌논 때 품을 좀 안 준다든가 하면 그해 가을에는 영락없이 (㉢)이/가 뚝뚝 떨어진다.
　　　　　　　　　　　　　　　　　　　　　　　　　　　　　　– 김유정, 「봄·봄」

	㉠	㉡	㉢		㉠	㉡	㉢
①	마름	지주(地主)	땅	②	마름	작인(作人)	땅
③	지주(地主)	마름	땅	④	지주(地主)	마름	돈
⑤	작인(作人)	마름	돈				

03 〈보기〉의 밑줄 친 단어와 뜻이 유사하지 <u>않은</u> 것은?

〈 보기 〉

피의자는 끝까지 자신은 <u>무고</u>하다고 주장했다.

① 그 학살은 <u>무고</u>한 백성들까지 모조리 죽여 버린 끔찍한 사건이었다.
② 두 나라 간의 물리적 충돌을 막아야 <u>무고</u>한 인명 피해를 줄일 수 있다.
③ 거짓말로 남을 도리어 <u>무고</u>하는 자는 그에 대한 응당한 대가를 치를 것이다.
④ 지난 번 재판 때 원고가 <u>무고</u>하게 죄를 뒤집어써서 또 다시 재판을 하는 것이다.
⑤ <u>무고</u>한 백성들은 무슨 죄로 한 사람의 학정 때문에 그리 괴로움을 당해야 한다는 말인가?

04 다음 밑줄 친 말과 바꾸어 쓸 수 있는 말로 적절한 것은?

> 전쟁터란 전장과 후방, 가해자와 피해자가 구분되지 않는 혼돈의 현장이다. 이 혼돈 속에서 사람들은 고통 받으면서도 생의 의지를 추구해야 한다는 점에서 전쟁은 비극성을 띤다. 이처럼 전쟁의 허구화를 통해 우리는 전쟁에 대한 인식을 새롭게 할 수 있다.

① 전화(戰禍)　　　② 포화(砲火)　　　③ 전장(戰場)
④ 수복(收復)　　　⑤ 탈환(奪還)

05 다음 단어와 그 단어가 쓰인 예문이 적절하지 <u>않은</u> 것은?

	단어	예문
①	저자	박 노인은 산에서 캔 나물을 저자에 나가서 팔았다.
②	세간	집과 세간을 버리고 깊은 산중에 숨어 화전을 일구고 살았다.
③	치부(恥部)	그 이야기를 맹랑한 것으로 치부해서는 곤란하다.
④	수복(收復)	다시 중공군이 밀려 내려오고 또 다시 국군이 그 땅을 수복하였다.
⑤	탈환(奪還)	오랜 격전 끝에 고지의 탈환에 성공했다.

06 다음 초성을 보고 빈칸에 들어갈 말을 쓰시오.

> 소설 「시장과 전장」은 한국 전쟁이 남긴 (ㅅㅎ)을/를 직시하고 이에 좌절하지 않으려던 작가의 의지가 이념 간의 갈등에 노출되고 생존을 위해 몸부림치는 인물을 통해 허구화되었다.

07 문맥을 고려할 때, 괄호 안에 들어갈 단어로 적절한 것을 고르시오.

(1) 우리 회사는 여러 차례의 (시대착오 / 시행착오) 끝에 드디어 신제품을 개발하였다.
(2) 좋은 대학을 나와야만 성공할 수 있다는 생각은 대단한 (시대착오 / 시행착오)이다.

개념어를 알면 답이 보인다

〈2014 9월 평가원 37번〉

08 ⓐ를 가장 잘 나타낸 것은?

> 일제 강점기, 소련군 점령하의 감옥 생활, 6·25 전쟁, 38선, 미군 부대, 그동안 몇 차례의 ⓐ아슬아슬한 죽음의 고비를 넘긴 것인가.

▶ 선지에 쓰인 한자 성어 중 뜻을 모르는 것을 찾아 적어 보자.

① 고진감래(苦盡甘來)　　　② 내우외환(內憂外患)
③ 맥수지탄(麥秀之嘆)　　　④ 사생결단(死生決斷)
⑤ 생사기로(生死岐路)

■ 다음 글을 읽고 물음에 답하시오.

〈2017 수능〉

"피란 안 갔다고 야단맞지 않을까요?" / 윤씨가 걱정스럽게 묻는다. 김씨 댁 아주머니의 얼굴도 잠시 흐려진다. 그러나 이내 쾌활한 목소리로, / "쌀 배급을 주는데 야단을 치려구요? 세상에 불쌍한 백성을 더 이상 어쩌겠어요?" / "그래도 댁은…… 우린 애아범이 그래 놔서…… 전에도 배급을 못 타 먹었는데." / "이 마당에서 그걸 누가 알겠어요? 어지간히 시달려 놔서 이젠 그렇게들 안 할 거예요." / 둑길을 건너서 인도교 가까이 갔을 때 노량진 쪽에서 사람들이 몰려온다. 어느 구석에 끼여 있었던지 용케 죽지도 않고, 스무 명가량의 사람들이 떼 지어 간다. 김씨 댁 아주머니는, / "여보시오! 어디서 배급을 줍니까?"
하고 물었으나 그들은 미친 듯 뛰어갈 뿐이다. / "여보, 여보시오! 어디서 배급을 줍니까?" / 다시 물었으나 여전히 그들은 뛰어간다. 윤씨와 김씨 댁 아주머니도 이제 더 이상 묻지 않고 그들을 따라 뛰어간다.

낯선 어휘의 뜻을 사전에서 찾아 적어 보자.

• 피란(避亂): 난리를 피하여 옮겨 감.
•

핵심어를 중심으로 문단의 내용을 요약해 보자.

핵심어 피란, 쌀, 배급
피란을 가지 않은 윤씨와 김씨 댁 아주머니가 쌀 배급을 받으러 사람들을 따라간다.

그들이 간 곳은 한강 모래밭이었다. 강의 얼음은 아직 풀리지 않았다. 그곳에는 여남은 명 가량의 사람들이 몰려 있었다. 사실은 배급이 아니었다. 밤사이에 중공군과 인민군이 후퇴하면서 미처 날라 가지 못했던 **식량**이 여기저기 흩어져 있었던 것이다. 사람들은 **갈가마귀떼**처럼 몰려들어 가마니를 열었다. 그리고 악을 쓰면서 자루에다 쌀과 수수를 집어넣는다. 쌀과 수수가 강변에 흩어진다. 사람들은 **굶주린 이리떼**처럼 눈에 핏발이 서서 자루에 곡식을 넣어 짊어지고 일어섰다. 쌀자루를 짊어지고 강변을 따라 급히 도망쳐 가는 사나이들, 쌀자루에 쌀을 옮겨 넣는 아낙들, 필사적이다. 그야말로 전쟁이다. 김씨 댁 아주머니와 윤씨도 허겁지겁 달려들어 쌀을 퍼낸다. 그리고 떨리는 손으로 자루 끝을 여민 뒤 머리에 이고 일어섰다. 그 순간 하늘이 진동하고 땅이 꺼지는 듯 고함소리, 총성과 함께 윤씨가 푹 쓰러진다. 윤씨는 외마디 소리를 지르며 쌀자루 위에 얼굴을 처박는다. 거무죽죽한 피가 모래밭에 스며든다. 〈중략〉

•
•

핵심어 이리떼, 쌀자루, 총성

김씨 부인이, / "애기 엄마……." / 하고 소리쳐 부른다. 지영은 그냥 쫓아간다.
"큰일 나요! 큰일 나, 지금 가면 안 돼요! 애기를 어쩌려고 그러는 거요."
지영은 언덕길을 미끄러지는 듯 달려간다. 둑길을 넘었다. 강변에는 아무도 없었다. 강물도 하늘도 강 건너 서울도 회색빛 속에 싸여 있었다. 지영은 윤씨를 내려다본다. 쌀자루를 꼭 껴안고 있다. **쌀자루**는 피에 젖어 거무죽죽하다. 지영은 윤씨를 안아 일으킨다. 그리고 들춰 업는다. 그는 한 발 한 발 힘을 주며 걸음을 옮긴다. 윤씨를 업고 **벼랑을 기어오른다**. 아무것도 기억할 수가 없었다. 아무것도 보이지 않았다.

– 박경리, 「시장과 전장」

•
•

핵심어 _____

식량 부족		생존을 위한 몸부림		무고한 죽음		❹의 참혹함
피란을 가지 않은 윤씨와 김씨는 쌀❶을/를 타기 위해 사람들을 따라감.	+	❷처럼 몰려든 사람들이 가마니를 열고, 악을 쓰면서 자루에 곡식을 집어 넣음.	+	허겁지겁 달려들어 쌀을 퍼내던 ❸이/가 총에 맞고 쌀자루 위에 쓰러짐.	→	전장과 후방의 구분 없이 혼돈의 현장이 펼쳐지고, 그 와중에 무고한 인물이 죽음.

〈2017 수능 24번〉

01 〈보기〉를 바탕으로 윗글을 감상한 내용으로 적절하지 <u>않은</u> 것은?

▶ 문제의 선지에 쓰인 단어 중 뜻을 모르는 것을 찾아 적어 보자.

─〈 보기 〉─

「시장과 전장」은 한국 전쟁이 남긴 상흔을 직시하고 이에 좌절하지 않으려던 작가의 의지가, 이념 간의 갈등에 노출되고 생존을 위해 몸부림치는 인물을 통해 허구화되었다. 이 소설에 서는 전장을 재현하여 전쟁의 폭력에 노출된 개인의 연약함이 강조되고, 무고한 희생을 목도한 인물의 내면이 드러남으로써 개인의 존엄이 탐색되었다.

또한 작품에서 사람들이 죽는 장소가 군사들이 대치하는 전선만이 아니라는 점도 주목된다. 전쟁터란 전장과 후방, 가해자와 피해자가 구분되지 않는 혼돈의 현장이다. 이 혼돈 속에서 사람들은 고통 받으면서도 생의 의지를 추구해야 한다는 점에서 전쟁은 비극성을 띤다. 이처럼, 전쟁의 허구화를 통해 우리는 전쟁에 대한 인식을 새롭게 할 수 있다.

① '식량'을 얻으려다가 인물이 죽게 되는 것은 전장과 후방이 구분되지 않는 혼돈의 현장을 보여 주는 것이로군.

② '갈가마귀떼'는 전쟁으로 인해 기본적인 존엄성마저 상실한 채 살아가는 사람들의 모습을 상기하게 하는군.

③ '굶주린 이리떼'는 사람들이 전쟁의 폭력에 노출되어 이웃의 죽음조차 외면하는 냉혹한 존재로 변해 버렸음을 드러내는군.

④ 피에 젖은 '쌀자루'는 전쟁의 폭력이 무고한 인물에게 끼친 전쟁의 상흔을 나타내는군.

⑤ '벼랑을 기어오른다'는 전쟁 속에서 생존을 위해 몸부림치는 인물의 처지를 상징적으로 보여 주는군.

〈2017 수능 26번〉

02 윗글의 서술상의 특징에 대한 설명으로 가장 적절한 것은?

① 인물의 회상을 통해 인물 간 갈등의 원인을 제시하고 있다.

② 시간적 배경을 묘사하여 인물의 성격 변화를 암시하고 있다.

③ 인물의 경험을 관념적으로 서술하며 사건의 원인을 분석하고 있다.

④ 대화를 통해 과거로 돌아가려 하는 인물들의 심리를 보여 주고 있다.

⑤ 인물의 연속적인 행위를 제시하여 인물이 처한 긴박한 상황을 드러내고 있다.

분단의 상처, 휴전선과 판문점

1950년 6월 25일 북한의 남침으로 동족상잔의 비극이 시작되었어요. 6·25 전쟁은 1953년 7월 27일까지 약 3년 동안 지속되며 우리 민족에게 물질적·정신적 고통을 안겨 주다 종전이 아닌 휴전으로 마무리되었어요. 휴전 회담에서 남측과 북측은 군사 분계선 설정 문제와 포로 송환 문제를 놓고 팽팽하게 대립하였지요. 당시 유엔군은 양측이 접전 중인 상태 그대로의 전선을 주장하였고 이에 북한군과 중국군이 동의하면서 오늘날과 같은 휴전선이 정해졌어요. 또한 포로 문제는 자유로운 송환 방침으로 결정하게 되었답니다.

· 유엔군
세계 평화의 안정과 유지를 위해 군사적 제재를 가할 필요가 있을 때, 유엔(UN) 안전 보장 이사회의 결의에 따라 구성되는 비상군으로 국제 연합군이라고도 한다. 1950년 6·25 전쟁 때 처음 조직되었다. 미군을 중심으로 하여 영국, 오스트레일리아, 프랑스, 캐나다, 터키 등 여러 국가의 군인으로 조직되었다.

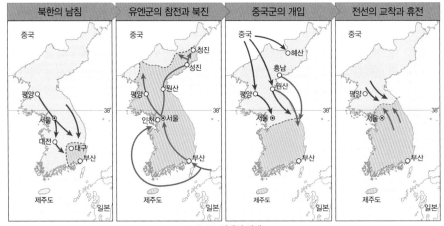

▲ 6·25 전쟁의 전개

군사 분계선(휴전선)의 설정

군사 분계선은 두 교전국 사이에 협정에 의해 구획된 군사 활동의 경계선으로, 보통 휴전이 성립된 시점의 전선을 분계선으로 삼아요. 남측과 북측은 군사 분계선을 설정함에 있어서 의견 대립을 보였으나 현 상태의 전선을 분계선으로 삼자고 하는 유엔군의 주장에 상대측이 동의하여 오늘날의 휴전선이 결정되었지요. 또한 남과 북은 적대 행위의 발생을 예

· 비무장 지대(非武裝地帶)
교전국 쌍방이 협정에 따라 군사 시설이나 인원을 배치하지 않은 지대로, 군대의 주둔이나 무기의 배치, 군사 시설의 설치가 금지된다. 일단 비무장 지대의 설정이 결정되면 이미 설치된 군사 시설을 철수 또는 철거하여야 한다.

방하기 위해서 휴전선 남과 북으로 각각 2km 내의 지역을 비무장 지대(DMZ, demilitarized zone)로 설정하여 완충 지대의 역할을 하도록 했답니다.

판문점

비무장 지대 안에는 '판문점 공동 경비 구역'이 있어요. 이곳은 남한과 북한의 군인이 공동으로 경비하는 비무장 지대 안의 특수 지역이라고 볼 수 있어요. 판문점은 지역의 이름이고, 공식 명칭은 공동 경비 구역(JSA, Joint Security Area)입니다. 작은 시골 마을이었던 판문점은 이곳에서 휴전 회담이 열리면서 세계적으로 관심을 받게 되었고, 휴전 회담 이후 이곳이 공동 경비 구역으로 설정되었지요.

거제 포로 수용소

거제 포로 수용소는 6·25 전쟁 당시 유엔군과 한국군이 전쟁에서 잡은 포로를 집단으로 격리, 수용하던 곳으로 약 17만 명의 포로를 수용했던 우리나라 최대 규모의 포로 수용소였어요. 휴전이 되기 전에 전쟁 포로들은 이곳 천막에서 비참한 생활을 했어요. 휴전 회담 이후에는 포로들의 의사를 존중하는, 자유로운 포로 송환 방침에 따라 남과 북 양측은 포로들의 사상과 의지를 존중하여 포로를 교환했어요. 이때 남한에 머무를 것을 택한 포로와 북한으로 가고자 하는 포로가 많았지만, 남과 북 어느 쪽도 거부한 채 중립국인 제3국을 선택하는 포로도 있었어요.

6·25 전쟁 또는 전쟁 이후를 배경으로 한 문학 작품을 감상할 때에는 위와 같은 배경지식을 가지고 있으면 상황 맥락을 쉽고 깊게 이해할 수 있을 거예요. 가령, 최인훈의 「광장」에서 주인공 이명준이 포로가 되었을 때, 남과 북이 아닌 중립국을 선택하는 장면을 더욱 구체적으로 상상할 수 있지요.

> "다시 한번 생각하시오. 돌이킬 수 없는 중대한 결정이란 말요. 자랑스러운 권리를 왜 포기하는 거요?"
> "중립국"
> 이번에는 그 옆에 앉은 장교가 나앉는다.
> "동무, 지금 인민 공화국에서는 참전 용사들을 위한 연금 법령을 냈소. 동무는 누구보다도 먼저 일터를 가지게 될 것이며, 인민의 영웅으로 존경받을 것이오. 전체 인민은 동무가 돌아오기를 기다리고 있소. 고향의 초목도 동무의 개선을 반길 거요."
> "중립국"
> 그들은 머리를 모으고 소곤소곤 상의를 한다.
> 처음에 말하던 장교가 다시 입을 연다.
> "동무의 심정도 잘 알겠소. 오랜 포로 생활에서 제국주의자들의 간사한 꾀임수에 유혹을 받지 않을 수 없었다는 것도 용서할 수 있소. 그런 염려는 하지 마시오."
>
> — 최인훈, 「광장」

• 6·25 전쟁 이후의 문학

전쟁의 상처를 바탕으로 피폐해진 전후 사회 현실을 그리고 민족상잔의 비극적 상황과 가치관의 혼란 등을 주제로 다루었다. 또한 전쟁의 원인과 치유 방안에 대해 모색하는 내용이 주를 이루었다. 대표적인 작품으로는 하근찬의 「수난 이대」, 손창섭의 「비 오는 날」, 최인훈의 「광장」 등이 있다.

• 최인훈의 「광장」

남북 분단의 비극을 이념 대립의 측면에서 다룬 작품으로 6·25 전쟁 이후 남과 북이 대립하는 현실에 맞서 바람직한 삶을 모색하던 인물에 관한 이야기를 담고 있다.

도회(都會)

도읍 都
모일 會

사람이 많이 살고 상공업이 발달한 번화한 지역.

예 (가)는 '도회에서의 패잔자'가 낙향하는 모습을 통해, (나)는 영호가 취직을 거부하는 모습을 통해 현실에 적응하지 못하는 인물의 처지를 보여주고 있다. 〈2019 수능〉

❓ 친절한 샘 비슷한 말로 '**도시(都市)**'가 있는데, '정치, 경제, 문화의 중심이 되고 사람이 많이 사는 지역'을 뜻합니다. 또한 '**도회적(都會的)**'이라는 말은 '풍기는 분위기가 도시에서 사는 것 같은 것'을 뜻합니다. '도시에서 떨어져 있는 지역'으로, 주로 도시보다 인구수가 적고 인공적인 개발이 덜 돼 자연을 접하기 쉬운 곳을 '**시골**'이라고 합니다.

신작로(新作路)

새로울 新
지을 作
길 路

새로 만든 길이라는 뜻으로, 자동차가 다닐 수 있을 정도로 넓게 새로 낸 길을 이르는 말.

예 오솔길은 자갈로 다져진 신작로가 되어 버스가 경적 소리를 내며 달려가고 있는 것이었다.

❓ 친절한 샘 '서양식으로 지은 집'을 '**양옥(洋屋)**'이라고 하며, '레코드판의 홈을 따라 바늘이 돌면서 소리를 내는 장치'를 '**전축(電蓄)**'이라고 합니다. 이들은 모두 근대화(近代化) 과정에서 우리나라에 들어오거나 새롭게 만들어진 것들입니다.

시류(時流)

때 時
흐를 流

그 시대의 흐름이나 경향.

예 시류 변화에 적응하기 어려워 현실을 인정하지 않으려는 의지를 보여 준다. 〈2014 9월 평가원〉

❓ 친절한 샘 '사회의 발전이나 역사가 급격하게 움직이는 시기'를 '**격동기(激動期)**'라고 합니다. 이러한 시기에는 '그때그때의 일이 돌아가는 형편에 따라 이로운 쪽으로 행동하는 사람'이 많이 보이는데 이러한 사람을 '**기회주의자(機會主義者)**'라고 합니다.

세태(世態)

세대 世
모양 態

사람들의 일상생활, 풍습 따위에서 보이는 세상의 상태나 형편.

예 풍자적 어조를 통해 세태를 우회적으로 비판하고 있다. 〈2019 9월 평가원〉

❓ 친절한 샘 '**세상(世上)**'은 '사람이 살고 있는 모든 사회를 통틀어 이르는 말'이고, '**세상(世相)**'은 '사람들의 일상생활, 풍습 따위에서 보이는' 세상(世上)의 상태나 형편'을 의미하는 말로 '세태(世態)'와 비슷한 말입니다. 이때 '**풍습(風習)**'이란 '그 시대의 유행과 습관 따위'를 말합니다. 요즘에는 어떤 것이 유행하고 있을까요?

생경(生硬)하다

날 生
굳을 硬

어떤 일이 익숙하지 않아 어색하고 낯설다.

예 그가 내심 섬찟했던 것은 바로 그 생경한 이질감 때문이었는지도 모른다.

〈2018 9월 평가원 | 임철우, 「눈이 오면」〉

❓ 친절한 샘 '전에 보거나 듣거나 경험한 적이 없어 익숙하지 않다'는 것을 '**낯설다**'고 하는데 '생경하다'와 비슷한 말입니다. 또는 '**생소(生疏)하다**'도 비슷한 말이에요. 이와 반대로 '전에 본 적이 있어 눈에 익거나 익숙하다'는 것을 '**낯익다**'라고 하는데, 이는 반대말입니다.

부조리(不條理)하다

아닐 不
맥락 條
다스릴 理

이치에 맞지 아니하거나 도리에 어긋나다.

예 작가는 공동체의 고통에 대한 공감을 바탕으로 하여 부조리한 현실을 전달하고 증언하기 위해 서술자 '나'의 이야기를 창조하였다. 〈2015 6월 평가원〉

❓ 친절한 샘 '정당하고 도리에 맞는 원리'를 '**이치(理致)**'라고 하며, 이러한 이치에 맞지 않는 것을 '부조리(不條理)'라고 합니다. '올바르지 않은 일'을 의미하는 '**비리(非理)**'도 비슷한 말이며, '옳지 않음, 또는 그런 행위'를 의미하는 '**부정(不正)**'도 유사한 의미로 사용됩니다.

노동자(勞動者)

수고로울 勞
움직일 動
놈 者

❶ 노동력을 제공하고 얻은 임금으로 생활을 유지하는 사람.
❷ 육체노동을 하여 그 임금으로 살아가는 사람.
예 계속적인 비에 공사판의 노동자들은 며칠째 일을 못하고 있다.

> **? 친절한 샘** '공사를 벌이고 있는 현장'을 '**공사(工事)판**'이라고 하며, 그곳에서 '하루 단위로 근로 계약을 체결하여 임금을 지불받는 직위나 직무'를 '**일용직(日傭職)**'이라고 합니다.

소외(疏外)

트일 疏
바깥 外

어떤 무리에서 기피되어 따돌리거나 멀리함.
예 대통령이 복지 정책에서 소외를 당하는 계층이 없도록 하겠다고 발표했다.

> **? 친절한 샘** '인간의 생활을 경제적으로 풍요롭게 하기 위하여 재화나 서비스를 창출하는 생산적 기업이나 조직의 형태가 되는 것'을 '**산업화(産業化)**'라고 합니다. 이 과정에서 인간성이 상실되어 인간다운 삶을 잃어버리는 일이 발생하는데, 이를 '**인간소외(人間疏外)**'라고 합니다.

현장감(現場感)

나타날 現
마당 場
느낄 感

어떤 일이 이루어지고 있는 현장에서 느낄 수 있는 느낌.
예 대화의 빈번한 사용을 통해 현장감을 높이고 있다. 〈2014 9월 평가원〉

> **? 친절한 샘** '**생생하다**'는 '바로 눈앞에서 보는 것처럼 명백하고 또렷하다'를 뜻하는데, 현장감이란 이와 같이 현장에 있는 것처럼 생생하게 느껴지는 것을 말합니다. '그려진 물건이 실물인 듯한 느낌'이라는 뜻의 '**실재감(實在感)**'도 비슷한 의미입니다.

조명(照明)하다

비출 照
밝을 明

❶ 빛을 비추어 밝게 보이게 하다.
❷ 일정한 관점에서 어떤 특정한 사실을 자세히 살펴보다.
예 인물 간의 갈등을 다각적으로 조명하여 사건 전개의 양상을 다면화하고 있다. 〈2019 수능〉

> **? 친절한 샘** '빛을 비추어 밝게 보이게 하는 데 쓰는 등'을 '**조명등(照明燈)**'이라고 하죠? 이렇게 어떤 사실을 밝은 빛으로 비춰서 자세히 살펴보는 것을 의미합니다. 이렇게 조명하기 위해서는 그 사실에 관심을 가지고 주의 깊게 살펴야겠죠? 이는 '**주목(注目)**'이라고 합니다.

어휘 더하기

정답과 해설 23쪽

['입'을 의미하는 '구(口)'가 들어간 한자 성어]

유구무언(有口無言) 「명사」
입은 있어도 말은 없다는 뜻으로, 변명할 말이 없거나 변명을 못함을 이르는 말.
예 모두 내 잘못이니 유구무언일세.
예 나는 그녀의 잘못을 따져 물었으나 그녀는 유구무언일 따름이었다.

중구난방(衆口難防) 「명사」
뭇 사람의 말을 막기가 어렵다는 뜻으로, 막기 어려울 정도로 여럿이 마구 지껄임을 이르는 말.
예 학생들이 교실에서 중구난방으로 떠들어 대고 있다.
예 간부들이 모두 피신해 버렸기 때문에 지도자 한 사람 없이 중구난방으로 핏대를 올리며 소리만 내지르고 있었다.

'말'과 관련된 표현은 많습니다. '유구무언'과 '중구난방'에는 동일한 한자어가 쓰였는데, 바로 '입'을 나타내는 '구(口)' 자입니다. 우리가 말을 할 때 '입'을 사용하기 때문이죠. 그래서 '유구무언'은 말을 할 수 있는 입이 있는데도 말을 하지 못한다는 것이고, '중구난방'은 '중구(衆口),' 즉 여러 사람들의 입이 많은 말을 한다는 뜻입니다. 따라서 입을 의미하는 한자 '구(口)'를 잘 파악하면 그 뜻을 쉽게 이해할 수 있습니다.

⊙ 다음 빈칸에 들어갈 말로 적절한 것을 고르시오.

> 그곳에서는 눈에 띄는 지도자 한 사람이 없이 뭇 사람들이 (유구무언 / 중구난방)으로 핏대를 올리며 소리만 지르고 있었다.

01 다음에서 말하는 '나'는 무엇인지 쓰시오.

'나'는 '새로 만든 길이라는 뜻으로, 자동차가 다닐 수 있을 정도로 넓게 새로 낸 길'을 이르는 말입니다.

'나'가 새로 만들어진 풍경은 근대의 풍경이라고 일컬어져요. '나'를 통해서 물자의 수송이 원활하게 이루어졌기 때문이죠.

02 다음 빈칸에 들어갈 적절한 말을 찾아 알맞게 연결하시오.

㉠ 인물 간의 갈등을 다각적으로 (   )하여 사건 전개의 양상을 다면화하고 있다. •

• ⓐ 생생

㉡ '나'의 이야기는 현실의 이면에 감추어져 있는 (   )한 실상을 증언하기 위한 것임을 알 수 있어. •

• ⓑ 부조리

㉢ 의태어를 활용하여 대상의 움직이는 모습을 (   )하게 보여 주고 있다. •

• ⓒ 조명

03 다음 밑줄 친 단어와 바꿔 쓸 수 있는 말로 적절한 것은?

그러나 오직 그뿐이다. 이 <u>도회</u>에서의 패잔자는 좀 더 남의 마음에 애달픔을 주는 일 없이 무심한 이의 눈에는, 참말 어디 볼일이라도 보러 가는 사람같이, 그곳에서 얼마 안 되는 작은 광교 차부에서 강화행 자동차를 탔다.

① 세상(世上)　　　　② 세태(世態)　　　　③ 도시(都市)
④ 농촌(農村)　　　　⑤ 풍습(風習)

04 ㉠~㉢에 들어갈 말을 바르게 짝지은 것은?

전광용의 「꺼삐딴 리」는 일제 강점기부터 6·25 전쟁 이후까지 (㉠)을/를 살아온 인물을 주인공으로 한다. 주인공은 (㉡)의 변화에 적절히 적응하면서 그때그때의 상황에 따라 자신에게 이로운 쪽으로 행동하는 (㉢)의 모습을 보이고 있다.

	㉠	㉡	㉢		㉠	㉡	㉢
①	격동기	유행	사회주의자	②	격동기	시류	기회주의자
③	안정기	유행	사회주의자	④	안정기	시류	기회주의자
⑤	안정기	유행	기회주의자				

05 문맥상 괄호 안에 들어갈 말로 적절한 것을 고르시오.

(1) 생산 수단이 없는 (노동자 / 자본가)들은 임금을 받고 자신의 노동력을 판다.
(2) 사람이 나이가 들면 주름이 생기고 늙는 것은 자연의 당연한 (풍습 / 이치)이다.

06 다음 밑줄 친 단어의 반대말로 적절한 것은?

> 상고 시대로 상상의 지평을 넓혀 한국 드라마의 영역을 새롭게 확장하려 한 의도는 알겠으나, '○○○○ ○'의 세계로 시청자가 진입하기는 쉽지 않다. 한 번도 접하지 못한 세계의 생경함에서 비롯한 신비로움보다 '대흑벽' 같은 진입 장벽이 가로막는 당혹스러움이 앞서기 때문이다.

① 익숙함　　　　　　② 생소함　　　　　　③ 어색함
④ 불편함　　　　　　⑤ 어려움

07 다음 빈칸에 공통으로 들어갈 단어로 적절한 것은?

> • 물신주의에 빠진 (　　　)이/가 탈속적 세계를 지향하는 인물의 비판을 통해 제시되고 있다.
> • 천변의 생활상에 주목하여 당시 서울의 (　　　)이/가 작품에 반영된 양상을 살펴본다.

① 도회(都會)　　　　② 세태(世態)　　　　③ 양옥(洋屋)
④ 조명등(照明燈)　　⑤ 인간소외(人間疎外)

08 단어의 뜻을 보고 빈칸에 들어갈 말을 차례대로 쓰시오.

> 민수: 나는 전쟁 영화가 좋아. 직접 전쟁을 경험해 본 적이 없는 나로서는 영화를 통해서나마 전쟁터의 그 절박한 (_____)을/를 생생하게 느낄 수 있거든.
> 　　　어떤 일이 이루어지고 있는 현장에서 느낄 수 있는 느낌.
> 영민: 그렇구나. 나는 찰리 채플린의 영화를 좋아해. 그의 「모던 타임즈」라는 영화를 보면 산업화 시대에 노동자들이 (_____)되는 모습을 잘 표현하고 있거든.
> 　　　어떤 무리에서 기피하여 따돌리거나 멀리함.

개념어를 알면 **답**이 보인다

09 ⓐ의 상황을 나타내는 말로 가장 적절한 것은?

> 나는 동사무소로 갔다. 행복동 주민들이 잔뜩 몰려들어 자기의 의견들을 큰 소리로 말하고 있었다. ⓐ들을 사람은 두셋밖에 안 되는데 수십 명이 거의 동시에 떠들어 대고 있었다.

▶ 선지에 쓰인 단어 중 뜻을 모르는 단어의 뜻을 찾아 적어 보자.

① 유구무언(有口無言)　　　② 일구이언(一口二言)
③ 중구난방(衆口難防)　　　④ 진퇴양난(進退兩難)
⑤ 횡설수설(橫說竪說)

■ 다음 글을 읽고 물음에 답하시오.

〈2014 수능〉

　나는 책을 도로 돌렸다. 건우는 마지못해 여기저길 뒤적거리다가 한 군데를 펴 주었다. 또박또박 깨알같이 박아 쓴 글씨였다. / ○○○ 여사는 어머니처럼 혼자 사시는 분이라 그런지 그분의 글에는 한결 감동되는 바가 있었다. 「내가 본 국도」 속의 한 구절 — 그래도 선거 때가 되면 소속 육지에서 똑딱선을 가지고 섬 백성을 모시러 오는 알뜰한 정당이 있어, 이들은 다만, 그 배로 실려 가서 실상 자기네 실생활과는 무연한 정치를 위하여 지정해 주는 기호 밑에 도장을 찍어 주고 그 배에 실려 돌아온다는 것입니다.

낯선 어휘의 뜻을 사전에서 찾아 적어 보자.

· 무연(無緣)하다: 아무런 인연이나 연고가 없다.

·

핵심어를 중심으로 문단의 내용을 요약해 보자.

핵심어 선거, 섬 백성, 육지, 지정, 기호
조마이섬 사람들은 선거 때가 되면 소속 육지에 가서 그들이 지정해 주는 기호에 투표를 하고 돌아왔다.

　건우 할아버지와 윤춘삼 씨가 들려준 조마이섬 이야기는 언젠가 건우가 써냈던 〈섬 얘기〉에 몇 가지 기막히는 일화가 붙은 것이었다.

　"우리 조마이섬 사람들은 지 땅이 없는 사람들이오. 와 처음부터 없기싸 없었겠소마는 죄다 뺏기고 말았지요. 옛적부터 이 고장 사람들이 젖줄같이 믿어 오던 낙동강 물이 맨들어 준 우리 조마이섬은 ……."

　건우 할아버지는 처음부터 개탄조로 나왔다. 선조로부터 물려 받은 땅, 자기들 것이라고 믿어 오던 땅이 자기들이 겨우 철 들락말락할 무렵에 별안간 왜놈의 동척 명의로 둔갑을 했더란 것이었다. / "이완용이란 놈이 '을사 보호 조약'이란 걸 맨들어 낸 뒤라 카더만!" / 윤춘삼 씨의 퉁방울 같은 눈에도 증오의 빛이 이글거리기 시작했다.

·

·

핵심어 젖줄, 낙동강, 동척, 증오

　1905년—을사년 겨울, 일본 군대의 포위 속에서 맺어진 '을사 보호 조약'이란 매국 조약을 계기로, 소위 '조선 토지 사업'이란 것이 전국적으로 실시되던 일, 그리고 이태 후인 정미년에 가서는 "한국 정부는 시정 개선에 관하여 통감의 지도를 수할 사"란 치욕적인 조목으로 시작된 '한일 신협약'에 따라, 더욱 그 사업을 강행하고 역둔토(驛屯土)의 대부분과 삼림원야(森林原野)들을 모조리 국유로 편입시키는 등 교묘한 구실과 방법으로써 농민으로부터 빼앗은 뒤, 다시 불하하는 형식으로 동척과 일인(日人) 수중에 옮겨 놓던 그 해괴망측한 처사들이 문득 내 머릿속에도 떠올랐다. / "쥑일 놈들." / 건우 할아버지는 그렇게 해서 다시 국회 의원, 다음은 하천 부지의 매립 허가를 얻은 유력자 …… 이런 식으로 소유자가 둔갑되어 간 사연들을 죽 들먹거리더니,

　"이 꼴이 되고 보니 선조 때부터 둑을 맨들고 물과 싸워 가며 살아온 우리들은 대관절 우찌 되는기요?"

　그의 꺽꺽한 목소리에는, 건우가 지각을 하고 꾸중을 듣던 날 "나릿배 통학생입더." 하던 때의, 그 무엇인가를 저주하듯한 감정이 꿈틀거리고 있는 것 같았다. ⓐ얼마나 그들의 땅에 대한 원한이 컸던가를 가히 짐작할 수가 있었다.

－ 김정한, 「모래톱 이야기」

핵심어 _____

·

·

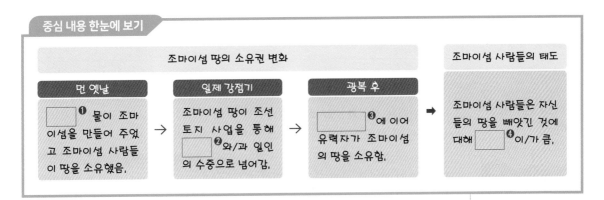

중심 내용 한눈에 보기

조마이섬 땅의 소유권 변화			조마이섬 사람들의 태도

먼 옛날

[　]❶ 물이 조마이섬을 만들어 주었고 조마이섬 사람들이 땅을 소유했음.

→

일제 강점기

조마이섬 땅이 조선 토지 사업을 통해 [　]❷와/과 일인의 수중으로 넘어감.

→

광복 후

[　]❸에 이어 유력자가 조마이섬의 땅을 소유함.

➡

조마이섬 사람들은 자신들의 땅을 빼앗긴 것에 대해 [　]❹이/가 큼.

〈2014 수능 37번〉

▶ 문제의 선지에 쓰인 단어 중 뜻을 모르는 것을 찾아 적어 보자.

01 〈보기〉를 참고하여 윗글을 감상한 내용으로 적절하지 <u>않은</u> 것은?

─〈 보기 〉─

「모래톱 이야기」에서 작가는 땅을 둘러싼 권력의 횡포를 비판하고 '뿌리 뽑힌 사람들'의 삶을 서술자와 등장인물을 통해 증언한다. 이 과정에서 등장인물들은 절망의 나락에 빠지지 않는 저항적 주체의 모습으로 형상화된다. 작가는 공동체의 고통에 대한 공감을 바탕으로 하여 부조리한 현실을 전달하고 증언하기 위해 서술자 '나'의 이야기를 창조하였다. 이는 작가의 적극적인 현실 참여 의식이 가미된 결과이다.

① 건우 할아버지와 윤춘삼의 이야기에 대한 '나'의 태도로 보아, '나'의 이야기는 조마이섬 사람들에 대한 공감을 담아낸 것임을 알 수 있어.

② 조마이섬 사람들에 대한 '나'의 이야기가 건우의 〈섬 얘기〉와 관련된 것으로 보아, 건우는 땅의 소유권이 바뀌어 온 현실을 증언하는 인물임을 알 수 있어.

③ 건우 할아버지와 윤춘삼의 이야기가 건우의 〈섬 얘기〉에 원천을 두고 있는 것으로 보아, '나'의 이야기는 건우를 저항적 주체들의 중심인물로 삼고 있음을 알 수 있어.

④ '나'의 이야기가 조마이섬과 관련된 몇 가지 기막힌 일화를 다루는 것으로 보아, '나'의 이야기는 현실의 이면에 감춰진 부조리한 실상을 증언하기 위한 것임을 알 수 있어.

⑤ 건우 할아버지의 이야기가 대대로 땅을 빼앗겨 온 조마이섬 사람들에 관한 것으로 보아, '나'의 이야기는 '뿌리 뽑힌 사람들'에 대한 권력의 횡포를 비판하는 것임을 알 수 있어.

〈2014 수능 38번〉

02 문맥상 @를 가장 잘 나타낸 것은?

① 각골통한(刻骨痛恨)　　　　② 노심초사(勞心焦思)

③ 전전반측(輾轉反側)　　　　④ 풍수지탄(風樹之嘆)

⑤ 후회막급(後悔莫及)

1970년대의 빛과 그림자

1970년대는 산업화 · 도시화가 작가들의 주요 관심사였습니다. 급속한 경제 성장에서 소외된 채 힘들게 살아가는 민중의 삶과, 전통적 가치관의 붕괴 속에서 혼란을 겪는 인물들의 모습을 통해 무엇이 중요한 가치인가를 반문하는 작품이 많이 창작되었지요. 급격한 도시 개발로 인해 살 곳을 잃어 판자촌에서 하루하루 버티는 가족 이야기를 다룬 조세희의 「난장이가 쏘아 올린 작은 공」(1976)에서는 산업화 · 도시화로 인해 삶의 터전을 빼앗기고 몰락해 가는 도시 빈민의 참상을 볼 수 있고, 이호철의 「큰 산」(1970)에서는 도시화로 인해 공동체보다는 개인의 이익을 중요시 여기는 도시 소시민의 이기적인 모습을 확인할 수 있어요.

'경제 개발 5개년 계획'은 우리 경제의 성장을 위해 정부가 주도하여 1962년부터 1980년대 초반까지 시행한 계획이에요. 이 시기에는 경공업을 육성하고 낮은 임금을 이용한 노동 집약적 산업을 발전시켜서 수출을 증대시키는 것에 초점을 맞추었어요. 또한 경부 고속 도로, 제철소를 건설하는 등 사회 간접 자본을 확충하는 데에도 노력을 기울였지요. 이후 대기업 중심으로 중화학 공업을 육성하며 신흥 공업국으로 급부상하게 되었답니다.

· 경부 고속 도로 건설 (1970)

· 새마을 운동

1970년에 시작된 지역 균형 개발의 일환으로 도시에 집중된 경제 개발 정책으로 인해 소외된 농촌을 살리고자 한 운동이다. '근면, 자조, 협동' 정신을 바탕으로 생활 환경의 개선과 소득 증대를 도모한 지역 사회 개발 운동이다.

빛		그림자
	경제 개발 5개년 계획 성장 위주의 경제 정책과 수출 주도형 성장 전략을 실행함.	
– 수출 증대 및 사회 간접 자본의 확충 – 국민 소득의 증가 – 아시아 신흥 공업국으로의 부상		– 빈부 격차의 심화 – 도시와 농촌의 격차 심화 – 환경 오염

■ 현대 소설에 그려진, 도시화로 인한 인물의 가치관의 변화 모습

그렇게 아내는 이미 그 고무신짝의 논리 속에 흠뻑 빠져 들어가고 있었다. 그리하여 어두울 무렵에 혼자 나갔을 것이다. 쓰레기통 속에서 희끄무레한 남자 고무신짝을 끄집어냈을 것이다. 골목길을 오르내리며 마땅해 보이는 장소를 물색했을 것이다. 그러다가 아무 집이건 담장 너머로 휙 던져 버렸을 것이다. 〈중략〉

"어마, 저게 뭐유?" / 헛간 쪽의 블록 담 밑을 꾸부정하게 들여다 보았다.

"뭔데?" / 나도 가슴이 철렁해지며 문득 열흘쯤 전의 그 일이 떠올라 그쪽으로 급하게 다가갔다. 동시에 좀 전의 그 환하던 겨울 아침은 대뜸 우리 둘 사이에서 음산한 분위기로 둔갑을 하고 있었다. / "고무신짝이에요, 또 그 고무신짝."

아내의 목소리는 완연히 떨리고 있었다.
　　　　　　　　　　　　　　　　　　　　　　　　　　　　　　 – 이호철, 「큰 산」

'말 한마디로 천 냥 빚을 갚는다', '가는 말이 고와야 오는 말이 곱다'와 같은 속담을 많이 들어 보았죠? 이러한 속담에는 말을 신중하게 해야 한다는 깊은 뜻이 담겨 있어요. 이와 같이 우리말에는 '말의 중요성, 말의 가치'를 강조하는 속담과 한자 성어가 많이 있답니다. '말'과 관련된 한자 성어를 함께 살펴보겠습니다.

■ 다음 한자 성어 중, 뜻을 알고 있는 것에 ✓표를 하시오.

☐ 언중유골   ☐ 촌철살인   ☐ 어불성설
☐ 중언부언   ☐ 감언이설

■ 다음 한자 성어의 의미를 알아볼까요?

한자 성어	의미 및 용례
언중유골 (말씀 言 + 가운데 中 + 있을 有 + 뼈 骨)	말 속에 뼈가 있다는 뜻으로, 예사로운 말 속에 단단한 속뜻이 들어 있음을 이르는 말. 예 아무렇지 않게 내뱉은 것처럼 보였지만 분명 언중유골이었다.
촌철살인 (마디 寸 + 쇠 鐵 + 죽일 殺 + 사람 人)	한 치의 쇠붙이로도 사람을 죽일 수 있다는 뜻으로, 간단한 말로도 남을 감동하게 하거나 남의 약점을 찌를 수 있음을 이르는 말. 예 그 사람은 촌철살인의 논평으로 유명하다.
어불성설 (말씀 語 + 아닐 不 + 이룰 成 + 말씀 說)	말이 조금도 사리에 맞지 아니함. 예 일하는 것은 가정을 위해서인데 가정이 파괴될 정도로 열심히 일한다면 이는 어불성설이 아닌가.
중언부언 (거듭할 重 + 말씀 言 + 다시 復 + 말씀 言)	이미 한 말을 자꾸 되풀이함. 예 그는 오늘 연설에서 평소와 다르게 중언부언하여 말의 요지를 찾을 수가 없었다.
감언이설 (달 甘 + 말씀 言 + 이로울 利 + 말씀 說)	귀가 솔깃하도록 남의 비위를 맞추거나 이로운 조건을 내세워 꾀는 말. 예 사기꾼의 감언이설에 속았다.

• '말'과 관련된 속담

말 많은 집은 장맛도 쓰다

• 집안에 잔말이 많으면 살림이 잘 안 된다는 의미임.
• 입으로는 그럴듯하게 말하지만 실상은 좋지 못하다는 의미임.

가루는 칠수록 고와지고 말은 할수록 거칠어진다

가루는 체에 칠수록 고와지지만 말은 길어질수록 거칠어지고 마침내는 말다툼까지 가게 된다는 말로, 말이 많음을 경계하라는 의미임.

➕ 다음 밑줄 친 말과 관련 있는 한자 성어를 쓰시오.

도현: 약속 시간에 왜 늦었니?
민영: 미안해. 학교에서 점심이 늦게 나와서…….
도현: 난 점심 먹을 시간도 없이 달려왔는데, 맛있었니?
민영: 음…… 너의 말 속에 뼈가 있는 것 같은데?

➕ 문제
🔑 언중유골(言中有骨)

01 다음 밑줄 친 단어와 바꿔 쓸 수 있는 말로 적절한 것은?

> 호박 심어 토실토실 떡잎 나더니
> 밤사이 덩굴 뻗어 사립문에 얽혔네
> 평생토록 수박을 심지 않는 것은
> 관노들이 시비 걸까 두려워서라네.
>
> — 정약용, 「농가(農家)」

① 시비(柴扉)　② 홍진(紅塵)　③ 고황(膏肓)　④ 실솔(蟋蟀)　⑤ 수막(繡幕)

02 다음 빈칸에 들어갈 단어로 가장 적절한 것은?

(1)
> 세사(世事)를 니젼 디 오라니 몸조차 니젼노라
> 백사(百事) 생애(生涯)는 일간죽(一竿竹)뿐이로다
> ☐☐☐는 나와 버디라 오명가명 ㅎㄴ다
>
> — 조우인, 「출새곡(出塞曲)」

① 풍치(風致)　② 속세(俗世)　③ 나위(羅幃)
④ 백구(白鷗)　⑤ 망혜(芒鞋)

(2)
> 천기 늠렬(天氣凜烈)ㅎ야 빙설(氷雪)이 싸혀시니
> 교원(郊園) 초목(草木)이 다 최절(摧折)ㅎ얏거늘
> 창밧씌 심근 매화(梅花) ☐☐☐을/를 머곰엇고
>
> — 신계영, 「월선헌십육경가(月先軒十六景歌)」

① 홍안(紅顏)　② 암향(暗香)　③ 앙금(鴦衾)
④ 경각(頃刻)　⑤ 탈속(脫俗)

03 다음 ㉠ ~ ㉢에 대한 설명으로 적절하지 않은 것은?

> ㉠강호(江湖)에 ㉡병이 깁퍼 죽림(竹林)의 누엇더니
> 관동(關東) 팔백 리(八百里)에 방면(方面)을 맛디시니
> 어와 ㉢성은(聖恩)이야 가디록 망극(罔極)ㅎ다
> 연추문(延秋門) 드리ᄃ라 경회 남문(慶會南門) ᄇ라보며
> 하직(下直)고 물너나니 옥절(玉節)이 알픠 셧다
>
> — 정철, 「관동별곡(關東別曲)」

① ㉠은 옛 사람들이 현실을 떠나 지냈던 자연을 의미한다.
② ㉠과 대조적인 공간을 나타내는 말로 '홍진(紅塵)'과 '속세(俗世)'가 있다.
③ ㉠에서 시인들이 자연을 벗 삼아 지은 시가들을 '강호가도(江湖歌道)'라고 한다.
④ ㉡이 자연을 몹시 사랑하는 병이라면 '천석고황(泉石膏肓)'이라고 할 수 있다.
⑤ ㉢은 '임금의 은혜'라는 뜻으로 비슷한 말로는 '공명(功名)'이 있다.

04 다음 ㉠~㉢에 들어가기에 적절한 단어끼리 묶인 것은?

- 술기운이 점점 올라 기생 노래 같은 ㉠ 을/를 놀잇배에다 가득 싣고 산보다 물이 훨씬 좋다.
- 오나라와 초나라 양국이 반역하여, 호주 북쪽 지방을 쳐서 항복을 받고 남관을 헤치고 황성을 침범한다고 하니, 경은 나아가 나라와 ㉡ 을/를 편안하게 지키도록 하라.
- 대성은 동해 용왕의 아들이 ㉢ 한 인물로, 어려서부터 비범함을 보이나 일찍 부모를 여의고 떠돌게 된다.

	㉠	㉡	㉢			㉠	㉡	㉢
①	망혜	백성	적강		②	풍류	조정	적강
③	망혜	백성	희롱		④	풍류	나위	희롱
⑤	망혜	조정	희롱					

05 다음 시조와 관련 있는 한자 성어로 적절한 것은?

어버이 살아신 제 섬길 일란 다 하여라
지나간 후면 애달프다 어이 하리
평생에 고쳐 못할 일이 이뿐인가 하노라
— 정철의 시조

① 맥수지탄(麥秀之嘆)　② 생사고락(生死苦樂)　③ 풍수지탄(風樹之嘆)
④ 간담상조(肝膽相照)　⑤ 곡학아세(曲學阿世)

06 문맥상 다음 빈칸에 들어갈 단어로 가장 적절한 것은?

선군은 적막한 주막방에 앉아 있노라니 마음이 산란하였다. 낭자가 옆에 있는 듯하되 보이는 듯 보이지 않고, 소리가 들리는 듯하되 귀를 기울이면 들리지 않았다. 바늘 밭에 앉은 것처럼 마음을 진정치 못하다가 마침내, 이경 끝에 (　　　) 초에 신발을 들메고 집에 돌아와 담을 넘어서 낭자의 방으로 들어갔다.
— 작자 미상, 「숙영낭자전」

① 삼경(三更)　② 빈천(貧賤)　③ 앙금(鴦衾)
④ 환곡(還穀)　⑤ 부역(賦役)

07 밑줄 친 단어의 뜻으로 적절하지 <u>않은</u> 것은?

① <u>대원수</u>와 중군장으로 출전하여 난을 평정한다. → 군대에서 제일 높은 계급.
② 지금은 <u>규중</u>에 머물러 있는 여자인지라 차마 불러낼 수 없도다. → 부녀자가 거처하는 곳.
③ 드디어 <u>주렴</u>을 걷고 궁노를 불러 채운을 잡아들이라 하였다. → 구슬 따위를 꿰어 만든 발.
④ 소저 선녀를 따라 이르니 웅장한 궁궐이 <u>반공</u>에 솟아 있었다. → 땅으로부터 그리 높지 아니한 허공.
⑤ 누이가 문밖에 출입이 없었고 <u>노복</u>들도 날마다 보지 못하였다. → 남의 집에 딸려 천한 일을 하던 계집.

08 다음 빈칸에 들어갈 적절한 말의 기호를 연결하시오.

㉠ 구복(口腹)이 원수로 콩 하나 먹으려다 저 차위에 덜컥 치었으니　•
　(　　　)없이 영이별하겠구나.

• ⓐ 희롱

㉡ 성덕을 본받고 악인을 (　　　)하며 물욕에 탐이 없고 주색에 무심하니　•
　마음이 이러하매 부귀를 바랄쏘냐?

• ⓑ 속절

㉢ 그는 지극히 공손하게 인사를 올렸지만, 그 말투는 어찌 보면 상대방을　•
　(　　　)하는 듯한 어투로 들렸다.

• ⓒ 저어

09 다음 단어와 그 단어가 쓰인 예문이 적절하지 <u>않은</u> 것은?

	단어	예문
①	규방(閨房)	천자가 깜짝 놀라 규방의 모든 신하와 의논했다.
②	군담(軍談)	군담 소설에서 전쟁은 주인공의 출중한 능력을 과시하는 기능을 한다.
③	서자(庶子)	조선 시대에는 불합리한 대우를 받았던 서자들의 불만이 이만저만이 아니었다.
④	행장(行裝)	소저의 행장을 펴 보니 한 자루 부채 있거늘 자세히 보니 과연 공주의 부채뿐이라.
⑤	배설(排設)	대연(大宴)을 배설하여 삼군으로 즐길새 장졸이 희열하여 승전고를 울리며 즐기더라

10 다음 밑줄 친 단어와 문맥상 의미가 가장 가까운 것은?

> 낭자 슬픈 중 춘정을 <u>이기지</u> 못하여 화계(花階)에 올라 춘색을 구경하고, 연당(蓮堂) 난간에 의지하여 부모와 최생을 생각하고 울울한 마음을 진정할 길이 없어 글을 지어 마음을 위로하고 잠깐 서안에서 졸더니

① 삼계탕을 먹는 것은 더위를 <u>이기는</u> 하나의 방법이다.
② 지수는 현기증을 느끼고 몸을 <u>이기지</u> 못한 채 쓰러졌다.
③ 운동회에서 우리 반이 다른 반들을 <u>이기고</u> 우승을 차지했다.
④ 그는 한 달 만에 동생을 잃은 슬픔을 <u>이기고</u> 마음을 다잡았다.
⑤ 어머니가 방망이로 빨래를 <u>이기는</u> 소리에 민준이는 잠에서 깼다.

11 다음 빈칸에 공통으로 들어갈 말로 적절한 것은?

> 꼭두각시: 이게 웬일이오? 여보 영감, 이게 웬일이요. 시속 인사(時俗人事)는 이러하오? 인사 두 번만 받으면 내 머리는 간다 봐라 하겠구나. 인사도 싫으니 [   ]을/를 나눠 주오.
> 표 생원: 괘씸스런 계집들은 불같은 욕심은 있구나. 나의 집은 해남 관머리요, 몸 지체는 한양 성중인데 무슨 [   ] 무슨 재물을 나눠 주니? 짚은 몽둥이로 한번 치면 다 죽으라라.
> – 작자 미상, 「꼭두각시 놀음」

① 식경(食頃)　　② 행화(杏花)　　③ 노역(勞役)　　④ 실솔(蟋蟀)　　⑤ 세간

12 다음 빈칸에 공통으로 들어갈 말과 그 뜻으로 적절한 것은?

> ㉠ 알려지지 않은 세계에 대한 (   )이/가 그를 탐험가로 만들었다.
> ㉡ 어린 시절부터 혼자 지낸 남자에게 가족과 함께 보내는 생일은 (   )의 대상이었다.
> ㉢ 민준이는 어릴 때, 아버지가 완벽한 사람인 것만 같아서 아버지에 대한 (   )이/가 컸다.
> ㉣ ┌ A: 기사를 보니 돈이 많다면 세계 여행을 가고 싶다는 사람들이 많더라.
> 　 └ B: 나도 그 기사 봤어. 누구나 여행에 대한 (   )을/를 가지고 있는 것 같아.

	단어	뜻
①	경외(敬畏)	어떤 대상을 두려워하며 우러러 봄.
②	경외(敬畏)	남의 인격, 사상, 행위 따위를 받들어 공경함.
③	동경(憧憬)	어떤 일을 당하여 감정, 충동 따위가 일어남.
④	동경(憧憬)	어떤 대상을 마음속으로 간절히 그리워하고 바람.
⑤	동경(憧憬)	원칙이나 신념을 굽히지 아니하고 끝까지 지켜 나가는 꿋꿋한 의지.

13 다음 밑줄 친 단어와 바꿔 쓸 말로 적절한 것은?

> 외국에 살면 음식이며 언어며 모든 것이 <u>낯설어</u> 적응하기가 어렵다.

① 묵중하여　　　　② 생경하여　　　　③ 저어하여
④ 촉발하여　　　　⑤ 환기하여

14 다음 한자 성어 중에서 밑줄 친 '구'의 뜻이 나머지 넷과 <u>다른</u> 것은?

① 삼순<u>구</u>식(三旬ㅇ食)　　② 유<u>구</u>무언(有ㅇ無言)　　③ 중<u>구</u>난방(衆ㅇ難防)
④ 일<u>구</u>이언(一ㅇ二言)　　⑤ <u>구</u>밀복검(ㅇ蜜腹劍)

15 다음 시에서 드러나는 화자의 태도로 적절한 것은?

> 산은 / 구강산 / 보랏빛 석산 //
> 산도화 / 두어 송이 / 송이 버는데 //
> 봄눈 녹아 흐르는 / 옥 같은 / 물에 //
> 사슴은 / 암사슴 / 발을 씻는다
>
> — 박목월, 「산도화(山桃花)」

① 비판적(批判的)　　　② 냉소적(冷笑的)　　　③ 관조적(觀照的)
④ 회의적(懷疑的)　　　⑤ 자조적(自嘲的)

16 다음 빈칸에 들어갈 말로 가장 적절한 것은?

> • 초가들은 모두 슬레이트나 기와지붕의 집들로 바뀌어 버려 내게는 자못 [　　　]한 인상을 주었다.
> • 상투 튼 머리에 갓을 쓰고 한복을 입은 그 남자의 모습은 마치 조선 시대에서 갓 튀어나온 것처럼 [　　　]하게 느껴졌다.
> • 그 부족의 언어를 처음 들었을 때는, 너무 [　　　]한 나머지 마치 외계어를 듣는 것 같은 기분이었다.

① 묵중(默重)　　② 생경(生硬)　　③ 무고(無故)　　④ 숭고(崇高)　　⑤ 생생

17 다음 ⓐ에 들어갈 말로 가장 적절한 것은?

> (가) 거울속의나는왼손잡이오
> 　　내악수(握手)를받을줄모르는—악수를모르는왼손잡이오
> 　　거울때문에나는거울속의나를만져보지를못하는구료마는
> 　　거울아니었던들내가어찌거울속의나를만나보기만이라도했겠소
> 　　　　　　　　　　　　　　　　　　　　　　　　— 이상, 「거울」
>
> (나) 거울은 대상의 모습을 그대로 비추어 준다는 특징을 갖고 있다. 이에 따라 화자가 자신의 내면을 들여다보며 살피는 (ⓐ)의 매개체로 나타나는 경우가 많다. (가)에서 화자는 거울을 통해 '거울속의나를만나보기'가 가능하다고 말함으로써 거울을 보는 행위가 (ⓐ)의 계기가 되었음을 알 수 있다.

① 갈망(渴望)　　② 경도(傾倒)　　③ 성찰(省察)　　④ 괴리(乖離)　　⑤ 수복(收復)

18 '나'는 무엇인지 이름을 쓰시오.

'나'는 '싸움을 치르는 장소'를 뜻합니다. 보통 전쟁이 이루어지는 장소라고 생각하면 됩니다. 다른 말로는 '전쟁터'라고 합니다.

'나'는 두 글자로 이루어져 있는데, 첫 번째 글자는 '싸움'을 의미하며 두 번째 글자는 '어떤 일이 행하여지는 곳'을 의미합니다.

19 다음 밑줄 친 말의 의미를 가진 단어를 쓰시오. (초성 힌트: ㅁㄹ)

> 소작제를 통한 토지 경영 방식은 지주가 직접 소작인을 관리하는 방법과 일정한 대리 감독인을 두어 간접적으로 관리하는 방법으로 나뉜다. 이때 후자의 대리 감독인은 <u>부재하는</u> 지주를 대리하여 추수기의 작황을 조사하고 소작인으로부터 직접 소작료를 거둬들여 지주에게 상납하는 일을 하였다.

20 다음 빈칸에 공통으로 들어갈 말로 적절한 것은?

> 어제까지 너희의 목숨을 겨눠
> 방아쇠를 당기던 우리의 그 손으로
> 썩어 문드러진 살덩이와 뼈를 추려
> 그래도 양지바른 두메를 골라
> 고이 파묻어 떼마저 입혔거니
> – 구상, 「초토의 시 8 – 적군 묘지 앞에서」

선생님: 이 시는 구상이 쓴 시로, 적군의 [   ] 앞에서 같은 민족으로서의 연민을 느끼는 모습이 나타나 있어요.
학생: 선생님, '[   ]'(이)라는 말의 뜻이 무엇인지 알려 주세요.
선생님: 이 시에서 '썩어 문드러진 살덩이와 뼈'는 '[   ]'을/를 의미한다고 볼 수 있어요.

① 무덤　　② 주검　　③ 전장　　④ 소외　　⑤ 부조리

21 다음 열쇠 말을 참고하여 오른쪽에 있는 표의 빈칸을 완성하시오.

[가로 열쇠]
2. 복되고 좋은 일이 일어날 듯하다.
5. 심장과 횡격막의 사이. 이 사이에 병이 생기면 낫기 어렵다고 함.
6. 사람이 많이 살고 상공업이 발달한 번화한 지역.
9. 어떤 대상을 공경하면서 두려워함.
10. 싸움을 치르는 장소.
11. 신선이 인간 세상에 내려오거나 사람으로 태어남.
13. 슬퍼하거나 가슴 아파하는 것.

[세로 열쇠]
1. 모든 것이 덧없음.
3. 양반과 양민 여성 사이에서 낳은 아들.
4. 아무런 잘못이나 허물이 없다.
7. 뉘우치고 한탄함.
8. 어떤 대상을 마음속으로 간절히 그리워하고 바람.
10. 기이하여 세상에 전할 만한 것.
12. (옛날에) 시인이나 정치인 등이 현실을 도피하여 살던 시골이나 자연.
14. 상처를 입은 자리에 남은 흔적.

1				10	
2	3				
				11	12
4		6	7		
5					
		8		13	14
		9			

III

독서(인문·사회·예술)

16강 인문 (1) – 동양 철학

17강 인문 (2) – 서양 철학

18강 인문 (3) – 논리학 · 역사학

19강 사회 (1) – 법률

20강 사회 (2) – 경제

21강 사회 (3) – 사회 일반

22강 예술 (1) – 음악·영화·사진

23강 예술 (2) – 미술·건축

24강 형성 평가

강구(講究)하다

강론할 講
궁구할 究

좋은 대책과 방법을 궁리하여 찾아내거나 좋은 대책을 세우다.

예 그는 정치의 기본은 백성들의 편에서 강구해야 한다는 입장을 취했다.

?️ 친절한 쌤 '궁구(窮究)하다'는 속속들이 파고들어 깊게 연구하는 것을 뜻해요. 그리고 뜻풀이에 쓰인 '궁리(窮理)하다'는 '사물의 이치를 깊이 연구하다'를 뜻해요.

고찰(考察)하다

생각할 考
살필 察

어떤 것을 깊이 생각하고 연구하다.

예 귀납의 위상이 격상되어 온 과정을 역사적으로 고찰하고 있다.

?️ 친절한 쌤 글의 설명 방식이나 논지 전개 방식을 묻는 문제의 선지에서 종종 볼 수 있는 단어입니다. 쉬운 우리말로 바꿔 쓴다면 '살펴보다' 정도가 좋겠군요.
종종 혼동하는 '통찰(洞察)하다'는 '예리한 관찰력으로 사물을 꿰뚫어 보다'를 뜻합니다.

관조(觀照)하다

볼 觀
비출 照

고요한 마음으로 사물이나 현상을 관찰하거나 비추어 보다.

예 부정적 현실에 대해 거리를 두어 관조하는 태도를 취하고 있다.

?️ 친절한 쌤 이 단어는 인문 영역 지문뿐만 아니라 문학 영역 문제에서도 자주 볼 수 있습니다. 어떤 대상의 진면모를 발견하기 위해 때로는 그 대상을 찬찬히 관찰하고 생각할 필요가 있겠죠? '관조'와 헷갈릴 수 있는 단어로 '관망(觀望)'이 있는데, 이 말은 '한발 물러나서 어떤 일이 되어 가는 형편을 바라봄'을 뜻합니다.

규명(糾明)하다

조사할 糾
밝을 明

어떤 사실을 자세히 따져서 바로 밝히다

예 정약용의 인간관과 세계관을 살펴봄으로써 한국 유학의 흐름 속에서 그의 위치를 규명하고자 한다.

?️ 친절한 쌤 '명(明)'이 '밝다', '밝히다'를 뜻한다는 것을 알고 있다면 풀이에 도움이 될 만한 단어들을 좀 더 알아볼까요?

참고 어휘 '명(明)'이 들어간 주요 단어

구명(究明)	사물의 본질, 원인 따위를 깊이 연구하여 밝힘. 예 원리를 구명하는 데 평생을 바쳤다.
소명(疏明)	까닭이나 이유를 밝혀 설명함. 예 충분한 소명의 기회를 주었다.
판명(判明)	어떤 사실을 판단하여 명백하게 밝힘. 예 진위 여부를 판명하기 어렵다.
해명(解明)	까닭이나 내용을 풀어서 밝힘. 예 그들은 책임자의 해명을 요구했다.

기인(起因)하다

만날 起
붙을 因

어떠한 것에 원인을 두다.

예 그의 가르침은 참·거짓의 이분법적 구분에 대한 '회의와 부정'에서 기인한 것이다.

?️ 친절한 쌤 'A가 B에 기인하다.'라는 문장이 나올 경우, A가 결과, B가 원인에 해당합니다. 이와 유사한 말로 '연유(緣由)하다'가 있으며, 우리말로 바꿔 쓴다면 '말미암다'가 적절합니다.

담론(談論)

말씀 談
논의할 論

이야기를 주고받으며 논의함.

예 실천 없는 담론만으로는 어떠한 문제도 해결할 수 없다.

담론 → 여론
공감
공유, 확산

?️ 친절한 쌤 개인과 개인이 주고받는 담론이 사회 구성원의 공감을 얻어 공유되고 확산되면 '**사회적 담론**'을 형성합니다. 이때 쓰이는 단어가 '**여론(輿論)**' 또는 '**공론(公論)**'인데, 이들은 어떤 주제에 대한 사회 구성원들의 공통된 의견을 뜻합니다.

사유(思惟)

생각할 思
생각할 惟

❶ 대상을 두루 생각하는 일.
❷ 개념, 구성, 판단, 추리 따위를 행하는 인간의 이성 작용.
예 물질은 공간을 차지하는 특징을 갖는 반면 정신은 사유라는 특징을 갖는다.

친절한 샘 일반적으로 많이 접하는 '사유'는 일의 까닭을 뜻하는 '**사유(事由)**'죠? 문맥을 통해 '사유'가 어떤 의미로 쓰였는지 파악하는 능력이 필요하겠군요.

금동반가**사유**상

이기론(理氣論)

이치 理
기운 氣
논의할 論

이(理)와 기(氣)의 원리를 통해서 우주 속에 존재하고 있는 모든 현상을 설명하는 성리학의 이론.
예 성리학은 이기론에 바탕을 둔 세계관을 통해 도덕적 삶의 방향을 제시한다.

친절한 샘 배경지식을 넓히는 차원에서 간략하게 알아보죠. '**이(理)**'는 인간을 포함한 만물에 내재된 보편적인 이치나 원리를, '**기(氣)**'는 만물을 구성하는 요소이며 만물 간에 차이를 갖게 하죠. 둘 중 무엇을 더 중시하느냐에 따라 '**주리론(主理論)**'과 '**주기론(主氣論)**'으로 나뉩니다.

주관(主管)하다

주인 主
다스릴 管

어떤 일을 책임을 지고 맡아 관리하다.
예 이익은 몸의 운동은 뇌가, 지각 활동은 심장이 주관한다고 생각하였다.

친절한 샘 어떤 행사를 알리는 포스터에 보면 '주관', '주최' 등의 말이 적혀 있는데, 도대체 어떤 차이가 있는지 궁금할 때가 있죠? '**주최(主催)**'는 행사나 모임을 기획하여 여는 것을 뜻하고, '주관'은 그 일을 맡아 진행하는 것을 뜻합니다.

통념(通念)

통할 通
생각할 念

일반적으로 널리 통하는 개념.
예 그의 주장은 일반인들의 통념과 충돌한다.

친절한 샘 뜻풀이를 보는 순간 '**상식(常識)**'이라는 단어가 떠올랐을 거예요. 사람들이 보통 알고 있거나 알아야 하는 지식을 상식이라고 합니다.
'통념'은 '~ 주장이 사회적 통념과 충돌하다', '작품에 대한 해석이 통념에서 벗어나다', '대상에 대한 통념에서 벗어나다' 등과 같이 문제의 선지에 자주 쓰이는 만큼 반드시 알아 두어야 할 단어입니다.

어휘 더하기

정답과 해설 28쪽

[다의어] 벗어나다 「동사」

❶ 공간적 범위나 경계 밖으로 빠져나오다.
예 터널에서 벗어나자, 기차는 기적 소리를 울렸다.

❷ 어떤 힘이나 영향 밖으로 빠져나오다.
예 기존의 관행에서 벗어날 필요가 있다.

❸ 구속이나 장애로부터 자유로워지다.
예 시험의 압박에서 벗어나 실컷 놀자.

❹ 어려운 일이나 처지에서 헤어나다.
예 그는 가난에서 벗어나기 위해 열심히 일했다.

❺ 맡은 일에서 놓여나다.
예 그는 모처럼 바쁜 일과에서 벗어나 여행을 떠났다.

'벗어나다'는 이밖에도 더 많은 주변적 의미를 지니고 있는 단어입니다. 문맥상 의미가 유사한 것을 찾으라는 문제가 나온다면 '무엇으로부터' 벗어난 것인지를 따져 보면 정답을 찾기가 수월해질 거예요. 연습해 볼까요?

⊙ 문맥상 의미가 ⓐ와 가장 가까운 것은?

> 병이 빨리 나아 이 고통 속에서 ⓐ벗어나고 싶어.

① 오늘만큼은 공부에서 벗어나고 싶어.
② 그의 말은 상식에서 벗어난 것이었다.
③ 복잡한 도시에서 벗어나 바닷가에 가자.
④ 그는 아직도 곤경에서 벗어나지 못했다.
⑤ 그는 끝내 그 조직에서 벗어나지 못했다.

01 맥락을 고려할 때, 괄호 안에 들어갈 가장 적절한 단어를 찾아 ○표 하시오.

(1) 최근 한국학 분야에서 실학에 대한 새로운 논의와 (담론 / 담소 / 담합)이/가 형성되고 있음은 매우 고무적인 일이다.

(2) 성리학에서는 내면에 대한 (관조 / 관망 / 관측)을/를 통해 경건한 마음의 상태를 유지하여 악으로 흐를 수 있는 기(氣)를 통제하고자 하였다.

02 문맥상 밑줄 친 단어의 쓰임이 적절하지 <u>않은</u> 것은?

① 오랜 재판 끝에 그는 무죄로 <u>판명</u>되어 누명을 벗을 수 있었다.

② 암의 원인을 <u>구명</u>하기 위해 많은 의사와 연구자들이 힘쓰고 있다.

③ 담당 직원은 사람들에게 이번 사건에 대한 회사의 입장을 <u>해명</u>했다.

④ 그는 언제나 잘못을 저지른 후에 궁색한 <u>규명</u>을 하고 남 핑계만 댄다.

⑤ 국어 선생님은 우리의 행위에 대해서 충분히 <u>소명</u>할 기회를 주셨다.

03 다음 빈칸에 공통으로 들어갈 단어로 가장 적절한 것은?

> ㄱ. 발표자는 사회적인 [   ]을/를 비판하며 문제 상황을 드러내고 있다.
> ㄴ. 이 수필은 소재에 대한 일상적인 [   ]에서 벗어나 새로운 의미를 찾아내고 있다.
> ㄷ. 글쓴이는 다양한 해석을 근거로 들어 작품에 대한 사람들의 [   ]적인 이해를 비판하고 있다.

① 상념(想念)　　　　　② 통념(通念)　　　　　③ 개념(槪念)

④ 속설(俗說)　　　　　⑤ 인식(認識)

04 문맥상 ㉠~㉢에 들어가기에 적절한 단어를 순서대로 나열한 것은?

> 율곡은 수기(修己)를 위한 수양론과 치인(治人)을 위한 경세론을 전개하는데, 그 바탕은 만물을 '이(理)'와 '기(氣)'로 설명하는 [㉠]이다. 존재론의 측면에서 율곡은 '[㉡]'을/를 형체도 없고 시간과 공간의 제약을 받지 않고 존재하는 만물의 법칙이자 원리로 보고, '[㉢]'을/를 시간적인 선후와 공간적인 시작과 끝을 가지면서 끊임없이 변화하며 작동하는 물질적 요소로 본다.

	㉠	㉡	㉢		㉠	㉡	㉢
①	이기론(理氣論)	이(理)	기(氣)	②	이기론(理氣論)	기(氣)	이(理)
③	주리론(主理論)	이(理)	기(氣)	④	주리론(主理論)	기(氣)	이(理)
⑤	주기론(主氣論)	이(理)	기(氣)				

05 밑줄 친 말과 바꾸어 쓸 수 있는 단어로 가장 적절한 것은?

(1)
> 이 책에서는 인간 의식의 구조를 깊이 생각하고 연구하면서 마음의 철학도 탐구하고 있다.

① 강구하면서   ② 고찰하면서   ③ 주관하면서
④ 관찰하면서   ⑤ 고증하면서

(2)
> 우리 상법에 규정되어 있는 고지 의무는 보험사와 보험 가입자 간의 정보 비대칭성에서 말미암은 문제를 줄일 수 있는 법적 장치이다.

① 도입하는   ② 유인하는   ③ 발발하는
④ 초래하는   ⑤ 기인하는

06 밑줄 친 단어 중 그 의미가 나머지와 다른 하나는?

① 너 스스로의 사유를 통해 진리를 깨칠 수 있어야 한다.
② 합당한 사유 없이 지각을 할 경우에는 벌점을 받게 된다.
③ 그의 죽음은 우리에게 삶과 죽음에 대해 사유할 기회를 주었다.
④ 노승은 매일 아침마다 불경을 읽으며 부처의 가르침을 사유했다.
⑤ 생태학적 설명은 인간의 이성적 사유 능력에 따른 선택 과정에 좀 더 주목한다.

실전 어휘를 알면 답이 보인다   〈2016 6월 평가원 B형 20번 변형〉

07 문맥상 의미가 ㉠과 바꿔 쓰기에 가장 적절한 것은?

> 편협한 자아를 잊었다는 것은 편견과 아집의 상태에서 ㉠벗어나 세계와 자유롭게 소통하는 합일의 경지에 도달할 수 있음을 의미한다.

▶ 지문에 쓰인 단어 중 뜻을 모르는 단어의 뜻을 찾아 적어 보자.

① 해소(解消)되어   ② 감면(減免)되어
③ 탈피(脫皮)하여   ④ 도피(逃避)하여
⑤ 탈출(脫出)하여

■ 다음 글을 읽고 물음에 답하시오.   〈2019 6월 평가원〉

최한기의 인체관을 함축하는 개념 중 하나는 '몸기계'였다. 그는 이 개념을 본격적으로 사용하기에 앞서 인체를 형체와 내부 장기로 구성된 일종의 기계로 파악하고 있었다. 이러한 생각은 『전체신론(全體新論)』 등 홉슨의 저서를 접한 후 더 분명해져서 인체를 복잡한 장치와 그 작동으로 이루어진 몸기계로 형상화하면서도, 인체가 외부 동력에 의한 기계적 인과 관계에 지배되는 것이 아니라 그 자체가 생명력을 가지고 자발적인 운동을 한다고 보았다. 이는 인체를 '신기(神氣)'와 ㉠결부하여 이해한 결과였다. 기계적 운동의 인과 관계를 설명하려면 원인을 찾는 과정이 꼬리에 꼬리를 물고 이어지게 된다. 따라서 이러한 무한 소급을 끝맺으려면 운동의 최초 원인을 상정해야만 한다. 이 문제를 해결하기 위해 의료 선교사인 홉슨은 창조주와 같은 질적으로 다른 존재를 상정하였다. 기독교적 세계관을 부정했던 최한기는 인체를 구성하는 신기를 신체 운동의 원인으로 규정하여 이 문제를 해결하려 하였다.

낯선 어휘의 뜻을 사전에서 찾아 적어 보자.

• 형체: 물건의 생김새나 그 바탕이 되는 몸체.

•

핵심어를 중심으로 문단의 내용을 요약해 보자.

핵심어 **최한기의 인체관**
최한기는 인체를 몸기계로 파악하였으며, 신기를 신체 운동의 원인으로 규정하였다.

최한기는 『전체신론』에 ㉡수록된, 뇌로부터 온몸에 뻗어 있는 신경계 그림을 접하고, 신체 운동을 주관하는 뇌의 역할과 중요성을 인정하였다. 하지만 뇌가 운동뿐만 아니라 지각을 주관한다는 홉슨의 뇌주지각설(腦主知覺說)에 관심을 기울이면서도, 뇌주지각설은 완전한 체계를 이루기에 불충분하다고 보았다. 뇌가 지각을 주관하는 과정을 창조주의 섭리로 보고 지각 작용과 기독교적 영혼 사이의 연관성을 ㉢부각하려 한 『전체신론』의 견해를 부정하고, 대신 '심'이 지각 운용을 주관한다는 심주지각설(心主知覺說)이 더 유용하다고 주장하였다.

• 주관하다:

•

핵심어 뇌주지각설, (   )

그러나 종래의 심주지각설을 그대로 ㉣수용한 것은 아니었다. 기존의 심주지각설이 '심'을 심장으로 보았던 것과 달리 그는 신기의 '심'으로 파악하였다. 그에 따르면, 신기는 신체와 함께 ㉤생성되고 소멸되는 것으로, 뇌나 심장 같은 인체 기관이 아니라 몸을 구성하면서 형체가 없이 몸속을 두루 돌아다니는 것이다. 신기는 유동적인 성질을 지녔는데 그 중심이 '심'이다. 신기는 상황에 따라 인체의 특정 부분에 더 높은 밀도로 몰린다. 그래서 특수한 경우에는 다른 곳으로 중심이 이동하는데, 신기가 균형을 이루어야 생명 활동과 지각이 제대로 이루어질 수 있다. 그는 경험 이전에 아무런 지각 내용을 내포하지 않고 있는 신기가 감각 기관을 통한 지각 활동에 의해 외부 세계의 정보를 받아들여 기억으로 저장한다고 파악하였다. 신기는 한 몸을 주관하며 그 자체가 하나로 통합되어 있기 때문에 감각을 통합할 수 있으며, 지각 내용의 종합과 확장, 곧 스스로의 사유를 통해 지각 내용을 조정하고, 그러한 작용에 적응하여 온갖 세계의 변화에 대응할 수 있다고 보았다.

•

•

핵심어 _____

〈최한기의 인체관〉

• 인체 = 형체와 내부 장기로 구성된 일종의 기계
  = [   ]❶

• 외부 동력 아닌 그 자체의 생명력으로 자발적 운동을 함.
  ┌ 홉슨: 창조주와 같은 질적으로 다른 존재를 상정함.
  └ 최한기: 인체를 구성하는 신기를 운동의 원인으로 규정함.

홉슨의 뇌주지각설	뇌가 운동과 지각을 주관함.
최한기의 [ ]❷	심(心)이 지각 운용을 주관함.

〈신기(神氣)의 개념과 특성〉

개념	- 신체와 함께 생성되고 소멸되는 것. - 몸을 구성하면서 형체가 없이 몸속을 두루 돌아다니는 것.
특성	- 감각 기관을 통한 지각 활동에 의해 외부의 세계의 정보를 받아들여 기억으로 저장함. - [ ]❸을/를 통해 지각 내용을 조정하고 세계 변화에 대응함.

〈2019 6월 평가원 17번 변형〉

01 윗글에 대한 이해로 적절하지 <u>않은</u> 것은?

① 홉슨의 『전체신론』은 기계론적 의학 이론에 관한 내용을 담고 있다.
② 홉슨은 신체의 동작뿐만 아니라 지각도 뇌가 주관한다는 견해를 보였다.
③ 최한기는 홉슨의 저서를 접하기 전부터 인체를 일종의 기계로 파악하였다.
④ 홉슨과 달리 최한기는 인체가 자체의 생명력으로 자발적 운동을 한다고 보았다.
⑤ 『전체신론』에는 기독교적인 세계관이 투영된 서양 의학 이론이 포함되어 있었다.

▶ 문제에 쓰인 단어 중 이해하기 어려운 단어의 뜻을 사전에서 찾아 적어 보자.

〈2019 6월 평가원 19번〉

02 〈보기〉는 인체에 관한 조선 시대 학자들의 견해이다. 윗글에 제시된 '최한기'의 견해와 부합하는 것을 〈보기〉에서 고른 것은?

─〈 보기 〉─

ㄱ. 심장은 오장(五臟)의 하나이지만 한 몸의 군주가 되어 지각이 거기에서 나온다.
ㄴ. 귀에 쏠린 신기가 눈에 쏠린 신기와 통하여, 보고 들음을 합하여 하나로 만들 수 있다.
ㄷ. 인간의 신기는 온몸의 기관이 갖추어짐에 따라 생기고, 지각 작용에 익숙해져 변화에 대응하는 것이다.
ㄹ. 신기는 대소(大小)로 구분되어 있는 것이니, 한 몸에 퍼지는 신기가 있고 심장에서 운용하는 신기가 있다.

① ㄱ, ㄴ   ② ㄱ, ㄷ   ③ ㄴ, ㄷ   ④ ㄴ, ㄹ   ⑤ ㄷ, ㄹ

〈2019 6월 평가원 21번 변형〉

03 문맥상 ㉠~㉤과 바꿔 쓰기에 적절하지 <u>않은</u> 것은?

① ㉠: 따로 나누어   ② ㉡: 실린   ③ ㉢: 두드러지게 하려
④ ㉣: 받아들인   ⑤ ㉤: 생겨나고

색안경을 벗어 버리고

우리가 낯선 상황, 낯선 사람을 마주할 때에는 상당히 부담을 느끼지만 나와 다른 누군가, 즉 타자를 인식하는 경험은 삶을 살아가는 데 있어서 매우 중요해요. 그래서 중국 춘추 전국 시대의 철학자 장자는 "마음으로 하여금 타자를 자신의 수레로 삼아 그것과 노닐 수 있도록 해야 한다."라는 말을 남기기도 하였지요. 그만큼 다른 사람과의 소통이 중요하다는 것을 의미합니다.

> 제가 당신과 논쟁을 했다고 합시다. 당신이 저를 이기고 제가 당신을 이기지 못한다면, 당신은 정말 옳고 저는 정말 그른 것일까요? 반대로 제가 당신을 이기고 당신이 저를 이기지 못한다면, 저는 정말 옳고 당신은 정말 그른 것일까요? 또 한쪽이 옳으면 다른 한쪽은 반드시 그른 것일까요? 아니면 두 쪽이 모두 옳거나 두 쪽이 모두 그른 경우는 없을까요? 당신이나 저 모두 알 수가 없다면, 이 논쟁을 듣고 있는 다른 사람도 헷갈릴 것입니다. 그렇다면 누구에게 부탁해서 이런 당혹스런 사태를 판정해 달라고 할 수 있을까요?
> – 전호근, 「장자 강의」(「제물론」)

인간은 자신이 경험한 영역 안에서만 세상을 바라보려는 경향이 있습니다. 한번 정립된 생각은 쉽게 바뀌지 않고, 이전 생각은 편견이 되어 대상의 본질을 파악하는 데 장애가 되지요. 윗글에서 던지는 물음은 자신의 생각이 옳다는 믿음에서 벗어나 열린 자세로 대상의 본질을 파악하려는 태도가 중요하다는 의미를 함축하고 있어요. 즉, 다른 사람과의 생각의 차이를 인정하고 다양한 각도에서 사고할 줄 아는 자세가 필요한 것이지요.

차이(差異)의 사전적 의미는 '서로 같지 아니하고 다름. 또는 그런 정도나 상태'예요. 인간은 경험과 처한 환경이 다르기 때문에 본질적으로 생각의 차이를 가집니다. 우리는 자신만의 좁은 경험의 틀에서 벗어나 이러한 차이를 인정하고 이해하는 태도를 지녀야겠지요. 그러기 위해서는 나와 다른 생각을 가진 타자와 소통하는 경험이 중요하답니다. 이러한 차이가 차별의 근거가 되어서는 곤란해요.

차별(差別)은 '둘 이상의 대상을 각각 등급이나 수준 따위의 차이를 두어서 구별함'을 뜻해요. 결국 차이로 차별을 하는 태도는 자신만의 틀에서 벗어나지 못한 용졸한 모습이지요. 이와 같은 생각은 조선 실학자 박지원의 글에서도 확인할 수 있어요.

> 까마귀는 모든 새가 다 검다고 생각하고, 백로는 다른 새가 하얗지 않은 것을 이상하게 여기는구나. 흰 새와 검은 새가 제각각 옳다고 우기면 하늘도 그 송사에 싫증을 느끼겠구나. 사람은 모두 두 눈이 있지만 한 눈을 감아도 잘 보인다. 어찌 꼭 두 눈이라서야 밝게 본다고 말하겠는가. 한 눈밖에 없는 사람들이 사는 나라도 있다고 하네.
> – 박지원, 「발승암기(髮僧菴記)」

까마귀, 백로와 같이 자신을 기준으로 타인을 평가하고 이상하게 여기는 사람이야말로 차이를 근거로 차별을 하는 어리석은 사람이라고 할 수 있겠지요.

• 감각 기관이 지니는 인식의 한계

견문이 좁은 사람은 해오라기를 가지고 까마귀를 비웃고 물오리를 들어 학의 자태를 위태롭게 여긴다. 그 사물 자체는 전혀 괴이하다 생각하지 않는데 자기 혼자 성을 내어 꾸짖으며 한 가지라도 제 소견과 다르면 천하 만물을 다 부정하려고 덤벼든다. 아아! 저 까마귀를 보자. 그 날개보다 더 검은 색깔도 없는 것이 사실이지만 햇빛이 언뜻 흐릿하게 비치면 옅은 황금빛이 돌고, 다시 햇빛이 빛나면 연한 녹색으로도 되며, 햇빛에 비추어 보면 자줏빛으로 솟구치기도 하고, 눈이 아물아물해지면서는 비취색으로 변하기도 한다.
– 박지원, 「능양시집서」

➡ 이 글은 '까마귀는 검다'라는 인습적 사고를 가지고 바라보면 대상의 참모습을 인식할 수 없음을 말하고 있다.

• 차이로 인한 부당한 차별

2002년 국가 인권 위원회에서는 "살색은 특정 색깔의 피부를 가진 인종의 사람에 대해서만 사실과 부합하는 색명이어서 차별의 소지가 있다."라고 판단하여 지금은 '살구색'으로 명칭을 바꾸게 되었다.

'항(航)'은 '배'를 뜻하기도 하지만 '~을 건너다'는 의미도 있답니다. 신문이나 뉴스를 보다 보면 '항' 자가 들어간 표현들을 종종 볼 수 있어요. 특히 '순항', '난항'과 같은 표현은 한자어의 뜻풀이 그대로 사용되는 것에서 나아가 비유적인 의미로도 많이 쓰인답니다. 어떤 단어들이 있는지 한번 살펴보겠습니다.

■ 다음 단어 중, 뜻을 알고 있는 것에 ✓표를 하시오.

☐ 순항   ☐ 난항   ☐ 기항   ☐ 항운   ☐ 항해

■ 다음 단어의 의미를 알아볼까요?

단어	의미
순항 (순할 順 + 배 航)	• 순조롭게 항행함. 또는 그런 항행. 　예 폭풍은 지나고 순항만 남았다. • 일 따위가 순조롭게 진행됨을 비유적으로 이르는 말. 　예 이번 협상은 일단 순항이 예상된다.
난항 (어려울 難 + 배 航)	• 폭풍우와 같은 나쁜 조건으로 배나 항공기가 몹시 어렵게 항행함. 　예 악천후로 난항이 예상된다. • 여러 가지 장애 때문에 일이 순조롭게 진행되지 않음을 비유적으로 이르는 말. 　예 상대측의 비협조적인 태도로 인해 이번 계약은 난항을 겪었다.
기항(寄航 / 寄港) (도달할 寄 + 배 航) (도달할 寄 + 항구 港)	• 기항(寄航): 비행기가 비행 중에 목적지가 아닌 공항에 잠시 들름. 　예 비행기가 한국에 기항하기 때문에 한국 공항 주위의 호텔을 숙소로 예약했다. • 기항(寄港): 배가 항해 중에 목적지가 아닌 항구에 잠시 들름. 　예 우리가 승선한 배가 최초로 기항한 곳은 작은 섬이었다.
항운 (배 航 + 옮길 運)	화물을 배로 실어 나름. 　예 이곳은 우리나라 항운의 요지로 평가받는다.
항해 (배 航 + 바다 海)	• 배를 타고 바다 위를 다님. 　예 그는 보름 간의 항해를 마치고 돌아왔다. • 어떤 목표를 향하여 나아감. 또는 그런 과정을 비유적으로 이르는 말. 　예 한 달에 4kg 감량이 목표라니 복잡한 항해가 예상되는군.

➕ 다음 상황에 맞는 비유적 표현을 빈칸에 쓰시오.

아버지께 물려받은 의미 있는 시계예요. 꼭 고쳐서 사용해야 해요.

이 부품은 현재 단종되었고, 게다가 부속품에 물이 들어간 상태라…… 이렇게 어려운 상황이라면 시계 수리에 (❶)이/가 예상되는군.

• 황동규, 「기항지 1」

걸어서 항구(港口)에
도착했다.
길게 부는 한지(寒地)
의 바람
바다 앞의 집들을 흔들고
긴 눈 내릴 듯
낮게 낮게 비치는 불빛
지전(紙錢)에 그려진
반듯한 그림을
주머니에 구겨 넣고
반쯤 탄 담배를 그림자
처럼 꺼 버리고
조용한 마음으로
배 있는 데로 내려간다.
정박 중의 어두운 용골
(龍骨)들이
모두 고개를 들고
항구의 안을 들여다보
고 있었다.
어두운 하늘에는 수삼
개(數三個)의 눈송이
하늘의 새들이 따르고
있었다.
　　－ 황동규, 「기항지 1」

➡ 이 작품은 여행지에서 항구의 밤 풍경을 보며 느끼는 화자의 쓸쓸한 심정을 그리고 있다.

➕문제 •────
답 ❶ 난항(難航)

교조적(敎條的)

가르칠 **敎**
길, 도리 **條**
과녁 **的**

역사적 환경이나 구체적 현실과 관계없이 어떠한 상황에서도 절대로 변하지 않는 진리인 듯 믿고 따르는 것.

例 그는 교조적인 성향 때문에 자신의 이론에 대한 비판을 거부했다.

? 친절한 샘 특정한 사상을 절대적인 것으로 받아들여 현실을 무시하고 이를 기계적으로 적용하려는 태도를 '**교조주의(敎條主義)**'라고 해요.

단초(端初)

실마리 **端**
처음 **初**

일이나 사건을 풀어 나갈 수 있는 첫머리.

例 플라톤 철학의 단초는 한 질서에 대한 놀람에서 시작되었다.

사건 해결
단초

? 친절한 샘 이와 유사한 말로 '**단서(端緒)**'가 있습니다. 두 단어 모두 우리말로 바꿔 쓴다면 '**실마리**'가 되겠군요.

메타

meta-

'더 높은', '초월한', '~에 대한'의 뜻을 나타냄.

例 규범 윤리학에서 사용하는 개념과 원칙에 대해 다루는 것은 메타 윤리학이다.

? 친절한 샘 글을 읽어 나가다가 '메타'라는 말이 결합된 말을 볼 때마다 멈칫하는 친구들이 많은 것 같아요. 그래서 주로 한자어가 차지한 이 교재에 드물게 영어 접두사를 실었습니다. '메타'라는 말이 붙어 있으면 위의 뜻풀이처럼 해석하면 됩니다.

예를 들어 '**메타 과학**'은 과학 그 자체를 연구하거나 설명하는 과학, '**메타 지식**'은 지식의 통제와 사용에 대한 지식이라고 보면 됩니다. 이승우의 소설 「미궁에 대한 추측」을 '**메타 소설**'이라고 하는데, 이 소설은 가상의 작가 장 델뤽의 소설 「미궁에 대한 추측」을 소개하는 번역자('나')의 서문 형식으로 되어 있어요. 소설 창작에 대한 소설이기 때문에 '메타 소설'이라고 하는 것이죠.

선험적(先驗的)

앞 **先**
경험할 **驗**
과녁 **的**

경험에 앞서서 인식의 주관적 형식이 인간에게 있다고 주장하는 것.

例 그는 윤리 의식이 경험에 의한 것이 아니라 선험적으로 주어진 것이라고 주장한다.

? 친절한 샘 우리는 주로 직접적이든 간접적이든 경험을 통해 앎의 폭을 넓혀 가죠. 이렇듯 경험에 기초하는 것은 '**경험적(經驗的)**'이라고 합니다.

'선험적'은 이와 달리 대상에 대한 인식이 경험해 보지 않더라도 선천적으로 가능함을 밝히려는 인식론적 태도를 말합니다. 철학에서 '**선천적(先天的)**'은 인식이나 개념이 경험에 의존하지 않고 그것에 논리적으로 앞선 것으로서 부여된 것을 뜻하는 말로 쓰입니다.

역설(力說)하다

힘 **力**
말씀 **說**

자기의 뜻을 힘주어 말하다.

例 스피노자는 우리가 선을 위하여 의식적으로 노력하지 않을 이유는 없다고 역설하였다.

? 친절한 샘 한자의 뜻만 안다면 그 의미를 쉽게 알 수 있는 단어죠? 힘을 팍팍 주면서 강조하여 말하는 것을 '역설(力說)'이라고 합니다. 한자가 다른 '**역설(逆說)**'은 "죽고자 하면 살 것이다."와 같이 겉으로는 모순을 일으키지만 그 속에 중요한 진리가 함축되어 있는 것으로 간주하는 것을 말하는데, 78쪽에서 공부했었죠?

배격(排擊)

물리칠 排
칠 擊

어떤 사상, 의견, 물건 따위를 물리침.

⑩ 자기 생각과 다르다고 해서 무조건 배격을 하는 건 옳지 않다.

> **? 친절한 샘** '배(排)'는 '배출(排出)', '배기(排氣)'와 같이 '내보내다'는 뜻도 있고, '배치(排置)'와 같이 '늘어서다'는 뜻도 있습니다. '배(排)'가 들어간 단어 중에서 '배'를 '배격'과 같이 물리치거나 거부하는 의미로 해석하는 주요 단어들을 더 알아볼까요?
>
> **참고 어휘** '배(排)'가 들어간 주요 단어
>
> | | |
> |---|---|
> | 배제(排除) | 받아들이지 아니하고 물리쳐 제외함. ⑩ 폭력의 배제 |
> | 배척(排斥) | 따돌리거나 거부하여 밀어 내침. ⑩ 외세 배척 |
> | 배타(排他) | 남을 싫어하여 거부하고 따돌림. ⑩ 배타의 대상 |

배(排)

직관(直觀)

직접 直
볼 觀

생각하는 과정을 거치지 않고 대상을 접하여 바로 파악하는 작용.

⑩ 내용 없는 사유는 공허하며, 개념 없는 직관은 맹목적이다.

> **? 친절한 샘** 학생들에게 '직관'의 뜻을 물으면, 대부분 경기장이나 공연장에 직접 찾아가서 관람하는 것이라고 대답할 거예요. 일종의 신조어라고 볼 수 있겠군요.
> 하지만 독서 지문에 설마 '직관'이 이런 뜻으로 나오지는 않겠죠? '파랗다, 뜨겁다' 등과 같이 생각의 과정을 거칠 필요 없이 우리 감각 기관만으로 대상을 바로 파악하는 것을 '직관'이라고 합니다.

합리론(合理論)

합할 合
이치 理
논의할 論

진정한 인식은 경험이 아닌 타고난 이성에 의하여 얻어진다고 하는 태도.

⑩ 합리론에서는 보편타당한 참된 인식은 이성을 통해 얻을 수 있다고 본다.

> **? 친절한 샘** 합리론은 지식(인식)을 어떻게 얻을 수 있는가에 관한 '**인식론(認識論)**' 중 하나입니다. '합리론'을 다른 말로 '**이성론(理性論)**'이라고도 합니다. 이와 반대로 인식의 바탕이 경험에 있다고 보아, 경험의 내용이 곧 인식의 내용이 된다는 이론을 '**경험론(經驗論)**'이라고 합니다. 경험론에서는 경험과 무관한 초경험적이며 이성적인 계기에 의한 인식을 인정하지 않죠.
> 합리론의 대표 철학자는 데카르트와 스피노자이며, 경험론의 대표 철학자는 로크와 흄입니다. 배경지식을 넓히는 차원에서 이 정도는 알아 두는 것이 좋아요.

어휘 더하기

정답과 해설 **30**쪽

[비슷한 듯 다른 단어]

규정(規定) 「명사」 내용이나 성격, 의미 따위를 밝혀 정함. 또는 그 정하여 놓은 것.
⑩ 우선 이 사건에 대하여 명확한 규정을 내려 봅시다.

단정(斷定) 「명사」 딱 잘라서 판단하고 결정함.
⑩ 어느 팀이 이길지 쉽게 단정을 지을 수 없다.

설정(設定) 「명사」 새로 만들어 정해 둠.
⑩ 목표 설정이 잘못되다.

추정(推定) 「명사」 미루어 생각하여 판정함.
⑩ 그는 자신의 추정을 뒷받침하는 근거를 제시하였다.

판정(判定) 「명사」 판별하여 결정함.
⑩ 그는 심판의 판정에 순순히 따랐다.

확정(確定) 「명사」 일을 확실하게 정함.
⑩ 발표 날짜가 아직 확정이 되지 않았다.

⊙ **다음 빈칸에 들어갈 단어로 가장 적절한 것은?**

> 이 유물은 가야 시대 것으로 (　　　)이 되는데, 더 정확한 것은 연구를 해 봐야 알 것 같습니다.

① 규정　　　② 단정　　　③ 설정
④ 추정　　　⑤ 확정

01 다음 빈칸에 들어갈 알맞은 단어를 〈보기〉에서 골라 쓰시오.

〈 보기 〉

교조적   관조적   합리론   경험론   메타

(1) 인식론에서 이성을 지식의 제일의 근원으로 보는 견해를 _____(이)라고 한다. 여기에서 진리의 기준은 감각적인 것이 아니라 이성적이고 연역적인 방법론이나 이론으로 정의된다.

(2) 어떤 언어를 기술하거나 분석하는 데 쓰는 말을 _____ 언어라고 한다. 가령 영어 문법을 한국어로 설명할 경우에 한국어가 여기에 해당한다.

(3) 사회 변화를 제대로 읽지 못하고 기존 이론에 대한 _____ 태도에 갇혀 있으면 학문적인 발전을 기대하기 어려울 뿐만 아니라 불필요한 갈등만 조장하게 된다.

02 다음 빈칸에 공통으로 들어갈 단어로 가장 적절한 것은?

- 때로는 틀에 박힌 관습이나 통념에 도전하는 정신이 사회를 바꾸는 _____이/가 되기도 한다.
- 노파가 들고 온 병은 주인공이 처한 위급한 상태를 호전시킬 방도가 생기게 하는 _____ 역할을 하였다.
- 오늘날에는 미적 감수성을 심오한 지혜의 하나로 보는 견해가 퍼져 있는데, 많은 학자들이 그 이론적 _____을/를 칸트에게서 찾는 것은 그의 이러한 논변 때문이다.

① 배경(背景)　　　　　② 단초(端初)　　　　　③ 기원(基源)
④ 발단(發端)　　　　　⑤ 기회(機會)

03 문맥을 고려할 때, 밑줄 친 단어에 쓰인 '배(排)'의 의미가 나머지와 다른 하나는?

① 조판은 활자를 일정한 규격에 맞추어 배열(排列)하는 작업이다.
② 새로 개정된 법규는 기준에 맞지 않는 사람들을 철저히 배제(排除)하고 있다.
③ 상대방을 화합이 아닌 배타(排他)의 대상으로 삼는다면 공동체는 계속 불안할 것이다.
④ 남사당패 탈놀이 중에는 외래 문화와 종교를 배격(排擊)하는 내용을 다룬 마당도 있다.
⑤ 외국을 배척(排斥)하는 내용의 벽보가 붙자 각국 외교관은 본국 정부에 군대 파견을 요청했다.

04 밑줄 친 말과 바꾸어 쓸 수 있는 단어로 가장 적절한 것은?

> 사르트르는 인간이 자신을 초월해 있는 가치에 복종하는 것은 불가능하며, 인간은 단지 스스로를 초월할 수 있을 뿐임을 <u>힘주어 말하였다</u>.

① 설득하였다   ② 강론하였다   ③ 강구하였다

④ 역설하였다   ⑤ 두둔하였다

05 문맥상 ㉠과 ㉡에 들어갈 단어를 바르게 짝지은 것은?

> 칸트는 단순한 경험에 근거해서는 지식을 얻을 수 없다고 보면서, ㉠ (이)면서 종합적인 판단이 우리 인식을 확장시킨다고 보았다. ㉠ 인식이 가능하려면 우리 안에 그것을 받아들일 수 있는 형식이 갖추어져 있어야 하는데, 사고의 과정을 거치지 않는 그 형식을 ㉡ (이)라고 하였다.

	㉠	㉡		㉠	㉡
①	선험적	연상	②	선험적	직관
③	선험적	추론	④	경험적	직관
⑤	경험적	추론			

실전 어휘를 알면 답이 보인다   〈2016 6월 평가원 26번 변형〉

06 ⓐ~ⓔ의 사전적 뜻풀이로 옳지 <u>않은</u> 것은?

> 도덕 실재론에서는 도덕적 판단과 도덕적 진리를 과학적 판단 및 과학적 ⓐ진리와 마찬가지라고 본다. 즉 과학적 판단이 '참' 또는 '거짓'을 ⓑ판정할 수 있는 명제를 나타내고 이때 참으로 판정된 ⓒ명제를 과학적 진리라고 부르는 것처럼, 도덕적 판단도 참 또는 거짓으로 판정할 수 있는 명제를 나타내고 참으로 판정된 명제가 곧 도덕적 진리라고 ⓓ규정하는 것이다. 그런데 도덕 실재론에서 주장하듯, '도둑질은 옳지 않다'가 도덕적 진리라면, 그것이 참임을 판정하기 위해서는 도덕적으로 옳지 않음이라는 객관적으로 ⓔ실재하는 성질을 도둑질에서 찾아낼 수 있어야 한다.

▶ 지문에 쓰인 단어 중 뜻을 모르는 단어의 뜻을 찾아 적어 보자.

① ⓐ: 참된 이치.

② ⓑ: 판별하여 결정함.

③ ⓒ: 어떤 문제에 대한 논리적 판단 내용을 언어로 나타낸 것.

④ ⓓ: 규칙에 의해 일정한 한도를 정함.

⑤ ⓔ: 실제로 존재함.

■ **다음 글을 읽고, 물음에 답하시오.**

〈2018 수능〉

자연에서 발생하는 모든 일은 목적 지향적인가? 자기 몸통보다 더 큰 나뭇가지나 잎사귀를 허둥대며 운반하는 개미들은 분명히 목적을 가진 듯이 보인다. 그런데 가을에 지는 낙엽이나 한밤중에 쏟아지는 우박도 목적을 가질까? 아리스토텔레스는 모든 자연물이 목적을 ㉠추구하는 본성을 타고나며, 외적 원인이 아니라 내재적 본성에 따른 운동을 한다는 목적론을 제시한다. 그는 자연물이 단순히 목적을 갖는 데 그치는 것이 아니라 목적을 실현할 능력도 타고나며, 그 목적은 방해받지 않는 한 반드시 실현될 것이고, 그 본성적 목적의 실현은 운동 주체에 항상 바람직한 결과를 가져온다고 믿는다. 아리스토텔레스는 이러한 자신의 견해를 "자연은 헛된 일을 하지 않는다!"라는 말로 요약한다.

낯선 어휘의 뜻을 사전에서 찾아 적어 보자.

- **지향적**: 어떤 목표로 뜻이 쏠리어 향하는. 또는 그런 것.
-

핵심어를 중심으로 문단의 내용을 요약해 보자.

핵심어 **아리스토텔레스, 목적론**
아리스토텔레스는 모든 자연물이 목적을 추구하는 본성을 타고나며, 그 본성에 따른 운동을 한다는 목적론을 제시하였다.

근대에 접어들어 모든 사물이 생명력을 갖지 않는 일종의 기계라는 견해가 강조되면서, 아리스토텔레스의 목적론은 비과학적이라는 이유로 많은 비판에 ㉡직면한다. 갈릴레이는 목적론적 설명이 과학적 설명으로 사용될 수 없다고 주장하며, 베이컨은 목적에 대한 탐구가 과학에 ㉢무익하다고 평가하고, 스피노자는 목적론이 자연에 대한 이해를 ㉣왜곡한다고 비판한다. 이들의 비판은 목적론이 인간 이외의 자연물도 이성을 갖는 것으로 의인화한다는 것이다. 그러나 이런 비판과는 달리 아리스토텔레스는 자연물을 생물과 무생물로, 생물을 식물·동물·인간으로 나누고, 인간만이 이성을 지닌다고 생각했다.

-
-

핵심어 **근대 사상가, 비판**

일부 현대 학자들은, 근대 사상가들이 당시 과학에 ㉤기초한 기계론적 모형이 더 설득력을 갖는다는 일종의 교조적 믿음에 의존했을 뿐, 아리스토텔레스의 목적론을 거부할 충분한 근거를 제시하지 못했다고 비판한다. 이런 맥락에서 볼로틴은 근대 과학이 자연에 목적이 없음을 보이지도 못했고 그렇게 하려는 시도조차 하지 않았다고 지적한다. 또한 우드필드는 목적론적 설명이 과학적 설명은 아니지만, 목적론의 옳고 그름을 확인할 수 없기 때문에 목적론이 거짓이라 할 수도 없다고 지적한다.

-
-

핵심어 _____

아리스토텔레스의 목적론	근대 사상가들의 비판	현대 학자들의 비판
• 모든 자연물: [ ]❶을/를 추구하는 본성을 타고남. → 본성에 따른 운동을 함. • 목적을 실현할 능력도 타고남. → 목적은 반드시 실현될 것임. → 바람직한 결과를 가져옴.	아리스토텔레스의 목적론=비과학적 • 갈릴레이: 목적론적 설명이 과학적 설명으로 사용될 수 없음 • [ ]❷: 목적론은 과학에 무익함. • 스피노자: 목적론이 자연에 대한 이해를 왜곡함.	근대 사상가들 – [ ]❸ 모형에 대한 교조적 믿음에 의존함. • 볼로틴: 근대 과학이 자연에 목적이 없음을 보이지 못함. • 우드필드: 목적론적 설명이 과학적 설명은 아니지만 옳고 그름을 확인할 수 없음.

↔   ↔

▶ 문제에 쓰인 단어 중 이해하기 어려운 단어의 뜻을 사전에서 찾아 적어 보자.

〈2018 수능 17번〉

01 윗글에 나타난 아리스토텔레스의 견해에 대한 이해로 가장 적절한 것은?

① 개미의 본성적 운동은 이성에 의한 것으로 설명된다.
② 자연물의 목적 실현은 때로는 그 자연물에 해가 된다.
③ 본성적 운동의 주체는 본성을 실현할 능력을 갖고 있다.
④ 낙엽의 운동은 본성적 목적 개념으로는 설명되지 않는다.
⑤ 자연물의 본성적 운동은 외적 원인에 의해 야기되기도 한다.

〈2018 수능 18번〉

02 윗글에 나타난 목적론에 대한 논의를 적절하게 진술한 것은?

① 갈릴레이와 볼로틴은 목적론이 근대 과학에 기초한 기계론적 모형이라고 비판한다.
② 갈릴레이와 우드필드는 목적론적 설명이 과학적 설명이 아니라는 데 동의한다.
③ 베이컨과 우드필드는 목적론적 설명이 교조적 신념에 의존했다고 비판한다.
④ 스피노자와 볼로틴은 목적론이 자연에 대한 이해를 확정한다고 주장한다.
⑤ 스피노자와 우드필드는 목적론이 사물을 의인화하기 때문에 거짓이라고 주장한다.

03 ㉠~㉤의 사전적 뜻풀이로 옳지 <u>않은</u> 것은?

① ㉠: 목적을 이룰 때까지 뒤좇아 구함.
② ㉡: 어떠한 일이나 사물을 직접 당하거나 접함.
③ ㉢: 이롭거나 도움이 될 만한 것이 없음.
④ ㉣: 사실과 다르게 해석하거나 그릇되게 함.
⑤ ㉤: 어떤 일의 여파나 영향이 차차 다른 데로 미침.

'너 자신을 알라'는 어떤 맥락에서 나온 말일까?

고대 그리스 시대의 윤리는 서양 윤리 사상의 출발점이라고도 할 수 있어요. 당시 정치 문화의 중심지였던 그리스의 시민들은 연설을 하거나 재판을 하는 등 대중 앞에서 말하는 기회가 많았어요. 그래서 유창하게 발표하는 방법을 알고 싶어 하는 욕구가 커졌지요. 이때 사람들을 모아 놓고 여러 가지 화법 기술을 가르치는 교사 집단이 있었는데 이들은 스스로를 '지혜의 스승'이라는 의미로 '소피스타이(Sophistai)'라고 칭했어요. 이들이 바로 오늘날 궤변론자라고 불리는 '소피스트(Sophist)'예요. 즉, '소피스트'는 특정 인물의 이름이 아니라 변론술을 가르치던 직업 집단을 말해요. 그들은 수강생에게 수강료를 받고 다른 사람과의 논쟁에서 이기는 말하기 방법을 가르쳤어요.

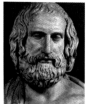

▲ 프로타고라스
(B.C.485? ~ B.C.410)

대표적인 소피스트로는 '프로타고라스(Protagoras)'와 '고르기아스(Gorgias)'가 있어요. 이들은 인간의 감각적 경험과 유용성이 가치 판단의 기준이라고 믿었고 모든 진리는 상대적인 것이라고 하였죠. 물론 선(善)과 악(惡)의 가치 판단까지도 개인에 따라 다른 상대적인 것이라고 생각했답니다.

▲ 소크라테스
(B.C.470? ~ B.C.399)

이러한 소피스트들의 생각에 반대한 사람이 바로 '소크라테스(Socrates)'예요. 소크라테스는 보편적인 진리가 있으며 스스로 모르는 것을 인정하고, 진리를 추구해 나가는 삶을 살아야 할 필요가 있다고 주장했지요. 그는 소피스트의 세속성을 비판하며 선하게 사는 삶과 정신적 가치를 추구하는 삶을 살아야 한다고 했어요. 인간이 악을 행하는 이유는 모르기 때문이며 참다운 진리를 알면 악을 행하지 않는다고 보았어요. 그래서 나온 유명한 말이 바로 "너 자신을 알라."예요. 스스로 수련을 통해 깨달음을 얻고 절대적 진리를 알기 위해 끊임없이 노력하는 것이 인간이 추구해야 할 삶의 방향이라고 믿었어요.

▲ 플라톤
(B.C.428? ~ B.C.347?)

소크라테스의 제자인 '플라톤(Platon)'은 감각적으로 경험되는 현상계와, 이성으로 파악할 수 있는 이데아(idea)계를 나누어 영원히 변하지 않는 이데아의 세계가 참된 세계이자 우리가 추구해야 할 세계라고 주장했지요. 이데아란 실재하는 개별 사물이 없어지더라도 계속해서 존재하는 사물의 원형이자 인간의 관념 속에 존재하는 것을 의미해요. 플라톤은 존재하는 모든 사물은 이데아를 가지고 있다고 보았고, 감각을 초월한 곳에 있는 이데아를 참된 이데아라고 했어요. 또한 플라톤은 인간의 영혼을 '이성, 감정, 정욕'의 세 영역으로 구분하며 사유하는 힘을 가진 이성만이 불멸하는 요소라고 보았어요. 따라서 인간이 참다운 삶을 살기 위해서는 이성을 통해 절대적 이데아의 세계를 파악해야 한다고 본 것이지요.

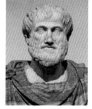

▲ 아리스토텔레스
(B.C.384 ~ B.C.322)

'아리스토텔레스(Aristoteles)'는 이데아를 추구하는 이상주의였던 플라톤과는 달리 **현실 세계**에서 참다운 존재와 가치를 찾으려 했어요. 인간은 '행복'을 목적으로 하여 살아가고 이를 위해서 끊임없이 실천과 행동하는 노력을 통해 '덕'을 쌓아야 한다고 주장했답니다. 즉, 옳은 것을 아는 것도 중요하지만 이를 실천하고 습관화하는 인간의 의지가 뒷받침되어야 참다운 삶이 가능해진다고 보았지요. 이때 중요한 생활 습관은 어느 한쪽으로 치우치지 않는 '중용(中庸)'의 태도라고 강조했답니다.

독서 지문에서는 이 당시 사상가의 생각을 대비하여 다루기도 하고, 때때로 어느 하나의 사상이나 학파에 대해 다루기도 하지요. 그럼 만화를 통해 중요한 사상가의 내용을 살펴볼까요?

• 라파엘로, 「아테네 학당」
(1510~1511년)

라페엘로의 그림 중 가장 유명한 벽화이다. 고대 그리스 시대의 학자들이 학당에 모여 진리를 추구하고 있는 모습을 보여주고 있다. 그림의 중앙에서 이데아를 상징하는 하늘 위로 손가락을 가리키고 있는 사람이 플라톤. 현실 세계를 상징하는 땅을 가리키는 사람이 아리스토텔레스이다.

어휘 돋보기

척도(尺度)
평가하거나 측정할 때의 기준.

소피스트와 소크라테스: 진리의 상대성과 보편성

플라톤과 아리스토텔레스: 이데아 대 현실 세계

개연성(蓋然性)

덮을 蓋
그러할 然
성질 性

절대적으로 확실하지 않으나 아마 그럴 것이라고 생각되는 성질.

예 그의 주장은 개연성이 부족하여 우리에게 믿음을 주지 못했다.

> **친절한 샘** '개연성'과 연관되어 많이 쓰이는 말에 '필연성'과 '우연성'이 있어요. '**필연성(必然性)**'은 일정한 조건에서는 다르게 되지 않고 반드시 그렇게 되어야 하는 성질을 뜻하죠. 이와 달리 어떤 일이 마땅한 이유 없이 어쩌다가 일어나는 성질을 '**우연성(偶然性)**'이라고 합니다. 논리학에서는 개연성과 필연성을 상대적 개념으로 사용합니다. 예를 들어 귀납 추리의 결론은 개연성으로, 연역 추리의 결론은 필연성으로 그 타당성을 판단합니다.
> 하지만 문학에서는 개연성과 필연성이 유사한 의미로 사용되고, 우연성과는 상대적 개념으로 사용된다는 점도 참고로 알아 두세요.

모순(矛盾)

창 矛
방패 盾

어떤 사실의 앞뒤, 또는 두 사실이 이치상 어긋나서 서로 맞지 않음을 이르는 말.

예 이번 사건을 통해 사회의 구조적 모순이 드러났다.

> **친절한 샘** 중국 초나라에 창과 방패를 파는 한 상인이 있었다고 해요. 이 상인이 창을 들고서 "이 창은 어떤 방패로도 막지 못하는 창입니다."라고 말하고, 방패를 들고서는 "이 방패로 말할 것 같으면 어떤 창으로도 뚫지 못하는 방패입니다."라고 말했대요. 그러자 지나가는 행인이 "그럼 그 창으로 그 방패를 치면 어떻게 되오?"라고 물었대죠. 상인의 말 중 무조건 하나는 참이고, 다른 하나는 거짓이 되겠죠? 여기에서 '모순'이라는 말이 유래했어요.

반증(反證)

돌이킬 反
증거 證

어떤 사실이나 주장이 옳지 아니함을 그에 반대되는 근거를 들어 증명함. 또는 그런 증거.

예 그의 주장은 논리가 워낙 치밀해서 반증을 대기가 어렵다.

> **친절한 샘** 유사한 뜻을 지닌 말 중에 자주 접하는 단어에는 '**반박(反駁)**'과 '**반론(反論)**'이 있습니다. 그리고 자주 쓰이지는 않지만 '남의 잘못을 몹시 따지고 공격함'을 뜻하는 '**공박(攻駁)**'도 알아 두세요.

병치(竝置)되다

나란히 竝
둘 置

두 가지 이상의 것이 한곳에 나란히 놓이거나 설치되다.

예 보통 집은 작은방이 큰방과 병치되는 구조이다.

> **친절한 샘** 둘 이상이 나란히 놓이는 '병치'와 달리, 어떤 것을 다른 것으로 바꾸어 놓는 것은 '**대치(代置)**'라고 합니다. '병치'는 독서 지문뿐만 아니라 문학의 〈보기〉나 선지에 자주 나옵니다. 대충 안다고 생각하고 넘어가지 말고 이 기회에 정확한 뜻을 알아 둔다면 두루두루 많은 도움이 될 거예요. '병(竝)'이 있으면 '둘 이상이 함께(나란히)'의 의미를 넣어 풀이해 보세요.

참고 어휘 '병(竝)'이 들어간 주요 단어

병행(竝行)	두 가지 이상의 일을 한꺼번에 행함. 예 이론과 실기의 병행
병설(竝設)	두 가지 이상을 아울러 한곳에 갖추거나 세움. 예 병설 유치원
병진(竝進)	둘 이상이 함께 나란히 나아감. 예 수륙 병진 작전
병존(竝存)	두 가지 이상이 함께 존재함. 예 보수와 진보의 병존

전제(前提)

앞 前
내어 걸 提

❶ 어떠한 사물이나 현상을 이루기 위하여 먼저 내세우는 것.
❷ 추리를 할 때, 결론의 기초가 되는 판단.
㉠ 예상되는 문제점의 보완을 전제로 특정 방안을 실행하는 데에 합의하였다.

친절한 생 일상생활에서는 위의 예문처럼 ❶의 뜻으로 많이 쓰이죠? ❷는 논리학과 관련한 지문에서 알아 두어야 하는 뜻이랍니다. 뜻 자체가 어려운 단어는 아닌 만큼 이 정도는 꼭 알아 두는 것이 좋아요.
진도를 조금만 더 나가 볼까요? '대(大)전제'와 '소(小)전제'의 두 전제와 하나의 결론으로 이루어진 연역적 추리법을 '삼단 논법'이라고 해요.

참고 어휘 삼단 논법

새는 몸에 깃털이 있고 다리가 둘이다. … 〈대전제〉
닭은 몸에 깃털이 있고 다리가 둘이다. … 〈소전제〉
따라서 닭은 새이다. … 〈결론〉

지향(志向)하다

뜻 志
향 向

어떤 목표로 뜻이 쏠리어 향하다.
㉠ 신채호는 제국주의를 반대하는 민중 간의 연대를 지향하였다.

친절한 생 '지향하다'라는 말이 나오면 혼동하기 쉬운 단어로 꼭 나오는 짝꿍이 있죠? '지양(止揚)하다'는 '더 높은 단계로 오르기 위하여 어떠한 것을 하지 아니하다'를 뜻합니다.

상정(想定)하다

생각 想
정할 定

어떤 정황을 가정적으로 생각하여 단정하다.
㉠ 그 전제를 거짓이라고 상정하면 결론은 달라진다.

친절한 생 위의 풀이에 쓰인 단어 중 '가정(假定)'은 '사실이 아니거나 또는 사실인지 아닌지 분명하지 않은 것을 임시로 인정함'을 뜻하고, '단정(斷定)'은 '딱 잘라서 판단하고 결정함'을 뜻합니다. 토의할 안건을 회의 석상에 내어놓는 것도 '상정(上程)'이라고 하는데, 한자가 다르니까 구분해서 사용할 수 있어야 합니다.

환원(還元)

돌아올 還
근원 元

본디의 상태로 다시 돌아감. 또는 그렇게 되게 함.
㉠ 휘발유 유류세의 환원 이후에 세금 비중이 상승할 수도 있다.

친절한 생 변화를 나타내는 말 중에서 원래의 상태로 되돌리는 것을 '환원'이라고 한다면, 다른 것으로 대신하는 것은 '대체(代替)'라고 합니다.

어휘 더하기

정답과 해설 **32**쪽

[동음이의어·다의어] '끼치다'

끼치다¹ 「동사」【…에】
❶ 소름이 한꺼번에 돋아나다.
㉠ 온몸에 소름이 끼쳤다.

❷ 기운이나 냄새, 생각, 느낌 따위가 덮치듯이 확 밀려들다.
㉠ 생선 비린내가 코에 끼쳤다.

끼치다² 「동사」【…에 / 에게 …을】
❶ 영향, 해, 은혜 따위를 당하거나 입게 하다.
㉠ 주인에게 폐를 끼치다.

❷ 어떠한 일을 후세에 남기다.
㉠ 우리 사회에 공적을 끼치다.

'끼치다¹'은 주어 외에 부사어(…에)를 필요로 하는 두 자리 서술어이고, '끼치다²'는 주어 외에 부사어(…에 / 에게)와 목적어(…을)를 필요로 하는 세 자리 서술어입니다.

⊙ 다음 밑줄 친 말과 의미의 연관성이 가장 적은 것은?

그리스 로마 신화는 유럽의 예술 전반에 지대한 영향을 <u>끼쳤다</u>.

① 남기다   ② 미치다   ③ 전하다
④ 가하다   ⑤ 생기다

01 다음 빈칸에 들어갈 말로 가장 적절한 것은?

(1)
> 두 명제가 모두 참인 것도 모두 거짓인 것도 가능하지 않은 관계를 [   ] 관계라고 한다. 예를 들어, 임의의 명제를 P라고 하면 P와 ~P는 [   ] 관계이다.(기호 '~'은 부정을 나타낸다.)

① 보완 　　　　　　② 모순 　　　　　　③ 등치
④ 종속 　　　　　　⑤ 인과

(2)
> 민우: 이 시기의 미술 작품을 보면 경향이 조금 바뀐 것 같아.
> 소원: 응. 이때는 가장 순수한 본질로의 [   ]을/를 촉구하던 시기였다고 해.

① 환수 　　　　　　② 반환 　　　　　　③ 소급
④ 환원 　　　　　　⑤ 귀순

02 〈보기〉의 빈칸에 '지향(志向)'이 들어가기에 적절한 것만을 〈보기〉에서 모두 고른 것은?

〈 보기 〉
> ㄱ. 그는 개인적인 성공보다는 더불어 사는 삶을 [   ]하였다.
> ㄴ. 우리는 어떤 문제에 대해 여러 가지를 종합한 현명한 해결을 [   ]한다.
> ㄷ. 인류의 역사에서 훌륭한 이념을 [   ]한 개인이나 집단이 늘 승리한 것은 아니다.
> ㄹ. 우리 회사는 인공 원료의 사용을 [   ]하며 천연 원료만을 고집하여 화장품을 만든다.
> ㅁ. 그는 기존의 창작 관행을 부정적으로 보고 이를 [   ]하면서 새로운 방식을 시도하였다.

① ㄱ, ㄴ 　　　　　　② ㄴ, ㅁ 　　　　　　③ ㄱ, ㄴ, ㄷ
④ ㄱ, ㄷ, ㄹ 　　　　⑤ ㄴ, ㄷ, ㄹ, ㅁ

03 다음 중 의미의 유사성이 나머지와 <u>동떨어진</u> 것은?

① 반증(反證) 　　　　② 반박(反駁) 　　　　③ 논박(論駁)
④ 반론(反論) 　　　　⑤ 방증(傍證)

04 다음 빈칸에 공통으로 들어가기에 가장 적절한 단어는?

> • 저자는 책의 전반부에서 기존의 논리학에서 대립되어 왔던 흐름을 ☐☐☐하여 각각의 특징과 한계를 정리하고 있다.
> • 근대 도시에서는 옛것과 새것, 자연적인 것과 인공적인 것 등 서로 다른 것들이 ☐☐☐되고 뒤섞이며 빠르게 흘러간다.
> • 김춘수의 「샤갈의 마을에 내리는 눈」은 밝고 화려한 색감을 지닌 이질적 이미지들의 ☐☐☐(으)로 이루어진 샤갈의 초현실주의적 그림에 대한 감각적 인상을, 자신의 고향 마을에 투사하여 다양한 이미지의 ☐☐☐(으)로 변용했다.

① 병치(竝置)   ② 병행(竝行)   ③ 병렬(竝列)
④ 비유(比喩)   ⑤ 대치(代置)

05 다음 ㉠~㉢에 들어가기에 적절한 말을 바르게 연결한 것은?

> 귀납은 현대 논리학에서 연역이 아닌 모든 추론, 즉 ☐㉠☐이/가 ☐㉡☐을/를 ☐㉢☐으로 뒷받침하는 모든 추론을 가리킨다. 귀납은 기존의 정보나 관찰 증거 등을 근거로 새로운 사실을 추가하는 지식 확장적 특성을 지닌다.

	㉠	㉡	㉢		㉠	㉡	㉢
①	전제	결론	우연적	②	전제	결론	개연적
③	결론	전제	우연적	④	결론	전제	개연적
⑤	소전제	대전제	필연적				

실전 어휘를 알면 답이 보인다 〈2017 6월 평가원 24번〉

06 문맥상 ㉢과 바꿔 쓰기에 적절하지 <u>않은</u> 것은?

> 인간과 동물 모두 고통을 느끼는데 인간에게 고통을 ㉢끼치는 실험은 해서는 안 되고 동물에게 고통을 끼치는 실험은 해도 된다고 생각하는 것은 공평하지 않다고 생각하기 때문이다.

▶ 지문에 쓰인 단어 중 뜻을 모르는 단어의 뜻을 찾아 적어 보자.

① 맡기는   ② 가하는   ③ 주는
④ 안기는   ⑤ 겪게 하는

■ 다음 글을 읽고 물음에 답하시오.   〈2017 수능〉

　논리실증주의자와 포퍼는 수학적 지식이나 논리학 지식처럼 경험과 무관하게 참으로 판별되는 분석 명제와, 과학적 지식처럼 경험을 통해 참으로 판별되는 종합 명제를 서로 다른 종류라고 구분한다. 그러나 콰인은 총체주의를 정당화하기 위해 이 구분을 부정하는 논증을 다음과 같이 제시한다. 논리실증주의자와 포퍼의 구분에 따르면 "총각은 총각이다."와 같은 동어 반복 명제와, "총각은 미혼의 성인 남성이다."처럼 동어 반복 명제로 환원할 수 있는 것은 모두 분석 명제이다. 그런데 후자가 분석 명제인 까닭은 전자로 환원할 수 있기 때문이다. 이러한 환원이 가능한 것은 '총각'과 '미혼의 성인 남성'이 동의적 표현이기 때문인데 그게 왜 동의적 표현인지 물어보면, 이 둘을 서로 대체하더라도 명제의 참 또는 거짓이 바뀌지 않기 때문이라고 할 것이다. 하지만 이것만으로는 두 표현의 의미가 같다는 것을 보장하지 못해서, 동의적 표현은 언제나 반드시 대체 가능해야 한다는 필연성 개념에 다시 의존하게 된다. 이렇게 되면 동의적 표현이 동어 반복 명제로 환원 가능하게 하는 것이 되어, 필연성 개념은 다시 분석 명제 개념에 의존하게 되는 순환론에 빠진다. 따라서 콰인은 종합 명제와 분석 명제가 존재한다는 주장은 근거가 없다는 결론에 ㉠도달한다.

낯선 어휘의 뜻을 사전에서 찾아 적어 보자.

• 판별: 옳고 그름이나 좋고 나쁨을 판단하여 구별함. 또는 그런 구별.

•

핵심어를 중심으로 문단의 내용을 요약해 보자.

핵심어 **분석 명제, 종합 명제**
논리실증주의자와 포퍼는 분석 명제와 종합 명제는 구분할 수 있다고 보았지만, 콰인은 종합 명제와 구분되는 분석 명제가 존재한다는 주장은 근거가 없다고 보았다.

　콰인은 분석 명제와 종합 명제로 지식을 엄격히 구분하는 대신, 경험과 직접 충돌하지 않는 중심부 지식과, 경험과 직접 충돌할 수 있는 주변부 지식을 상정한다. 경험과 직접 충돌하여 참과 거짓이 쉽게 바뀌는 주변부 지식과 달리 주변부 지식의 토대가 되는 중심부 지식은 상대적으로 견고하다. 그러나 이 둘의 경계를 명확히 나눌 수 없기 때문에, 콰인은 중심부 지식과 주변부 지식을 다른 종류라고 하지 않는다. 수학적 지식이나 논리학 지식은 중심부 지식의 한가운데에 있어 경험에서 가장 멀리 떨어져 있지만 그렇다고 경험과 무관한 것은 아니라는 것이다. 그런데 주변부 지식이 경험과 충돌하여 거짓으로 밝혀지면 전체 지식의 어느 부분을 수정해야 할지 고민하게 된다. 주변부 지식을 수정하면 전체 지식의 변화가 크지 않지만 중심부 지식을 수정하면 관련된 다른 지식이 많기 때문에 전체 지식도 크게 변화하게 된다. 그래서 대부분의 경우에는 주변부 지식을 수정하는 쪽을 선택하겠지만 실용적 필요 때문에 중심부 지식을 수정하는 경우도 있다. 그리하여 콰인은 중심부 지식과 주변부 지식이 원칙적으로 모두 수정의 대상이 될 수 있고, 지식의 변화도 더 이상 개별적 지식이 단순히 누적되는 과정이 아니라고 주장한다.

•

•

핵심어 _____

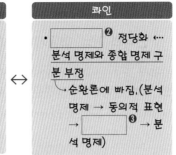

중심 내용 한눈에 보기

논리실증주의자와 포퍼

〈분석 명제와 종합 명제의 구분〉
• 분석 명제: 경험과 무관하게 참으로 판별함, 수학적 지식, 논리학 지식
• 종합 명제: 경험을 통해 참으로 판별함, ❶ 지식

↔

콰인

• ┌─────────❷ 정당화 ⋯⋯
분석 명제와 종합 명제 구분 부정
  └→ 순환론에 빠짐, (분석 명제 → 동의적 표현 → ❸ → 분석 명제)

〈콰인의 중심부 지식과 주변부 지식〉

중심부 지식	경험과 직접 충돌× → 상대적으로 견고함,
주변부 지식	경험과 직접 충돌 → 참과 거짓이 쉽게 바뀜,

• 둘의 ❹을/를 명확히 나눌 수 없음,
• 원칙적으로 모두 ❺의 대상이 될 수 있음,
• 지식의 변화 ≠ 개별적 지식이 단순히 누적되는 과정

〈2017 수능 17번 변형〉

01 윗글에 대해 이해한 내용으로 가장 적절한 것은?

① 콰인은 중심부 지식을 수정하면 전체 지식도 크게 변화한다고 생각했기 때문에, 주변부 지식만을 수정 대상으로 삼았다.

② 논리실증주의자에 따르면, "총각은 미혼의 성인 남성이다."가 분석 명제인 것은 총각을 한 명 한 명 조사해 보니 모두 미혼의 성인 남성으로 밝혀졌기 때문이다.

③ 콰인은 관찰과 실험에 의존하는 지식이 관찰과 실험에 의존하지 않는 지식과 근본적으로 다르다고 한다.

④ 콰인은 분석 명제가 무엇인지는 동의적 표현이란 무엇인지에 의존하고, 다시 이는 필연성 개념에, 필연성 개념은 다시 분석 명제 개념에 의존한다고 본다.

⑤ 콰인은 어떤 명제에, 의미가 다를 뿐만 아니라 서로 대체할 경우 그 명제의 참 또는 거짓이 바뀌는 표현을 사용할 수 있으면, 그 명제는 동어 반복 명제라고 본다.

〈2017 수능 20번 변형〉

02 문맥상 ㉠과 바꿔 쓰기에 가장 적절한 것은?

① 잇따른다   ② 다다른다   ③ 봉착한다
④ 회귀한다   ⑤ 기인한다

▶ 문제에 쓰인 단어 중 이해하기 어려운 단어의 뜻을 사전에서 찾아 적어 보자.

논증은 크게 연역과 귀납으로 나뉜다. 전제가 참이면 결론이 확실히 참인 연역 논증은 결론에서 지식이 확장되는 것처럼 보이지만, 실제로는 전제에 이미 포함된 결론을 다른 방식으로 확인하는 것일 뿐이다. 반면 귀납 논증은 전제들이 모두 참이라고 해도 결론이 확실히 참이 되는 것은 아니지만 우리의 지식을 확장해 준다는 장점이 있다. 여러 귀납 논증 중에서 가장 널리 쓰이는 것은 수많은 사례들을 관찰한 다음에 그것을 일반화하는 것이다. 우리는 수많은 까마귀를 관찰한 후에 우리가 관찰하지 않은 까마귀까지 포함하는 '모든 까마귀는 검다.'라는 새로운 지식을 얻게 되는 것이다.

〈2013 수능〉

연역과 귀납, 어떻게 다를까?

'논증(論證)'은 어떤 판단의 옳고 그름을 이유를 들어 밝히는 것, 또는 그 근거나 이유를 가리키는 말이에요. 쉽게 말하면, 주장 혹은 판단에 대한 근거나 이유를 타당하게, 논리적으로 밝히는 것이지요.

주장 (판단, 결론)		근거 (이유, 전제)
나는 중간고사에 비해 이번 기말고사 성적을 더 잘 받을 것이다.	타당성 ← 관련성	– 평소보다 더 많은 시간을 공부했다. – 자신 있는 수학 과목의 비중이 높다. – 어제 해당하는 범위의 문제집을 풀었을 때 90% 이상 맞췄다.

논증은 추론(推論)의 방식에 따라 구분됩니다. 표준국어대사전에 따르면, 추론은 '(1) 미루어 생각하여 논함, (2) 어떠한 판단을 근거로 삼아 다른 판단을 이끌어 냄'이라고 제시되어 있어요. 즉, 근거에서 출발하여 주장으로 이르는 과정을 추론이라고 부르는 것입니다. 그럼 이제부터는 추론의 방식에 대해 공부해 볼까요?

추론은 어떤 방식으로 이루어질까?

추론은 크게 두 가지로 나누어 생각할 수 있어요. 바로 '연역'과 '귀납'이지요. 논리학에서는 연역을 '전제들이 모두 참이라면 그 결론이 반드시 참이 되는 추론'으로, 귀납은 '전제들이 모두 참인데도 그 결론이 반드시 참이 되지는 않는 추론'으로 설명합니다. 어렵게 느껴지나요? 다음 만화를 통해 연역과 귀납을 구분해 봅시다.

(1) 연역(演繹)

전제 1	전제 2
소크라테스는 사람이다	모든 사람은 죽는다

연역

결론
그러므로 소크라테스는 죽는다

전제(前提)
어떠한 사물이나 현상을 이루기 위하여 먼저 내세우는 것. 추론을 할 때, 결론의 기초가 되는 판단.

연역은 일반적인 사실이나 원리를 전제로 하여 개별적인 사실이나 보다 특수한 다른 원리를 이끌어 내는 추론이에요. 일반적으로 연역은 '삼단 논법'의 형식으로 나타난답니다.

삼단 논법이란?	➡	전제 1: A → B(소크라테스는 사람이다)
		전제 2: B → C(모든 사람은 죽는다)
		∴ 결론: A → C(소크라테스는 죽는다)

삼단 논법의 전제들에는 결론에서 제시된 정보들이 모두 포함되어 있어요. 따라서 연역 논증의 결론은 전제들이 참이라면 필연적으로 참이 되는 정보가 되는 것이지요.

(2) 귀납(歸納)

귀납은 개별적인 특수한 사실이나 원리로부터 일반적이고 보편적인 결론을 이끌어 내는 추론이에요. 연역과 다른 점은 결론이 필연적으로 참이 되지는 않는다는 점에 있어요. 이것을 논리학에서는 '개연적인 확실성을 지니는 추론'이라고 설명한답니다. 아래의 만화를 통해 더 구체적으로 알아 봅시다.

길이 젖어 있는 걸 보니 간밤에 비가 내렸나 보군.

아침 등굣길이 젖어 있으면 우리는 간밤에 비가 내렸을 것이라고 생각하지요? 이것은 '길이 젖어 있다.'라는 특수한 사실(전제)로부터 '간밤에 비가 내렸다.'라는 일반적인 사실(결론)을 이끌어 낸 것이에요. 우리는 일반적으로 아침 등굣길의 물웅덩이를 보면 비가 내렸다고 생각하지만, 길이 젖어 있는 이유는 청소부 아저씨가 물을 뿌렸거나, 또 다른 이유가 있을지도 모르기 때문에 이 결론은 그렇지 않을 가능성을 지니게 된답니다. 우리는 이럴 때 '개연적인 확실성을 지닌다'라고 하고, 이를 귀납 추론이라 부르는 것이지요.

귀납 추론은 개별적으로 관찰된 전제들로부터 일반적인 결론을 도출하기 때문에, 주로 자연 과학적 법칙들을 발견해 내기 위해 사용하였습니다. 예를 들어, 이전까지 발견된 백조들은 모두 하얀색의 털을 지니고 있었기 때문에 '모든 백조는 희다.'라는 결론이 귀납 추론을 통해 성립되었지요. 그런데 1697년 호주 대륙에서 검은 백조(Black Swan)가 발견되자 '모든 백조는 희다.'라는 결론은 올바른 판단이라고 할 수 없게 되었어요. 이러한 사례를 생각해 보면, 귀납 추론이 '개연적인 확실성을 지닌다'라는 말을 더욱 쉽게 이해할 수 있을 거예요.

어휘 돋보기

필연적(必然的)
사물의 관련이나 일의 결과가 반드시 그렇게 될 수밖에 없는 것.

⇅

개연적(蓋然的)
그럴 법한 것.

기출 지문 살펴보기

귀납은 현대 논리학에서 연역이 아닌 모든 추론, 즉 전제가 결론을 개연적으로 뒷받침하는 모든 추론을 가리킨다. 귀납은 기존의 정보나 관찰 증거 등을 근거로 새로운 사실을 추가하는 지식 확장적 특성을 지닌다. 이 특성으로 인해 귀납은 근대 과학 발전의 방법적 토대가 되었지만, 한편으로 귀납 자체의 논리적 한계를 지적하는 문제들에 부딪히기도 한다. 〈중략〉 귀납의 또 다른 논리적 한계로 어떤 현대 철학자는 미결정성의 문제를 지적한다. 이 문제는 관찰 증거만으로는 여러 가설 중에 어느 하나를 더 나은 것으로 결정할 수 없다는 것이다.
〈2016 수능〉

• 검은 백조의 발견
검은 백조의 발견은 귀납 추론이 반드시 옳지 않을 수 있다는 것을 인식하게 된 대표적인 사례이다. 경제학에서는 '검은 백조'를 과거의 사건을 통해 미래를 예측하는 것이 어렵다는 것을 상징하는 용어로 사용되기도 한다.

상소(上訴)

위 上
하소연할 訴

하급 법원의 판결에 따르지 않고 상급 법원에 재심을 요구하는 일.

⑩ 피고인 측에서는 형량이 너무 무겁다며 상소를 신청했다.

친절한 샘 우리나라에서는 원칙적으로 **삼심 제도(三審制度)**를 채택하고 있어요. 즉, 한 사건에 대하여 세 번까지 재판을 받을 수 있다는 것이죠.

상급 법원에 재심을 요구하는 일을 '상소' 또는 '항고(抗告)'라고 하는데, 이 말은 '항소'와 '상고'를 포함한 말입니다. 지방 법원에서 다루는 1심 재판 결과를 부당하다고 여긴다면 2심 법원(고등 법원)에 **항소(抗訴)**를 하고, 이마저도 부당하다고 여긴다면 3심 법원(대법원)에 **상고(上告)**할 수 있습니다. 대법원에서 최종 판결이 선고되면 이 확정 판결에 대해 **'기판력(旣判力)'**이 인정됩니다. 기판력이 있는 판결에 대해서는 더 이상 같은 사안으로 소송에서 다툴 수 없어요. 옛날에 임금에게 글을 올리던 일을 뜻하는 **'상소(上疏)'**에는 '트이다, 소통하다'는 뜻을 지닌 '소(疏)'가 쓰입니다.

참고 어휘 재판과 관련 있는 어휘

원고(原告)	법원에 민사 소송을 제기한 사람.
피고(被告)	민사 소송에서, 소송을 당한 측의 당사자.
구형(求刑)	피고인에게 어떤 형벌을 줄 것을 검사가 판사에게 요구하는 일.
선고(宣告)	법정에서 재판장이 판결을 알리는 일. 이로써 재판의 효력이 생긴다.

과태료(過怠料)

지나칠 過
게으를 怠
값 料

공법에서, 의무 이행을 태만히 한 사람에게 벌로 물게 하는 돈.

⑩ 쓰레기를 정해진 장소에 버리지 않으면 과태료를 문다.

친절한 샘 해야 할 일을 하지 않거나 가벼운 질서를 위반한 사람에게 국가에서 납부하게 하는 돈을 '과태료(過怠料)'라고 합니다. 그렇다면 이보다 더 중한 잘못을 저지른 사람에게 납부하게 하는 돈은 뭐라고 할까요? 정답은 **'벌금(罰金)'**입니다. '벌금'은 '규칙을 어겼을 때 벌로 내게 하는 돈', '범죄를 저지른 사람에게 처벌로 내게 하는 돈'을 뜻합니다. 참고로 **'과징금(課徵金)'**은 개인이나 기업이 부당하게 얻은 이익에 대하여 국가에서 거두어들이는 돈을 뜻합니다.

청구(請求)

청할 請
구할 求

❶ 남에게 돈이나 물건 따위를 달라고 요구함.
❷ 상대편에 대하여 일정한 행위나 급부를 요구하는 일.

⑩ 그렇다면 양육비 변경 심판 청구를 할 수 있다.

친절한 샘 '청구(請求)'는 법률 관련 지문에서 자주 접하는 단어입니다. '청구'와 어울려 자주 쓰이는 단어 중에 '배상'과 '반환'이 있어요. **'배상(賠償)'**은 '남의 권리를 침해한 사람이 그 손해를 물어 주는 일'을 뜻하는데, 남에게 끼친 손해를 갚는다는 점에서 **'보상(補償)'**과 유사하지만, '배상'은 위법한 행위에 대한 갚음이라는 점에서 차이가 있습니다. **'반환(返還)'**은 '빌리거나 차지했던 것을 되돌려줌'을 뜻합니다.

급부(給付)

줄 給
줄 付

❶ 재물 따위를 대어 줌.
❷ 채권의 목적이 되는, 채무자가 하여야 할 행위.

⑩ 계약 당사자들은 상대에게 급부를 하라고 요구할 수 있다.

친절한 샘 수능 모의고사 지문에서 '급부'라는 말이 쓰이긴 했지만, 일반적으로 **'반대급부(反對給付)'**라는 말로 더 자주 쓰입니다. 이 말은 '어떤 일에 대응하여 얻게 되는 이익'을 뜻합니다. 예를 들어 아버지의 구두를 닦아 준 대가로 용돈을 받았다면 용돈이 반대급부가 되는 것이죠.

증여(贈與)

줄 贈
줄 與

❶ 물품 따위를 선물로 줌.

❷ 당사자의 일방이 자기의 재산을 무상으로 상대편에게 줄 의사를 표시하고 상대편이 이를 승낙함으로써 성립하는 계약.

㉠ 부모가 자녀에게 주택 증여 시 증여세를 내야 한다.

> **친절한 샘** '증여'는 재산이나 물건을 남에게 넘겨준다는 점에서 '**양도(讓渡)**'와 유사한데, '양도'는 일반적으로 무상이 아니라 대가가 있습니다. 대가 없이 재산을 내놓는다는 점에서 '증여'는 '**기부(寄附)**'와 유사한데, 기부는 일반적으로 특정인의 이익이 아니라 자선 사업이나 공공사업을 도울 목적으로 내놓는 것입니다.

이행(履行)

행할 履
행할 行

❶ 실제로 행함.

❷ 채무자가 채무의 내용을 실행하는 일.

㉠ 계약자는 계약서에 적힌 대로 자신의 권리가 이행이 되기를 기대했다.

> **친절한 샘** 법률 관련 지문에서는 주로 ❷의 뜻으로 쓰입니다. 어떤 의무를 가진 사람이 자신에게 책임이 있는 사유로 그 의무를 이행할 수 없게 되는 일을 '**이행 불능(履行不能)**'이라고 합니다. 이러한 상태가 되면 채권자는 손해 배상을 청구하거나 계약을 해제할 수 있어요.

참고 어휘	의미가 유사한 어휘
시행(施行)	❶ 실제로 행함. ❷ 법령을 공포한 뒤에 그 효력을 실제로 발생시키는 일. ㉠ 제도 시행
행사(行使)	❶ 부려서 씀. ❷ 권리의 내용을 실제로 이룸. ㉠ 투표권 행사
수행(遂行)	생각하거나 계획한 대로 일을 해냄. ㉠ 업무 수행

고지(告知)

알릴 告
알 知

❶ 게시나 글을 통하여 알림.

❷ 소송법에서, 법원이 결정 사항이나 명령을 당사자에게 알리는 일.

㉠ 보험 가입자가 고지 의무를 위반한 것으로 판단하였다.

> **친절한 샘** '고지'와 유사한 말로 '**통지(通知)**'가 있는데, 이는 '기별을 보내어 알게 함'을 뜻합니다. 참고로 위 예문에 쓰인 '고지 의무'는 계약 전에 알릴 의무이고, '통지 의무'는 계약 후에 알릴 의무를 뜻합니다.
> 학교에서 접하는 문서 중에 '고지서'와 '통지서'가 있죠? '고지서'는 '일정한 금액을 부과하는 문서'를, '통지서'는 '어떤 사실을 기별하여 알리는 문서'를 뜻합니다.

어휘 더하기

정답과 해설 33쪽

[다의어] 나오다 「동사」

❶【…에】【…으로】안에서 밖으로 오다.
　㉠ 어머니는 길에 나오셔서 아들을 기다리셨다.

❷【…에】책, 신문 따위에 글, 그림 따위가 실리다.
　㉠ 이 글은 논어에 나온다.

❸【…에】【…을】소속된 단체나 직장 따위에 일하러 오다.
　㉠ 과장님은 곧 회사에 나오실 겁니다.

❹ 처리나 결과로 이루어지거나 생기다.
　㉠ 실험 결과가 나오다.

'나오다'는 왼쪽에 제시된 것보다 훨씬 더 많은 의미를 지니고 있는 다의어입니다. ❶ ~ ❸의 문형 정보를 보면 【…에】를 확인할 수 있습니다. ❶ ~ ❸은 주어 이외에 부사어를 필요로 하는 두 자리 서술어로 쓰인다는 것을 확인할 수 있습니다. 유사한 의미를 묻는 문제가 시험에 나올 경우 【…에】의 '…' 부분에 있는 단어들을 비교하면 정답을 고르는 데 도움을 받을 수 있습니다.

⊙ 다음 밑줄 친 말의 의미를 왼쪽 풀이에서 기호를 쓰시오.

　이 작품이 시험에 <u>나올</u> 수 있다.

01 ㉠~㉢에 들어갈 적절한 말을 〈보기〉에서 찾아 쓰시오.

> 판사: 지금부터 ○○ 지방 법원 2014가합1000 손해 배상 사건의 판결을 (㉠)하겠습니다. (㉡)은/는 2019년 7월 16일 오후 6시경 집 근처 공터에 주차시켜 둔 승용차를 운전하고 출발하면서 주위를 제대로 살피지 아니한 잘못으로 승용차 왼쪽 앞바퀴로 (㉢)의 오른쪽 앞다리를 들이받아 다치게 하였습니다. (㉡)은/는 이 사건 사고로 (㉢)이/가 입은 손해를 배상할 책임이 있습니다.

> ──────〈 보기 〉──────
>
> 선고　　　구형　　　원고　　　피고

02 맥락을 고려할 때, 괄호 안에서 가장 적절한 단어를 찾아 ○표 하시오.

(1) 단체 소송은 법률이 정한, 전문성과 경험을 갖춘 단체가 기업을 상대로 침해 행위의 중지를 (신고 / 청구 / 재청)하는 소를 제기할 수 있도록 하는 제도이다.

(2) 그 사건으로 인해 수만 명의 가입자가 손해를 입었지만, 받을 수 있는 (배상 / 포상 / 납부) 금액이 적은 탓에 대부분은 소송에 참여하지 않았다.

(3) 국제법에 따르면 약탈당했거나 도난당한 문화재는 원소유 국가에 (보상 / 반송 / 반환)해야 하지만, 현실적으로는 잘 지켜지고 있지 않다.

03 문맥상 ㉠과 ㉡에 들어갈 말을 바르게 짝지은 것은?

> 　공인 중개사가 자신이 소유한 부동산을 고객에게 직접 파는 것을 금지하는 규정은 단속 법규에 해당한다. 따라서 이 규정을 위반하여 공인 중개사와 고객이 체결한 매매 계약의 경우 공인 중개사에게 (㉠)은/는 부과되지만 계약 자체는 유효하다. 이 경우 계약 내용에 따른 행동인 (㉡)을/를 할 의무가 인정되어, 공인 중개사는 매물의 소유권을 넘겨주고 고객은 대금을 지급해야 하는 것이다.

	㉠	㉡		㉠	㉡
①	벌금(罰金)	급부(給付)	②	벌금(罰金)	배상(賠償)
③	과태료(過怠料)	급부(給付)	④	과태료(過怠料)	변제(辨濟)
⑤	과징금(課徵金)	상환(償還)			

04 문맥상 ㉠과 ㉡에 들어갈 말을 바르게 짝지은 것은?

> 매수인은 매도인에게 매매 대금을 지급할 의무가 있고 소유권의 이전을 청구할 권리를 갖는다. 양 당사자는 서로 권리를 (㉠)하고 서로 의무를 (㉡)하는 관계에 놓이는 것이다.

	㉠	㉡		㉠	㉡
①	행사(行使)	수행(遂行)	②	행사(行使)	이행(履行)
③	이행(履行)	수행(遂行)	④	이행(履行)	행사(行使)
⑤	시행(施行)	행사(行使)			

05 다음 설명 중, 맞으면 ○표, 틀리면 ×표를 하시오.

(1) '증여', '양도', '기부'는 모두 무엇인가를 남에게 준다는 의미를 내포하고 있다. ·················· ( )
(2) '양도'와 달리 '증여'와 '기부'는 상대에게 대가를 바라지 않는다. ························· ( )
(3) '기부'와 달리 '증여'는 상대편의 의사와 관련 없이 상대편에게 재산을 넘길 수 있다. ············ ( )
(4) '증여'와 달리 '기부'는 특정인의 이익을 도모할 목적으로 행해진다. ···················· ( )

06 다음 빈칸에 들어가기에 가장 적절한 것은?

> 법원에서는 재판 날짜를 구치소에 구금돼 있는 피고인에게 ( )하였다.

① 고소(告訴) ② 통지(通知) ③ 공시(公示)
④ 공고(公告) ⑤ 포고(布告)

실전 어휘를 알면 **답**이 보인다 〈2019 수능 20번〉

07 문맥상 의미가 ⓐ와 가장 가까운 것은?

> 을이 그림 A를 넘겨주지 않은 까닭은 갑으로부터 매매 대금을 받은 뒤에 을의 과실로 불이 나 그림 A가 타 없어졌기 때문이다. 결국 채무는 이행 불능이 되었다. 소송을 하더라도 불능의 내용을 이행하라는 판결은 ⓐ나올 수 없다.

▶ 지문에 쓰인 단어 중 뜻을 모르는 단어의 뜻을 찾아 적어 보자.

① 오랜 연구 끝에 만족할 만한 실험 결과가 나왔다.
② 그 사람이 부드럽게 나오니 내 마음이 누그러졌다.
③ 우리 마을은 라디오가 잘 안 나오는 산간 지역이다.
④ 이 책에 나오는 옛날이야기 한 편을 함께 읽어 보자.
⑤ 그동안 우리 지역에서는 걸출한 인물들이 많이 나왔다.

■ 다음 글을 읽고 물음에 답하시오. 〈2019 6월 평가원〉

[A]
　사무실의 방충망이 낡아서 파손되었다면 세입자와 사무실을 빌려 준 건물주 중 누가 고쳐야 할까? 이 경우, 민법전의 법조문에 의하면 임대인인 건물주가 수선할 의무를 ⓐ진다. 그러나 사무실을 빌릴 때, 간단한 파손은 세입자가 스스로 해결한다는 내용을 계약서에 포함하는 경우도 있다. 이처럼 법률의 규정과 계약의 내용이 어긋날 때 어떤 것이 우선 적용되어야 하는가, 법적 불이익은 없는가 등의 문제가 발생한다.

낯선 어휘의 뜻을 사전에서 찾아 적어 보자.

• 파손: 깨어져 못 쓰게 됨. 또는 깨뜨려 못 쓰게 함.
•
•

핵심어를 중심으로 문단의 내용을 요약해 보자.

핵심어 법률, 계약
법률 규정과 계약 내용이 어긋날 때 문제가 발생한다.

　사법(私法)은 개인과 개인 사이의 재산, 가족 관계 등에 적용되는 법으로서 이 법의 영역에서는 '계약 자유의 원칙'이 적용된다. 계약의 구체적인 내용 결정 등은 당사자들 스스로 정할 수 있다는 것이다. 따라서 당사자들이 사법에 속하는 법률의 규정과 어긋난 내용으로 계약을 체결한 경우에 계약 내용이 우선 적용된다. 이처럼 법률상으로 규정되어 있더라도 당사자가 자유롭게 계약 내용을 정할 수 있는 법률 규정을 '임의 법규'라고 한다. 사법은 원칙적으로 임의 법규이므로, 사법으로 규정한 내용에 대해 당사자들이 계약으로 달리 정하지 않았다면 원칙적으로 법률의 규정이 적용된다. 위에서 본 임대인의 수선 의무 조항이 이에 해당한다.

•
•

핵심어 사법, (　　　　), (　　　　)

　그러나 법률로 정해진 내용과 어긋나게 계약을 하면 당사자들에게 벌금이나 과태료 같은 법적 불이익이 있거나 계약의 효력이 부정되는 예외적인 경우도 있다. 우선, 체결된 계약 내용이 법률에 정해진 내용과 어긋날 때 법적 불이익이 있지만 계약의 효력 자체는 그대로 두는 경우가 있다. 이에 해당하는 법조문을 '단속 법규'라고 한다. 공인 중개사가 자신이 소유한 부동산을 고객에게 직접 파는 것을 금지하는 규정은 단속 법규에 해당한다. 따라서 이 규정을 위반하여 공인 중개사와 고객이 체결한 매매 계약의 경우 공인 중개사에게 벌금은 부과되지만 계약 자체는 유효이다.

•
•

핵심어 _____

- **의문점:** '법률 규정 ≠ 계약 내용인' 경우 우선 적용은? 법적 불이익은?
- **사법(私法)** ┌ ［   ❶］의 원칙 적용 → 계약 내용이 법률 규정에 우선함. (❷법규)
  └ 계약 내용이 법률 규정과 어긋날 때 → 법적 불이익 ○, 계약의 효력 ○ (❸법규)

〈2019 6월 평가원 22번 변형〉

▶ 문제에 쓰인 단어 중 이해하기 어려운 단어의 뜻을 찾아 적어 보자.

01 윗글에 대한 이해로 적절하지 <u>않은</u> 것은?

① 단속 법규를 위반하는 경우 당사자는 법적 불이익을 받는다.

② 임의 법규가 단속 법규에 비해 계약 자유의 원칙에 더 부합한다.

③ 단속 법규에 어긋난 계약의 내용은 효력을 전혀 인정받지 못한다.

④ 임의 법규에 해당하는 법률 조항과 이에 어긋난 계약 내용 가운데 계약 내용이 우선 적용된다.

⑤ 세입자와 건물주 사이에 임대 계약 과정에서 분쟁이 발생할 경우 사법(私法)의 적용을 받는다.

〈2019 6월 평가원 23번 변형〉

02 윗글을 참고할 때, [A]에 제시된 물음에 대한 답으로 맞는 것에는 ○표, 틀린 것에는 ×표를 하시오.

(1) 계약서에 방충망 수선에 관한 내용이 없으면 건물주가 수선 의무를 지고, 수선 의무를 계약에 포함하지 않은 것에 대한 법적 불이익은 누구에게도 없다. ·· (   )

(2) 계약서에 세입자가 방충망을 수선한다는 내용이 있으면 세입자가 수선 의무를 지고, 건물주는 법률 내용과 다르게 계약한 것에 대해 법적 불이익을 받는다. ·· (   )

〈2019 6월 평가원 26번〉

03 문맥상 의미가 ⓐ와 가장 가까운 것은?

① 커피를 쏟아서 옷에 얼룩이 <u>졌다</u>.

② 네게 계속 신세만 <u>지기</u>가 미안하다.

③ 우리는 그 문제로 원수를 <u>지게</u> 되었다.

④ 아이들은 배낭을 <u>진</u> 채 여행을 떠났다.

⑤ 나는 조장으로서 큰 부담을 <u>지고</u> 있다.

법원과 헌법 재판소는 어떤 역할을 할까요?

독서 지문을 보면 '법'과 관련된 용어들이 자주 등장해요. 조금 어렵게 느껴질 수도 있지만, 기본적인 법률 용어를 알아 두면 지문 이해에 도움이 될 뿐만 아니라 뉴스 내용도 정확히 이해할 수 있을 거예요. 우선, 법원이 어떻게 조직되어 있는지 살펴볼까요?

법원은 대법원과 각급 법원으로 조직되어 있어요. 대법원은 우리나라의 최고 법원이에요. 위헌이나 위법 명령과 규칙 및 처분에 대한 최종 심사권, 위헌 법률 심판 제청권, 상고심 관할권 등의 권한을 가지고 있어요.

고등 법원은 대법원과 지방 법원 사이에 있는 중급 법원으로, 지방 법원의 판결에 대한 상소 사건을 심판할 권한을 가지고 있어요. 지방 법원은 제1심과 지방 법원의 단독 판결에 대한 상소 사건을 심판할 권한이 있어요.

친구들과 '가위 바위 보'를 할 때 '삼세판'이라는 말을 하지요? 재판에서도 3심 제도가 있어요. 즉, 법원의 재판에 대해 불만이 있는 경우 상위 등급의 법원에서 다시 재판을 받을 수 있도록 하는 심급 제도가 있어서 국민의 기본권을 최대한 보장하려고 노력한답니다. 지방 법원의 1심 판결을 받아들일 수가 없어 고등 법원에 2심 재판을 청구하는 것은 '항소(抗訴)'라고 해요. 고등 법원의 2심 판결을 받아들일 수 없어서 대법원에 3심을 요청하는 것을 '상고(上告)'라고 해요. 심급 제도는 혹시 모를 판정의 오류로 억울한 일을 당하는 경우가 없도록 하기 위해 만들어진 제도랍니다.

어휘 돋보기

위헌(違憲)
법률 또는 명령, 규칙, 처분 따위가 헌법의 조항이나 정신에 위배되는 일.

합헌(合憲)
헌법의 취지에 맞는 일.

상소(上訴)
하급 법원의 판결에 따르지 않고 상급 법원에 재심을 요구하는 일.

기각(棄却)
소송을 수리한 법원이, 상소가 실체적으로 이유가 없다고 판단하여 소송을 종료하는 일. 쉽게 말해 이전의 판결에 문제가 없다고 판단하여 그대로 소송을 끝내는 것임.

헌법 재판소는 법을 재판하는 곳인가요?

헌법 재판소는 말 그대로 국회에서 만들어진 법령이 헌법을 기준으로 하여 어긋나는 것은 없는지 또는 국민의 기본권을 침해하지는 않는지를 판단하기 위해 설치한 특별 재판소입니다. 법원의 제청에 의한 법률의 위헌 여부, 탄핵, 정당의 해산, 국가 기관 상호 간 또는 국가 기관과 지방 자치 단체 간 및 지방 자치 단체 상호 간의 권한 쟁의, 헌법 소원에 관한 것을 심판한답니다.

▲ 헌법 재판소

'위헌 법률 심판'은 국회에서 제정한 법률이 헌법에 위반되는지 여부를 심사하는 일이에요. 재판 중인 사건에서 특정 법률 조항이 위헌의 소지가 있을 경우 소송 당사자나 법원이 헌법 재판소에 위헌 제청을 할 수 있답니다.

'헌법 소원 심판'은 국가의 공권력 행사나 불행사로 인해 국민의 기본권이 침해된 경우에 국민이 헌법 재판소에 이의 구제를 직접 청구하고 헌법 재판소가 이를 심판하는 제도예요.

'탄핵 심판'은 헌법 재판소가 국회의 탄핵 소추에 따라 공무원의 탄핵을 할 것인지의 여부를 재판하는 일이에요. 이 재판에서 9명의 재판관의 과반수가 동의를 하면 탄핵을 하게 되는 것이지요.

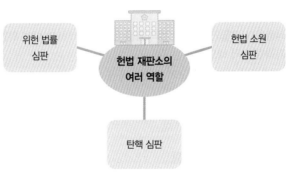

- 위헌 법률 심판
- 헌법 재판소의 여러 역할
- 헌법 소원 심판
- 탄핵 심판

> **탄핵(彈劾) 소추(訴追)?**
>
> '탄핵'은 표준국어대사전에서 두 가지 의미로 정의하고 있는데, '(1) 죄상을 들어서 책망함. (2) 보통의 파면 절차에 의한 파면이 곤란하거나 검찰 기관에 의한 소추(訴追)가 사실상 곤란한 대통령, 국무위원, 법관 등을 국회에서 소추하여 해임하거나 처벌하는 일.'이라고 되어 있어요. 이 중 '법률'에서는 두 번째 뜻으로 사용됩니다. '소추'는 고급 공무원이 직무를 집행할 때 헌법이나 법률을 위배하였을 경우 국가가 탄핵을 결의하는 일이에요. 즉, '탄핵 소추'란 국회가 고급 공무원을 탄핵하기로 의결하는 것이에요.

금리(金利)

돈 金
이자 利

빌려준 돈이나 예금 따위에 붙는 이자. 또는 그 비율.

예 시중 은행의 금리가 조금씩 내려가고 있다.

? 친절한 샘 '금리'는 한자의 뜻 그대로 '돈에 붙는 이자'를 뜻합니다. '**이자(利子)**'는 남에게 돈을 빌려 쓴 대가로 치르는 돈을 뜻하고, '**이자율(利子率)**'은 빌려준 돈에 대한 이자의 비율을 뜻해요. 일반적으로 '이자율'을 '금리'라고 해요. 100만 원을 연 5%의 금리로 빌렸다면 1년 후에는 **원금** 100만 원과 이자 5만 원을 합해서 **원리금** 105만 원을 갚아야겠죠?

채권(債券)

빚 債
문서 券

❶ 남에게 빌린 돈의 금액을 적는 장부.
❷ 국가, 지방 자치 단체, 은행, 회사 따위가 사업에 필요한 자금을 차입하기 위하여 발행하는 유가 증권. 공채, 국채, 사채, 지방채 등이 있다.

예 시에서는 지하철 건설을 위한 재원을 마련하기 위해 채권을 발행하였다.

? 친절한 샘 어떤 사람이 다른 사람에게 돈을 빌리는 경우를 생각해 볼까요? 돈을 빌리는 사람은 빌려 주는 사람에게 얼마를 빌리고, 언제까지 어떻게 갚겠다는 약속을 해요. 이러한 약속을 증명하는 문서를 '**차용증(借用證)**'이라고 합니다.
이처럼 정부나 회사도 외부에서 자금을 빌릴 때, 차용증 같은 것을 발행하는데 이를 채권이라고 합니다. 한자 뜻 그대로 빚문서인 셈이죠. 참고로 채권에는 빌린 자금의 기한(만기일)과 이자율, 원금(액면가)이 적혀 있습니다. 아, 권리를 뜻하는 '권(權)'이 들어간 '**채권(債權)**'과 혼동하면 안 됩니다.

참고 어휘 '채권(債權)'과 '채무(債務)'

채권(債權)	특정인이 다른 특정인에게 어떤 행위를 청구할 수 있는 권리.
채무(債務)	특정인이 다른 특정인에게 어떤 행위를 하여야 할 의무.

이제부터 난 채권자!
빚을 갚아야 하는 나는 채무자!

입찰(入札)

들 入
패 札

상품을 사고팔거나 도급 계약 등을 할 때, 거래하고 싶어 하는 여러 사람들에게 각자 원하는 가격을 써서 내도록 하는 일.

예 정부는 공공 건설 공사를 입찰에 붙이겠다고 발표했다.

? 친절한 샘 입찰에 참가하는 것을 '**응찰(應札)**'이라 하고, 입찰을 통해 물건이나 일이 어떤 사람이나 업체에 돌아가도록 결정하는 일을 '**낙찰(落札)**', 낙찰이 결정되지 아니하고 무효로 돌아가는 일을 '**유찰(流札)**'이라고 합니다.

담합(談合)

말씀 談
합할 合

❶ 서로 의논하여 합의함.
❷ 경쟁 입찰을 할 때에 입찰 참가자가 서로 의논하여 미리 입찰 가격이나 낙찰자 따위를 정하는 일.

예 커피숍들이 동시에 커피 가격을 올린 것을 보니 담합이라도 한 모양이다.

? 친절한 샘 경제 관련 지문에서 '담합'은 부정적인 느낌을 주는 ❷의 뜻으로 쓰입니다. 이 경우 고유어인 '**짬짜미**'라는 말도 써요. 신문 기사를 읽다 보면 '**카르텔(Kartell)**'이라는 단어가 종종 나오죠? 이 말은 동일 업종의 기업이 경쟁 제한 또는 완화를 목적으로 가격, 생산량, 판로 등에 대하여 협정을 맺는 것을 뜻합니다. 같은 장사를 하는 사람끼리 지나치게 경쟁하느라 서로 손해 보지 말고, 가격을 맞춰 서로 이익을 보려는 의도로 맺는 것이죠. '담합'은 카르텔의 수단 중 하나라고 할 수 있습니다. 소비자 입장에서는 화가 날 만한 말이죠? 많은 사람이 마음과 힘을 한데 뭉친다는 '**단합(團合)**'과 혼동하지 마세요.

이번엔 우리 차례라는 것 알죠?
다음엔 우리 밀어주는 거지?

짬짜미

효용(效用)

본받을 效
쓸 用

❶ 보람 있게 쓰거나 쓰임. 또는 그런 보람이나 쓸모.
❷ 인간의 욕망을 만족시킬 수 있는 재화의 효능.
📖 주주 가치 경영은 사회 전체의 효용을 극대화해서 사회의 행복을 증진시킨다.

> **? 친절한 샘** 일반적 상황에서는 ❶의 뜻으로, 경제 관련 지문에서는 ❷의 뜻으로 많이 쓰입니다. 경제 관련 지문을 읽다 보면 '**한계 효용 체감의 법칙**' 등의 용어가 나오죠? '**한계(限界)**'란 추가적인 것을 의미하고 '**효용**'이란 만족감을 말합니다. 그러니까 '한계 효용'이란 추가적 소비로 인해 생기는 만족감을 뜻합니다. 따라서 만족감이 높다면 효용이 높다고 말할 수 있어요. 그런데 한계 효용은 계속 줄어드는 특징이 있습니다. 이런 현상을 '한계 효용 체감의 법칙'이라고 해요. 이때 '**체감(遞減)**'은 '등수를 따라서 차례로 덜어 감'을 뜻하는 말입니다.

처음 먹을 때보다 효용이 떨어지네.

재화(財貨)

재물 財
재물 貨

사람이 바라는 바를 충족시켜 주는 모든 물건.
📖 정부는 재화의 재분배를 통해 소득 격차를 줄여 보고자 했다.

> **? 친절한 샘** 재화는 희소성에 따라 자유재와 경제재로 구분됩니다. 공기나 햇빛 등과 같이 사용 가치는 있지만 무한으로 존재하여 대가가 필요하지 않은 재화를 '**자유재(自由財)**', 인간의 욕망에 비해 재화의 양이 한정되어 있어 대가를 지급해야 얻을 수 있는 재화를 '**경제재(經濟財)**'라고 합니다.

보전(補塡)

꿰맬 補
메울 塡

부족한 부분을 보태어 채움.
📖 기업의 적자 보전을 위한 일종의 '일감 몰아주기' 형태라고 볼 수 있다.

> **? 친절한 샘** 주로 경제 지문에서 많이 접하는 단어입니다. 이 단어가 나오면 앞에 뭔가 손해와 관련된 내용이 나오고, 그것을 메우기 위한 방안이 함께 나온다고 예상하면 됩니다.
> '환경 보전', '문화재 보전'과 같이 우리가 일상생활에서 흔히 쓰는 '**보전(保全)**'은 '온전하게 보호하여 유지함'을 뜻합니다. 이와 종종 혼동하는 '**보존(保存)**'은 '잘 보호하고 간수하여 남김'을 뜻합니다.

변제(辨濟)

분별할 辨
해결할 濟

남에게 진 빚을 갚음.
📖 돈을 갚아 나가던 김 씨는 더 이상 변제 능력이 없었다.

> **? 친절한 샘** 남에게 빌린 돈을 갚는 것을 뜻하는 말에는 '**상환(償還)**'도 있습니다.

어휘 더하기

정답과 해설 **35**쪽

[다의어] 떨어지다 「동사」

❶ 【…에】【…으로】 위에서 아래로 내려지다.
  📖 발을 헛디뎌서 구덩이로 떨어졌다.
❷ 【…에 / 에게】 정이 없어지거나 멀어지다.
  📖 그 일에 정이 떨어진 지 꽤 되었다.
❸ 【…에】【 …에서】 시험, 선거, 선발 따위에 응하여 뽑히지 못하다.
  📖 그는 입학시험에 떨어졌다.
❹ 【…에서 / 에게서】 함께 하거나 따르지 않고 뒤에 처지다.
  📖 아이는 한시도 엄마에게서 떨어지지 않았다.
❺ 값, 기온, 수준, 형세 따위가 낮아지거나 내려가다.
  📖 갈수록 성적이 떨어져서 큰일이다.
❻ 뒤를 대지 못하여 남아 있는 것이 없게 되다
  📖 쌀이 다 떨어져서 밥을 할 수 없었다.

'떨어지다'는 이밖에도 다양한 의미를 지니고 있는 다의어입니다. '떨어지다'의 주체가 무엇인지, 떨어지는 출발점이나 방향이 어디인지를 살피면 같거나 유사한 의미로 쓰인 문장을 찾는 데 도움을 받을 수 있습니다.

⊙ 다음 밑줄 친 말과 바꿔 쓰기에 가장 적절한 것은?

> 재료가 다 <u>떨어져서</u> 음식을 더 만들 수 없어.

① 해져서   ② 동나서   ③ 끊어져서
④ 하락해서   ⑤ 탈락해서

01 문맥을 고려할 때, 빈칸에 들어가기에 적절한 단어를 〈보기〉에서 각각 고르시오.

〈 보기 〉

보전(補塡)　　　보존(保存)　　　변제(辨濟)　　　대여(貸與)　　　전용(專用)　　　효용(效用)

(1) 예금자는 법이 보호하는 범위 내에서 손실을 ☐☐☐ 받을 수 있다.

(2) 주인은 세입자에게 밀린 월세의 ☐☐☐을/를 요구했다.

(3) 경제학에서 ☐☐☐(이)란 우리가 상품을 소비함으로써 얻게 되는 만족을 뜻한다.

02 ㉠~㉢에 들어갈 적절한 단어를 순서대로 나열한 것은?

　　장래에 물가가 (㉠) 것으로 예상되면 돈을 빌려주는 사람은 같은 금액의 이자를 받는다 하더라도 그 실질가치가 떨어지므로 더 높은 금리를 요구하게 되어 금리는 상승하게 된다. 이밖에 금리는 빌리는 사람의 신용과 돈을 빌리는 기간 등에 따라 그 수준이 달라지는데 빌려준 돈을 받지 못할 위험이 (㉡), 그리고 빌리는 기간이 (㉢) 금리가 높은 것이 일반적이다.

– 출처: 한국은행

	㉠	㉡	㉢
①	오를	클수록	짧을수록
②	오를	작을수록	길수록
③	오를	클수록	길수록
④	떨어질	클수록	길수록
⑤	떨어질	작을수록	짧을수록

03 다음 대화에서 ㉠~㉢에 들어가기에 적절한 단어를 〈보기〉에서 고르시오.

　갑: 이번에 ○○시에서 추진하는 상수도관 교체 공사를 공개 ☐ ㉠ ☐에 붙이겠다고 발표했습니다.

　을: 우리 회사에서는 이미 △△시에서 같은 공사를 ☐ ㉡ ☐받아 성공적으로 완료한 경험이 있기 때문에, 아무래도 우리 회사가 유리한 입장이겠죠?

　갑: 당연하죠. 강력한 경쟁 회사 중 하나가 ☐ ㉢ ☐을/를 포기했다고 하니, 더욱 유리합니다.

〈 보기 〉

입찰(入札)　　　응찰(應札)　　　유찰(流札)　　　낙찰(落札)　　　정찰(正札)

04 다음 신문 기사의 빈칸에 공통으로 들어갈 단어로 적절한 것은?

> • 공정거래위원회는 공공 기관 의료기기 관련 구매 입찰에서 조직적으로 ⬚⬚⬚을/를 한 11개 업체를 적발했다.
> • 검찰은 국세청 발주 사업을 수주한 업체 간에 서로 유착 관계를 형성해 아무 역할이 없는 업체를 공급 단계에 끼워 넣거나 허위 거래를 만들어 납품 단가를 부풀리고 수익을 분배한 것으로 파악, 이들을 ⬚⬚⬚ 혐의로 재판에 넘겼다.

① 단합(團合) ② 담합(談合) ③ 담화(談話)
④ 담판(談判) ⑤ 조합(組合)

05 사전에 잉크가 떨어져 일부가 보이지 않게 되었다. 가려진 자리에 있던 ㉠과 ㉡에 들어갈 단어로 적절한 것은?

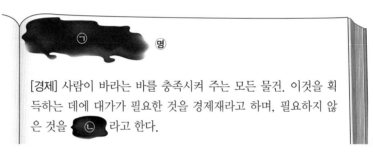

[경제] 사람이 바라는 바를 충족시켜 주는 모든 물건. 이것을 획득하는 데에 대가가 필요한 것을 경제재라고 하며, 필요하지 않은 것을 ㉡ 라고 한다.

	㉠	㉡		㉠	㉡
①	재원(財源)	자유재(自由財)	②	재화(財貨)	자유재(自由財)
③	재원(財源)	필수재(必須財)	④	재화(財貨)	공공재(公共財)
⑤	재정(財政)	공공재(公共財)			

06 문맥상 ⓐ의 의미와 가장 가까운 의미로 쓰인 것은?

> 채권의 신용 등급은 신용 위험의 변동에 따라 조정될 수 있다. 다른 조건이 일정한 가운데 신용 위험이 커지면 채권 시장에서 해당 채권의 가격이 ⓐ떨어진다.

▶ 문제에 쓰인 단어 중 이해하기 어려운 단어의 뜻을 찾아 적어 보자.

① 오늘 아침에는 기온이 영하로 떨어졌다.
② 과자 한 봉지를 팔면 내게 100원이 떨어진다.
③ 더위를 먹었는지 입맛이 떨어지고 기운이 없다.
④ 신발이 떨어져서 걸을 때마다 빗물이 스며든다.
⑤ 선생님 말씀이 떨어지자마자 모두 자리에 앉았다.

■ 다음 글을 읽고 물음에 답하시오.

〈2018 수능〉

정책 수단 선택의 사례로 환율과 관련된 경제 현상을 살펴보자. 외국 통화에 대한 자국 통화의 교환 비율을 의미하는 환율은 장기적으로 한 국가의 생산성과 물가 등 기초 경제 여건을 반영하는 수준으로 수렴된다. 그러나 단기적으로 환율은 이와 ⓐ괴리되어 움직이는 경우가 있다. 만약 환율이 예상과 다른 방향으로 움직이거나 또는 비록 예상과 같은 방향으로 움직이더라도 변동 폭이 예상보다 크게 나타날 경우 경제 주체들은 ⓑ과도한 위험에 ⓒ노출될 수 있다. 환율이나 주가 등 경제 변수가 단기에 지나치게 상승 또는 하락하는 현상을 오버슈팅 (overshooting)이라고 한다. 이러한 오버슈팅은 물가 경직성 또는 금융 시장 변동에 따른 불안 심리 등에 의해 ⓓ촉발되는 것으로 알려져 있다. 여기서 물가 경직성은 시장에서 가격이 조정되기 어려운 정도를 의미한다.

낯선 어휘의 뜻을 사전에서 찾아 적어 보자.

• 통화: 유통 수단이나 지불 수단으로서 기능하는 화폐.
• 수렴:
•

핵심어를 중심으로 문단의 내용을 요약해 보자.

핵심어 환율, 오버슈팅

환율이나 주가 등 경제 변수가 단기에 지나치게 변동하는 것을 오버슈팅이라 하는데, 이 경우 경제 주체들은 과도한 위험에 노출될 수 있다.

물가 경직성에 따른 환율의 오버슈팅을 이해하기 위해 통화를 금융 자산의 일종으로 보고 경제 충격에 대해 장기와 단기에 환율이 어떻게 조정되는지 알아보자. 경제에 충격이 발생할 때 물가나 환율은 충격을 흡수하는 조정 과정을 거치게 된다. 물가는 단기에는 장기 계약 및 공공요금 규제 등으로 인해 경직적이지만 장기에는 신축적으로 조정된다. 반면 환율은 단기에서도 신축적인 조정이 가능하다. 이러한 물가와 환율의 조정 속도 차이가 오버슈팅을 ⓔ초래한다. 물가와 환율이 모두 신축적으로 조정되는 장기에서의 환율은 구매력 평가설에 의해 설명되는데, 이에 의하면 장기의 환율은 자국 물가 수준을 외국 물가 수준으로 나눈 비율로 나타나며, 이를 균형 환율로 본다. 가령 국내 통화량이 증가하여 유지될 경우 장기에서는 자국 물가도 높아져 장기의 환율은 상승한다. 이때 통화량을 물가로 나눈 실질 통화량은 변하지 않는다.

•
•
•

핵심어 _____

- **오버슈팅**: 환율이나 주가 등 경제 변수가 단기에 지나치게 상승 또는 하락하는 현상
  - 원인: 물가 [ ]❶ 또는 금융 시장 변동에 따른 불안 심리 등
- **경제 충격** → 물가와 환율 조정 과정 속도 차이 → [ ]❷ 초래
  - 물가: 단기에는 경직적, 장기에는 신축적 조정
  - 환율: 단기에서도 신축적 조정 가능
- **장기의 환율**: 구매력 평가설에 의해 설명됨.
  - 장기 환율 = 자국 물가 수준 ÷ 외국 물가 수준 = [ ]❸ 환율

〈2018 수능 27번 변형〉

01 윗글에 대한 이해로 적절하지 <u>않은</u> 것은?

① 경제 충격이 발생하면 물가와 달리 환율은 단기에도 신축적으로 조정이 가능하다.

② 환율은 장기적으로 한 국가의 생산성과 물가 등 기초 경제 여건을 반영하는 수준으로 움직인다.

③ 환율이 예상과 같은 방향으로 움직이더라도 단기 변동 폭이 예상보다 클 경우 오버슈팅이 촉발될 수 있다.

④ 물가 경직성에 따른 환율의 오버슈팅은 물가의 조정 속도보다 환율의 조정 속도가 빠르기 때문에 발생하는 것이다.

⑤ 국내 통화량이 증가하여 유지될 경우 장기에는 실질 통화량이 변하지 않으므로 장기의 환율도 변함이 없을 것이다.

〈2018 수능 32번 변형〉

02 문맥상 ⓐ~ⓔ와 바꿔 쓰기에 적절하지 <u>않은</u> 것은?

① ⓐ: 동떨어져

② ⓑ: 지나친

③ ⓒ: 드러낼

④ ⓓ: 일어나는

⑤ ⓔ: 불러온다

▶ 문제에 쓰인 단어 중 이해하기 어려운 단어의 뜻을 사전에서 찾아 적어 보자.

햄버거 가격으로 환율을 알 수 있을까?

· 세계 여러 나라의 화폐

· 외환(外換)
외국 화폐뿐만 아니라 외국 화폐의 가치를 지니는 수표, 예금, 어음 등을 의미한다.

· 외환 시장(外換市場)
교역국 간에 서로 다른 가치를 지닌 외환의 시세가 결정되고 외환이 거래되는 시장이다.

각 국가마다 사용하는 화폐는 모두 다릅니다. 원화는 '원'을 화폐 단위로 하는 우리나라의 화폐를 가리키는 말입니다. 해외여행을 갈 때에는 우리나라 돈을 외화(外貨)로 바꾸어야겠지요?

우리나라 돈과 다른 나라의 돈을 교환할 때에는 일정한 '교환 비율'을 따릅니다. 바로 이 교환 비율을 환율(換率)이라고 하지요. 즉, 외국의 돈을 얻기 위해 자국의 돈을 얼마나 지급해야 하는지의 정도로 표시하는 것이랍니다. 예를 들어, 환율을 '1,000원/달러'라고 표시하는 경우 우리나라 돈 1,000원이 1달러와 같은 교환 가치를 지닌다는 의미입니다.

환율의 상승과 하락이 우리에게 어떤 영향을 미치는 것일까?

환율의 변동은 상품의 수출, 수입, 국내 물가 등 경제 전반에 영향을 미칩니다.

환율 상승 = 원화 가치 ↓
1달러로 교환하기 위해 200원이 더 필요한 상황이므로 원화의 가치가 떨어진다.

환율 하락 = 원화 가치 ↑
1달러로 교환하기 위해 200원이 덜 필요한 상황이므로 원화의 가치가 상승한다.

· 오버슈팅(Overshooting)
상품이나 금융 자산의 시장 가격이 일시적으로 지나치게 상승하거나 하락하는 것을 말한다. 정부가 정책적으로 통화를 팽창시키면 자국의 통화 가치가 하락(= 환율 상승)하는데, 처음에는 균형 수준 이하로 떨어졌다가 점차 통화 가치가 상승(= 환율 하락)해 다시 균형을 찾는 상태가 된다.

환율이 상승했다고?

가령, 1달러당 환율이 1,000원에서 1,200원으로 상승하면 외국에서 1달러에 팔리던 우리나라 1,000원짜리 상품의 경우 외화 표시 가격이 대략 0.83달러로 싸진다는 의미랍니다. 따라서 해외에서 우리나라 물건은 가격적인 측면에서 경쟁력이 높아지기 때문에 수출 기업에는 유리하게 되겠지요.

반면에 1,000원에 수입하던 외국 상품을 들여오기 위해서는 원화 표시 가격이 1,200원이므로 우리나라에서 이 상품은 비싸져서 가격 경쟁력이 떨어지게 되어 수입 기업에는 불리할 수도 있어요. 하지만 단순하게 '환율 상승 = 수출 증가 = 수입 감소'의 공식으로 생각하는 것은 위험해요. 왜냐하면 각 부품을 수입해서 완제품을 만들어 수출하는 기업에는 별다른 이익이 없을 수도 있고 환율이라는 것은 굉장히 다양하고 복합적인 경제적 이유로 결정되기 때문이지요.

환율이 하락했다고?

반대로 1달러당 환율이 1,000원에서 800원으로 하락하면 외국에 팔던 우리나라 상품이 비싸진다는 의미이므로 해외에서 우리나라 물건은 가격적인 면에서 경쟁력이 약화되겠지요. 반면, 수입하는 외국 제품의 원화 표시 가격이 더 싸지기 때문에 우리나라에서 가격 경쟁력이 높아져 수입하는 기업에게는 유리하게 되겠지요. 하지만 제품의 수출과 수입에는 여러 가지 정황이 복합적으로 작용하기 때문에 이 역시 '환율 하락 = 수출 감소 = 수입 증가'의 공식으로 생각하는 것은 잘못된 것이랍니다. 즉, '환율 하락은 원화의 가치가 상승했다는 의미구나' 정도로 생각하면 돼요.

'빅맥 지수'는 무엇일까?

영국의 경제 주간지에서 세계 어느 나라에서나 먹을 수 있는 빅맥 가격을 달러로 환산한 '빅맥 지수'를 분기별로 발표한답니다. 이를 통해 각 나라에서 빅맥이 얼마에 거래되는지를 파악해서 물가를 비교할 수 있지요. 오른쪽 그림은 '빅맥 지수' 순위에서 한국의 빅맥 지수가 미국보다 낮아요. 이것은 한국 원화의 실제 거래 환율이 그 만큼 저평가되어 있다는 의미예요.

▲ 빅맥 지수 순위(이코노미스트 2018년)

'빅맥 지수'는 어떻게 계산할까?

미국 빅맥: 6달러 한국 빅맥: 4,500원

- 기준 환율: 1,100원
- 빅맥 지수: 4.09달러(= 우리나라 빅맥 가격을 달러 환율로 나눈 수치)
- 빅맥 지수에 의한 구매력 기준 환율: 1달러당 750원 (=4,500원/6달러)

가령 환율이 1,100원(/달러)일 때, 우리나라에서 빅맥이 4,500원이고 미국에서는 6달러에 판매된다고 가정해 볼까요? 즉, 우리나라 빅맥 가격을 당시의 환율로 나누면 4.09달러가 됩니다. 따라서 우리나라의 빅맥 지수는 4.09달러가 되는 것이지요. 이때 미국의 빅맥은 6달러이므로 빅맥 지수에 의한 구매력 기준 환율은 우리나라의 빅맥 가격에 미국의 빅맥 가격을 나눈 것이므로 1달러당 750원이 됩니다. 이 당시의 실제 환율은 1달러당 1,100원에 형성되어 있었는데 빅맥 구매력 기준 환율과 비교해 보면 실제 환율이 훨씬 높게 형성되어 있다는 것을 확인할 수 있답니다.

■ 국가의 외환 보유량이 경제에 미치는 영향

1997년 우리나라 외환 위기에 대해 알고 있나요? 당시 우리나라 정부가 가지고 있는 외환 보유액이 부족해서 국제 통화 기금(IMF)으로부터 자금 지원을 받은 사건입니다. 국제 통화인 달러가 부족해지자 자국의 화폐 가치가 크게 떨어지게 되고, 외국 투자자들 역시 불안감을 느껴 투자금을 다시 회수하게 되면서 외환은 더욱 급속도로 줄어들게 되었어요. IMF는 우리나라에 자금을 지원해 주는 대신 자본 시장의 개방 및 공기업의 민영화 등 한국 경제 전반에 개입을 하였지요. 우리는 2001년 8월에 국제 통화 기금(IMF)에서 빌린 돈을 모두 갚고 경제 위기를 극복했어요.

• 구매력 기준 환율
같은 물건을 사는 데 필요한 통화의 양을 비교하여 결정하는 환율을 말한다.

• 통화(通貨)
한 나라 안에서 통용되고 있는 화폐를 말한다.

• 외환 보유액
한 국가가 일정한 시점에서 대외 지급에 대비하여 보유하고 있는 외국환 어음과 채권의 총액을 말한다.

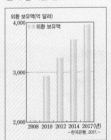

공익(公益)

이로울 公
이익 益

사회 전체의 이익.

예 헌법은 국민의 기본권을 보장하면서도 공익을 위해서 기본권을 제한하기도 한다.

친절한 샘 사회 전체의 이익이 아니라 개인의 이익을 뜻하는 말은 '**사익(私益)**'입니다. 사익을 추구하는 행위를 나쁘다고 할 수는 없지만 공익을 저해하는 데까지 나아가서는 안 되겠죠? 여기서 '**저해(沮害)**'는 '막아서 못 하도록 해침'을 뜻합니다.

이해관계(利害關係)

이로울 利
해로울 害
관계할 關
맬 係

서로 이해가 걸려 있는 관계.

예 그 두 회사는 상업적인 이해관계를 떠나서 서로 돕는 자매 회사이다.

친절한 샘 어느 한쪽이 이익을 얻게 되면 다른 한쪽이 손해를 보는 상황이라면 서로 다른 이해관계에 있는 개인이나 집단 사이에는 갈등이 일어날 수 있습니다. 참고로, 어떤 시스템이나 사회 전체의 이익이 일정하여 한쪽이 득을 보면 반드시 다른 한쪽이 손해를 보는 상태를 이르는 말은 '**제로섬(zero-sum)**'이라고 합니다.

남용(濫用)

넘칠 濫
쓸 用

❶ 일정한 기준이나 한도를 넘어서 함부로 씀.
❷ 권리나 권한 따위를 본래의 목적이나 범위를 벗어나 함부로 행사함.

예 시민 단체는 공공 기관의 재량권 남용을 감시하고 있다.

친절한 샘 '**과유불급(過猶不及)**'이라는 말이 있어요. 무엇이든 지나친 것은 좋지 않다는 뜻을 지닌 말이죠. '남(濫)'은 '넘치다', '함부로 하다'의 뜻을 지닌 한자어입니다. 그러니까 '남(濫)'이 들어가면 부정적 의미로 보면 됩니다. 예를 들어 '**남발(濫發)**'은 어떤 말이나 행동 따위를 자꾸 함부로 하는 것을, 큰물이 흘러넘친다는 뜻의 '**범람(氾濫)**'은 바람직하지 못한 것들이 마구 쏟아져 돌아다니는 것을 의미합니다.

수반(隨伴)되다

따를 隨
짝 伴

어떤 일과 더불어 생기다.

예 경쟁이 활발해지면 가격 인하가 수반되어 소비자의 만족이 더 커질 수 있다.

친절한 샘 어떤 일이나 현상이 함께 생긴다는 점에서 '**동반(同伴)**'과 유사합니다. 다만 '동(同)'에는 '같다'라는 뜻이, '수(隨)'는 '따르다'는 뜻이 있으므로 생기는 시기에 따라 구별하여 쓸 수 있습니다. '수반'과 달리 '따로 떨어짐'을 뜻하는 단어로는 '**유리(遊離)**'가 있습니다.

미시적(微視的)

작을 微
볼 視

사물이나 현상을 전체적인 면에서가 아니라 개별적으로 포착하여 분석하는.

예 보편적 복지를 확대하기 위해 미시적 접근이 필요하다

친절한 샘 '미시적'과 짝을 이루는 반대말은 '**거시적(巨視的)**'입니다. 이 말은 사물이나 현상을 전체적으로 분석하고 파악하는 것을 뜻합니다. 흔히 전체와 부분을 숲과 나무로 빗대어 표현하는데, '거시'는 숲 전체에, '미시'는 각각의 나무에 초점을 맞추는 것이라고 이해하면 좋을 것 같아요.

미시적으로 꼼꼼하게 관찰해야지.

전가(轉嫁)

구를 轉
떠넘길 嫁

잘못이나 책임을 다른 사람에게 넘겨씌움.

예 우리는 책임 전가의 습성을 타파해야 한다.

친절한 샘 '**전이(轉移)**'는 '자리나 위치 따위를 다른 곳으로 옮김'을 뜻하고, 글자 앞뒤를 바꾼 '**이전(移轉)**'은 장소나 주소 등을 다른 데로 옮기는 것을 뜻하지만, 권리 따위를 남에게 넘겨주거나 또는 넘겨받는 것을 뜻하는 말로 많이 쓰입니다. 권리를 넘겨주는 것을 뜻하는 말에는 '**인도(引渡)**'도 있습니다.

귀속(歸屬)

돌아올 歸
무리 屬

❶ 재산이나 영토, 권리 따위가 특정 주체에 붙거나 딸림.
❷ 어떤 개인이 특정 단체의 소속이 됨.

㉠ 도시 기반 시설의 소유권 귀속 문제와 관련된 분쟁이 계속 일어나고 있다.

> **친절한 샘** '귀속'이 들어간 전문 용어 몇 개 알아볼까요?
> ❶의 뜻과 관련 있는 '**귀속 재산(歸屬財産)**'은 법률이나 계약에 의하여 귀속된 재산을 뜻하고, ❷의 뜻과 관련 있는 '**귀속 지위(歸屬地位)**'는 개인의 의사나 재능과 상관없이 태어나면서부터 운명적으로 갖게 되는 지위를 뜻합니다.

내면화(內面化)

안 內
쪽 面
될 化

정신적·심리적으로 깊이 마음속에 자리 잡힘. 또는 그렇게 되게 함.

㉠ 인간은 사회 규율의 내면화를 통해 사회화된다.

> **친절한 샘** 이와 유사한 말로 '**체화(體化)**'가 있어요. 이는 '생각, 사상, 이론 따위가 몸에 배어서 자기 것이 됨'을 뜻합니다.

암묵적(暗默的)

어두울 暗
잠잠할 默
과녁 的

자기의 의사를 밖으로 나타내지 아니한 것.

㉠ 명시적으로 거부하지 않으면 암묵적 동의를 한 것으로 해석될 수 있다.

> **친절한 샘** 위의 ㉠에 제시된 것처럼 '암묵적'의 반대는 '**명시적(明示的)**'입니다. '명시적'은 '내용이나 뜻을 분명하게 드러내 보이는 것'을 뜻합니다.

향유(享有)하다

누릴 享
가질 有

누리어 가지다.

㉠ 신임 총리는 국민 모두가 골고루 정책의 성과를 향유하는 사회를 만들겠다고 밝혔다.

> **친절한 샘** '향유'의 뜻을 고려하면, 그 앞에 있는 대상은 누릴 만한 것이니까 좋은 것들이 오겠죠? 이를테면 문화, 부(富), 이익 같은 것들이 올 거예요.
> '**공유(共有)**'는 두 사람 이상이 한 물건을 공동으로 소유하는 것을 뜻합니다. 요즘은 자동차를 비롯해서 주택과 사무실도 공유하는 세상이죠? 공적인 것을 뜻하는 '공(公)'을 쓰는 '**공유(公有)**'는 '국가나 지방 자치 단체의 소유'를 뜻합니다.

어휘 **더하기**

정답과 해설 37쪽

['비(備)'가 들어간 한자어]

구비(具備) 「명사」 있어야 할 것을 빠짐없이 다 갖춤.
㉠ 구비 서류.

겸비(兼備) 「명사」 두 가지 이상을 아울러 갖춤.
㉠ 강건과 온유의 겸비.

예비(豫備) 「명사」 필요할 때 쓰기 위하여 미리 마련하거나 갖추어 놓음.
㉠ 예비 식량.

방비(防備) 「명사」 적의 침입이나 피해를 막기 위하여 미리 지키고 대비함. 또는 그런 설비.
㉠ 물샐틈없는 방비.

'비(備)'로 끝나는 말이 의외로 많죠? 일상생활에서 자주 쓰는 단어는 이밖에도 '준비(準備)', '대비(對備)', '경비(警備)', '상비(常備)', '완비(完備)' 등 무척 많습니다. '비(備)'는 '갖추다, 준비' 등의 뜻을 지닌 말이니까, 앞으로 이 글자가 들어간 단어가 나오면 뜻을 짐작해 볼 수 있을 거예요. '유비무환(有備無患)'이란 말이 있듯이 평소 잘 준비해 두면 나중에 걱정이 없어질 거예요.

⊙ **다음 빈칸에 들어가기에 적절한 단어를 쓰시오.**

> 그 장수는 지혜와 용맹을 (   )하여 전쟁마다 승리를 거두었다.

01 문맥상 ㉠과 ㉡의 관계를 나타내기에 가장 적절한 말은?

> ㉠기업은 ㉡근로자에게 제공하는 보상에 비해 근로자가 더 많이 노력하기를 바라는 반면, 근로자는 자신이 노력한 것에 비해 기업으로부터 더 많은 보상을 받기를 바란다. 이처럼 기업과 근로자는 서로 바라는 점이 다르기 때문에 자신에게 유리한 결과를 이끌어 내기 위해 종종 갈등을 겪기도 한다.

① 보완 관계(補完關係)　　　　　　② 이해관계(利害關係)
③ 호혜 관계(互惠關係)　　　　　　④ 공생 관계(共生關係)
⑤ 권리관계(權利關係)

02 다음 ㉠~㉤의 반의어로 적절하지 <u>않은</u> 것은?

> 사회는 ㉠사익을 추구하는 파편화된 개인들의 각축장이 되어 있었고 빈부 격차와 계급 갈등은 ㉡격화된 상태였다. 이러한 ㉢혼란을 극복하기 위해 노동자 단체와 고용주 단체 모두를 ㉣불법으로 규정한 르 샤플리에 법이 1791년부터 약 90년간 시행되었으나, 이 법은 분출되는 사익의 추구를 ㉤억제하지도 못하면서 오히려 프랑스 시민 사회를 극도로 위축시켰다.

① ㉠: 공익(公益)　　　　　　② ㉡: 완화(緩和)된
③ ㉢: 질서(秩序)　　　　　　④ ㉣: 합법(合法)
⑤ ㉤: 저해(沮害)하지도

03 다음 빈칸에 들어갈 말을 바르게 짝지은 것은?

> 그에 따르면 우리의 일상적 지각뿐만 아니라 고도의 과학적 지식도 지적 활동의 주체가 몸담고 있는 구체적인 현실로부터 (㉠)된 것이 아니다. 어떤 지각 활동이나 관찰, 추론 활동에도 우리의 몸이나 관찰 도구, 지적 수단이 항상 (㉡)되고 그에 의해 이러한 활동이 암묵적으로 영향을 받기 때문이다.

	㉠	㉡		㉠	㉡
①	동반(同伴)	수반(隨伴)	②	동반(同伴)	유리(遊離)
③	유리(遊離)	수반(隨伴)	④	수반(隨伴)	유리(遊離)
⑤	수반(隨伴)	동반(同伴)			

04 다음 빈칸에 공통으로 들어갈 말로 가장 적절한 것은?

> • 보험에서 고지 의무는 보험에 가입하려는 사람의 특성을 검증함으로써 다른 가입자에게 보험료가 부당하게 (　　　)되는 것을 막는 기능을 한다.
> • 그는 자신의 실수에 대한 책임을 동료에게 (　　　)하였다.

① 전이(轉移)　　　　② 이전(移轉)　　　　③ 경감(輕減)
④ 전승(傳承)　　　　⑤ 전가(轉嫁)

05 다음 밑줄 친 단어를 참고할 때, 빈칸에 들어갈 말을 바르게 짝지은 것은?

> 영화관에 모인 관객은 시각적 무의식의 체험을 <u>집단적으로</u> (　㉠　)하면서 동시에 <u>개인적인</u> 꿈의 세계를 (　㉡　)한다.

	㉠	㉡			㉠	㉡
①	공유(共有)	향유(享有)		②	향유(享有)	공유(公有)
③	공유(共有)	소유(所有)		④	향유(享有)	소유(所有)
⑤	공유(公有)	향유(享有)				

06 괄호 안의 단어 중 문맥에 맞는 것을 고르시오.

(1) 많은 나라에는 최고 지도자의 권력 (남용 / 남발)을 막기 위한 제도가 있다.
(2) 너무 눈앞의 일만 챙기지 말고 사태를 (미시적 / 거시적)으로 보고 훗날에 대비하도록 하여라.
(3) 글을 정확히 이해하기 위해서는 글에 (명시적 / 암묵적)으로 제시되지 않은 정보도 추론할 수 있어야 한다.

실전 어휘를 알면 답이 보인다

〈2017 9월 평가원 39번 변형〉

07 문맥상 ㉠과 바꿔 쓰기에 가장 적절한 것은?

> 사람들의 결합체인 단체도 일정한 요건을 ㉠<u>갖추면</u> 법으로써 부여되는 권리 능력인 법인격을 취득할 수 있다.

▶ 지문에 쓰인 단어 중 뜻을 모르는 단어의 뜻을 찾아 적어 보자.

① 겸비(兼備)하면　　　　② 구비(具備)하면
③ 대비(對備)하면　　　　④ 예비(豫備)하면
⑤ 정비(整備)하면

■ **다음 글을 읽고 물음에 답하시오.**

〈2015 수능 A형〉

[A]
　　　정부는 공공의 이익을 위해 정책을 기획, ⓐ수행하여 유형 또는 무형 생산물인 공공 서비스를 공급한다. 공공 서비스의 특성은 배제성과 경합성의 개념으로 설명할 수 있다. 배제성은 대가를 지불하여야 사용이 가능한 성질을 말하며, 경합성은 한 사람이 서비스를 사용하면 다른 사람은 사용할 수 없는 성질을 말한다. 이러한 배제성과 경합성의 정도에 따라 공공 서비스의 특성이 결정된다. 예를 들어 국방이나 치안은 사용자가 비용을 직접 지불하지 않고 여러 사람이 한꺼번에 사용할 수 있으므로 배제성과 경합성이 모두 없다. 이에 비해 배제성은 없지만, 많은 사람이 한꺼번에 사용하는 것이 불편하여 경합성이 나타나는 경우도 있다. 무료로 이용하는 공공 도서관에서 이용자가 많아 도서 ⓑ열람이나 대출이 제한될 경우가 이에 해당한다.

낯선 어휘의 뜻을 사전에서 찾아 적어 보자.

• 기획: 일을 꾀하여 계획함.
•
•

핵심어를 중심으로 문단의 내용을 요약해 보자.

핵심어　**공공 서비스**
정부는 공공의 이익을 위해 공공 서비스를 공급하는데, 공공 서비스의 특성은 배제성과 경합성의 정도에 따라 결정된다.

　　　과거에는 공공 서비스가 경합성과 배제성이 모두 약한 사회 기반 시설 공급을 중심으로 제공되었다. 이런 경우 서비스 제공에 드는 비용은 주로 세금을 비롯한 공적 재원으로 ⓒ충당을 한다. 하지만 복지와 같은 개인 단위 공공 서비스에 대한 사회적 요구가 증가함에 따라 관련 공공 서비스의 다양화와 양적 확대가 이루어지고 있다. 이로 인해 정부의 관련 조직이 늘어나고 행정 업무의 전문성 및 효율성이 떨어지는 문제점이 나타나기도 한다. 이 경우 정부는 정부 조직의 규모를 확대하지 않으면서 서비스의 전문성을 강화할 수 있는 민간 ⓓ위탁 제도를 ⓔ도입할 수 있다. 민간 위탁이란 공익성을 유지하기 위해 서비스의 대상이나 범위에 대한 결정권과 서비스 관리의 책임을 정부가 갖되, 서비스 생산은 민간 업체에게 맡기는 것이다.

•
•
•

핵심어　_____

<공공 서비스의 특성>

배제성	대가를 지불하여야 사용이 가능한 성질
경합성	한 사람이 서비스를 이용하면 다른 사람은 사용할 수 없는 성질

예 국방, 치안 – 배제성과 경합성 모두 없음.

공공 도서관 – [   ]❶은/는 없지만, [   ]❷ 은/는 나타남.

<공공 서비스의 범위 변화>

┌ 과거: [   ]❸ 공급을 중심으로 제공됨.
└ 최근: 개인 단위 공공 서비스에 대한 사회적 요구가 증가함.

→ 공공 서비스의 다양화와 양적 확대

→ 민간 위탁 제도의 도입

　↳ 서비스 대상이나 범위 결정권, 서비스 관리의 책임은 [   ]❹이/가 갖고, 서비스 생산은 민간 업체에 맡김.

〈2015 수능 A형 23번 변형〉

01 윗글에서 언급한 내용을 〈보기〉에서 모두 골라 묶은 것은?

▶ 문제에 쓰인 단어 중 이해하기 어려운 단어의 뜻을 사전에서 찾아 적어 보자.

〈 보기 〉

ㄱ. 공공 서비스의 제공 목적　　ㄴ. 공공 서비스 공급의 주체
ㄷ. 공공 서비스 범위의 확대 배경　　ㄹ. 공공 서비스의 수익 산정 방식
ㅁ. 공공 서비스의 민간 위탁 방식

① ㄱ, ㄴ　　　　② ㄴ, ㄹ　　　　③ ㄱ, ㄴ, ㄷ
④ ㄱ, ㄷ, ㄹ　　　⑤ ㄴ, ㄹ, ㅁ

〈2015 수능 A형 24번〉

02 [A]의 서술 방식에 대한 설명으로 가장 적절한 것은?

① 대상의 특성이 변화되는 과정을 기술하고 있다.
② 대상의 특성을 사례와 더불어 설명하고 있다.
③ 대상의 가치와 효용을 비유적으로 기술하고 있다.
④ 대상이 지닌 문제점의 원인을 다각도로 살펴보고 있다.
⑤ 대상에 대한 인식의 변화를 시간 순서에 따라 서술하고 있다.

〈2015 수능 A형 26번 변형〉

03 ⓐ~ⓔ를 사용하여 만든 문장으로 적절하지 않은 것은?

① ⓐ: 그는 오랫동안 혼자서 무술을 수행하며 심신을 단련했다.
② ⓑ: 그는 행사 관련 서류의 열람을 집행부에 요구했다.
③ ⓒ: 그는 회사의 자금 충당 방안을 마련하느라 동분서주했다.
④ ⓓ: 주인에게 그 물건을 위탁을 받고 보관 중이다.
⑤ ⓔ: 그 회사는 신기술을 도입하여 제품의 품질을 높였다.

어떻게 하면 피자를 공평하게 나눠 먹을 수 있을까?

정의(正義)란 무엇일까? 누구나 한 번쯤은 생각해 보았을 것입니다. 하나의 피자를 두고 어떤 조건도 고려하지 않은 채 동등한 개수로 나누어 가지는 것이 과연 정의로운 분배라고 할 수 있을까요?

정의는 사전에서 '개인 간의 올바른 도리 또는 사회를 구성하고 유지하는 공정한 도리'라고 풀이하고 있어요. 여기서 '공정함'에 대해서 어떻게 생각하느냐에 따라서 정의에 대해 다양한 의견을 제시하고 있어요. 그중 미국의 유명한 철학자 '존 롤즈(John Rawls)'의 견해를 만화를 통해 살펴보겠습니다.

- 존 롤즈(1921~2002)

사회 정의에 대한 자유주의적 입장을 제시한 미국의 철학자이다.

- 정의(正義)에 대한 규정

- 정의는 각자 마땅히 받아야 한다고 생각하는 것을 받는 것이다.
  　　　　　　－ 아리스토텔레스
- 각자에게 그의 몫을 돌려주고자 하는 항구적인 의지　　－ 율피아누스

롤즈의 정의론을 보면 애초에 출발선이 다른 상황에서 시작하는 달리기의 결과가 공정하다고 할 수 없는 것과 마찬가지로 절대적 조건이 평등하다고 하여 정의로운 사회라고 할 수 없다는 말이에요. 여러분의 생각은 어떤가요?

정의로운 사회를 반영하는 대표적인 지표로는 '분배적 정의'와 '법적 정의'가 있어요. '분배적 정의'는 한정된 재화를 공정하게 나누는 것과 관련된 정의예요. 누군가는 절대적으로 평등하게, 또는 업적에 비례해서, 또는 쏟은 노력에 비례해서 분배하는 것이 정의롭다고 생각하기도 해요. 어느 하나의 견해가 옳다고 할 수는 없지만, 중요한 것은 분배 기준의 타당성과 합리성이겠지요. 이처럼 분배 방식에 대한 여러 견해를 하나로 합의하는 것은 매우 어려운 일이에요.

'법적 정의'에 대해서 살펴보면, 잘못에 대한 책임을 공정하게 묻는 것입니다. 법은 정의를 구현하기 위해 사회 구성원들이 반드시 지켜야 하는 규범입니다. 따라서 지위의 높고 낮음과 부의 정도, 친밀성의 정도 등의 조건과 관계없이 모든 인간은 법 앞에서 평등해야 합니다. 공정한 법 집행을 위해서는 공정성을 가진 법관의 태도뿐만 아니라 정의롭고 올바른 법이 제정될 수 있도록 우리들 역시 입법 절차와 내용에 대해 관심을 가져야겠지요?

최근에는 구성원에게 주는 보상을 결정하는 절차에 대한 공정성을 이르는 말인 '절차적 정의'가 주목받게 되었는데, 분배 방식을 결정하는 논의의 절차와 원칙이 합리적이고 공정하게 마련되고 지켜졌느냐를 통해 정의로운지를 판단하는 것이랍니다. 즉, 공정한 절차가 있어서 그 절차를 제대로 따랐다면 결과 역시 정의로울 것이라고 간주하는 것이지요. 이는 분배적 정의에 관한 가장 현실성이 높은 논의로 주목받고 있어요.

▲ 정의의 여신상

■ 다음은 롤즈의 「정의론」의 일부 내용이에요. 이 글을 읽고 앞서 이야기한 '평등의 원칙'과 '차등의 원칙'을 조금 더 깊이 이해해 볼까요?

> 사회에는 여러 가지 지위가 있고, 서로 다른 지위에서 태어난 사람들은 정치 체제뿐만 아니라 경제적·사회적 여건에 따라 어느 정도 정해진 상이한 기대를 한다. 이런 사회 제도로 말미암아 어떤 출발점은 다른 출발점보다 유리한 조건이 주어진다. 이러한 것들은 뿌리 깊은 불평등이라 할 수 있다. 천부적 재능과 능력 같은 천부적 자산은 사회적 여건과 불운 혹은 행운 등 우연적 변수들에 따라 계발되거나 혹은 실현되지 못할 수 있다. 현존하는 소득과 부의 분배는 일정 기간 동안 천부적 자산이 유리하게 또는 불리하게 적용되면서 누적된 결과이므로 불평등하다. 따라서 불평등의 계기가 되는 직위는 단지 형식적 의미에서만 개방되어서는 안 되고, 모든 사람이 그것을 획득할 공정한 기회를 가져야만 한다. 이것을 공정한 기회의 균등이라 한다. 즉, 유사한 능력과 재능이 있는 사람들은 인생에서 유사한 기회를 얻어야 한다는 것이다.
>
> 차등의 원칙이란 사회적·경제적 불평등, 예를 들면 재산과 권력의 불평등을 허용하되, 그것이 모든 사람, 그중에서도 특히 사회의 최소 수혜자에게 그 불평등을 보상할 만한 이득을 가져오는 경우에만 정당하다는 것이다. 이 원칙은 소수자의 노고가 전체의 더 큰 선으로 보상된다는 이유로 어떤 제도를 정당화하는 일을 배제한다. 다른 삶의 번영을 위해서 일부가 손해를 입는 것이 편리할지는 모르나 정의롭지는 않다.
>
> – 롤즈, 「정의론」

기출 지문 살펴보기

우리나라에서 공적 연금 제도를 운영하는 과정에는 사회적 연대를 중시하는 입장과 경제적 성과를 중시하는 입장이 부딪치고 있다. 구체적으로 전자는 이 제도를 계층 간, 세대 간 소득 재분배의 수단으로 이용해야 한다고 주장한다. 소득이 적어 보험료를 적게 낸 사람에게 보험료를 많이 낸 사람과 비슷한 연금을 지급하고, 자녀 세대의 보험료로 부모 세대의 연금을 충당하는 것은 그러한 관점에서 이해될 수 있다. 하지만 후자는 이처럼 사회 구성원 일부에게 희생을 강요하는 소득 재분배는 물가 상승을 반영하여 연금의 실질 가치를 보장할 수 있을 때만 허용되어야 한다고 비판한다. 사회 내의 소득 격차가 커질수록, 자녀 세대의 보험료 부담이 커질수록, 이 비판은 더욱 강해질 수밖에 없다.

〈2013 수능〉

음정(音程)

소리 音
단위 程

높이가 다른 두 음 사이의 간격.

📝 그의 노래는 음정이 불안해 귀에 거슬렸다.

💻 **친절한 샘** 음악 공부를 한 지 너무 오래되어서 그런지 음악 용어가 나오면 자신감이 많이 사라집니다. 음정은 '도'로 나타내는데, 같은 음과의 간격을 1도, 음이 하나 높아질 때마다 2도, 3도, ……, 8도가 됩니다. 두 음 사이에 반음이 들어가 있으면 '단2도', '단3도'와 같이 짧다는 뜻의 '단(短)'을 붙입니다. 1도, 4도, 5도, 8도의 경우에는 '완전'을 붙입니다.

참고 어휘	음악적 요소들

리듬	소리의 장단이나 강약 등이 반복될 때 나타나는 규칙적인 소리의 흐름.
가락	서로 다른 음의 높낮이가 지속 시간을 가지는 음들의 흐름.
화성	일정한 법칙에 따라 여러 개의 음이 동시에 울려서 생기는 화음과 또 다른 화음이 시간적으로 연결된 흐름.
셈여림	음악에 나타나는 크고 작은 소리의 세기.
음색	음을 만드는 구성 요소의 차이로 생기는 식별 가능한 소리의 특색.

진동(振動)

진동할 振
움직일 動

❶ **흔들려 움직임.**
❷ **입자나 물체의 위치 혹은 장(場)이나 전류의 방향, 세기 따위의 물리량이 정하여진 범위에서 주기적으로 변화하는 현상.**

📝 공기가 가죽의 진동을 받아 생기는 진동수가 크면 높은 음이 난다.

💻 **친절한 샘** 예술 영역 관련 어휘를 다루면서 과학 지문에나 나올 것 같은 단어를 언급해서 당황스럽죠? 융합 지문을 읽어 내기 위해서 알아 두면 좋은 단어입니다. 소리의 진동으로 생기는 파동을 '음파(音波)'라고 합니다. 그리고 음파를 전달하는 공기를 '매질(媒質)'이라고 해요.
위의 📝에 나오는 '진동수(=주파수)'는 매질의 한 점이 1초 동안 진동하는 횟수를 말하고, 단위로는 Hz를 사용합니다. 이에 대한 자세한 내용은 182~183쪽에 제시되어 있으니 참고하세요.

포착(捕捉)하다

잡을 捕
잡을 捉

❶ **어떤 것을 꼭 붙잡다.**
❷ **요점이나 요령을 얻다.**

📝 작가가 포착한 현실을 전달하는 표현 방법은 다양하다.

💻 **친절한 샘** '적병을 사로잡음. 짐승이나 물고기를 잡음'을 '포획(捕獲)'이라고 하는데, 한자 '포(捕)'에는 '잡다'라는 뜻이 있어요. '포착'은 문학뿐만 아니라 독서 지문과 문제의 선지에서 무척 자주 볼 수 있는 단어입니다. 마땅히 알고 있어야 하는 단어라는 뜻이죠.

투영(投影)하다

던질 投
그림자 影

❶ **물체의 그림자를 어떤 물체 위에 비추다.**
❷ **(비유적으로) 어떤 일을 다른 일에 비추어 나타내다.**
❸ **어떤 상황이나 자극에 대한 해석, 판단, 표현 따위에 심리 상태나 성격을 반영하다.**

📝 작가는 자신의 삶의 태도를 외부의 상징적 존재에 투영하여 표현하였다.

💻 **친절한 샘** 투영 도법으로 평면 위에 그린 그림을 '투영도(投影圖)'라고 합니다. 심리 용어로 쓰일 때에는 '투사(投射)하다'와 같은 뜻으로 쓰입니다. '막힌 물체를 환히 꿰뚫어 보다' 또는 '대상의 내포된 의미까지 보다'는 뜻을 지닌 '투시(透視)하다'와 혼동하지 마세요.

피사체(被寫體)

입을 被
베낄 寫
몸 體

사진을 찍는 대상이 되는 물체.

예 이 자동 카메라는 피사체와의 거리를 자유자재로 조절할 수 있다.

난 피사체

친절한 샘 '피(被)-'는 피동(남에 의해 어떤 행동을 당함)의 뜻을 더해 주는 접두사로 자주 쓰입니다. 그러니까 '피사체'는 베낌(사진 찍힘)을 당하는 물체(대상)라는 뜻이 됩니다.

참고 어휘 '피(被)-'가 결합한 말들

- 피지배(被支配): 지배를 당함.
- 피랍(被拉): 납치를 당함.
- 피선거권(被選擧權): 선거에 입후보하여 당선인이 될 수 있는 권리.
- 피상속인(被相續人): 상속인에게 자기의 권리, 의무를 물려주는 사람.

만연(蔓延)하다

덩굴 蔓
끌 延

(비유적으로) 전염병이나 나쁜 현상이 널리 퍼지다.

예 이 영화는 우리 사회에 만연한 기회 불균등을 다루고 있다.

친절한 샘 '만연(蔓延)'은 문자 그대로 해석하면 식물의 줄기가 널리 뻗는다는 뜻입니다. 독서나 문학 지문과 문제에서 이 단어는 위에 제시된 비유적 의미로 주로 쓰이는데, 그 내용을 보니 대상에 대한 필자의 관점이 부정적이라는 것을 짐작할 수 있죠?
"작가주의는 이렇듯 프랑스 영화에 만연했던 문학적, 연극적 색채에 대한 반발로 주창되었다. | 〈2015 6월 평가원〉"라는 문장에서 당시 프랑스 영화에 대한 부정적 시각을 짐작해 볼 수 있습니다. 이 문장에 쓰인 **'주창(主唱)'**은 '주의나 사상을 앞장서서 주장함'을 뜻합니다.

영감(靈感)

신령 靈
느낄 感

창조적인 일의 계기가 되는 기발한 착상이나 자극.

예 이 곡은 작곡가가 순간적인 영감을 받아 즉흥적으로 만든 것이다.

친절한 샘 뜻풀이에 나온 **'착상(着想)'**은 '어떤 일이나 창작의 실마리가 되는 생각이나 구상 따위를 잡음. 또는 그 생각이나 구상'을 뜻합니다.
에디슨의 명언 "천재는 1%의 영감과 99%의 땀으로 이루어진다."라는 말을 한 번쯤은 다 들어 봤죠? 흔히들 이 말을 노력의 중요성을 강조할 때 인용하는데, 선생님 생각은 조금 달라요. '영감이 없는 노력은 무의미하다는 뜻처럼 보이지 않나요? 그렇다고 노력이 아무 가치가 없다는 뜻은 아닙니다.

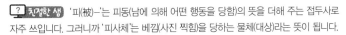
어휘 **더하기**

정답과 해설 **39**쪽

[다의어] 살다 「동사」

❶ 생명을 지니고 있다.
　예 그는 백 살까지 살았다.

❷ 불 따위가 타거나 비치고 있는 상태에 있다.
　예 잿더미에 불씨가 아직 살아 있다.

❸ 본래 가지고 있던 색깔이나 특징 따위가 그대로 있거나 뚜렷이 나타나다.
　예 그 시는 한 구절로 전체가 살았다.

❹ 성질이나 기운 따위가 뚜렷이 나타나다.
　예 칭찬을 해 주었더니 기운이 살았나 보다.

'살다'는 이 밖에도 다양한 주변적 의미를 지니고 있는 다의어입니다. '살다'의 주체가 무엇인지를 따져 본다면 어떤 의미로 쓰였는지 추측할 수 있습니다. 당황하지 말고 주체의 성격을 비교해 보세요.

⊙ **밑줄 친 말 중, '죽다'가 반의어가 아닌 것은?**

① 5년 전에 산 시계가 아직도 살아 있다.
② 다른 애들은 술래한테 잡히고 나만 살았다.
③ 꺼진 줄로 알았던 불이 아직도 살아 있었다.
④ 이 백신 때문에 많은 사람들이 살 수 있었다.
⑤ 그는 과거에 급제하여 오랫동안 벼슬을 살았다.

01 ㉠~㉢에 들어갈 단어로 적절한 것끼리 묶인 것은?

리듬은 음고 없이 소리의 장단이나 강약 등이 반복될 때 나타나는 규칙적인 소리의 흐름이고, (㉠)은/는 서로 다른 음의 높낮이가 지속 시간을 가지는 음들의 흐름이다. (㉡)은/는 일정한 법칙에 따라 여러 개의 음이 동시에 울려서 생기는 화음과 또 다른 화음이 시간적으로 연결된 흐름이고, 셈여림은 음악에 나타나는 크고 작은 세기이며, (㉢)은/는 바이올린, 플루트 등 선택된 서로 다른 악기가 만들어 내는 식별 가능한 소리의 특색이다.

	㉠	㉡	㉢		㉠	㉡	㉢
①	가락	음색	화성	②	가락	화성	음색
③	화성	음색	가락	④	화성	가락	음색
⑤	음색	가락	화성				

02 다음 빈칸에 공통으로 들어갈 단어로 가장 적절한 것은?

• 먹으로 난초를 그린 묵란화는 사군자의 하나인 난초에 관념을 ( )하여 형상화한 그림이다.
• 작가주의는 상투적인 영화가 아닌 감독 개인의 영화적 세계와 독창적인 스타일을 일관되게 ( )하는 작품들을 옹호한다.

① 투영(投影)   ② 투시(透視)   ③ 투입(投入)
④ 상영(上映)   ⑤ 수용(受容)

03 밑줄 친 말과 바꿔 쓰기에 가장 적절한 것은?

(1)
비탈리슴이란 제2차 세계 대전 중 프랑스에서 당시의 문단 및 화단에 널리 퍼진 병적인 요소를 일소하고 생명력이 있는 예술의 재건을 도모하려던 운동이다.

① 만개(滿開)한   ② 만발(滿發)한   ③ 만무(萬無)한
④ 만연(蔓延)한   ⑤ 만회(挽回)한

(2)
만화의 독자는 하나의 칸과 다음 칸 사이의 틈에서 등장인물의 행동이나 장면의 상호 관련성을 통해 생략된 내용을 잡아내고 음미하면서 사건이나 이미지를 형성한다.

① 획득(獲得)하고   ② 포착(捕捉)하고   ③ 포획(捕獲)하고
④ 포괄(包括)하고   ⑤ 인정(認定)하고

04 ㉠~㉢에 들어갈 적절한 단어를 바르게 짝지은 것은?

북채로 북을 치면 북의 가죽에서 진동이 일어나고 이것이 공기의 (㉠)(으)로 이어져 소리를 낸다. 이렇게 생기는 파동을 음파라고 하며, 음파를 전달해 주는 공기를 (㉡)(이)라고 한다. 음파가 1초 동안에 진동하는 횟수를 (㉢)(이)라고 하는데, 이것이 크면 높은 음이 나고, 작으면 낮은 음이 난다.

	㉠	㉡	㉢
①	파장	매질	진동수
②	진동	매질	진동수
③	진동	매질	파동수
④	진동	전도체	파동수
⑤	파장	전도체	진동수

05 밑줄 친 단어에 쓰인 '피'의 의미가 나머지와 다른 것은?

① 태풍을 피해 온 사람들로 피난처가 북적였다.
② 렌즈를 통해 보이는 피사체는 실제보다 훨씬 근사했다.
③ 이 연극은 지배 계층과 피지배 계층의 갈등을 다루고 있다.
④ 이번 집중 호우에 제대로 대비하지 못한 농가의 피해는 심각했다.
⑤ 국회는 비리에 연루된 정치인들의 피선거권을 크게 제한할 방침이다.

〈2016 9월 평가원 30번 변형〉

실전 어휘를 알면 **답**이 보인다

06 다음 ㉠의 문맥적 의미와 가장 가까운 것은?

이 사진에서는 피사체들의 질감이 뚜렷이 ㉠살지 않게 처리하여 모든 피사체들이 사람인 듯한 느낌을 주고자 하였다.

▶ 문제에 쓰인 단어 중 이해하기 어려운 단어의 뜻을 사전에서 찾아 적어 보자.

① 이 소설가는 개성이 살아 있는 문체로 유명하다.
② 아궁이에 불씨가 살아 있으니 장작을 더 넣어라.
③ 어제까지도 살아 있던 손목시계가 그만 멈춰 버렸다.
④ 흰긴수염고래는 지구에 살고 있는 동물 중 가장 크다.
⑤ 부부가 행복하게 살려면 서로를 존중하고 사랑해야 한다.

■ 다음 글을 읽고 물음에 답하시오.

〈2017 6월 평가원〉

　대부분의 악기에서 나오는 음은 사인파보다 복잡한 파형을 갖는데 이런 파형은 진동수와 진폭이 다른 여러 개의 사인파가 중첩된 것으로 볼 수 있다. 이런 소리를 복합음이라 하고 복합음을 구성하는 단순음을 부분음이라고 한다. 부분음 중에서 가장 진동수가 작은 것을 기본음이라 하는데 귀는 복합음 속의 부분음들 중에서 기본음의 진동수를 복합음의 진동수로 인식한다.

낯선 어휘의 뜻을 사전에서 찾아 적어 보자.

· **사인파**: 파형을 삼각 함수의 사인 곡선으로 표시하는 파동.

·

핵심어를 중심으로 문단의 내용을 요약해 보자.

핵심어 복합음, 부분음, 기본음

인간의 귀는 복합음 속의 부분음들 중, 기본음의 진동수를 복합음의 진동수로 인식한다.

　악기가 내는 소리의 식별 가능한 독특성인 음색은 부분음들로 구성된 복합음의 구조, 즉 부분음들의 진동수와 상대적 세기에 의해 결정된다. 현악기나 관악기에서 발생하는 고른음은 기본음 진동수의 정수배의 진동수를 갖는 부분음들로 이루어져 있지만, 타악기 소리는 부분음들의 진동수가 기본음 진동수의 정수배를 이루지 않는다. 이러한 소리의 특성을 시각적으로 보여 주는 소리 스펙트럼은 복합음을 구성하는 단순음 성분들의 세기를 진동수에 따라 그래프로 나타낸 것

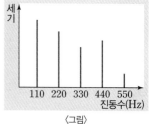
〈그림〉

이다. 고른음의 소리 스펙트럼은 〈그림〉처럼 일정한 간격으로 늘어선 세로 막대들로 나타나는 반면에 시끄러운 음의 소리 스펙트럼에서는 막대 사이 간격이 일정하지 않다.

·

·

핵심어 음색의 결정 방식

　　두 음이 동시에 울리거나 연이어 울릴 때, 음의 어울림, 즉 협화도는 음정에 따라 달라진다. 여기에서 음정이란 두 음의 음고 간의 간격을 ㉠말하며 높은 음고의 진동수를 낮은 음고의 진동수로 나눈 값으로 표현된다. 가령, '도'와 '미' 사이처럼 장3도 음정은 5/4이고, '도'와 '솔' 사이처럼 완전5도 음정은 3/2이다. 그러므로 장3도는 완전5도보다 좁은 음정이다. 일반적으로 음정을 나타내는 분수를 약분했을 때 분자와 분모에
[A] 들어가는 수가 커질수록 협화도는 작아진다고 본다. 가령, 음정이 2/1인 옥타브, 3/2인 완전5도, 5/4인 장3도, 6/5인 단3도의 순서로 협화도가 작아진다. 서로 잘 어울리는 두 음의 음정을 협화 음정이라고 하고 그렇지 않은 음정을 불협화 음정이라고 하는데 16세기의 음악 이론가인 차를리노는 약분된 분수의 분자와 분모가 1, 2, 3, 4, 5, 6으로만 표현되는 음정은 협화 음정, 그 외의 음정은 불협화 음정으로 보았다.

·

·

·

핵심어 _____

- 복합음 ⊃ 부분음 ⊃ ⬜❶ (부분음 중에서 가장 진동 수가 작은 것)
- **음색**: 부분음들의 ⬜❷ 와/과 상대적 세기에 의해 결정됨.
  - ┌ 현악기, 관악기: 기본음 진동수의 정수배의 진동수를 갖는 부분음들로 구성됨.
  - └ ⬜❸: 부분음들의 진동수가 기본음 진동수의 정수배를 이루지 않음.
- **협화도** – 음정에 따라 달라짐.(음정을 나타내는 분수를 약분했을 때 분모와 분자의 수가 커질수록 협화도
  는 작아짐.) → 높은 음고의 진동수 ÷ 낮은 음고의 진동수
- * 16*c*, 차를리노: 약분된 분수의 분자와 분모가 1, 2, 3, 4, 5, 6으로만 표현됨. = ⬜❹ 음정

〈2017 6월 평가원 31번〉

01 윗글의 〈그림〉에 대한 이해로 적절한 것은?

① 〈그림〉은 심벌즈의 소리 스펙트럼이다.
② 〈그림〉에 표현된 복합음의 진동수는 550Hz로 인식된다.
③ 〈그림〉에 표현된 소리의 부분음 중 기본음의 세기가 가장 크다.
④ 〈그림〉은 시간의 경과에 따른 부분음의 세기의 변화를 나타낸다.
⑤ 〈그림〉에서 220Hz에 해당하는 막대가 사라져도 음색은 변하지 않는다.

▶ 문제에 쓰인 단어 중 이해하기 어려운 단어의 뜻을 사전에서 찾아 적어 보자.

〈2017 6월 평가원 32번〉

02 [A]를 바탕으로 〈보기〉에 대해 설명한 것으로 적절하지 <u>않은</u> 것은?

< 보기 >

바이올린을 연주했을 때 발생하는 네 음 P, Q, R, S의 기본음의 진동수를 측정한 결과가 표와 같았다.

음	P	Q	R	S
기본음의 진동수(Hz)	440	550	660	880

① P와 Q 사이의 음정은 장3도이다.
② P와 Q 사이의 음정은 Q와 R 사이의 음정보다 좁다.
③ P와 R 사이의 음정은 협화 음정이라고 할 수 있다.
④ P와 S의 부분음 중에는 진동수가 서로 같은 것이 있다.
⑤ P와 S 사이의 음정은 Q와 R 사이의 음정보다 협화도가 크다.

03 ㉠의 문맥적 의미와 가장 가까운 것은?

① 사람들은 흔히 내 글을 관념적이라고 <u>말한다</u>.
② 반장은 다른 학급에도 시험 날짜를 <u>말해</u> 주러 갔다.
③ 청중들에게 자신의 느낌을 <u>말하는</u> 일은 매우 어렵다.
④ 그는 친구에게 급한 일이 있으면 전화해 달라고 <u>말해</u> 두었다.
⑤ 고도 비만이란 몸무게가 표준보다 50% 이상 더 나가는 경우를 <u>말한다</u>.

파동에 대해 어디까지 알고 있나요?

어휘 돋보기

파동(波動)
① 물결의 움직임.
　예 수면에 파동이 일었다.
② 사회적으로 어떤 현상이 퍼져 커다란 영향을 미침.
　예 기근의 파동은 피난민에게만 파급된 것이 아니다.
③ 심리적 충동이나 움직임.
　예 그녀의 마음에는 어떠한 파동도 일지 않고 조용했다.
④ 공간의 한 점에 생긴 물리적 상태의 변화가 차츰 둘레에 퍼져 나가는 현상.

파장(波長)
① 파동에서, 같은 위상을 가진 서로 이웃한 두 점 사이의 거리.
② 충격적인 일이 끼치는 영향 또는 그 영향이 미치는 정도나 동안을 비유적으로 이르는 말.
　예 그 사건의 사회적 파장은 상상 이상이었다.

매질(媒質)
파동을 한 곳에서 다른 곳으로 옮겨 주는 매개물. 소리의 경우는 공기가 매질임.

파동(波動)은 여러 의미가 있어요. 그중에서 독서 지문 이해에 도움이 될 수 있도록 '소리'와 관련하여 살펴보겠습니다. 파동은 진동이 퍼져 나가는 것으로 횡파와 종파가 있어요. 아래 그림을 볼까요?

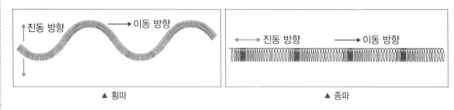

▲ 횡파　　　　　　　▲ 종파

이 그림에서 용수철이 위아래로 진동하면서 파동이 왼쪽에서 오른쪽 방향으로 진행하는 것을 '횡파'라고 하고, 용수철이 좌우로 진동하며 파동이 왼쪽에서 오른쪽 방향으로 진행하는 것을 '종파'라고 합니다.

파장과 진동수, 진폭, 주기의 개념을 알면 파동의 특징을 이해할 수 있습니다.

파장(波長)은 파동에서 마루와 마루, 골과 골(즉, 같은 지점이 반복되는 구간) 사이의 거리를 의미해요.

진동수(=주파수)는 단위 시간에 같은 상태가 몇 번이나 반복되는가를 나타내는 양이에요. 즉, 매질이 1초 동안 진동하는 횟수를 의미해요. 단위는 Hz(헤르츠)로 나타내요. 가령, 7Hz는 1초에 7번 진동한다는 의미에요. **진폭**은 진동하고 있는 물체가 정지 또는 평형 위치에서 최대 변위까지 이동하는 거리예요. 가령 진폭이 클수록 소리의 세

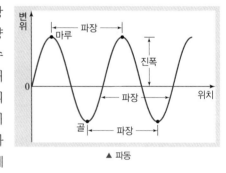

▲ 파동

기가 커진답니다. 주기는 같은 현상이나 특징이 한 번 나타나고부터 다음번 되풀이되기까지의 시간이고 단위는 초(시간)로 나타내요.

이제 파동과 관련된 기본적인 개념은 다 정리가 되었죠? 이 정도 배경지식을 가지고 있으면 독서 지문 독해에 많은 도움이 될 거예요. 이 지식을 바탕으로 지금부터는 소리의 파동에 대해서 알아보겠습니다.

소리는 공기 입자가 진동하여 멀리 퍼져 나가는 파동이에요. 이때 주의해야 할 점은 공기 입자가 멀리 퍼져 나가는 것이 아니라는 점이에요. 공기 입자는 한 곳에서 진동만 할 뿐 입자 자체가 이동하는 것은 아니랍니다. 즉, 입자는 같은 곳에서 진동을 하고 파동만 퍼져 나가는 것이에요.

공기가 진동하고 파동이 좌우로 이동할 때, 공기 입자가 서로 가까이 모이기도 하고 멀리 떨어지기도 합니다. 이때 모인 부분에서 모인 부분까지(떨어진 부분에서 떨어진 부분까지)를 파장이라고 해요. 소리의 파장을 그림으로 보면 이해하기가 쉽답니다.

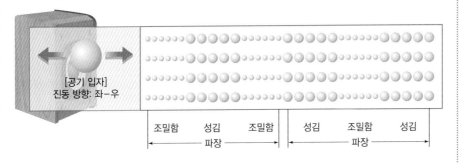

• 도플러 효과

사람이 느끼는 소리의 진동 수는 소리를 내는 물체가 사람과 어떤 거리에 있느냐에 따라 달라진다. 예를 들어 사람이 같은 자리에 서 있을 때, 구급차가 멀리 있으면 사이렌 소리가 낮은 소리로 들리고, 가까이 있으면 사이렌 소리가 더 높게 들리게 된다. 즉, 소리를 내는 물체가 멀어지면 소리가 낮아지고, 가까워지면 소리가 높아지는 현상을 '도플러 효과'라고 한다.

멀리 있는 구급차	소리의 파장이 길다=진동 수가 작음=낮은 음
가까이 있는 구급차	소리의 파장이 짧다=진동 수가 큼=높은 음

공기의 온도가 높을수록 공기 입자의 운동 속도도 빨라져요. 공기 입자의 운동 속도가 빨라진다는 것은 공기 입자의 진동이 빨라진다는 의미예요. 따라서 공기가 전달하는 소리의 속력도 빨라지게 되지요.

소리도 휜다고요?

네, 소리도 휜다고 할 수 있어요. 파동이 다른 매질을 만나면 속력이 변하면서 굴절하게 되지요. 소리 역시 파동이기 때문에 소리가 진행 중에 다른 매질을 만나면(=온도차가 나는 다른 공기를 만나면) 속력이 변하여 굴절하게 된답니다. 속력이 빠른 쪽에서 느린 쪽으로 파동의 방향이 휘게 되지요. 그래서 옛말에 '낮말은 새가 듣고, 밤말은 쥐가 듣는다.'고 했을지도 모르겠네요.

어휘 돋보기

굴절(屈折)

광파, 음파, 수파 따위가 한 매질에서 다른 매질로 들어갈 때 경계면에서 그 진행 방향이 바뀌는 현상.

▲ 소리의 굴절(낮과 밤)

악기 소리의 높낮이와 크기는 어떻게 생각하면 될까요?

진동수가 크면 높은 소리가 나기 때문에 악기를 연주할 때 높은 소리를 내려면 진동이 빠르게 일어나도록 하면 됩니다. 즉, '높은 소리=파동이 촘촘=진동수가 큼, 낮은 소리=파동이 성김=진동수가 작음', '큰 소리=진폭이 큼, 작은 소리=진폭이 작음'이라고 생각하면 음의 높낮이와 크기의 원리를 이해하기가 쉬워요.

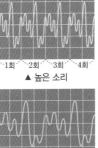

▲ 높은 소리

▲ 낮은 소리

유파(流派)

흐를 流
갈래 派

주로 학계나 예술계에서, 생각이나 방법 경향이 비슷한 사람이 모여서 이룬 무리.

예 모네는 빛의 표현을 중요시하는 유파인 인상주의의 대표적 화가로 꼽는다.

친절한 샘 '유파'를 간단하게 '파(派)'라고도 합니다. '낭만파, 인상파, 입체파, …'와 같이 쓰이죠. 위의 예에서 언급했으니 미술 관련 지문에 자주 나오는 유파인 '인상주의(印象主義)'에 대해 간단하게 알아보죠.

인상주의는 '19세기 후반 프랑스에서 일어난 근대 미술의 한 경향'을 뜻합니다. 사물을 있는 그대로 재현하기보다는 태양 광선에 의하여 시시각각으로 변해 보이는 대상의 순간적인 색채를 포착해서 그림을 그렸죠. 여기에서 '인상(印象)'은 '어떤 대상에 대하여 마음속에 새겨지는 느낌'을 뜻해요. 보다 자세한 내용은 190쪽을 참고하세요.

원근법(遠近法)

멀 遠
가까울 近
법도 法

일정한 시점에서 본 물체와 공간을 눈으로 보는 것과 같이 멀고 가까움을 느낄 수 있도록 평면 위에 표현하는 방법.

예 르네상스 시대의 화가들은 원근법을 사용하여 사실적인 그림을 그렸다.

친절한 샘 '원근(遠近)'은 한자의 뜻 그대로 '멀고 가까움'을 뜻합니다. '멀리 보이는 경치'를 '원경(遠景)', '가까이 보이는 경치'를 '근경(近景)'이라고 합니다.

참고로 '한 점을 시점으로 하여 물체를 원근법에 따라 눈에 비친 그대로 그리는 기법'을 '투시법(透視法)'이라고 합니다.

질감(質感)

바탕 質
느낄 感

❶ 재질의 차이에서 받는 느낌.
❷ 『미술』물감, 캔버스, 필촉, 화구 따위가 만들어 내는 화면 대상의 느낌.

예 그는 새로운 재료를 사용하여 인체의 피부 질감을 재현하였다.

친절한 샘 미술이나 건축 관련 지문에서 종종 접하게 되는 단어입니다. '질감'과 짝을 이루는 반대말은 '양감(量感)'인데, 이 말은 '화면에 나타난 대상의 부피나 무게의 느낌을 나타내는 말'로 쓰입니다. 매끄럽거나 거친 느낌이라면 '질감', 왜소하거나 풍만한 느낌이라면 '양감'이라고 보면 되겠군요.

답습(踏襲)

밟을 踏
거듭할 襲

예로부터 해 오던 방식이나 수법을 좇아 그대로 행함.

예 전통의 단순한 답습보다는 창조적인 변화가 더 중요하다.

친절한 샘 '전통의 계승'과 '전통의 답습'을 비교하면 후자가 부정적인 느낌을 준다는 것을 알 수 있죠? '계승(繼承)'은 조상의 전통이나 문화유산, 업적 따위를 물려받아 이어 나감'을 의미합니다. 단지 그대로 따라하는 느낌이 강한 '답습'과는 달리 '창조'나 '발전'을 내포하는 개념입니다.

질박(質朴)하다

바탕 質
순박할 朴

꾸민 데가 없이 수수하다.

예 그가 만든 조각 작품은 질박한 아름다움이 있었다.

친절한 샘 이와 같은 뜻을 지닌 말로 '소박(素朴)하다'가 있는데, 이 말은 '꾸밈이나 거짓이 없고 수수하다'를 뜻합니다. 이와 혼동할 수 있는 말에 '투박하다'가 있는데, 이는 '생김새가 볼품없이 둔하고 튼튼하기만 하다'는 뜻을 지닌 고유어입니다.

심미성(審美性)

살필 審
아름다울 美
성질 性

아름다움을 살펴 찾을 수 있는 성질.

예 한옥에서 창호는 건축의 심미성이 잘 드러나는 독특한 요소이다.

? 친절한 샘 아름다움을 살펴 찾는 안목을 뜻하는 말로 '**심미안(審美眼)**'이 있어요. 같은 그림을 보더라도 심미안이 있는 사람과 그렇지 않은 사람의 평가는 많이 다르겠죠?
참고로 예술 영역 지문에서 종종 볼 수 있는 '**미감(美感)**'은 '아름다움에 대한 느낌. 또는 아름다운 느낌'을 뜻합니다.

점성(粘性)

끈끈할 粘
성질 性

차지고 끈끈한 성질.

예 하얀 그 점토는 점성이 좋아 비교적 쉽게 작업할 수 있었다.

? 친절한 샘 한자 '점(粘)'의 뜻을 알면 의외로 쉬운 말입니다. '점(粘)'에는 '끈끈하다', '붙다'라는 뜻이 있습니다. 이 점을 참고한다면 '**점액(粘液)**'은 '끈끈한 성질이 있는 액체', '**점착(粘着)**'은 '끈끈하게 착 달라붙음', '**점막(粘膜)**'은 '소화관이나 기도 등의 내벽을 덮는 부드럽고 끈끈한 막'이라는 뜻풀이에 고개를 금방 끄덕일 수 있을 거예요.

인장력(引張力)

끌 引
넓힐 張
힘 力

물체의 중심축에 평행하게 바깥 방향으로 작용하여 물체가 늘어나게 하는 힘.

예 습도가 증가하면 머리카락이 길어지며 인장력이 감소된다.

? 친절한 샘 이와 반대로 물체에 압력을 가하여 그 부피나 길이를 줄이는 힘은 무엇이라고 할까요? '**압축력(壓縮力)**'이 정답입니다. 그리고 종종 건축 관련 지문에서 만나는 '**지지력(支持力)**'은 '버티거나 '버티게 하여 주는 힘'을 뜻합니다. 그리고 '물체에 작용하는 외부의 힘 또는 무게'는 '**하중(荷重)**'이라고 합니다. 어떠한 하중도 지탱할 수 있는 지지력이 좋은 건축 자재가 좋은 자재겠죠?

주형(鑄型)

쇠 부어 만들 鑄
거푸집 型

만들려는 물건의 모양대로 속이 비어 있어 거기에 쇠붙이를 녹여 붓도록 되어 있는 틀.

예 펄펄 끓어오르는 쇳물을 주형에 부어 모형을 만들었다.

? 친절한 샘 주형을 고유어로 '**거푸집**'이라고 합니다. 녹인 쇠붙이를 거푸집에 부어 물건을 만드는 것을 '**주조(鑄造)**'라고 하고, 그렇게 만들어진 물건을 '**주물(鑄物)**'이라고 합니다.

어휘 더하기

정답과 해설 40쪽

[다의어&동음이의어] '기대다'

기대다¹ 「동사」

❶ 【…에 / 에게 …을】 몸이나 물건을 무엇에 의지하면서 비스듬히 대다.
　예 난간에 몸을 기대는 것은 위험하다.

❷ 【…에 / 에게】 남의 힘에 의지하다.
　예 남의 도움에 기대지 말고 스스로 살아 보아라.

기대다² 「동사」

【…에】 근거로 하다.
예 통계 자료에 기대어 보면 우리나라의 출산율은 점점 낮아지고 있다.

문형 정보 【…에/에게 …을】이나 【…에】를 통해 '기대다'가 필요로 하는 문장 성분이 무엇인지 알 수 있어요. 또 '…'에 있는 대상의 성격을 비교하면 의미의 차이를 구분하는 데 도움이 됩니다.

⊙ **밑줄 친 말의 표제어가 나머지와 다른 하나는?**

① 우산을 접어 벽에 기대어 놓았다.
② 그는 여전히 부모님께 기대서 살고 있다.
③ 모둠 활동이라고 나에게 너무 기댈 생각 마.
④ 다리를 다친 승규는 목발에 기대어 걸었다.
⑤ 이 편지에 기대면 그는 내일 밤에 도착할 거야.

01 괄호 안의 단어 중 문맥에 가장 잘 어울리는 것을 고르시오.

(1) 조선 시대의 분청사기에는 고려청자와 같은 매끈한 세련미와 귀족적인 위엄 대신에 검소하고 (순박 / 질박 / 화사)한 아름다움이 감도는 미의식이 담겨 있다.

(2) 콘크리트에서 결합재 역할을 하는 시멘트가 물과 만나면 (점성 / 연성 / 탄성)을 띠는 상태가 되며, 시간이 지남에 따라 골재, 물, 시멘트가 결합하면서 굳어진다.

02 다음 밑줄 친 말과 바꿔 쓰기에 가장 적절한 것은?

> 우리가 지금처럼 변화를 두려워하여 기존의 방식만 베끼듯이 그대로 따라하면 혁신을 기대하기 어렵습니다. 그렇게 되면 우리 회사는 경쟁에서 뒤쳐지고 끝내는 도태되고 말 것입니다.

① 계승(繼承)하면 ② 수용(受容)하면
③ 추구(追求)하면 ④ 답습(踏襲)하면
⑤ 쇄신(刷新)하면

03 〈보기〉의 '㉠-㉡'의 의미 관계와 유사하지 <u>않은</u> 것은?

> ─────〈 보기 〉─────
> ㉠원경에서 희고 밝게 빛나는 「빅토르 위고」는 ㉡근경에 있는 로댕과 「생각하는 사람」의 어두운 모습에 대비되어 창조의 영감을 발산하는 모습으로 나타난다.

① 가중(加重) – 경감(輕減) ② 상승(上昇) – 하강(下降)
③ 가공(架空) – 허구(虛構) ④ 공급(供給) – 수요(需要)
⑤ 구체적(具體的) – 추상적(抽象的)

04 다음 빈칸에 들어가기에 적절한 단어를 바르게 짝지은 것은?

> 일반적으로 콘크리트는 누르는 힘인 (㉠)에는 쉽게 부서지지 않지만, 당기는 힘인 (㉡)에는 쉽게 부서진다.

	㉠	㉡		㉠	㉡
①	인장력	압축력	②	인장력	지지력
③	압축력	인장력	④	압축력	지지력
⑤	지지력	인장력			

05 다음 설명과 관련이 있는 단어로 적절한 것은?

> 미술 작품을 감상할 때 많은 사람들은 무엇을 그린 것인지, 표현하려고 한 주제는 무엇인지를 파악하기 위해 노력한다. 그래서 무엇을 그린 것인지 알아차리기 힘든 추상화라도 만나게 되면 예술이 자신과 거리가 멀다며 좌절하는 경우도 있다. 비단 미술 작품뿐만 아니라 음악, 영화, 건축 등 예술을 진정으로 즐기기 위해서는 작품 자체가 지닌 아름다움을 살펴 찾는 안목을 지닐 필요가 있다. 이러한 눈을 지닌다면 주변의 모든 사물들이 모두 예술 작품처럼 다가올 수 있다.

① 감식안(鑑識眼) ② 심미안(審美眼)
③ 관찰안(觀察眼) ④ 근시안(近視眼)
⑤ 천리안(千里眼)

06 밑줄 친 단어의 쓰임이 적절하지 <u>않은</u> 것은?

① 그 가구는 나뭇결을 살려 자연적인 질감을 강조했다.
② 민화는 사대부의 그림과는 전혀 다른 미감을 지니고 있다.
③ 명암을 어떻게 넣느냐에 따라 대상의 양감이 달라질 수 있다.
④ 거푸집을 이용하면 같은 모양의 가마솥을 여러 개 만들어 낼 수 있다.
⑤ 이 의자는 플라스틱 쓰레기를 녹여 만든 주물이라 값이 무척 싼 편이다.

실전 어휘를 알면 **답**이 보인다 〈2018 9월 평가원 변형〉

07 문맥상 ⓐ와 가장 가까운 의미로 쓰인 것은?

> 관광객처럼 우리 주변에서 흔히 볼 수 있는 것을 대상으로 고르면 현실성이 높다고 하고, 그 대상을 시각적 재현에 ⓐ기대어 실재와 똑같이 표현하면 사실성이 높다고 한다.

▶ 문제에 쓰인 단어 중 이해하기 어려운 단어의 뜻을 찾아 적어 보자.

① 여론 조사 결과에 기대면 A 후보가 유리하대.
② 누나가 그린 그림을 벽면 한쪽에 기대어 놓았다.
③ 나는 너무 힘들어서 벽에 등을 기대고 서 있었다.
④ 다리 난간에 몸을 기대는 것은 무척 위험한 행동이다.
⑤ 민규는 앞으로 부모님께 기대어 살지 않겠다고 선언했다.

■ **다음 글을 읽고 물음에 답하시오.**

〈2013 9월 평가원〉

서양 건축 예술의 역사는 성당 건축을 빼놓고는 이해할 수 없다. 여러 시대에 걸쳐 유럽의 성당은 다양한 ⓐ양
식으로 변화해 왔다. 하지만 그 기본은 바실리카 형식에서 크게 벗어나지 않았다. 평면도상 긴 직사각형 모양을
하고 있는 이 형식은 고대 로마 제국 시대에서 비롯된 것으로 원래는 시장이나 재판소와 같은 ⓑ공공 건축물에
쓰였던 것이다. 4세기경부터 출현한 바실리카식 성당은 이후 평면 형태의 부분적 변화를 겪으면서 중세 시대에
ⓒ절정을 이루었다.

낯선 어휘의 뜻을 사전에서 찾아 적어 보자.

• 바실리카: 교황으로부터 특권을 받아 일반 성당보다 격이 높
　은 성당.
•
•

핵심어를 중심으로 문단의 내용을 요약해 보자.

핵심어 **바실리카 형식**
서양 건축 예술의 역사를 이해하기 위해서는 바실리카 형식으
로 대표되는 성당 건축을 이해해야 한다.

바실리카식 성당의 평면을 살펴보면, 초기에는 동서 방향으로 긴 직사각형의
모습을 하고 있다. 서쪽 끝 부분에는 일반인들의 출입구와 현관이 있는 나르텍
스가 있다. 나르텍스를 지나면 일반 신자들이 예배에 참여하는 네이브가 있고,
네이브의 양 옆에는 복도로 활용되는 아일이 붙어 있다. 동쪽 끝 부분에는 신
성한 제단이 자리한 앱스가 있는데, 이곳은 오직 성직자만이 들어갈 수 있다.
이처럼 나르텍스로부터 네이브와 아일을 거쳐 앱스에 이르는 공간은 ⓓ세속에
서 신의 영역에 이르기까지의 ⓔ위계를 보여 준다.

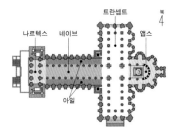

•
•
•

핵심어 **바실리카 성당의 공간**

시간이 흐르면서 성직자의 위상이 점차 높아지고 종교 의식이 확대됨에 따라 예배를 진행하기 위한 추가적인
공간이 필요하게 되었다. 이에 따라 바실리카식 성당은 앱스 앞을 가로지르는 남북 방향의 트란셉트라는 공간이
추가되어 ㉠열십자 모양의 건물이 되었다. 이때부터 건물은 더욱 웅대하고 화려해졌는데, 네이브의 폭도 넓어지
고 나르텍스에서 앱스까지의 길이도 늘어났으며 건물의 높이도 높아졌다.

•
•
•

핵심어 ＿＿＿＿＿＿＿＿＿

성당 건축에 대한 이해 → 서양 건축 예술의 역사에 대한 이해

유럽 성당의 기본: [＿＿＿＿＿]❶ 형식

• 고대 로마 제국 시대의 [＿＿＿]❷ 건축물에서 비롯됨.

• 4세기경부터 출현, 중세 시대에 절정을 이룸.

• 형태 변화 ┬ 초기: 동서 방향의 긴 직사각형(나르텍스, 네이브, 아일, 앱스),
　　　　　├ 세속에서 신의 영역에 이르기까지의 [＿＿＿]❸을/를 보여 줌.
　　　　　└ 이후: 성직자의 위상 향상, 종교 의식의 확대 → 남북 방향의 [＿＿＿＿＿＿＿]❹이/가 추가되
　　　어 웅대하고 화려해짐.

〈2013 9월 평가원 40번 변형〉

01 바실리카식 성당에 대한 설명으로 적절하지 <u>않은</u> 것은?

① 4세기경에 출현하여 이후 부분적 변화를 겪었다.

② 종교적 기능을 가진 로마 시대의 건축에서 유래했다.

③ 성직자의 위상이 높아지면서 웅대해지고 화려해졌다.

④ 긴 직사각형에서 열십자 형태로 평면의 모양이 바뀌었다.

⑤ 서양 건축 예술의 역사를 이해하는 데 중요한 건축물이다.

▶ 문제에 쓰인 단어 중 이해하기 어려운 단어의 뜻을 사전에서 찾아 적어 보자.

〈2013 9월 평가원 41번 변형〉

02 ㉠의 실내 공간을 이해한 것으로 적절한 것은?

① 아일은 현관문으로 건물의 출입구 역할을 한다.

② 나르텍스는 일반 신자들이 예배에 참여하는 곳이다.

③ 트란셉트는 종교 의식이 확대되면서 추가된 공간이다.

④ 앱스는 사람들이 예배를 보기 위해서 다니는 통로이다.

⑤ 네이브는 제단이 놓인 곳으로 성당 내에서 제일 신성한 곳이다.

〈2013 9월 평가원 43번 변형〉

03 ⓐ~ⓔ의 사전적 의미로 적절하지 <u>않은</u> 것은?

① ⓐ: 시대나 부류에 따라 각기 독특하게 지니는 문학, 예술 따위의 형식.

② ⓑ: 국가나 사회의 구성원에게 두루 관계되는 것.

③ ⓒ: 사물의 진행이나 발전이 최고의 경지에 달한 상태.

④ ⓓ: 사람이 살고 있는 모든 사회를 통틀어 이르는 말.

⑤ ⓔ: 존경할 만한 위세가 있어 점잖고 엄숙한 태도나 기세.

인상주의 이전과 이후, 재현에서 표현으로

'재현(再現)'이 사람이나 장소 또는 사물을 그대로 모사하는 것이라면, '표현(表現)'은 생각이나 느낌을 언어나 몸짓과 같이 어떠한 형상으로 드러내어 나타내는 것이에요. 19세기 후반 프랑스를 중심으로 일어난 미술의 한 경향인 '인상주의'는 사물을 그대로 재현하기보다는 사물에 나타난 순간적인 색을 포착해서 표현하는 것에 주목하였어요.

▲ 아드리안 판 위트레흐트, 「해골과 꽃다발이 있는 정물」

▲ 모네, 「양산을 든 여인」

이러한 변화는 카메라의 발명과도 연관이 있지요. 카메라가 없던 시절, 화가들은 「해골과 꽃다발이 있는 정물」과 같이 사물의 모습을 최대한 사실적으로 그리고자 노력했어요. 그러나 화가가 아무리 대상을 사실적으로 그려도 카메라에 미칠 수 없었지요. 카메라가 발명되고 그 기술이 보편화됨에 따라서 화가들이 있는 그대로의 사실을 캔버스에 담는 것은 큰 의미가 없다고 여기게 되었어요. 따라서 자연스럽게 '모네'(Claude Monet, 1840~1926)로 대표되는 인상주의 화풍이 등장하게 되었지요. 인상주의 화가들은 대상의 객관적 재현에서 벗어나 시시각각으로 움직이는 색채의 미묘한 변화를 포착하여 주관적 감각을 표현하고자 했어요.

독서 지문의 예술 영역에서는 '재현'과 '표현'이라는 단어가 많이 등장해요. 즉, 대상의 있는 그대로의 모습을 포착한 사진은 사물을 '재현'했다고 말할 수 있는 반면에, 작가의 주관적 의도와 설정을 통해 연출된 사진은 사물을 새롭게 '표현'했다고 말할 수 있는 것이지요. 작가의 상상, 생각, 감정 등이 표현된 사진은 예술이라고 할 수 있답니다.

> 사진은 19세기 초까지만 해도 근대 문명이 만들어 낸 기술적 도구이자 현실 재현의 수단으로 인식되었다. 하지만 점차 여러 사진작가들이 사진을 연출된 형태로 찍거나 제작함으로써 자기의 주관을 표현하고자 하는 시도를 하였다. 이들은 빛의 처리, 원판의 합성 등의 기법으로 회화적 표현을 모방하여 예술성 있는 사진을 추구하였다. 이러한 흐름 속에서 만들어진 사진 작품들을 회화주의 사진이라고 부른다.
>
> 〈2016 9월 평가원〉

• 19세기~20세기 대표적 서양 미술의 흐름

사실주의	일상의 삶과 대상의 모습을 사실 그대로 표현함.
인상주의	순간적으로 변하는 자연 빛의 색을 포착하여 표현함.
야수파	사물에 대한 감정을 강렬한 원색과 단순한 선으로 표현함.
입체파	대상의 본질을 탐구하여 다양한 측면을 분해하고 조합하여 표현함.

기출 지문 살펴보기

예전에 나는, 사진은 사물을 있는 그대로 재현하는 도구에 지나지 않는다고 생각했고, 사진이 예술 작품이 된다고 생각해 본 적이 없었다. 그런데 스타이컨의 「빅토르 위고와 생각하는 사람과 함께 있는 로댕」을 보고, 사진도 예술 작품으로서 작가의 생각을 표현하는 창작 활동이라는 스타이컨의 생각에 동감하게 되었다. 특히 회화적 표현을 사진에서 실현시키려 했던 스타이컨의 노력은 그 예술사적 가치를 인정받아야 할 것이다.

〈2016 9월 평가원〉

시민 혁명과 산업 혁명으로 19세기는 격변의 시기였어요. 이는 사람들의 생각과 표현 방식까지 변화시켰고, 현대 미술을 위한 커다란 균열을 만들어 주었지요. 20세기에는 '앙리 마티스', '앙드레 드랭'을 비롯하여 야수파라 불리는 화가들이 대상의 고유색을 무시하고 원색을 사용하며, 원근을 파괴해 대상의 특징을 포착하고 상상을 더한 표현을 시도하기 시작했어요. 아래 그림은 앙리 마티스의 「호사, 평온, 관능」(1904)이라는 그림이에요. 피카소는 이 그림을 보고 충격을 받았지요.

• 앙리 마티스(1869~1954)

프랑스의 화가로, 야수파 운동을 주도하였다.

▲ 앙리 마티스, 「호사, 평온, 관능」(1904)

"밑그림이 초보 수준이야. 어린애 그림만도 못하지, 원근에 깊이도 없고 구름은 노랗고 피부는 보라색이야. 그래 다 틀렸어. 그런데 말이야, 너무나도 훌륭해. 말이 안 되지만 생명력이 넘쳐. 게다가 이들은 재능이 아니라 통찰력을 보여 주고 있잖아. 난 여태껏 이렇게 혁명적인 작품은 한 번도 못 그려 봤어. 사진이 등장했으니 화가가 더 이상 사람들의 생김새를 묘사할 필요가 없잖아?"

이후 우연히 아프리카 가면을 본 피카소가 충격과 전율을 느끼게 돼요. 이 사건을 계기로 탄생한 것이 '입체파'예요. 야수파가 20세기 색채 혁명이라면, 입체파는 20세기 형태 혁명이라고도 할 수 있어요. 사물의 형태를 보이는 그대로 재현하지 않고, 입체적인 모든 각도에서 바라보고 본질을 표현하고자 했지요. 이렇게 끊임없이 익숙한 것에서부터의 탈피를 시도하면서 미술은 새로움을 얻게 되었어요.

"나는 보이는 형태를 그리지 않는다. 나는 내가 생각한 형태를 그린다."

▲ 파블로 피카소(1881~1973)

▲ 피카소, 「아비뇽 처녀들」(1907)

예술가들의 경쟁과 협력 속에서 새롭고 파격적인 표현이 가능해지고 있던 중 1914년 제1차 세계 대전이 발발했어요. 이때 정말 많은 작품들이 불에 타는 비극이 발생했지요. 1930년대 후반, 히틀러는 자신의 정치적 이념에 대립되는 예술 작품을 '퇴폐 예술'이라고 칭하며 강제로 몰수해 불태우기도 했어요. 이러한 시련 속에서도 예술가들은 작품 활동을 이어 나갔답니다. 끓어오르는 내면의 열정과 상상을 표현하는 것은 그 무엇도 막을 수 없었으니까요.

기출 지문 살펴보기

미술관에서 오랫동안 움직이지 않고 서 있는 관광객 차림의 부부를 본다면 사람들은 다시 한 번 바라볼 것이다. 그리고 그것이 미술 작품이라는 것을 알면 놀랄 것이다. 이처럼 현실에 존재하는 것을 실재라고 믿을 수 있도록 재현하는 유파를 하이퍼리얼리즘이라고 한다.

관광객처럼 우리 주변에서 흔히 볼 수 있는 것을 대상으로 고르면 현실성이 높다고 하고, 그 대상을 시각적 재현에 기대어 실재와 똑같이 표현하면 사실성이 높다고 한다. 대상의 현실성과 표현의 사실성을 모두 추구한 하이퍼리얼리즘은 같은 리얼리즘 경향에 드는 팝 아트와 비교하면 그 특성이 잘 드러난다.

〈2018 9월 평가원〉

01 문맥을 고려할 때, 밑줄 친 단어의 사전적 의미로 적절하지 <u>않은</u> 것은?

① 아담 샬은 뇌가 몸의 운동과 지각 활동을 <u>주관</u>한다고 주장하였다.
→ 어떤 일을 책임을 지고 맡아 관리함.
② 보험사는 손실을 <u>보전</u>하기 위하여 보험료를 인상하기로 결정하였다.
→ 온전하게 보호하여 유지함.
③ 사대부들이 <u>향유</u>한 시가(詩歌)는 대체로 정치적인 성격을 띠기도 한다.
→ 누리어 가짐.
④ 이 소설은 제3차 세계 대전이 일어난 후의 세계를 <u>상정</u>하고 쓴 것이다.
→ 어떤 정황을 가정적으로 생각하여 단정함.
⑤ 시인은 부정적 현실에 대해 거리를 두어 <u>관조</u>하는 태도를 취하고 있다.
→ 고요한 마음으로 사물이나 현상을 관찰하거나 비추어 봄.

02 문맥을 고려할 때, 다음 빈칸에 들어갈 단어로 가장 적절한 것은?

> 김정희가 추사체라는 필법을 새롭게 창안했다는 것은 그가 단순히 전통의 ☐☐에 머무르지 않았음을 의미하는군.

① 연계   ② 전가   ③ 규명   ④ 고찰   ⑤ 답습

03 다음 빈칸에 들어갈 단어로 가장 적절한 것은?

(1)
> 집단 소송은 피해자들의 일부가 전체 피해자들의 이익을 대변하는 대표 당사자가 되어, 기업을 상대로 손해 ☐☐ 청구 등의 소를 제기할 수 있도록 하는 방식이다. 만일 피해자들이 공동 소송을 하여 승소한다면 이들만 ☐☐을/를 받게 된다.

① 보상   ② 배상   ③ 포상
④ 변상   ⑤ 상환

(2)
> 도출한 새로운 정보가 참일 가능성을 유비 논증의 ☐☐(이)라 한다. ☐☐이/가 높으려면 비교 대상 간의 유사성이 커야 하는데 이 유사성은 단순히 비슷하다는 점에서의 유사성이 아니고 새로운 정보와 관련 있는 유사성이어야 한다.

① 효용성   ② 허구성   ③ 필연성
④ 우연성   ⑤ 개연성

04 다음 밑줄 친 말과 바꾸어 쓸 수 있는 단어로 가장 적절한 것은?

(1)

> 수강생: 선생님, 어떻게 해야 역동적인 모습의 사진을 찍을 수 있을까요?
> 사진 작가: 사람들의 움직임을 잘 관찰하다가 이때다 싶을 때 그 순간을 꼭 <u>붙잡아야</u> 해.

① 쟁취해야   ② 착취해야   ③ 취득해야
④ 포착해야   ⑤ 착안해야

(2)

> 분석 철학자들은 흄의 철학적 정신을 충실히 이어받아 실증적(과학적)으로 경험할 수 없는 형이상학을 <u>물리치고</u> 의미 있는 과학 언어는 내용은 경험적이며 형식은 논리적이어야 한다는 원칙을 내세웠다.

① 계승하고   ② 기각하고   ③ 극복하고
④ 배반하고   ⑤ 배격하고

05 다음 밑줄 친 단어와 문맥상 의미가 가장 가까운 것은?

> 반추 동물의 반추위에는 비섬유소인 녹말을 분해하는 스트렙토코쿠스보비스(S)도 서식한다. 그런데 S의 과도한 생장이 반추 동물에게 악영향을 <u>끼치는</u> 경우가 있다.

① 냄비 뚜껑을 열었더니 얼굴에 더운 김이 훅 <u>끼쳤다</u>.
② 매서운 겨울바람이 불자 추워서 온몸에 소름이 <u>끼쳤다</u>.
③ 생선 가게를 지나는데 비린내가 코에 <u>끼쳐</u> 기분이 나빴다.
④ 도로 공사를 하고 있어 시민들의 통행에 큰 불편을 <u>끼치고</u> 있다.
⑤ 우리가 독립을 이루지 못했다면 주권을 잃은 슬픔을 만대에 <u>끼칠</u> 뻔했다.

06 다음 ㉠~㉣에 들어가기에 적절한 말을 바르게 짝지은 것은?

> 전제가 참이면 결론이 확실히 참인 (㉠) 논증은 결론에서 지식이 확장되는 것처럼 보이지만, 실제로는 (㉡)에 이미 포함된 (㉢)을/를 다른 방식으로 확인하는 것을 뿐이다. 반면 (㉣) 논증은 전제들이 모두 참이라고 해도 결론이 확실히 참이 되는 것은 아니지만 우리의 지식을 확장해 준다는 장점이 있다.

	㉠	㉡	㉢	㉣		㉠	㉡	㉢	㉣
①	귀납	전제	결론	연역	②	귀납	결론	전제	연역
③	연역	전제	결론	귀납	④	연역	결론	전제	귀납
⑤	연역	전제	전제	귀납					

07 문맥상 밑줄 친 단어의 쓰임이 적절하지 <u>않은</u> 것은?

① 대표자가 사적 이익을 추구하는 데 권한을 <u>남용</u>할 경우 제재할 수단이 필요하다.
② 일부 대기업의 시장 독점은 규모가 영세한 회사들의 발전을 <u>저해</u>하는 요인이었다.
③ 법률을 위반하여 상대방에게 손실을 <u>기인</u>한 경우에는 이에 대한 책임을 져야 한다.
④ 과거를 탓하기보다 앞으로의 시대에 우리가 무엇을 <u>지향</u>해야 할지를 생각해야 한다.
⑤ 때로는 틀에 박힌 관습이나 통념에 도전하는 정신이 사회를 바꾸는 <u>단초</u>가 되기도 한다.

08 ㉠~㉢의 사전적 의미로 적절하지 <u>않은</u> 것은?

　　채권은 정부나 기업이 자금을 ㉠<u>조달</u>하기 위해 발행하며 그 가격은 채권이 매매되는 채권 시장에서 결정된다. 채권의 발행자는 정해진 날에 일정한 이자와 원금을 투자자에게 지급할 것을 약속한다. ㉡<u>채권</u>을 매입한 투자자는 이를 다시 매도하거나 이자를 받아 수익을 얻는다. 그런데 채권 투자에는 발행자의 지급 능력 부족 등의 ㉢<u>사유</u>로 이자와 원금이 지급되지 않을 가능성인 신용 위험이 ㉣<u>수반</u>된다. 이에 따라 각국은 채권의 신용 위험을 평가해 신용 등급으로 ㉤<u>공시</u>하는 신용 평가 제도를 도입하여 투자자를 보호하고 있다.

① ㉠: 자금이나 물자 따위를 대어 줌.
② ㉡: 특정인이 다른 특정인에게 어떤 행위를 청구할 수 있는 권리.
③ ㉢: 일의 까닭.
④ ㉣: 어떤 일과 더불어 생김.
⑤ ㉤: 일정한 내용을 공개적으로 게시하여 일반에게 널리 알림.

09 ㉠~㉤을 사용하여 만든 문장으로 적절하지 <u>않은</u> 것은?

　　작가주의란 감독을 단순한 연출자가 아닌 '작가'로 ㉠<u>간주</u>하고, 작품과 감독을 동일시하는 관점을 말한다. 이 이론이 ㉡<u>대두</u>될 당시, 프랑스에는 유명한 문학 작품을 별다른 손질 없이 영화화하거나 화려한 의상과 세트, 인기 연극배우에 의존하는 제작 관행이 ㉢<u>팽배</u>해 있었다. 작가주의는 이렇듯 프랑스 영화에 ㉣<u>만연</u>했던 문학적, 연극적 색채에 대한 반발로 ㉤<u>주창</u>되었다.

① ㉠: 현대인들은 컴퓨터를 옷이나 음식과 같은 생활필수품으로 <u>간주</u>하고 있다.
② ㉡: 선거철을 맞아 지역 간의 분열이 큰 문제로 <u>대두</u>되고 있다.
③ ㉢: 정부는 급격히 <u>팽배</u>한 도시 인구를 농촌으로 분산시키는 정책을 펴고 있다.
④ ㉣: 재개발 소문과 함께 부동산 투기가 <u>만연</u>하여 집값이 크게 올랐다.
⑤ ㉤: 통일의 필요성은 몇십 년 동안 계속 <u>주창</u>되어 왔다.

10 다음 ⑦~ⓒ에 들어가기에 적절한 단어를 바르게 짝지은 것은?

> 환율이 1달러=1,000원에서 1달러=1,500원이 되었을 때, 우리는 환율이 (⑦)했다고 한다. 그렇다면 우리 돈의 가치는 어떻게 될까? 환율이 1달러=1,000원에서 1달러=1,500원이 되면 1달러를 구하기 위해서 이전보다 500원이나 더 주어야 한다. 그만큼 원화의 값어치가 (ⓒ)한 것이고, 상대적으로 달러의 가치는 (ⓒ)한 것이다.

	⑦	ⓒ	ⓒ		⑦	ⓒ	ⓒ
①	상승	상승	하락	②	상승	하락	상승
③	상승	하락	하락	④	하락	상승	상승
⑤	하락	상승	하락				

11 다음 '⑦ – ⓒ'의 의미 관계와 유사하지 않은 것은?

> 물건의 소유권이 양도되려면, 소유자가 ⑦양도인이 되어 ⓒ양수인과 유효한 양도 계약을 하고 이에 더하여 소유권 양도를 공시해야 한다.

① 피고(被告) – 원고(原告)
② 증여(贈與) – 기부(寄附)
③ 공익(公益) – 사익(私益)
④ 암묵적(暗黙的) – 명시적(明示的)
⑤ 지배(支配) – 피지배(被支配)

12 다음의 뜻풀이에 해당하는 단어를 오른쪽 표에서 찾아 해당하는 글자를 지운 후, 남은 네 글자로 이루어진 한자 성어를 쓰시오.

(1) 원금과 이자를 합친 돈.
(2) 남모르게 자기들끼리만 짜고 하는 약속이나 수작.
(3) 아름다움을 살펴 찾을 수 있는 성질.
(4) 만들려는 물건의 모양대로 속이 비어 있어 거기에 쇠붙이를 녹여 붓도록 되어 있는 틀. =주형(鑄型)
(5) 19세기 후반 프랑스에서 일어난 근대 미술의 한 경향. 사물의 고유색을 부정하고 태양 광선에 의하여 시시각각으로 변해 보이는 대상의 순간적인 색채를 포착해서 밝은 그림을 그렸다.

인	짬	새	리	성
원	의	거	지	미
집	짜	상	심	주
푸	옹	금	미	마

13 다음 대화에서 '상인'의 말을 고려할 때, 빈칸에 들어갈 단어로 가장 적절한 것은?

> 손님: 이 대나무로 만든 바구니는 참 [   ]하네요.
> 상인: 이 바구니가 비록 볼품없게 보일지 몰라도 아주 튼튼하고 쓸모가 많아요.

① 투박   ② 유려   ③ 각박   ④ 조악   ⑤ 실팍

14 ㉠~㉤의 사전적 의미로 적절하지 않은 것은?

> 시각 매체의 확장은 ㉠사료의 유형을 더욱 다양하게 했다. 이에 따라 역사학에서 영화를 통한 역사 서술에 대한 관심이 일고, 영화를 사료로 파악하는 경향도 나타났다. 역사가들이 주로 사용하는 문헌 사료의 언어는 대개 지시 대상과 물리적·논리적 연관이 없는 ㉡추상화된 상징적 기호이다. 반면 영화는 카메라 앞에 놓인 물리적 현실을 이미지화하기 때문에 그 자체로 물질성을 띤다. 즉, 영화의 이미지는 닮은꼴로 사물을 지시하는 ㉢도상적 기호가 된다. 광학적 메커니즘에 따라 ㉣피사체로부터 비롯된 영화의 이미지는 그 피사체가 있었음을 지시하는 ㉤지표적 기호이기도 하다.

① ㉠: 역사 연구에 필요한 문헌이나 유물.
② ㉡: 어떤 사물이 직접 경험하거나 지각할 수 있는 일정한 형태와 성질을 갖추고 있지 않은 것으로 만듦.
③ ㉢: 이미 널리 받아들이고 있거나 쉽게 인지가 가능한 대상과 연관된 물체나 형상과 같은 (것).
④ ㉣: 사진이나 영화를 찍는 주체가 되는 대상.
⑤ ㉤: 방향이나 목적, 기준 따위를 나타내는 표지와 관련된 (것).

15 문맥을 고려할 때, 다음 빈칸에 들어갈 단어로 가장 적절한 것은?

> 들뢰즈가 제안한 '주름' 개념은 현대 건축가들에게 영향을 미쳤으며, 특히 현대 랜드스케이프 건축에 많은 [   ]을/를 주었다. 랜드스케이프 건축가들은 대지와 건물, 건물과 건물, 건물의 내부와 외부를 각각의 고정된 의미로 분리하여 바라보려는 전통적인 이분법적 관점을 거부하고 이들을 하나의 주름 잡힌 표면, 즉 서로 관계 맺으며 접고 펼쳐지는 반복적 과정 속에서 생성된 하나의 통합된 공간으로 보고자 하였다.

① 공상(空想)   ② 반감(反感)   ③ 압력(壓力)
④ 영감(靈感)   ⑤ 역효과(逆效果)

16 다음 대화의 빈칸에 들어갈 한자 성어로 가장 적절한 것은?

> 동준: 어제 갑자기 운동을 너무 많이 해서 그런지 몸이 아파.
> 수연: ◻◻◻◻(이)란 말도 있듯이 운동도 지나치면 몸에 해로울 수 있으니까 적당히 해.

① 과유불급(過猶不及) 　　　　② 각주구검(刻舟求劍)
③ 적반하장(賊反荷杖) 　　　　④ 낭중지추(囊中之錐)
⑤ 금의야행(錦衣夜行)

17 다음 빈칸에 공통으로 들어갈 글자로 가장 적절한 것은?

> • 양국 간의 무역 협상이 극명한 입장 차이로 인해 난◻을/를 빚고 있다.
> • 이 영화는 개봉한 지 보름만에 500만 관객을 돌파하며 순◻을/를 계속하고 있다.

① 탄　　　　② 산　　　　③ 고　　　　④ 조　　　　⑤ 항

18 다음 열쇠 말을 참고하여 오른쪽에 있는 표의 빈칸을 완성하시오.

[가로 열쇠]
2. 꾸민 데가 없이 수수하다.
3. 아름다움에 대한 느낌. 또는 아름다운 느낌.
4. 알맞은 인재를 알맞은 자리에 씀. 또는 그런 자리.
5. 자리나 위치 따위를 다른 곳으로 옮김. 감각의 ○○.
8. 사물이나 능력, 책임 따위가 실제 작용할 수 있는 범위. 경제학에서는 추가적인 것을 의미함. ○○ 효용 체감의 법칙.
9. 이(理)와 기(氣)의 원리를 통해서 우주 속에 존재하고 있는 모든 현상을 설명하는 성리학의 이론.

[세로 열쇠]
1. 어떤 의견, 주장, 논설 따위에 반대하여 말함.
2. 재질(材質)의 차이에서 받는 느낌.
3. 사물이나 현상을 전체적인 면에서가 아니라 개별적으로 포착하여 분석하는 것.
5. 사람이 바라는 바를 충족시켜 주는 모든 물건.
6. 하급 법원의 판결에 따르지 않고 상급 법원에 재심을 요구하는 일.
7. 한쪽이 이익을 보면 다른 쪽은 손해를 보는 관계.
8. 부모가 같은 형제자매.

		1		5	7
	2				
3					
		6		8	
4	5				
			9		

IV

독서(과학·기술)

25강 과학 (1) – 생명 과학 · 화학

26강 과학 (2) – 물리학 · 지구 과학

27강 기술 (1) – 전자 공학

28강 기술 (2) – 정보 통신

29강 형성 평가

항원(抗元)

막을 抗
근원 元

생체 속에 침입하여 항체를 형성하게 하는 물질. 세균이나 독소 따위가 있음.

예 예방 접종은 약한 항원을 몸 안에 넣어서 병을 이길 수 있는 항체를 길러 주는 것이다.

? 친절한 샘 우리 몸속에서 항원을 제거하기 위해 만들어지는 것이 '**항체(抗體)**'입니다. 항체는 항원의 독소에 결합하여 항원을 무력화하거나 항원이 숙주 세포와 결합하는 데 필요한 분자와 결합하여 기능을 방해합니다. 항체의 기능으로 인해 그 병에 걸리지 않게 된 상태나 작용을 '**면역(免疫)**'이라 합니다.

생장(生長)

날 生
길 長

나서 자람. 또는 그런 과정.

예 영하의 겨울 날씨에서는 식물의 생장이 어렵기 때문에 비닐 온실을 주로 이용한다.

? 친절한 샘 '어떤 생물이 단순한 수정란 상태에서 복잡한 개체가 되는 일'을 '**발생(發生)**'이라 하고, 그 개체가 에너지와 물질을 이용하여 자라는 것을 '생장(生長)'이라고 합니다. 그리고 '생물이 자기와 닮은 개체를 만들어 종족을 유지하는 현상'을 '**생식(生殖)**'이라고 합니다.

효소(酵素)

술밑 酵
흴 素

생물의 세포 안에서 일어나는 화학 작용을 돕는 물질.

예 소화가 잘 안 될 때에는 영양소를 잘 분해하는 효소가 풍부한 음식을 먹어야 한다.

? 친절한 샘 '생물체가 섭취한 영양물을 몸 안에서 분해하고, 합성하여 생체 성분이나 생명 활동에 쓰는 물질이나 에너지를 만들고 필요하지 않은 물질을 몸 밖으로 내보내는 작용'을 '**물질대사(物質代謝)**'라 합니다. 물질대사는 매우 복잡한데, 효소를 이용하면 이를 단계적으로 쉽게 조절할 수 있습니다.

포도당(葡萄糖)

포도 葡
포도 萄
사탕 糖

단맛이 나고 물에 잘 녹으며 생물의 에너지원으로 쓰이는 탄수화물의 종류.

예 체내에 인슐린이 부족하면 혈액 속의 포도당 농도가 높아져 당뇨병에 걸린다.

? 친절한 샘 뇌와 적혈구의 에너지원이 되는 '**혈당(血糖)**'은 '혈액 속에 포함되어 있는 당'을 말하는데, 이때의 '당(糖)'은 '포도당'입니다. 그리고 '**당뇨병(糖尿病)**'은 '소변에 당분이 많이 섞여 나오는 병'을 말하는데 탄수화물 대사를 조절하는 인슐린이 부족해서 생깁니다.

세포(細胞)

가늘 細
태보 胞

생물체를 이루는 기본 단위. 물질대사, 생식, 생장과 같은 생명 활동이 일어남.

예 약물 치료는 종양 세포를 죽이는 데 강력한 효과가 있다.

? 친절한 샘 세포가 모여 조직을 이루고 그 조직이 모여 '**기관(器官)**'을 이룹니다. '기관'에는 '위, 간, 심장, 폐, 뇌' 등이 있습니다. 이러한 '기관'들이 모여 '**기관계(器官系)**'를 형성하는데, '소화계, 순환계, 호흡계, 배설계, 신경계, 생식계' 등이 있습니다.

원자(原子)

근원 原
아들 子

물질의 기본적 구성 단위. 하나의 핵과 이를 둘러싼 여러 개의 전자로 구성되어 있고, 크기는 반지름이 $10^{-7} \sim 10^{-8}$cm이며 한 개 또는 여러 개가 모여 분자를 이룸.

예 수소와 산소 원자가 모이면 물을 이룰 수 있다.

? 친절한 샘 '모든 물질을 구성하는 기본적 요소'를 '**원소(元素)**'라 하고, '물질을 구성하는 가장 작은 입자'를 '**원자(原子)**'라고 합니다. 그리고 원자가 모여 만들어진 것이 '**분자(分子)**'인데, 이는 '특정한 물질의 성질을 갖는 가장 작은 입자'를 말합니다.

이온
ion

전하를 띠는 원자. 전기적으로 중성인 원자가 전자를 잃으면 양전하를, 전자를 얻으면 음전하를 가진 이온이 됨.

예 양이온이 음극에 충돌하면 타이타늄이 떨어져 나와 충돌 지점에 들러붙는다.

? 친절한 샘 '물체가 띠고 있는 정전기의 양'을 '**전하(電荷)**'라고 합니다. 원자는 양전하를 띠는 양성자와 음전하를 띠는 전자를 갖고 있는데, 양성자와 전자의 총 전하량이 같으면 전기적으로 중성입니다. 따라서 전자를 잃거나 얻으면 이온이 되며 전하를 띠게 됩니다.

산화(酸化)
초 酸
될 化

어떤 물질이 산소와 결합하거나 수소를 잃는 일.

예 건강한 식생활을 위해 산화 방지 식품을 복용해야 한다.

? 친절한 샘 '**호흡(呼吸)**'은 에너지원인 포도당에 산소가 결합하여 에너지를 방출하기 때문에 '산화'에 해당합니다. 그리고 금속이 산화에 의해 금속 화합물로 변하는 것을 '**부식(腐蝕)**'이라고 합니다. 한편, 산화된 물질에서 산소를 잃어버리는 것은 '**환원(還元)**'이라고 합니다.

용매(溶媒)
녹을 溶
중매 媒

어떤 물질을 녹이는 데 쓰는 액체. 또는 액체를 액체에 녹일 때 양이 많은 쪽의 액체.

예 뜨거운 물을 용매로 하면 설탕이 빨리 녹는다.

? 친절한 샘 '용액(溶液)'에 녹아 있는 물질을 '**용질(溶質)**'이라고 하는데, 액체가 다른 액체에 녹아 있을 때에는 양이 많은 쪽이 '용매'이고 양이 적은 쪽이 '용질'입니다. 그리고 이렇게 '녹거나 녹이는 일'을 '**용해(溶解)**'라고 합니다.

시료(試料)
시험 試
헤아릴 料

시험, 검사, 분석 따위에 쓰는 물질이나 생물.

예 우리는 오염도를 측정할 시료가 될 토양을 채취하였다.

? 친절한 샘 수질 오염 측정의 경우, 지표수, 지하수, 오수, 도시 하수, 산업 폐수 등이 시료(試料)로 활용됩니다. 시료는 기준에 맞추어 잘 채취해야 하며, 채취한 시료가 실험실에 도착할 때까지 변화가 일어나지 않도록 주의해야 합니다.

어휘 더하기

[다의어] 높다 「형용사」

❶ 아래에서 위까지의 길이가 길다.
   예 서울에는 높은 빌딩들이 즐비하다.

❷ 아래에서부터 위까지 벌어진 사이가 크다.
   예 가을에는 하늘이 높다.

❸ 값이나 비율 따위가 보통보다 위에 있다.
   예 이 회사는 복지 수준이 낮아서 직원들의 이직률이 높다고 한다.

❹ 이름이나 명성 따위가 널리 알려진 상태에 있다.
   예 제주 감귤은 세계적으로 이름이 높다.

❺ 어떤 의견이 다른 의견보다 많고 우세하다.
   예 형식적인 환경 정책에 비판적인 여론이 높다.

'높다'는 국어사전을 찾아보면 총 13개의 뜻을 갖고 있는 다의어입니다. 따라서 뜻을 잘 구별해야 하는데, ❶은 '길이', ❷는 '사이', ❸은 '값, 비율', ❹는 '명성', ❺는 '의견' 등의 의미가 있으므로 이를 잘 살피는 것이 필요합니다. 예를 들어 '가격이 높은 물건'에서 '높은'은 '값'의 의미가 있기 때문에 ❸에 해당된다는 것을 알 수 있습니다.

⊙ '높다'의 사전적 의미 중, 밑줄 친 부분에 해당하는 뜻을 쓰시오.

그 천장은 높아서 점프를 해도 손에 닿지 않는다.

25강 과학 (1) **201**

01 다음 빈칸에 공통으로 들어갈 적절한 말을 쓰시오.

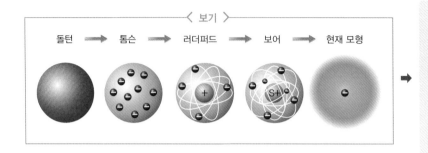

〈 보기 〉
돌턴 ➡ 톰슨 ➡ 러더퍼드 ➡ 보어 ➡ 현재 모형

〈보기〉의 그림은 (   ) 모형의 변화 과정입니다. (   )은/는 물질을 구성하는 가장 작은 입자로, 하나의 핵과 여러 개의 전자로 구성되어 있습니다.

02 다음 빈칸에 공통으로 들어갈 단어를 쓰시오.

- 원자가 전자를 잃으면 양전하를 띠는 입자가 되는데, 이를 '양(   )'(이)라고 한다.
- 땀을 흘리면 나트륨과 칼륨 등 (   )이/가 포함된 수분이 배출되면서 체내의 (   ) 불균형을 불러 일으킨다.

03 〈보기〉의 과정에서 '용매(溶媒)'에 해당하는 것은?

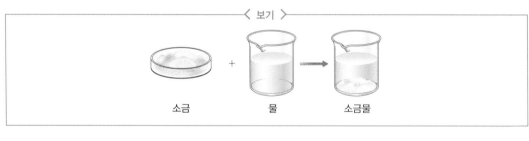

〈 보기 〉
소금 + 물 ➡ 소금물

① 물　　　　　　　　② 소금　　　　　　　　③ 소금물
④ 소금과 물　　　　　⑤ 소금이 물에 녹는 것

04 다음 빈칸에 들어갈 말을 바르게 짝지은 것은?

　　건강 상태를 진단하거나 범죄의 현장에서 혈흔을 조사하기 위해 검사용 키트가 널리 이용된다. 키트 제작에는 다양한 과학적 원리가 적용되는데, 적은 비용으로 쉽고 빠르고 정확하게 검사할 수 있는 키트를 제작하는 것이 요구된다. 이러한 필요에 따라 항원-(㉠) 반응을 응용하여 (㉡)에 존재하는 성분을 분석하는 다양한 형태의 키트가 개발되고 있다.

	㉠	㉡		㉠	㉡
①	항체(抗體)	시료(試料)	②	효소(酵素)	시료(試料)
③	항체(抗體)	용매(溶媒)	④	효소(酵素)	용매(溶媒)
⑤	항체(抗體)	원자(原子)			

05 ㉠과 ㉡에 들어갈 말을 바르게 짝지은 것은?

영민: 아니, 사과가 왜 이렇게 색이 변했지? 선생님, 어떻게 된 일이에요?
선생님: 그건, 사과가 산소와 만나서 ㉠ 한 거란다.

민지: 그럼, ㉡ 도 같은 현상인가요?
선생님: 맞아. 금속이 녹이 슨 것도 산소와 만났기 때문이란다.

	㉠	㉡		㉠	㉡
①	용해	부식	②	용해	생식
③	산화	부식	④	산화	용해
⑤	산화	발생			

06 다음 초성과 낱말의 뜻을 보고 빈칸에 들어갈 말을 쓰시오.

탄수화물은 사람을 비롯한 동물이 생존하는 데 필수적인 에너지원이다. 탄수화물은 섬유소와 비섬유소로 구분된다. 사람은 체내에서 합성한 (ㅎㅅ)을/를 이용하여 곡류의 녹말과 같은 비섬유소를 포도당으로 분해하고 이를 소장에서 흡수하여 에너지원으로 이용한다.

생물의 세포 안에서 일어나는 화학 작용을 돕는 물질.

07 문맥을 고려할 때, 빈칸에 들어갈 단어로 적절한 것을 고르시오.

(1) 피브로박터숙시노젠은 포도당을 자신의 세포 내에서 대사 과정을 거쳐 에너지원으로 이용하여 생존을 유지하고 개체 수를 늘림으로써 (생장 / 생식) 한다.

(2) 식물은 대기 중의 이산화탄소를 흡수하여 광합성을 통해 (혈당 / 포도당)을 생산할 수 있다.

실전 어휘를 알면 답이 보인다

〈2015 수능 19번 변형〉

08 ㉠의 문맥적 의미와 가장 가까운 것은?

각 식품마다 포함된 필수 아미노산의 양은 다르며, 필수 아미노산이 균형을 이룰수록 공급된 필수 아미노산의 총량 중 단백질 합성에 이용되는 양의 비율, 즉 필수 아미노산의 이용 효율이 ㉠높다.

▶ 선지에 쓰인 단어 중 뜻을 모르는 단어의 뜻을 찾아 적어 보자.

① 가을이 되면 그 어느 때보다 하늘이 높다.
② 우리나라는 원자재의 수입 의존도가 높다.
③ 이번에 새로 지은 건물은 높이가 매우 높다.
④ 잘못을 시정하라는 주민들의 목소리가 높다.
⑤ 그 친구는 이 분야의 전문가로서 이름이 높다.

■ **다음 글을 읽고 물음에 답하시오.**

〈2016 9월 평가원〉

　견과류와 같이 지방질을 많이 함유하고 있는 식품을 장기간 저장하다 보면 불쾌한 냄새가 나기도 한다. 이는 대개 산패로 인해 발생한다. 산패는 저장 중인 식품에서 비정상적인 맛과 냄새가 나는 현상을 말한다. 지방질이 공기에 장시간 노출되어 열, 빛 등의 영향을 받으면 산화 작용이 ⓐ일어나 산패에 이르게 된다. 이러한 산패는 지방질을 구성하는 성분의 구조와 관련이 있다.

낯선 어휘의 뜻을 사전에서 찾아 적어 보자.

• 지방질(脂肪質): 성분이 지방으로 된 물질.
•

핵심어를 중심으로 문단의 내용을 요약해 보자.

핵심어 지방질, 노출, 산화, 산패

　일반적으로 지방질은 사슬 모양을 ⓑ이루고 있으며 지방질 한 분자에는 글리세롤 한 분자와 지방산 세 분자가 결합되어 있다. 지방산은 탄소끼리의 결합을 중심으로 탄소와 수소, 탄소와 산소의 결합을 포함한 사슬 구조로 이루어져 있으며 글리세롤과 결합된 탄소를 제외한 모든 탄소는 수소와 결합되어 있다. 지방산에서 탄소끼리의 결합은 대부분 단일 결합인데 이중 결합인 경우도 있다. 이중 결합이 없으면 포화 지방산, 한 개 이상의 이중 결합이 있으면 불포화 지방산이라고 한다. 오메가-3 지방산이나 오메가-6 지방산은 대표적인 불포화 지방산이다. 산화 작용에 의한 산패는 불포화 지방산이 결합된 지방질에서 일어나며, 이중 결합의 수가 많을수록 잘 일어난다. 글리세롤은 지방질의 산패에 큰 영향을 ⓒ주지 않는다.

•
•

핵심어 지방질, 글리세롤, 지방산, 산화, 이중 결합, 불포화 지방산

　예를 들어 글리세롤에 오메가-6 지방산만이 결합되어 있는 ㉠A 지방질이 있다고 하자. A 지방질의 오메가-6 지방산 사슬에 있는 탄소에서 산화 작용이 일어나 산패에 이르게 되는데, 이 과정에서 중요한 역할을 하는 것이 라디칼 분자들이다. 대부분의 분자들은 짝수의 전자를 가지는데, 외부 에너지의 영향으로 홀수의 전자를 갖는 분자로 변화되기도 한다. 이 변화된 분자를 라디칼 분자라고 한다. 일반적으로 라디칼 분자는 에너지가 높고 불안정하여 주위 분자들과 쉽게 반응하는데, 이러한 반응 과정을 거치면 에너지가 낮고 안정적인 비(非)라디칼 분자로 변화한다.

•
•

핵심어 _____

　A 지방질의 이중결합 바로 옆에 있는 탄소가 열이나 빛의 영향을 ⓓ받으면, A 지방질 분자가 에너지가 높고 불안정한 알릴 라디칼로 변화한다. 알릴 라디칼은 산소와 결합하여 퍼옥시 라디칼로 변화한다. 퍼옥시 라디칼은 주위에 있는 다른 오메가-6 지방산 사슬과 반응하여 새로운 알릴 라디칼을 만들고, 자신은 비(非)라디칼 분자인 하이드로퍼옥사이드로 변화한다. 새로 생성된 알릴 라디칼은 다시 산소와 결합하여 퍼옥시 라디칼이 되면서 위의 연쇄 반응이 반복된다. 이로 인해 하이드로퍼옥사이드가 계속 생성되고, 생성된 하이드로퍼옥사이드는 분해되어 알코올, 알데히드 등의 화합물로 변화한다. 이 화합물들이 비정상적인 냄새를 ⓔ나게 하는 주원인이다.

•
•

핵심어 _____

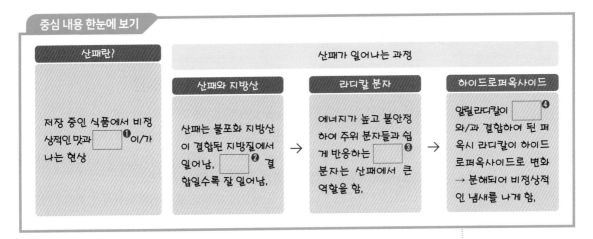

산패란?	산패가 일어나는 과정		
	산패와 지방산	라디칼 분자	하이드로퍼옥사이드
저장 중인 식품에서 비정상적인 맛과 ❶[　]이/가 나는 현상	산패는 불포화 지방산이 결합된 지방질에서 일어남, ❷[　] 결합일수록 잘 일어남.	에너지가 높고 불안정하여 주위 분자들과 쉽게 반응하는 ❸[　] 분자는 산패에서 큰 역할을 함.	알릴 라디칼이 ❹[　]와/과 결합하여 된 퍼옥시 라디칼이 하이드로퍼옥사이드로 변화 → 분해되어 비정상적인 냄새를 나게 함.

〈2016 9월 평가원 19번〉

01 윗글의 내용과 일치하는 것은?

① 오메가−3 지방산에는 이중결합 구조가 없다.
② 지방산에서 글리세롤과 결합된 탄소는 수소와 결합되어 있다.
③ 포화 지방산 사슬에 이중결합의 수가 많을수록 산패가 더 잘 일어난다.
④ 불포화 지방산 사슬에 있는 탄소에서 일어난 산화 작용이 산패로 이어진다.
⑤ 지방질은 지방산 한 분자에 글리세롤 세 분자가 결합되어 있는 구조를 갖는다.

▶ 문제의 선지에 쓰인 단어 중 뜻을 모르는 것을 찾아 적어 보자.

〈2016 9월 평가원 20번〉

02 ㉠이 산패에 이르는 과정에 대한 이해로 적절하지 <u>않은</u> 것은?

① A 지방질 분자가 홀수의 전자를 갖는 라디칼로 변화하는 현상이 나타난다.
② A 지방질에서 알코올은 하이드로퍼옥사이드의 분해 과정을 거쳐 만들어진다.
③ A 지방질에서 변화한 알릴 라디칼은 A 지방질 분자보다 에너지가 낮아서 산소와 쉽게 결합한다.
④ A 지방질에서 하이드로퍼옥사이드가 분해되어 생성된 알데히드는 비정상적인 냄새를 나게 한다.
⑤ A 지방질에서 생성된 퍼옥시 라디칼은 새로운 알릴 라디칼을 만들고 하이드로퍼옥사이드가 된다.

〈2016 9월 평가원 21번 변형〉

03 ⓐ∼ⓔ와 같은 의미로 쓰이지 <u>않은</u> 것은?

① ⓐ: 지진이 <u>일어나</u> 피해를 주었다.
② ⓑ: 유리창에 빗방울이 무늬를 <u>이루고</u> 있다.
③ ⓒ: 태풍은 우리나라에 피해를 <u>주지</u> 않았다.
④ ⓓ: 차가 난간을 <u>받으면</u> 안 되니까 조심해라.
⑤ ⓔ: 방금 뿌린 향수가 그에게서 좋은 냄새를 <u>나게</u> 하고 있다.

복제 양 돌리는 어떻게 만들어졌나?

생물이 가지고 있는 고유한 기능을 높이거나 개량하여 필요한 물질을 대량으로 생산해 내거나 유용한 물질을 만들어 내는 기술을 생명 공학 기술이라고 해요. 17세기 미생물과 세포를 발견한 것에서부터 시작되어 백신 개발, 유전자 연구까지 확장되어 현재에는 매우 빠른 속도로 발전하고 있는 분야라고 할 수 있어요.

먼저, 유전자 재조합 기술은 특정 생물의 뛰어난 유전자를 찾아내어 플라스미드나 운반체 DNA에 결합시킨 후 숙주 세포에 옮겨 넣어 뛰어난 유전자를 다량으로 증식시키는 기술이에요. 아래 그림을 보면 이해가 더 잘 될거예요. 유전자 재조합 기술이 발달되면 원하는 형태의 유전자를 대량으로 복제하여 다른 생물에게 특정 유전자를 도입하는 등 유전자에 대한 기초 연구나 질병 치료제인 인슐린, 혈전 분해 단백질 등과 같은 유용한 단백질을 적은 비용으로 생산할 수 있게 된답니다.

• **유전자 클로닝(cloning)**
원하는 형태의 유전자를 대량으로 복제하는 것. 원하는 유전자를 포함하는 재조합 DNA를 박테리아에 도입한 후 배양하면 대량으로 복제할 수 있다.

• **플라스미드(plasmid)**
염색체와는 별개로 존재하며 자율적으로 증식하는 유전자를 통틀어 이르는 말. 세포 내에서 다음 세대로 안전하게 유지되고 전달된다.

세균 · 플라스미드를 분리함. · DNA를 분리함. · 염색체의 DNA
염색체 · 플라스미드 · 재조합 · 유용한 유전자
① 유용한 유전자를 플라스미드에 연결함.
② 재조합 DNA를 대장균에 넣음.
세균 · 증식 · 클론
유전자 대량 획득 · 단백질 대량 생산

▲ 세균을 이용한 유전자 재조합 과정과 그 이용

어휘 돋보기

효소(酵素)
생물의 세포 안에서 합성되어 생체 속에서 행하여지는 거의 모든 화학 반응의 촉매 구실을 하는 고분자 화합물을 통틀어 이르는 말. 화학적으로는 단순 단백질 또는 복합 단백질에 속하며, 술·간장·치즈 따위의 식품 및 소화제 따위의 의약품을 만드는 데 쓴다.

세포 융합 기술은 종류가 다른 두 세포를 하나로 합쳐서 새로운 '잡종 세포'를 만드는 기술이에요. 왜 이러한 기술이 필요할까요? 서로 다른 세포의 장점들만 모아서 인간에게 유용한 세포를 얻을 수 있기 때문이에요. 이 기술을 잘 이용하여 암세포만을 찾아 영향을 미치는 약을 개발할 수도 있고, 자연적으로는 생길 수 없는 특이한 식물도 만들 수 있어요. '무추'라는 식물 들어보셨나요?

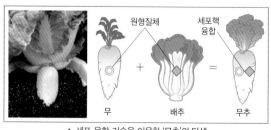

원형질체 · 세포핵 융합
무 + 배추 = 무추

▲ 세포 융합 기술을 이용한 '무추'의 탄생

효소로 세포벽을 제거한 원형질체를 만든 다음 '무'와 '배추'의 원형질체에 세포 융합 촉진제인 폴리에틸렌글라이콜(PEG)을 처리하여 세포가 융합되게 만들어요. 이렇게 융합된 세포를 옮겨서 배양하면 세포벽이 생기고 이것이 완전한 식물체(잡종 식물)로 자라게 되는 것이지요. 즉 하나의 세포 내에 2개의 핵을 가지게 되어 무와 배추의 특성을 모두 지닌 '무추'가 만들어지는 것이에요.

핵 이식 기술은 어떤 세포의 핵을 분리하여 미리 핵을 제거한 다른 세포에 옮기는 기술이에요. 체세포 핵 이식 기술을 통해 인간 또는 동물의 복제가 가능하게 되는 것이지요. 즉, 포유류에서도 무성 생식을 통한 복제가 가능할 뿐만 아니라 이식된 핵형과 동일한 자손을 생산할 수 있게 되었어요. 엄청난 기술이지요? 이 기술이 보다 정교하게 발달된다면, 인간의 유전 질환을 치료하거나 신약 개발 및 치료제 개발 등에 유용하게 이용될 수 있을 뿐만 아니라 멸종 위기 동물의 개체 수를 늘릴 수도 있을 거예요. 특정 활용 목적을 가지고 새로운 생명체를 만들어 낸다는 점에서 동물 복제는 윤리적 논쟁에서 자유로울 수 없어요. 1997년 복제 양 '돌리'도 바로 이 기술을 통해 탄생한 생명체예요.

・복제 양 '돌리'
1997년 영국에서 최초로 복제 동물이 태어났다.

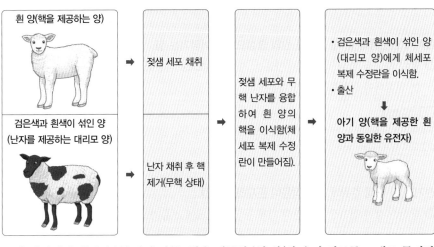

흰 양(핵을 제공하는 양)	젖샘 세포 채취	젖샘 세포와 무핵 난자를 융합하여 흰 양의 핵을 이식함(체세포 복제 수정란이 만들어짐).	・검은색과 흰색이 섞인 양(대리모 양)에게 체세포 복제 수정란을 이식함. ・출산
검은색과 흰색이 섞인 양(난자를 제공하는 대리모 양)	난자 채취 후 핵 제거(무핵 상태)		아기 양(핵을 제공한 흰 양과 동일한 유전자)

・복제 소의 자손 '흑우돌이'
노령으로 도축된 제주 흑우의 체세포를 이용해 사후 복제되었던 '흑올돌이'와 '흑우순이' 사이에서 송아지 '흑우돌이'가 태어났다.

▲ 흑올돌이♂

이 과정에서 태어난 '흰 아기 양'은 핵을 제공한 '흰 양'의 유전 정보를 그대로 물려받기 때문에 거의 동일한 유전 형질을 갖게 된답니다.

제주 흑우를 복제한 '흑올돌이' 공개

▲ 흑우순이♀

　△△대학교 줄기 세포 연구 센터가 노령으로 죽은 소의 최우량 정자를 이용한 제주 흑우 씨수소 복제에 성공했다. ○○○ 교수팀은 16일 기자 회견을 열고 냉동 보관한 우량종 흑우의 체세포를 이용하여 복제에 성공한 '흑올돌이'를 언론에 공개했다. 이번 연구를 위해 해당 연구팀은 2년 전 노령으로 도축된 흑우에서 최우량 정자를 채취해 1년간 냉동 보관했다. / 이후 냉동된 세포를 미성숙 난자와 체외 배양해 '핵 제거 성숙 난자'에 주입하는 체세포 핵 이식 방법으로 복제 수정란을 만들었다. 이 수정란을 대리모 소의 자궁에 이식시켜 복제 흑우 '흑올돌이'를 탄생시키는 데 성공했다.
　연구팀에 따르면 복제에 성공한 흑우는 교배 시 1등급 이상의 송아지가 태어나는 비율이 95%나 되는 최우량 씨수소로 제주 흑우의 개체수를 보전하는 데 큰 역할을 할 수 있으리라 기대했다.
　　　　　　　　　　　　　　　　　　　　　　　　　　　　　　　－ 제주이슈, 2016. 6. 16.

▲ 흑우돌이

26강 독서 | 과학 (2) – 물리학·지구 과학

속력(速力)
빠를 速
힘 力

물체가 움직이거나 일이 진행되는 빠르기의 크기. 단위 시간 동안에 물체가 이동한 거리로 나타냄.

예 항해하던 배는 부두에 정박하기 위해 속력을 늦추기 시작했다.

친절한 샘 속력이 빠르기만을 나타내는 것과 달리 운동 방향과 빠르기를 함께 나타내는 것이 '**속도(速度)**'입니다. 또한 속도의 크기와 속도의 방향이 일정한 운동을 '**등속도(等速度) 운동**'이라고 하며, 시간에 따라 속도가 변하는 정도를 나타내는 물리량을 '**가속도(加速度)**'라고 합니다.

인력(引力)
끌 引
힘 力

공간적으로 떨어져 있는 물체끼리 서로 끌어당기는 힘.

예 다른 종류의 전기 사이에는 인력이 작용하고 같은 종류의 전기 사이에는 척력이 작용한다.

친절한 샘 '**만유인력(萬有引力)**'은 '질량을 가진 모든 물체가 서로 잡아당기는 힘'을 말합니다. 지구와 물체 사이에도 이러한 만유인력이 작용하는데, 지구가 질량이 다른 어떤 물체를 지구의 중심 방향으로 끌어당기는 힘을 '**중력(重力)**'이라고 합니다.

구심력(求心力)
구할 求
마음 心
힘 力

물체가 원운동을 할 때 물체를 원의 중심으로 끌어당기는 힘.

예 달이 지구를 중심으로 도는 이유는 지구 방향으로 작용하는 구심력과 궤도를 벗어나려는 원심력이 균형을 이루기 때문이다.

친절한 샘 '원을 도는 운동을 하는 물체가 중심에서 바깥으로 나아가려는 힘'을 '**원심력(遠心力)**'이라고 합니다. 구심력은 원의 중심으로, 원심력은 원의 바깥으로 힘이 작용하는 거죠. 만약 원심력이 구심력보다 크다면 그 물체는 바깥으로 튕겨 나가게 되겠죠?

전기장(電氣場)
번개 電
기운 氣
마당 場

전기를 띤 물체 주위에 전기 작용이 존재하는 공간.

예 방전은 강한 전기장으로 인해 기체 등의 절연체에 전류가 흐르는 현상이다.

친절한 샘 물체가 전기를 띠게 되는 현상을 '**대전(帶電)**'이라 하고 대전된 물체를 '**대전체(帶電體)**'라고 합니다. 대전된 물체를 다른 대전체에 가져가면 서로 밀거나 잡아당기게 되는데, 이때 작용하는 힘을 '**전기력(電氣力)**'이라고 합니다.

도체(導體)
이끌 導
몸 體

열 또는 전기의 전도율이 높은 물체.

예 새로 산 전기장판 안에는 도체를 이용해 만든 열선이 들어 있어 열이 잘 전달된다.

친절한 샘 금속, 인체 등과 같이 물질 내에서 전자가 이동하기 쉬워 전기가 잘 흐르는 물질을 '도체'라 하고, 고무, 유리 등과 같이 전기가 잘 흐르지 않는 물질을 '**부도체(不導體)**', 또는 '**절연체(絕緣體)**'라고 합니다. 또한 도체와 절연체의 중간 정도에 해당하는 것이 '**반도체(半導體)**'입니다.

복사(輻射)
바퀴살 輻
쏠 射

물체로부터 열이나 전자기파가 사방으로 방출됨.

예 매우 뜨거운 물체에서 오는 열의 대부분은 공기를 통해서 전달되는 전도나 대류가 아니라 복사에 의해서 전달된다.

친절한 샘 물체의 상태에 따라 열에너지가 이동하는 것을 열 전달이라고 하며, 전도, 대류, 복사가 있습니다. '**전도(傳導)**'는 물질을 통해 열이 이동하는 현상이고, '**대류(對流)**'는 물질이 이동함으로써 열이 전달되는 현상입니다. 이와 달리 복사는 중간 매개체의 작용 없이 열전달을 일으킵니다.

퇴적(堆積)

흙무더기 堆
쌓을 積

흙이나 생물의 유해(遺骸) 등이 물이나 바람, 빙하 등에 의해 운반되어 일정한 곳에 쌓이는 일.

ⓔ 빙하기에는 산사태로 하천 상류의 퇴적 작용이 활발해진다.

> **? 친절한 샘** 퇴적과 달리 비, 하천, 빙하, 바람 따위의 자연 현상이 지표를 깎는 일을 '**침식(浸蝕)**'이라 합니다. 또한 퇴적으로 인해 만들어진 암석을 '**퇴적암(堆積巖)**'이라 하는데, 마그마가 식으면서 굳어진 암석은 '**화성암(火成巖)**', 기존의 암석이 높은 열과 압력, 화학적 작용을 받아 변질된 것은 '**변성암(變成巖)**'이라고 합니다.

화산(火山)

불 火
뫼 山

땅속에 있는 가스, 마그마 따위가 지각의 터진 틈을 통하여 지표로 분출하는 지점. 또는 그 결과로 생기는 구조.

ⓔ 화산이 폭발하자 산의 주변에는 시커먼 화산재가 쌓였다.

> **? 친절한 샘** 땅속 깊은 곳에서 암석이 지열로 녹아 반액체로 된 물질을 '**마그마**'라고 합니다. 마그마가 분출되는 현상을 '**화산 활동(火山活動)**'이라고 하는데, 이때 분출된 마그마에서 기체 성분이 빠져나가고 남은 물질을 '**용암(鎔巖)**'이라고 합니다.

기단(氣團)

기운 氣
모을 團

넓은 지역에 걸쳐 있는, 수평 방향으로 거의 같은 성질을 가진 공기 덩어리.

ⓔ 우리나라는 초여름에 고온 다습한 북태평양 기단과 한랭 다습한 오호츠크 해 기단이 만나 장마 전선을 형성한다.

> **? 친절한 샘** 성질이 다른 두 기단의 경계면을 '**전선면(前線面)**'이라고 하는데, 이 전선면이 지표와 만나는 선을 '**전선(前線)**'이라고 합니다. 전선을 경계로 기온, 습도, 바람 등의 일기 요소가 달라지기 때문에, 전선은 일기(日氣) 변화의 중요한 요인이 됩니다.

행성(行星)

다닐 行
별 星

중심 별이 강하게 끌어당기는 힘 때문에 타원형의 궤도를 그리며 중심 별의 주위를 도는 천체.

ⓔ 금성은 태양계의 행성 중 가장 온도가 높아 밤하늘에서 가장 밝게 빛난다.

> **? 친절한 샘** 보이는 위치를 바꾸지 않고 별자리를 구성하며 스스로 빛을 내는 별을 '**항성(恒星)**'이라고 하는데 북극성, 북두칠성 등이 있습니다. 그리고 태양을 중심으로 타원이나 포물선을 그리며 도는, 꼬리가 달린 천체를 '**혜성(彗星)**'이라고 합니다.

어휘 더하기

[동음이의어] '고르다'

고르다¹ 「동사」
여럿 중에서 가려내거나 뽑다.
ⓔ 주인은 잘 익은 사과만을 골라 손님에게 건넸다.

고르다² 「동사」
❶ 울퉁불퉁한 것을 평평하게 하거나 들쭉날쭉한 것을 가지런하게 하다.
ⓔ 흙을 잘 골라서 식물이 잘 자랄 수 있도록 해야 한다.
❷ 제 기능을 발휘하도록 다듬거나 손질하다.
ⓔ 그는 헛기침으로 목소리를 고른 뒤 노래를 시작했다.

고르다³ 「형용사」
❶ 여럿이 다 높낮이, 크기, 양 따위의 차이가 없이 한결같다.
ⓔ 나는 사무실 벽면을 빈틈이 없게 고르게 칠했다.
❷ 상태가 정상적으로 순조롭다.
ⓔ 여행지 날씨가 고르지 못해 감기에 걸려 고생했다.

동음이의어(同音異意語)는 '소리는 같으나 뜻이 다른 단어'를 뜻합니다. '고르다¹', '고르다²', '고르다³'이 소리는 같지만 뜻은 서로 다르다는 것입니다.

그런데 '고르다²'나 '고르다³'을 보면 두 가지의 뜻이 있는데, 이는 이 단어들이 여러 개의 뜻을 가진 다의어임을 말해 줍니다.

⊙ 밑줄 친 단어들 중에서 '고르다³'의 ❷에 해당하는 것을 모두 고르시오.

> 치아가 <u>고르다</u>. 음정이 <u>고르다</u>. 맥박이 <u>고르다</u>.
> 수준이 <u>고르다</u>. 호흡을 <u>고르다</u>. 눈썹을 <u>고르다</u>.

26강 과학 (2) **209**

01 〈보기〉와 같이 둥근 공이 원운동을 한다고 할 때, ⓐ힘과 ⓑ힘의 이름을 쓰시오.

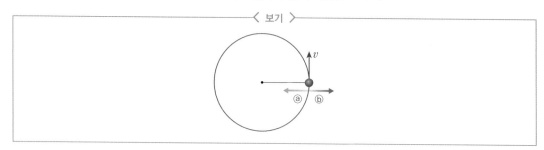

02 다음 빈칸에 들어갈 적절한 말을 찾아 알맞게 연결하시오.

㉠ 난방기를 바닥에 설치하고 냉방기를 천장에 설치하는 것은 ( )을/를 이용하여 최적의 열효율을 얻기 위해서이다. •

㉡ 모든 고체와 액체에서 열은 원자들의 에너지 전달에 의해서 ( )이/가 된다. •

• ⓐ 전도(傳導)

• ⓑ 대류(對流)

03 밑줄 친 단어의 뜻으로 적절한 것은?

인력은 분자 사이의 거리가 멀어지면 감소하는데, 어느 정도 이상 멀어지면 그 힘은 무시할 수 있을 정도로 약해진다. 하지만 분자들이 거의 맞닿을 정도가 되면 반발력이 급격하게 증가하여 반발력이 인력을 압도하게 된다. 이러한 반발력 때문에 실제 기체의 부피는 압력을 아무리 높이더라도 이상 기체에서 기대했던 것만큼 줄지 않는다.

① 두 물체가 서로 밀어내는 힘
② 물체끼리 서로 끌어당기는 힘
③ 원의 바깥으로 나아가려는 힘
④ 어떤 움직임의 근본이 되는 힘
⑤ 물체를 밀어 앞으로 내보내는 힘

04 다음 빈칸에 공통으로 들어갈 말로 적절한 것은?

어떤 산소 분자 하나는 짧은 시간에도 다른 분자들과 매우 많은 충돌을 하며, 충돌을 할 때마다 이 분자의 운동 방향과 ( )이/가 변할 수 있기 때문에, 어떤 분자 하나의 정확한 운동 궤적을 아는 것은 불가능하다. 우리는 다만 어떤 구간의 ( )을/를 가진 분자 수 비율이 얼마나 되는지를 의미하는 분자들의 ( ) 분포를 알 수 있을 뿐이다.

① 척력(斥力)
② 중력(重力)
③ 장력(張力)
④ 인력(引力)
⑤ 속력(速力)

05 문맥을 고려할 때, 괄호 안에 들어갈 적절한 단어를 고르시오.

(1) (마그마 / 용암)가 화산의 분화구를 통해 밖으로 나오면 (마그마 / 용암)이라고 한다.
(2) 태양은 중심부의 핵융합 반응으로 스스로 빛을 내기 때문에 (행성 / 항성)이다.

06 다음 빈칸에 들어갈 말로 적절한 것은?

영수: 이 암석은 흙이나 생물의 유해가 물, 빙하, 바람에 의해 운반되어 와서 쌓여 만들어진 거야.
민지: 아, 그러니까 (   ) 작용에 의해 만들어진 거구나.
영수: 응. 그래서 (   )암이라고 해.

① 퇴적   ② 화산   ③ 변성   ④ 현무   ⑤ 석회

07 다음에서 설명하고 있는 대상의 이름을 쓰시오.

컴퓨터, 스마트폰 등에서 핵심 부품으로 사용되는데 수십에서 수백 나노미터 크기의 패턴으로 이루어져 있다.

상온에서 전기 전도율이 도체와 절연체의 중간 정도인 물질이다.

08 다음 빈칸에 들어갈 말을 쓰시오.

기상 캐스터: 현재 레이더 영상을 보시면 수도권을 중심으로 비구름이 머물고 있고 서해상에서 또 다른 비구름 떼가 차츰 다가오겠습니다. 이 비구름 떼의 영향으로 오후 동안 오락가락 비가 내리겠습니다. 밤부터는 본격적으로 장마 (   )이/가 북상해 비를 뿌리겠는데요. 밤에 서쪽을 시작으로 내일은 전국 대부분 지방으로 확대되겠습니다.

실전 어휘를 알면 답이 보인다   〈2015 수능 19번 변형〉

09 ㉠의 문맥적 의미와 가장 가까운 것은?

양전기가 빵 반죽처럼 원자에 ㉠고르게 퍼져 있고, 전자는 건포도처럼 점점이 박혀 있어서 원자가 평소에 전기적으로 중성이라고 생각한 것이다.

▶ 선지에 쓰인 단어 중 뜻을 모르는 단어의 뜻을 찾아 적어 보자.

① 그 식물은 전국에 고른 분포를 보인다.
② 국어사전에서 적당한 단어를 골라야 한다.
③ 그는 목소리를 고르며 차례를 기다리고 있다.
④ 울퉁불퉁한 곳을 흙으로 메워 판판하게 골랐다.
⑤ 날씨가 고르지 못한 환절기에 아이가 감기에 들었다.

■ 다음 글을 읽고 물음에 답하시오.

〈2019 수능〉

복잡한 문제를 단순화하여 푸는 수학적 전통을 이어받은 코페르니쿠스는 천체의 운행을 단순하게 기술할 방법을 찾고자 하였고, 그것이 ⓐ일으킬 형이상학적 문제에는 별 관심이 없었다. 고대의 아리스토텔레스와 프톨레마이오스는 우주의 중심에 고정되어 움직이지 않는 지구의 주위를 달, 태양, 다른 행성들의 천구들과, 항성들이 붙어 있는 항성 천구가 회전한다는 지구 중심설을 내세웠다. 그와 달리 코페르니쿠스는 태양을 우주의 중심에 고정하고 그 주위를 지구를 비롯한 행성들이 공전하며 지구가 자전하는 우주 모형을 ⓑ만들었다. 그러자 프톨레마이오스보다 훨씬 적은 수의 원으로 행성들의 가시적인 운동을 설명할 수 있었고 행성이 태양에서 멀수록 공전 주기가 길어진다는 점에서 단순성이 충족되었다. 그러나 아리스토텔레스의 형이상학을 고수하는 다수 지식인과 종교 지도자들은 그의 이론을 받아들이려 하지 않았다. 왜냐하면 그것은 지상계와 천상계를 대립시키는 아리스토텔레스의 이분법적 구도를 무너뜨리고, 신의 형상을 ⓒ지닌 인간을 한갓 행성의 거주자로 전락시키는 것으로 여겨졌기 때문이다.

낯선 어휘의 뜻을 사전에서 찾아 적어 보자.

• 가시적(可視的): 눈으로 볼 수 있는 것

•

핵심어를 중심으로 문단의 내용을 요약해 보자.

핵심어 코페르니쿠스, 태양, 중심, 지구, 행성, 공전
코페르니쿠스는 태양을 우주의 중심에 고정하고 지구와 다른 행성들이 공전하는 모형을 만들었으나 사람들은 이를 받아들이려 하지 않았다.

16세기 후반에 브라헤는 코페르니쿠스 천문학의 장점은 인정하면서도 아리스토텔레스 형이상학과의 상충을 피하고자 우주의 중심에 지구가 고정되어 있고, 달과 태양과 항성들은 지구 주위를 공전하며, 지구 외의 행성들은 태양 주위를 공전하는 모형을 제안하였다. 그러나 케플러는 우주의 수적 질서를 신봉하는 형이상학인 신플라톤주의에 매료되었기 때문에, 태양을 우주 중심에 배치하여 단순성을 추구한 코페르니쿠스의 천문학을 ⓓ받아들였다. 하지만 그는 경험주의자였기에 브라헤의 천체 관측치를 활용하여 태양 주위를 공전하는 행성의 운동 법칙들을 수립할 수 있었다. 우주의 단순성을 새롭게 보여 주는 이 법칙들은 아리스토텔레스 형이상학을 더 이상 온존할 수 없게 만들었다.

•

•

핵심어 _____

17세기 후반에 뉴턴은 태양 중심설을 역학적으로 정당화하였다. 그는 만유인력 가설로부터 케플러의 행성 운동 법칙들을 성공적으로 연역했다. 이때 가정된 만유인력은 두 질점이 서로 당기는 힘으로, 그 크기는 두 질점의 질량의 곱에 비례하고 거리의 제곱에 반비례한다. 지구를 포함하는 천체들이 밀도가 균질하거나 구 대칭을 이루는 구라면 천체가 그 천체 밖 어떤 질점을 당기는 만유인력은, 그 천체를 잘게 나눈 부피 요소들 각각이 그 천체 밖 어떤 질점을 당기는 만유인력을 모두 더하여 ⓔ구할 수 있다. 또한 여기에서 지구보다 질량이 큰 태양과 지구가 서로 당기는 만유인력이 서로 같음을 증명할 수 있다. 뉴턴은 이 원리를 적용하여 달의 공전 궤도와 사과의 낙하 운동 등에 관한 실측값을 연역함으로써 만유인력의 실재를 입증하였다.

•

•

핵심어 _____

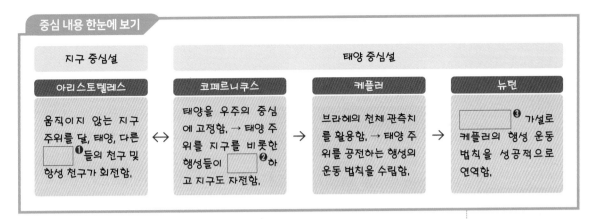

지구 중심설

태양 중심설

아리스토텔레스

움직이지 않는 지구 주위를 달, 태양, 다른 ❶들의 천구 및 항성 천구가 회전함.

↔

코페르니쿠스

태양을 우주의 중심에 고정함. → 태양 주위를 지구를 비롯한 행성들이 ❷하고 지구도 자전함.

→

케플러

브라헤의 천체 관측치를 활용함. → 태양 주위를 공전하는 행성의 운동 법칙을 수립함.

→

뉴턴

❸ 가설로 케플러의 행성 운동 법칙을 성공적으로 연역함.

〈2019 수능 28번 변형〉

01 윗글에 대한 이해로 적절하지 <u>않은</u> 것은?

① 케플러의 행성 운동 법칙은 우주의 단순성을 새롭게 보여 주는 법칙이었다.
② 브라헤는 코페르니쿠스와 아리스토텔레스의 이론을 절충한 모형을 제시하였다.
③ 코페르니쿠스는 태양 중심설이 가져올 형이상학적 문제에 큰 관심을 기울였다.
④ 아리스토텔레스 신봉자들은 인간을 행성의 거주자로 보는 것을 지지하지 않았다.
⑤ 태양과 지구의 질점이 서로 당기는 힘을 만유인력이라고 하며 그 힘은 동일하다.

▶ 문제의 선지에 쓰인 단어 중 뜻을 모르는 것을 찾아 적어 보자.

〈2019 수능 29번〉

02 윗글에 나타난 서양의 우주론에 대한 설명으로 가장 적절한 것은?

① 항성 천구가 고정되어 있다고 보는 아리스토텔레스의 우주론은 천상계와 지상계를 대립시킨 형이상학을 토대로 한 것이었다.
② 많은 수의 원을 써서 행성의 가시적 운동을 설명한 프톨레마이오스의 우주론은 행성이 태양에서 멀수록 공전 주기가 길어진다는 점에서 단순성을 갖는 것이었다.
③ 지구와 행성이 태양 주위를 공전한다는 코페르니쿠스의 우주론은 이전의 지구 중심설보다 단순할 뿐 아니라 아리스토텔레스의 형이상학과 양립이 가능한 것이었다.
④ 지구가 우주 중심에 고정되어 있고 다른 행성을 거느린 태양이 지구 주위를 돈다는 브라헤의 우주론은 아리스토텔레스의 형이상학에서 자유롭지 못한 것이었다.
⑤ 태양 주위를 공전하는 행성의 운동 법칙들을 관측치로부터 수립한 케플러의 우주론은 신플라톤주의에서 경험주의적 근거를 찾은 것이었다.

〈2019 수능 32번 변형〉

03 문맥상 ⓐ~ⓔ와 바꿔 쓸 수 있는 말로 가장 적절한 것은?

① ⓐ: 진작(振作)할   ② ⓑ: 고안(考案)했다   ③ ⓒ: 소지(所持)한
④ ⓓ: 수립(樹立)했다   ⑤ ⓔ: 가산(加算)할

달 탐사를 위해 어떤 기술이 개발되었나?

• 아폴로 11호의 세 주인공들

"이것은 한 사람에게는 작은 한 걸음에 지나지 않지만, 인류에게 있어서는 위대한 도약이다."

인류 최초의 달 착륙은 지금으로부터 50년 전인 1969년이었어요. 미국의 아폴로 11호가 숱한 실패와 노력의 결과 달 착륙에 성공했지요. 아폴로 11호에 탄 세 명의 우주인은 달에 21시간 30분 동안 체류하면서 21.7kg의 표본을 채취하고 여러 가지 탐사 장비를 설치한 후 무사히 지구로 귀환하면서 역사적 이정표를 남겼지요. 이당시 달 탐사를 위해 각 분야의 전문가들이 최신 기술을 연구하며 기술적으로도 큰 발전을 할 수 있었어요. 탐사선 발사 궤도를 계산하고 달까지 인간을 안내하기 위해 개발된 당시 최고 성능의 컴퓨터는 4KB(킬로바이트)의 크기였다고 해요. 'TB(테라바이트)' 단위까지 사용하는 지금 기준에서는 아주 작은 크기이지만, 이 당시만 해도 엄청난 기술이었지요.

인류의 첫 달 탐사 성공은 어떤 의미가 있을까?

아폴로 11호의 달 착륙 성공 이후 우주는 더 이상 상상의 공간이 아니라 인간이 탐구할 수 있는 공간으로 바뀌었지요. 지구라는 공간에서 벗어나 다른 천체에도 생명체가 살 수 있다는 가능성을 알게 된 것이에요. 아폴로 11호의 달 착륙 성공 이후 본격적으로 우주 개발이 시작되었어요.

▲ 국제 우주 정거장(ISS)

• 국제 우주 정거장
(International Space Station)
하루에 지구를 초속 7.7km로 15.78회 공전하고 있다. 우주인 10명 가량이 머물면서 인류를 위한 다양할 실험을 진행 중에 있다. 지구의 약 380km 상공에 위치하여 지구의 85% 이상의 지역을 관찰할 수 있는 유인 인공위성이라 할 수 있다.

'우주 정거장'은 우주선이 머물면서 재정비를 하기도 하고, 과학 탐구를 위한 작업실의 역할을 하기도 하지요. 이 공간의 중력은 지구 중력의 1백만분의 1이에요. 이러한 무중력의 환경 덕분에 지구에서는 만들기가 어려운, 순도 100%의 결정체를 만들 수 있고 이런 기술을 통해 강도는 높으면서 무게는 가벼운 물질과 약품, 새로운 과학 기술이 개발될 수 있게 되었지요.

실질적으로 과학자들이 원하는 여러 역할을 수행할 수 있는 우주 정거장은 1986년 구 소련의 '미르'였어요. 인간이 이곳에 머물면서 여러 가지 우주 실험이나 우주 관측을 했답니다. 이후 2011년 미국, 러시아, 유럽 등 16개국이 공동으로 연구하고 투자하여 '국제 우주 정거장(ISS)'을 건설했어요. 아폴로 11호 때만 해도 우주에서 인간이 머물 수 있는 기간은 5일이 전부였지만, 국제 우주 정거장 덕에 이제는 365일 우주에 머무는 생활이 가능하게 되었답니다.

우주 탐사 기술이 우리 생활의 질을 어떻게 향상시켰을까?

공기 청정기

밀폐된 우주선 안의 공기를 깨끗하게 관리하기 위해 미국 항공 우주국(NASA)에서는 초미세 먼지까지 걸러 주는 필터를 개발했어요. 필터는 여과와 흡착의 방식으로 공기 중 오염 물질을 제거하는데, 여과는 입자의 크기 차이를 통해 고체 입자를 분리하는 것이고, 흡착은 고체의 표면에 기

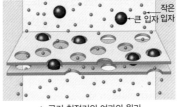

▲ 공기 청정기의 여과의 원리

체나 용액의 입자들이 달라붙는 것이에요. 일반적으로 헤파(HEPA) 필터와 울파(ULPA) 필터와 같은 섬유 필터가 사용되는데 공기 중의 입자가 불규칙하게 배열된 섬유들을 통과하는 과정에서 정전기의 힘에 의해 통과하지 못하고 섬유에 붙잡히는 원리로 미세 먼지가 걸러지는 것이에요. 이 기술이 보편화되어 공기 청정기를 만들 수 있었던 것이지요.

자기 공명 영상(MRI)

달 표면을 찍은 사진의 해상도를 높이기 위해 개발된 기술은 의료 기기인 자기 공명 영상(MRI) 장치의 토대가 되었어요. 자기 공명 영상은 수소(H) 원자를 이용하여 우리 몸의 장기를 촬영하는 기술을 이용해요. 수소의 원자핵은 수소 원자 지름의 1/100,000 크기로 아주 작은 입자인 양성자예요. 양성자는 양(+)전하를 가지고 회전하기 때문에 아주 작은 자석인 셈이지요. 따라서 수소들은 자기장을 만들어 같은 극끼리 밀고 다른 극끼리 당기면서 움직이지요. 이때 환경에 따라 수소가 감지하는 자기장이 다른데 이 차이를 통해 수소가 놓여 있는 환경을 파악할 수 있어요. 이 원리를 통해 인체를 구성하는 물 분자(H_2O) 속 수소 원자를 조사하여 인체의 장기를 들여다볼 수 있게 된 것이에요. 이때 정확도를 높이기 위해 원하는 부위에 특수 시약을 주사하여 영상을 선명하게 보이도록 한답니다.

우리는 먼지에 불과한가?

🪐 우주는 텅 빈 곳이 아니라 원자와 분자가 떠다니고, 아주 작은 크기의 먼지들로 이루어져 있어요. 이 먼지들은 별이 수명을 다해 죽으면서 만들어진 것이에요. 지구에는 일년에 약 4만 톤의 우주 먼지가 떨어지고 있어요. 미국 항공 우주국(NASA)이 1999년 무인 우주선을 발사하여 우주에 떠도는 먼지와 가스를 수집하여 분석한 결과 다양한 유기 화합물이 있었고, 그중에는 단백질의 구성 성분인 글리신(아미노산)도 포함되어 있었어요. 그 말은 드넓은 우주가 복잡한 유기 분자를 만들고 있다는 의미가 되지요. 그렇다면 어떻게든 이 분자들이 인간과 같은 지구 생명체의 탄생에 기여했을지도 모를 일이지요.

우리 몸의 약 95%는 산소, 수소, 탄소, 질소와 같은 원소로 구성되어 있어요. 이들이 결합하여 탄수화물, 단백질, 지질, 물 등의 분자를 이루고 있으니 우주에 떠도는 원자, 분자와 무관하다고 볼 수 없겠지요. 이처럼 우주의 먼지가 생명체 탄생에 어떠한 방식으로든 영향을 미친 것이라면, 우리는 우주의 먼지와 크게 다르지 않다고 볼 수도 있겠지요.

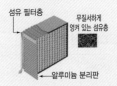

비트
bit

정보량의 최소 기본 단위. 1비트는 이진수 체계(0, 1)의 한 자리로, 8비트는 1바이트이다.

예 메모리에서는 1비트의 정보를 기억하는 이 스위치를 셀이라고 한다.

친절한 샘 컴퓨터는 문자를 포함한 모든 정보를 이진수로 바꾸어 저장하는데, 이때 0이나 1이 들어가는 자리가 비트입니다. 비트(bit)는 'binary digit'의 줄임말로 binary는 '이진수의'라는 뜻입니다. 8비트가 1바이트이고, 1,024바이트가 1킬로바이트이며, 1,024킬로바이트가 1메가바이트입니다. 또한 1,024메가바이트가 **1기가바이트**이고, 1,024기가바이트가 **1테라바이트**랍니다.

디지털
digital

시간, 소리, 세기 등과 같은 세상의 모든 현상을 수치로 바꾸어 나타내는 것.

예 디지털 방송 시대가 열리면서 아날로그 방송에 비하여 화질과 음향이 좋아졌다.

친절한 샘 모든 현상을 수치화시키는 디지털과 달리, '어떤 수치를 길이라든가 각도 또는 전류라고 하는 연속된 물리량으로 나타내는 일'을 **'아날로그(analogue)'**라고 합니다. 예를 들면, 글자판에 바늘로 시간을 나타내는 시계, 수은주의 길이로 온도를 나타내는 온도계 등이 아날로그입니다.

메모리
memory

❶ 기억 장치에 담을 수 있는 정보의 최대량.
❷ 컴퓨터를 비롯한 디지털 기기에서, 수치나 명령 등을 기억하는 장치.

예 새로 산 컴퓨터는 메모리가 커서 데이터를 많이 저장할 수 있다.

친절한 샘 흔히 USB(Universal Serial Bus)라고 부르는 플래시 메모리도 메모리의 일종인데, 우리말로 '기억 장치'라고 합니다. 비슷한 말로 '컴퓨터에서 정보를 기억하는 저장 장치'를 뜻하는 **하드 디스크(hard disk)**도 있습니다.

중앙 처리 장치
Central
Processing
Unit

컴퓨터 시스템 전체의 작동을 통제하고 프로그램의 모든 연산을 수행하는 가장 핵심적인 장치.

예 이는 컴퓨터 운영 체제의 일부인 중앙 처리 장치(CPU) 스케줄링 때문이다.

친절한 샘 컴퓨터의 모든 작동이 중앙 처리 장치의 제어를 받기 때문에, 중앙 처리 장치는 컴퓨터의 뇌라고 볼 수 있습니다. 또한 '컴퓨터의 하드웨어 시스템을 효율적으로 운영하기 위한 소프트웨어'를 **'운영 체제'**라고 하는데, 마이크로소프트의 **'윈도우즈(windows)'**가 대표적입니다. 최근엔 스마트폰의 사용이 일반화되면서 구글의 안드로이드, 애플의 ios 등 모바일 운영 체제가 사용되고 있습니다.

액정(液晶)
진 液
수정 晶

주로 전자 제품의 화면에 쓰이는, 액체와 고체의 중간 상태에 있는 물질.

예 전자시계를 보니 액정 화면에 시각을 알리는 숫자가 깜박이고 있었다.

친절한 샘 '액정을 이용하여 문자나 숫자 표시, 영상을 나타내는 장치'를 'LCD(liquid crystal display)'라고 하는데, 두 개의 유리판 사이에 액정을 넣고 전압으로 원하는 영상을 나타내도록 합니다.

◀ LCD (liquid crystal display)

화소(畵素)
그림 畵
바탕 素

텔레비전이나 사진 전송에서, 화면을 전기적으로 분해한 최소의 단위 면적. 영상 전체의 화소 총수는 화질을 비교하는 데 유용하다.

예 디지털 영상은 2차원 평면에 격자 모양으로 화소를 배열하고 각 화소의 밝기인 화솟값을 데이터로 저장한 것이다.

친절한 샘 '디지털 이미지를 이루는 가장 작은 단위의 사각형 점'을 '화소' 또는 '픽셀'이라고 하며, 화소수가 많을수록 이미지를 선명하게 표현할 수 있습니다. 이를 해상도가 높다고도 하는데, **'해상도(解像度)'**란 '텔레비전 화면이나 컴퓨터의 디스플레이 표시의 선명도'를 말합니다.

감광(感光)

느낄 感
빛 光

물질이 빛을 받아 화학적 변화를 일으킴.

㉲ 예전에는 감광 효과가 낮아서 사진을 현상하려면 필름이 오래 빛을 받아야 했다.

> **? 친절한 쌤** '사진 필름에서 브로민화 은 등의 감광재에 빛이 닿을 경우 빛이 닿은 부분이 눈에 보이지 않게 변화된 부분'을 '**잠상(潛像)**'이라고 합니다. 이렇게 사진 필름에 빛을 쬐어 잠상을 만드는 것이 바로 감광(感光) 현상입니다. '잠상(潛像)'을 눈에 보이게 만드는 것을 '**현상(現像)**'이라고 합니다.

트랜지스터

transistor

규소, 저마늄 따위의 반도체를 이용해서 전기 신호를 증폭하여 발진시키는 반도체 소자.

㉲ 트랜지스터는 한 쌍의 단자에 입력된 신호를 다른 한 쌍의 단자에서 훨씬 큰 신호로 출력되게 할 수 있다.

▲ 진공관   ▲ 트랜지스터

> **? 친절한 쌤** '유리나 금속 따위의 용기에 몇 개의 전극을 봉입하고 내부를 높은 진공 상태로 만든 전자관'이 '**진공관(眞空管)**'입니다. 이런 진공관에 비해 작고 가벼우며 튼튼하고 반영구적인 것이 바로 '트랜지스터'입니다. 처음 나왔을 때는 '전자 혁명의 선두자'라고도 불렸답니다.

소자(素子)

본디 素
아들 子

장치, 전자 회로 따위의 구성 요소가 되는 낱낱의 부품으로, 독립된 고유의 기능을 가지고 있는 것.

㉲ 반도체 소자의 집적도는 매년 꾸준하게 증가하고 있다.

> **? 친절한 쌤** '소자'라는 말이 낯설죠? 쉽게 '기계 따위의 어떤 부분에 쓰는 물품'을 의미하는 '**부품(部品)**'이라고 생각하면 됩니다. 반도체 장치에서는 트랜지스터, 다이오드 등이 소자입니다. 참, '**다이오드(diode)**'는 전류를 한 방향으로만 흐르게 하는 성질을 가진 소자인데, 최근 많이 사용되고 있는 발광 다이오드가 바로 '**LED(light emitting diode)**'입니다.

센서

sensor

소리, 빛, 온도 등의 발생이나 변화를 알아내는 소자(素子).

㉲ 박물관에는 센서를 설치하여 외부인이 함부로 침입할 수 없도록 만들었다.

> **? 친절한 쌤** '소리, 빛, 온도 등의 발생이나 변화를 알아내는 기계 장치'를 '**감지기(感知器)**'라고 합니다. 우리가 주변에서 많이 보는 화재 감지기가 대표적이죠. '**감지(感知)하다**'는 '느끼어 알다'를 뜻합니다.

어휘 더하기

정답과 해설 **49**쪽

[동음이의어]

전송¹(電送) 「명사」 글이나 사진 등을 전류나 전파를 이용하여 먼 곳에 보냄.

전송²(餞送) 「명사」 예를 갖추어 떠나보냄.

기호¹(記號) 「명사」 어떤 뜻을 나타내기 위해 쓰는 여러 가지 표시.

기호²(嗜好) 「명사」 즐기고 좋아함.

부호¹(符號) 「명사」 어떤 뜻을 나타내려고 따로 정하여 쓰는 기호.

부호²(富豪) 「명사」 재산이 넉넉하고 세력이 있는 사람.

결정¹(決定) 「명사」 무엇을 어떻게 하기로 분명하게 정함.

결정²(結晶) 「명사」 ❶ 원자, 이온, 분자 등이 규칙적으로 배열되어 일정한 모양을 이룬 것.
❷ (비유적으로) 오랜 노력 끝에 얻은 좋은 결과.

동음이의어를 파악하기 위해서는 글의 문맥을 잘 살펴야 합니다. 한자어가 병기되어 있을 때에는 한자어를 통해 파악할 수도 있지만, 그렇지 않을 때에는 문맥 이외에는 구별할 수 있는 방법이 없기 때문입니다. 다만 평상시에 동음이의어에 어떤 것이 있는지 잘 알아둔다면 큰 도움을 받을 수 있습니다.

⊙ **문맥을 고려할 때, 적절한 단어를 고르시오.**

> (1) 친구를 위해 공항까지 [전송(電送) / 전송(餞送)]을 나갔다.
> (2) 새 제품은 소비자의 [기호(記號) / 기호(嗜好)]를 반영했다.
> (3) 그는 [부호(符號) / 부호(富豪)]의 아들로 태어났다.
> (4) 그 책은 피와 땀의 [결정(決定) / 결정(結晶)]이다.

01 다음 ㉠, ㉡, ㉢에 들어갈 말을 쓰시오

(가)
ⓐ

(나)

(가)는 (㉠) 손목 시계이고, (나)는 (㉡) 손목 시계이다. 또한 왼쪽 시계에서 ⓐ와 같이 (㉢)을/를 이용하여 문자나 숫자 등을 표시하는 장치를 'LCD((liquid crystal display)'라고 한다.

02 다음 빈칸에 공통적으로 들어갈 적절한 말로 적절한 것은?

일반 컴퓨터는 한 개의 (　　　)에 0과 1 중 하나만을 담을 수 있어, 두 자리 이진수인 00, 01, 10, 11은 2(　　　)을/를 이용하여 연산할 때 네 번에 걸쳐 처리한다. 하지만 공존의 원리를 이용하는 양자 컴퓨터는 0과 1을 하나의 (　　　)에 동시에 담아 정보를 처리할 수 있어 두 자리 이진수를 2(　　　)를 이용하여 연산할 때 단 한 번에 처리가 가능하다.

① 비트　　　　　② 소자　　　　　③ 센서　　　　　④ 메모리　　　　　⑤ 바이트

03 ⓐ와 ⓑ에 들어갈 말을 바르게 짝지은 것은?

컴퓨터를 살 때에는 부품을 잘 확인해야 한다. 우선 (ⓐ)을/를 잘 살펴야 하는데, 컴퓨터 프로그램의 모든 연산을 수행하는 장치이기 때문이다. 또한 (ⓑ)도 중요한데, 이것이 부족하면 데이터를 많이 저장할 수 없기 때문이다.

	ⓐ	ⓑ		ⓐ	ⓑ
①	액정(液晶)	센서	②	액정(液晶)	메모리
③	중앙 처리 장치	센서	④	중앙 처리 장치	메모리
⑤	중앙 처리 장치	트랜지스터			

04 다음 빈칸에 들어갈 적절한 말을 쓰시오.

HD 화질

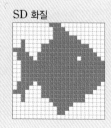
SD 화질

영수: HD 화질이 SD 화질에 비해 선명한 이유는 뭐야?
민지: 왼쪽 그림을 보면 HD 화질이 물고기를 더 섬세하게 나타내고 있지? 그건 바로 (　　　)의 개수가 많기 때문이지. 그래서 더 선명한 거야.

05 문맥을 고려할 때 ㉠과 ㉡에 들어갈 말을 바르게 짝지은 것은?

필름은 빛을 쪼였을 때 화학적 변화인 (㉠) 현상이 일어나기 때문에 촬영 후에는 필름에 잠상이 생긴다. 이러한 필름을 암실에서 특정 약품에 일정 시간 담가 두면 눈에 보이지 않던 화상이 나타나는데, 이렇게 잠상을 눈에 보이게 만드는 것을 (㉡)이라고 한다.

	㉠	㉡		㉠	㉡
①	감광(感光)	전송(電送)	②	부호(符號)	전송(電送)
③	감광(感光)	식별(識別)	④	부호(符號)	식별(識別)
⑤	감광(感光)	현상(現像)			

06 ⓐ에 들어갈 말로 적절한 것은?

왼쪽 그림은 적외선 (ⓐ)의 작동 원리를 나타낸 것이다. 먼저 적외선 방출기에서 대상에게 적외선을 방출하고, 이때 대상에서 반사된 빛을 (ⓐ)이/가 인식함으로써 대상의 존재를 확인하는 것이다.

① 액정   ② 센서   ③ 소자   ④ 화소   ⑤ 부품

07 다음 내용이 가리키는 것을 쓰시오.

전기 신호를 증폭하기 위해 만든 반도체 소자이다.

가볍고 소비 전력이 적어 진공관을 대체하여 대부분의 전자 회로에 사용된다.

실전 어휘를 알면 **답**이 보인다

〈2018 수능 42번 변형〉

08 문맥을 고려할 때, 밑줄 친 말이 ⓐ~ⓔ의 동음이의어가 <u>아닌</u> 것은?

• ⓐ전송할 데이터를 빠르고 정확하게 전달하기 위해 부호화 과정을 거친다.
• 영상, 문자 등인 데이터는 ⓑ기호 집합에 있는 기호들의 조합이다.
• 소스 부호화, 채널 부호화, 선 부호화를 거쳐 기호를 ⓒ부호로 변환한다.
• 전송된 부호를 수신기에서 원래의 기호로 ⓓ복원한다.
• 전압의 ⓔ결정 방법은 선 부호화 방식에 따라 다르다.

▶ 선지에 쓰인 단어 중 뜻을 모르는 단어의 뜻을 찾아 적어 보자.

① ⓐ: 공항에서 해외로 떠나는 친구를 전송(餞送)할 계획이다.
② ⓑ: 대중의 기호(嗜好)에 맞추어 상품을 개발한다.
③ ⓒ: 나는 가난하지만 귀족이나 부호(富豪)가 부럽지 않다.
④ ⓓ: 한 번 금이 간 인간관계를 복원(復原)하기는 어렵다.
⑤ ⓔ: 이 작품은 그 화가의 오랜 노력의 결정(結晶)이다.

■ 다음 글을 읽고 물음에 답하시오. 〈2014 6월 평가원〉

플래시 메모리는 수많은 스위치들로 이루어지는데, 각 스위치에 0 또는 1을 저장한다. 디지털 카메라에서 사진 한 장은 수백만 개 이상의 스위치를 켜고 끄는 방식으로 플래시 메모리에 저장된다. 메모리에서는 1비트의 정보를 기억하는 이 스위치를 셀이라고 한다. 플래시 메모리에서 셀은 그림과 같은 구조의 트랜지스터 1개로 이루어져 있다. 플로팅 게이트에 전자가 들어 있는 상태를 1, 들어 있지 않은 상태를 0이라고 정의한다.

플래시 메모리에서 데이터를 읽을 때는 그림의 반도체 D에 3V의 양(+)의 전압을 가한다. 그러면 다른 한 쪽의 반도체인 S로부터 전자들이 D 쪽으로 이끌리게 된다. 플로팅 게이트에 전자가 들어 있을 때는 S로부터 오는 전자와 플로팅 게이트에 있는 전자가 마치 자석의 같은 극처럼 서로 반발하기 때문에 전자가 흐르기 힘들다. 한편 플로팅 게이트에 전자가 없는 상태에서는 S와 D 사이에 전자가 흐르기 쉽다. 이렇게 전자의 흐름 여부, 즉 S와 D 사이에 전류가 흐르는가로 셀의 값이 1인지 0인지를 판단한다.

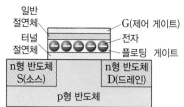

플래시 메모리에서는 두 가지 과정을 거쳐 데이터가 저장된다. 일단 데이터를 지우는 과정이 필요하다. 데이터 지우기는 여러 개의 셀이 연결된 블록 단위로 이루어진다. 블록에 포함된 모든 셀마다 G에 0V, p형 반도체에 약 20V의 양의 전압을 가하면, 플로팅 게이트에 전자가 있는 경우, 그 전자가 터널 절연체를 넘어 p형 반도체로 이동한다. 반면 전자가 없는 경우는 플로팅 게이트에 변화가 없다. 따라서 해당 블록의 모든 셀은 0의 상태가 된다. 터널 절연체는 전류 흐름을 항상 차단하는 일반 절연체와는 다르게 일정 이상의 전압이 가해졌을 때는 전자를 통과시킨다.

이와 같은 과정을 거친 후에야 데이터 쓰기가 가능하다. 데이터를 저장하려면 1을 쓰려는 셀의 G에 약 20V, p형 반도체에는 0V의 전압을 가한다. 그러면 p형 반도체에 있던 전자들이 터널 절연체를 넘어 플로팅 게이트로 들어가 저장된다. 이것이 1의 상태이다.

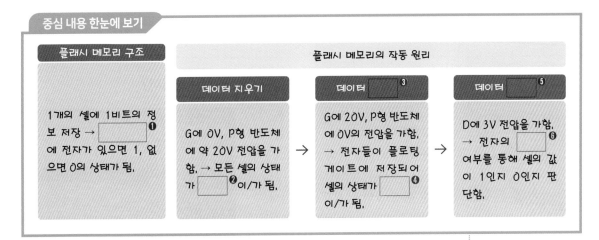

중심 내용 한눈에 보기

플래시 메모리 구조

1개의 셀에 1비트의 정보 저장 → [❶] 에 전자가 있으면 1, 없으면 0의 상태가 됨.

플래시 메모리의 작동 원리

데이터 지우기

G에 0V, P형 반도체에 약 20V 전압을 가함. → 모든 셀의 상태가 [❷]이/가 됨.

→

데이터 [❸]

G에 20V, P형 반도체에 0V의 전압을 가함. → 전자들이 플로팅 게이트에 저장되어 셀의 상태가 [❹]이/가 됨.

→

데이터 [❺]

D에 3V 전압을 가함. → 전자의 여부를 통해 셀의 값이 1인지 0인지 판단함. [❻]

〈2014 6월 평가원 19번〉

▶ 문제의 선지에 쓰인 단어 중 뜻을 모르는 것을 찾아 적어 보자.

01 윗글에 대한 설명으로 가장 적절한 것은?

① 대상의 구조를 바탕으로 작동 원리를 설명하고 있다.
② 대상의 장점을 설명한 뒤 사용 방법을 알려 주고 있다.
③ 대상의 크기를 기준으로 자세한 기능을 설명하고 있다.
④ 대상의 구성 요소를 설명한 뒤 제작 원리를 알려 주고 있다.
⑤ 대상의 단점을 나열하고 새로운 방식의 필요성을 제기하고 있다.

〈2014 6월 평가원 21번〉

02 윗글과 〈보기〉에 따라 플래시 메모리의 데이터 〈 1 0 〉을 〈 0 1 〉로 수정하려고 할 때, 단계별로 전압이 가해질 위치가 옳은 것은?

〈 보기 〉

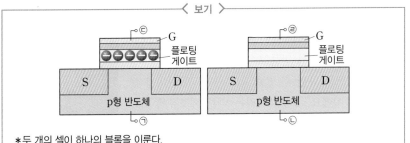

* 두 개의 셀이 하나의 블록을 이룬다.
* 그림은 데이터 〈 1 0 〉을 저장하고 있는 현재 상태이고, ㉠~㉣은 20V의 양의 전압이 가해지는 위치이다.

	1단계	2단계
①	㉠	㉣
②	㉢	㉡
③	㉠과 ㉡	㉣
④	㉡과 ㉢	㉣
⑤	㉢과 ㉣	㉡

• **이산화탄소 농도와 기온의 상관 관계**

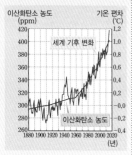

지구의 기온 상승 및 이상 기후 현상의 원인에 대해서는 뚜렷하게 규명된 것이 없다. 여러 가지 가설이 있으나, 이산화탄소를 비롯한 온실 기체로 인해 온난화 현상이 일어난다는 의견이 가장 유력하다.

• **탄소 발자국**

사람이 활동하거나 상품을 생산·소비하는 과정에서 직간접적으로 발생하는 이산화탄소의 총량을 말한다. 다음 표는 생활 속에서 발생하는 이산화탄소의 양(kg)과 이를 감소시키는 데 필요한 나무의 수를 환산한 것이다.

	kg	그루
휘발유 40만 원어치	450	163
버스 20회 탑승	1.1	0
지하철 20회 탑승	0.04	0
전기 5만 원어치	33	122
수돗물 2만 원어치	1.9	1

– YTN

• **우뭇가사리**

홍조류 바다 식물의 하나로 납작한 실 모양으로 깃털처럼 가지를 많이 내어 다발을 이룬다. 조간대에서 조하대에 이르는 지역에 넓은 개체군을 이룬다.

환경 문제, 해결할 방법은 없을까?

죽은 채 발견된 9.5m의 큰 몸을 가진 향유고래의 뱃속에서 6kg에 달하는 비닐봉지와 플라스틱 컵 등의 쓰레기가 나왔다는 신문 기사를 기억하시나요? 우리 모두에게 환경 오염의 심각성을 일깨우는 사건이었습니다. 비단 쓰레기 문제뿐만 아니라 호흡기의 최대 적인 미세 먼지 역시 석탄 에너지를 주 산업으로 하는 과정

▲ 환경 오염

에서 발생하는 오염의 결과이며, 온실 가스로 인한 기후 변화 문제로 인해 북극곰은 멸종 위기에 놓여 있는 상황이지요. 이와 같이 인간의 생활이 편리해지고 산업이 더욱 발달해 갈수록 환경 오염은 심각한 문제로 대두되고 있습니다.

환경을 살리기 위한 첫걸음은 제품의 생산부터 소비의 전 단계에서 이산화탄소를 줄이는 것이에요. 즉 탄소 발자국을 줄여야 하는 것이죠. 이를 위해 우리가 할 수 있는 일에는 무엇이 있을까요? 제품을 생산하는 과정과 우리의 일상생활에서 이산화탄소 배출을 줄이기 위해 노력하는 것이에요. 가령 종이를 아껴 쓰고, 대중교통을 이용하며, 일회용품 사용을 자제하고 음식물 쓰레기를 줄이는 등의 노력을 할 수 있어요.

우뭇가사리에서 종이 펄프와 연료를 얻는다고요?

2009년 'C40 세계 도시 기후 정상 회의'에 우리나라의 중소 기업에서 '우뭇가사리'를 이용한 친환경 기술을 개발하여 발표했어요. 이는 '우뭇가사리'에서 섬유소를 추출하여 펄프를 만들고, 남은 다당류인 '우무' 성분을 단당류로 분해한 후 발효시켜 바이오 에탄올을 생산하는 기술이에요. 우뭇가사리는 다른 해조류에 비해 당질과 섬유소가 4배 이상 많아서 펄프와 바이오 에탄

▲ 우뭇가사리

올을 얻기에 적합하답니다. 이 기술이 환경 문제를 해결하기 위한 기술로 주목 받는 이유는 자연 생물을 통해서 종이와 자동차 연료를 얻을 수 있어서 나무를 보호하고 이산화탄소(CO_2) 배출을 줄일 수 있기 때문이에요.

바이오 에탄올은 사탕수수, 옥수수, 감자, 고구마 등 주변에서 흔히 볼 수 있는 작물에서 알코올 발효 원리를 이용하여 쉽게 얻을 수도 있어요. 즉, 이 곡물을 갈아서 물과 섞은 후 여러 효소를 첨가하여 녹말을 포도당으로 분해해요. 그리고 효모를 넣고 발효시켜 이산화탄소와 에탄올을 생성시킨 후 발효액을 증류시키고 남은 수분을 제거하여 순수한 에탄올을 얻는 것이지요. 이 에탄올은 휘발유와 섞어 바로 자동차의 연료로 사용이 가능해 신재생 에너지로 주목받고 있답니다.

환경 문제를 이야기할 때에는 '보전' 혹은 '보존'이라는 말을 많이 사용하지요. 이때 '보(保)'는 '지키다', '보호하다', '유지하다' 등을 의미해요. '보(保)' 자가 들어간 단어를 살펴보겠습니다.

• 교육(教育)과 보육(保育)

교육(教育)은 지식과 기술 따위를 가르치며 인격을 길러 준다는 의미로 사회로 나아가 살아갈 수 있도록 능력을 키워 주는 것이다. 이에 반해 보육(保育)은 돌보고 키우는 것, 즉 현재의 보호에 초점을 맞춘 개념이다.

■ **다음 단어 중, 뜻을 알고 있는 것에 ✓표를 하시오.**

☐ 보전　　☐ 보존　　☐ 보안　　☐ 보수　　☐ 보육

■ **다음 단어의 의미를 알아볼까요?**

한자 성어	의미
보전(保全) [지킬 保 + 온전할 全]	온전하게 보호하여 유지함. 예 생태계 보전에 힘을 썼다.
보존(保存) [지킬 保 + 있을 存]	잘 보호하고 간수하여 남김. 예 유물을 보존하여야 한다. Q: '환경 보전(保全)'이 맞을까 '환경 보존(保存)'이 맞을까? 　환경을 잘 지키고 가꾸어야 한다는 의미로 '환경 보전'이라고도 하고, '환경 보존'이라고도 합니다. 의미 차이가 크게 나지 않으므로 두 경우 모두 사용가능하지요. 　하지만, 서로 구분하여 사용하는 경우도 있어요. 아래의 국립국어원에서 제공하는 단어 용례에 관한 설명을 볼까요? A: 대부분의 경우 '생태계'는 '보전'해야 한다고 말하고, '문화재'는 '보존'해야 한다고 말합니다. '문화재'는 그냥 놔두면 훼손될 우려가 높다는 점이 이러한 차이를 드러내는 한 이유라고 생각됩니다. 다른 면으로 보면 '생태계'를 '보전'한다는 말에는 앞으로도 현재와 같은 상태에 있게 한다는 의미가 있지만, 문화재를 '보존'한다는 말에는 앞으로의 상태에 대한 관심은 포함되어 있지 않습니다. 이 점을 고려하면, '보존'과 '보전'이 무엇을 지킨다는 의미를 지녔다는 점에서 공통적이지만, '보존'에는 그냥 놔두면 훼손될 우려가 있는 대상을 지켜야 한다는 의미가 있고, '보전'은 현재의 상태를 지켜서 앞으로도 같은 상태에 있게 한다는 의미가 있음을 알 수 있습니다. 　　　　　　　　　　　　　　　　　　　　　－ 국립국어원 참고
보안(保安) [지킬 保 + 편안할 安]	안전을 유지함. 예 이 서류는 각별히 보안을 유지해 주세요.

🔁 다음 그림을 보고 학생들이 나눈 대화이다. 빈칸에 들어갈 단어를 쓰시오.

민수: 우리가 환경을 (❶)하기 위해 노력을 해서 우리의 자손들에게 깨끗한 자연을 물려 줘야 해.

영철: 그래. 기존의 방식에서 벗어나 좀 더 (❷)적인 태도로 실천 방안을 모색해 봐야겠어.

한자 성어		의미
보수(保守) [지킬 保 + 지킬 守] ↕ **진보(進步)** [나아갈 進 + 음 步]	보수(保守)	– 보전하여 지킴. – 새로운 것이나 변화를 적극적으로 받아들이기보다는 전통적인 것을 옹호하며 유지하려 함. 예 진정한 보수는 지키고 유지할 가치가 있는 것을 지키고 유지하는 입장이다.
	진보(進步)	– 정도나 수준이 나아지거나 높아짐. 예 과학 기술의 진보를 이루다. – 역사 발전의 합법칙성에 따라 사회의 변화나 발전을 추구함.
보육(保育) [지킬 保 + 기를 育]		어린아이들을 돌보아 기름. 예 아이들의 보육에 힘쓰자.

➕ 문제 •

🔑 ❶ 보전(保全) ❷ 진보(進步)

28강 독서 | 기술 (2) - 정보 통신

데이터
data

컴퓨터로 처리할 수 있도록 전산화되어 저장된 정보.

⑩ 그는 데이터를 작성할 때 혹시 데이터가 날아가지 않도록 중간에 저장하는 것을 잊지 않는다.

[?] **친절한 샘** 관찰이나 실험, 조사로 얻은 사실이나 정보도 '데이터'라고 합니다. 하지만 기술 영역에서는 전산화되어 있는 정보를 뜻합니다. 그리고 컴퓨터에 자료를 저장해 두고 여러 가지 형태로 이용할 수 있도록 하는 많은 양의 정보를 '데이터베이스(database)'라고 합니다.

부호화(符號化)
부신 符
부르짖을 號
될 化

주어진 정보를 어떤 표준적인 형태로 바꾸거나 표준 형태를 정보화함.

⑩ 컴퓨터의 기억 장치에는 다양한 정보들이 부호화를 통해 저장된다.

[?] **친절한 샘** '일정한 뜻을 나타내기 위하여 따로 정하여 쓰는 기호'를 '**부호(符號)**'라고 합니다. 이렇게 부호로 만드는 것이 부호화입니다. 예를 들어 컴퓨터에서 데이터를 0과 1로 이루어진 부호로 변환하는 것처럼 말입니다.

전송(電送)
번개 電
보낼 送

글이나 사진 등을 전류나 전파를 이용하여 먼 곳에 보냄.

⑩ 이 팩스는 전송 내용을 다른 사람이 중간에 몰래 보지 못하도록 보안 장치가 설치되어 있다.

[?] **친절한 샘** 요즘은 다들 컴퓨터나 스마트폰을 이용해서 자료나 파일을 전송하고 있으니 잘 알죠? 그리고 '전기나 전파를 이용하여 전보나 전화, 라디오, 텔레비전 방송 등의 신호를 보내는 것'을 '**송신(送信)**'이라고 하며, 이러한 신호를 받는 것을 '**수신(受信)**'이라고 합니다.

패킷
packet

네트워크를 통해 전송하기 쉽도록 자른 데이터의 전송 단위.

⑩ 응답 패킷에는 어느 질의 패킷에 대한 응답인지가 적혀 있다.

[?] **친절한 샘** '패킷(packet)'은 소포를 뜻하는 용어로, 우체국에서 화물을 적당한 덩어리로 잘라 행선지를 표시하는 꼬리표를 붙이는 방식을 통신에 적용한 것입니다. 패킷은 데이터가 전달될 주소와 순서가 기록되는 '헤더'와 '데이터' 등으로 이루어져 있습니다.

네트워크
network

랜이나 모뎀 등의 통신 설비를 갖춘 컴퓨터를 이용하여 서로 연결시켜 주는 조직이나 체계.

⑩ 회사에서는 사내 네트워크를 만들어 사원들이 활용하게 하였다.

[?] **친절한 샘** 통신 시설을 통해 데이터를 주고 받을 때, 컴퓨터와 통신 회선 사이를 연결하며 신호를 바꾸어 주는 장치를 '**모뎀(modem)**'이라고 합니다. 여러분들이 집에서 인터넷을 하려면 모뎀이 있어야 하죠. 그리고 인터넷을 하기 위해 컴퓨터의 랜카드에 연결하는 선을 '랜선'이라고 합니다.

▲ 랜선

서버
server

주된 정보의 제공이나 작업을 수행하는 컴퓨터 시스템. 클라이언트 시스템이 요청한 작업이나 정보의 수행 결과를 돌려줌.

⑩ 사람들은 인터넷에서 컴퓨터를 이용하여 서버에 접속하고 서버에서 제공하는 정보를 이용한다.

[?] **친절한 샘** 인터넷에서 '**클라이언트(client)**'란 여러분들이 사용하는 각각의 컴퓨터를 말합니다. 여러분들이 컴퓨터를 통해 검색 결과 등의 특정 서비스를 받고자 할 때, 이러한 작업을 수행하는 시스템을 서버라고 합니다. 그래서 우리는 서버에 접속하고 서버에서 제공하는 정보를 이용하는 것입니다.

도메인
domain

인터넷상에서 개인이 소유하고 있는 인터넷 주소.

예 인터넷에서 물건을 판매하려는데 사이트 주소로 쓸 좋은 도메인 없을까?

? 친절한 샘 여러분이 인터넷에서 특정 사이트를 찾아가고자 할 때, 'www.ebsi.co.kr'와 같은 것을 주소창에 치는 경우가 있죠? 이것을 '**도메인네임**'이라고 합니다. 검색창에 검색을 해도 사이트를 잘 찾을 수 없을 때는 이렇게 도메인네임을 직접 입력하는 것이 빠르죠.

프로토콜
protocol

컴퓨터와 컴퓨터 사이, 또는 한 장치와 다른 장치 사이에서 데이터를 원활히 주고받기 위하여 약속한 여러 가지 규약.

예 컴퓨터 간의 통신을 가능하게 하려면 표준 통신 프로토콜이 있어야 한다.

? 친절한 샘 'IP'라는 말 많이 들어봤죠? 'IP'가 바로 인터넷 프로토콜(Internet Protocol)의 약자로, '인터넷에서 해당 컴퓨터의 주소'를 말합니다. 프로토콜은 우리말로 '**통신 규약(通信 規約)**'이라고 하는데, 신호 송신의 순서, 데이터의 표현법, 오류 검출법 등을 포함하고 있습니다.

광 통신(光通信)
빛 光
통할 通
믿을 信

영상, 음성, 데이터 따위의 전기 신호를 빛의 신호로 바꾸어 보내는 통신.

예 우리 아파트 단지에 광 통신이 개통되어 인터넷 속도가 혁신적으로 빨라졌다.

? 친절한 샘 빛을 이용하여 정보를 전달할 때 쓰는, 빛을 전파하는 가는 유리 섬유를 '**광섬유(光纖維)**'라고 합니다. 광 통신은 전기 신호를 구리선을 이용하여 주고받는 전기 통신과 달리 대용량의 데이터를 손쉽게 주고 받을 수 있습니다.

▲ 광섬유

식별하다(識別−)
알 識
다를 別

분별하여 알아보다.

예 우리는 개별 제품의 고유 번호를 통해서 정품 여부를 식별하고 있다.

? 친절한 샘 '서로 다른 일이나 사물을 구별하여 가르는 것'을 '**분별하다(分別−)**'라고 하고, '성질이나 종류에 따라 갈라놓는 것'을 '**구별하다(區別−)**'라고 합니다. 또는 '사물을 분별하고 판단하여 알다'라는 의미를 갖는 '**인식하다(認識−)**'라는 단어도 있습니다.

어휘 **더하기**

정답과 해설 50쪽

[고유어와 한자어]

(고유어) 나타내다 「동사」
어떤 대상이 모습을 드러내다.
예 경찰을 피해 도망 다니던 범인이 외국에서 그 모습을 나타냈다.

(한자어) 표시(標示)하다 「동사」
어떤 사항을 알리는 내용을 겉에 드러내 보이다.
예 경찰은 교통사고가 난 도로 위에 하얀색 페인트로 표시했다.

(고유어) 이루어지다 「동사」
무엇이 어떤 요소나 부분들로 만들어지거나 구성되다.
예 이 글은 전부 여섯 부분으로 이루어져 있다.

(한자어) 구성(構成)되다 「동사」
몇 가지의 부분 혹은 요소를 모아서 하나의 전체가 이루어지다.
예 영국 의회는 상원과 하원으로 구성됩니다.

'외국에서 들어온 말이 아닌, 한 민족이 본래부터 가지고 있는 말'을 '고유어(固有語)'라고 합니다. 그런데 우리말에는 한자어(漢字語)가 많이 사용되고 있어서 고유어와 한자어의 관계를 잘 알아야 합니다. 특히 동일한 뜻을 갖는 고유어와 한자어를 묻는 경우가 많기 때문에, 평상시에 잘 파악해 두어야 합니다.

⊙ 밑줄 친 두 단어를 공통으로 바꾸어 쓸 수 있는 고유어를 쓰시오.

• 국어를 연구하는 사람들이 모여 한글 연구회를 조직했다.
• 국회는 공직자 비리 문제를 해결하기 위해 특별법을 제정했다.

01 다음은 인터넷 쇼핑몰 창업을 위해 작성하려는 신청서이다. 빈칸에 공통으로 들어갈 말을 쓰시오.

등록 신청서   결제하기   신청 완료
작성

( ) 등록 신청 내역 확인		
( ) 이름	등록 기관	등록 비용
eos.co.kr	1년	12,650원
		12,650원

02 다음 괄호 안에 들어갈 말을 바르게 짝지은 것은?

　　공인 IP 주소에는 동일한 번호를 지속적으로 사용하는 고정 IP 주소와 번호가 변경되기도 하는 유동 IP
주소가 있다. 유동 IP 주소는 DHCP라는 (　㉠　)에 의해 부여된다. DHCP는 IP 주소가 필요한 컴퓨터의
요청을 받아 주소를 할당해 주고, 컴퓨터가 IP 주소를 사용하지 않으면 주소를 반환받아 다른 컴퓨터가
그 주소를 사용할 수 있도록 해 준다. 한편, 인터넷에 직접 접속은 안 되고 내부 (　㉡　)에서만 서로를
(　㉢　)할 수 있는 사설 IP 주소도 있다.

	㉠	㉡	㉢		㉠	㉡	㉢
①	도메인	서버	식별	②	도메인	네트워크	식별
③	도메인	네트워크	인식	④	프로토콜	서버	인식
⑤	프로토콜	네트워크	식별				

03 빈칸에 들어갈 말의 초성과 뜻을 보고, 알맞은 낱말을 써 넣어 문장을 완성하시오.

(1) 나는 많은 양의 (　ㄷㅇㅌ　)을/를 저장할 수 있도록 용량이 큰 컴퓨터를 구입하였다.
　　컴퓨터로 처리할 수 있도록 전산화되어 저장된 정보.

(2) 박 상병은 적의 통신 기호를 (　ㅂㅎㅎ　)하여 암호를 분석해 내었다.
　　주어진 정보를 어떤 표준적인 형태로 바꾸거나 표준 형태를 정보화함.

04 다음 빈칸에 들어갈 말로 적절한 것은?

　　○○ 자동차는 신형 △△의 실물을 처음으로 공개했다. 사진이 공개된 이후 이날 오후 1시 40분 현재
○○ 자동차의 홈페이지는 다수의 동시 접속자가 폭주하면서 접속이 불가능한 상태이다. ○○ 자동차 관
계자는 "신형 △△ 공개 이후 접속자 수가 갑자기 증가했다"며 "(　　　) 다운의 원인을 파악하고 최대한
빨리 복구 작업을 진행하겠다"라고 말했다.

① 패킷　　　　② 서버　　　　③ 데이터　　　　④ 네트워크　　　　⑤ 프로토콜

05 문맥을 고려하여 ⓐ와 ⓑ에 들어갈 말을 각각 쓰시오.

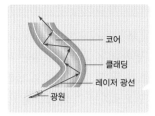

코어
클래딩
레이저 광선
광원

선생님: (ⓐ)(이)란 섬유와 같이 얇고 휠 수 있는 유리로, 유리 내부에서 빛이 전반사하면서 진행할 수 있어. 이를 통해 전기 신호를 빛의 신호로 바꾸어 보내는 (ⓑ)이/가 가능해진 거야.

06 다음 밑줄 친 '패킷'의 의미로 적절한 것은?

| LTE 자동 로밍 | 3G 자동 로밍 |

데이터	음성			문자				
데이터 (정보 이용료 별도)	방문국에서 방문국으로	방문국에서 한국/해외로	수신	SMS 발신	SMS 수신	MMS 텍스트 발신	MMS 멀티미디어 발신	MMS 수신
0.275원/패킷	9.1원/초	22원/초	3.6원/초	서비스 이용 불가	서비스 이용 불가	330원/건	440원/건	무료

① 데이터 내용   ② 데이터 종류   ③ 데이터 전송 단위
④ 데이터 전송 방식   ⑤ 데이터 전송 신호

07 다음 빈칸에 공통으로 들어갈 단어를 쓰시오.

• 이 팩스는 ( ) 내용을 다른 사람이 중간에 몰래 보지 못하도록 보안 장치가 설치되어 있다.
• 전산망을 새로 교체했더니 ( ) 속도가 빨라져서 자료를 주고받기가 아주 편해졌다.
• 5G는 초고화질 사진과 영상 등 대용량 데이터도 실시간으로 고속 ( )할 수 있다.

실전 어휘를 알면 답이 보인다   ⟨2018 6월 평가원 34번 변형⟩

08 문맥상 ㉠~㉤과 바꿔 쓰기에 가장 적절한 것은?

• 각 컴퓨터들은 IP에 따라 ㉠만들어지는 고유 IP 주소를 가져야 한다.
• 현재 주로 사용하는 IP 주소는 4개의 필드에 숫자를 사용하여 ㉡나타낸다.
• 우리가 인터넷을 사용할 때는 문자로 ㉢이루어진 도메인 네임을 이용한다.
• 클라이언트는 이렇게 ㉣알아낸 IP 주소로 사이트를 찾아간다.
• 네임 서버와 클라이언트는 UDP라는 프로토콜에 ㉤맞추어 패킷을 주고받는다.

▶ 선지에 쓰인 단어 중 뜻을 모르는 단어의 뜻을 찾아 적어 보자.

① ㉠: 제조(製造)되는   ② ㉡: 표시(標示)한다   ③ ㉢: 발생(發生)된
④ ㉣: 인정(認定)한   ⑤ ㉤: 비교(比較)해

■ 다음 글을 읽고 물음에 답하시오.

〈2018 수능〉

　송신기에서는 소스 부호화, 채널 부호화, 선 부호화를 거쳐 기호를 부호로 변환한다. 소스 부호화는 데이터를 압축하기 위해 기호를 0과 1로 이루어진 부호로 변환하는 과정이다. 어떤 기호가 110과 같은 부호로 변환되었을 때 0 또는 1을 비트라고 하며 이 부호의 비트 수는 3이다. 이때 기호 집합의 엔트로피는 기호 집합에 있는 기호를 부호로 표현하는 데 필요한 평균 비트 수의 최솟값이다. 전송된 부호를 수신기에서 원래의 기호로 복원하려면 부호들의 평균 비트 수가 기호 집합의 엔트로피보다 크거나 같아야 한다. 기호 집합을 엔트로피에 최대한 가까운 평균 비트 수를 갖는 부호들로 변환하는 것을 엔트로피 부호화라 한다. 그중 하나인 '허프만 부호화'에서는 발생 확률이 높은 기호에는 비트 수가 적은 부호를, 발생 확률이 낮은 기호에는 비트 수가 많은 부호를 할당한다.

• 최솟값: 어떤 함수가 일정한 범위 안에서 가질 수 있는 값 중 가장 작은 값.

•

핵심어　**소스 부호화, 비트, 수신기, 복원, 엔트로피**
소스 부호화는 데이터를 부호로 변환하는 것인데, 수신기에서 복원하려면 부호들의 평균 비트 수가 기호 집합의 엔트로피보다 크거나 같아야 한다.

　채널 부호화는 오류를 검출하고 정정하기 위하여 부호에 잉여 정보를 추가하는 과정이다. 송신기에서 부호를 전송하면 채널의 잡음으로 인해 오류가 발생하는데 이 문제를 해결하기 위해 잉여 정보를 덧붙여 전송한다. 채널 부호화 중 하나인 '삼중 반복 부호화'는 0과 1을 각각 000과 111로 부호화한다. 이때 수신기에서는 수신한 부호에 0이 과반수인 경우에는 0으로 판단하고, 1이 과반수인 경우에는 1로 판단한다. 즉 수신기에서 수신된 부호가 000, 001, 010, 100 중 하나라면 0으로 판단하고, 그 이외에는 1로 판단한다. 이렇게 하면 000을 전송했을 때 하나의 비트에서 오류가 생겨 001을 수신해도 0으로 판단하므로 오류는 정정된다. 채널 부호화를 하기 전 부호의 비트 수를, 채널 부호화를 한 후 부호의 비트 수로 나눈 것을 부호율이라 한다. 삼중 반복 부호화의 부호율은 약 0.33이다.

•

•

핵심어　**채널 부호화, 오류, 잉여, 과반수, 정정**

　채널 부호화를 거친 부호들을 채널을 통해 전송하려면 부호들을 전기 신호로 변환해야 한다. 0 또는 1에 해당하는 전기 신호의 전압을 결정하는 과정이 선 부호화이다. 전압의 ⓔ결정 방법은 선 부호화 방식에 따라 다르다. 선 부호화 중 하나인 '차동 부호화'는 부호의 비트가 0이면 전압을 유지하고 1이면 전압을 변화시킨다. 차동 부호화를 시작할 때는 기준 신호가 필요하다. 예를 들어 차동 부호화 직전의 기준 신호가 양(+)의 전압이라면 부호 0110은 '양, 음, 양, 양'의 전압을 갖는 전기 신호로 변환된다. 수신기에서는 송신기와 동일한 기준 신호를 사용하여, 전압의 변화가 있으면 1로 판단하고 변화가 없으면 0으로 판단한다.

•

•

핵심어　**선 부호화, 전압, 차동 부호화, 기준 신호**

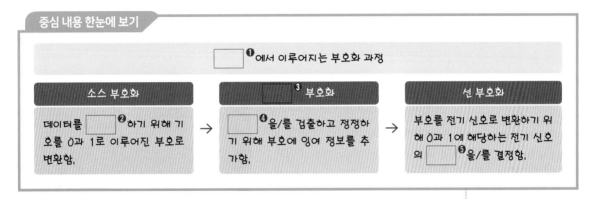

❶에서 이루어지는 부호화 과정

소스 부호화		❸ 부호화		선 부호화
데이터를 ❷하기 위해 기호를 0과 1로 이루어진 부호로 변환함.	→	❹을/를 검출하고 정정하기 위해 부호에 잉여 정보를 추가함.	→	부호를 전기 신호로 변환하기 위해 0과 1에 해당하는 전기 신호의 ❺을/를 결정함.

〈2018 수능 38번〉

01 윗글에서 알 수 있는 내용으로 적절한 것은?

① 영상 데이터는 채널 부호화 과정에서 압축된다.
② 수신기에는 부호를 기호로 복원하는 기능이 있다.
③ 잉여 정보는 데이터를 압축하기 위해 추가한 정보이다.
④ 영상을 전송할 때는 잡음으로 인한 오류가 발생하지 않는다.
⑤ 소스 부호화는 전송할 기호에 정보를 추가하여 오류에 대비하는 과정이다.

▶ 문제의 선지에 쓰인 단어 중 뜻을 모르는 것을 찾아 적어 보자.

〈2018 수능 41번〉

02 윗글을 바탕으로 〈보기〉를 이해한 내용으로 적절한 것은?

〈 보기 〉

날씨 데이터를 전송하려고 한다. 날씨는 '맑음', '흐림', '비', '눈'으로만 분류하며, 각 날씨의 발생 확률은 모두 같다. 엔트로피 부호화를 통해 '맑음', '흐림', '비', '눈'을 각각 00, 01, 10, 11의 부호로 바꾼다.

① 기호 집합 {맑음, 흐림, 비, 눈}의 엔트로피는 2보다 크겠군.
② 엔트로피 부호화를 통해 4일 동안의 날씨 데이터 '흐림비맑음흐림'은 '01001001'로 바뀌겠군.
③ 삼중 반복 부호화를 이용하여 전송한 특정 날씨의 부호를 '110001'과 '101100'으로 각각 수신하였다면 서로 다른 날씨로 판단하겠군.
④ 날씨 '비'를 삼중 반복 부호화와 차동 부호화를 이용하여 부호화하는 경우, 기준 신호가 양(+)의 전압이면 '음, 양, 음, 음, 음, 음'의 전압을 갖는 전기 신호로 변환되겠군.
⑤ 삼중 반복 부호화와 차동 부호화를 이용하여 특정 날씨의 부호를 전송할 경우, 수신기에서 '음, 음, 음, 양, 양, 양'을 수신했다면 기준 신호가 양(+)의 전압일 때 '흐림'으로 판단하겠군.

로봇인 듯, 로봇 아닌, 로봇 같은 '너'

2016년 세기의 대결이 있었지요. 바로 알파고(AlpaGo)와 이세돌 9단의 대국이었어요. 인공 지능인 알파고가 4:1의 기록을 세우며 인간을 압도적으로 이긴 사건이었어요. 인공 지능(Artificial Intelligence)이란 인간의 지능으로 할 수 있는 사고, 학습, 자기 계발 등을 컴퓨터가 할 수 있도록 하는 프로그램이에요. 본래 '지능'이라는 것은 인간만이 가지고 있는 것이라고 생각했는데, 이제는 컴퓨터가 인간의 도움 없이 데이터로부터 일정한 규칙을 배우고 학습하고 예측하는 과정에서 의사 결정을 내릴 수 있는 지능을 갖게 된 것이지요. 이와 같은 인공 지능 기술이 발달하면 의료 기술 향상, 유전자 분석, 신약 개발, 금융 거래 등 전 영역에서 획기적인 변화와 발전이 있을 것으로 기대하고 있어요.

세계 최초 의료용 인공 지능 왓슨 포 온콜로지(Watson for Oncology)

왓슨은 IBM이 개발한 암 진단 및 치료를 돕는 인공 지능 소프트웨어예요. 수백 가지의 학술지와 의학 서적의 정보가 입력되어 환자의 상황에 맞는 치료법을 제안해 주지요. 의사는 인간이기 때문에 전 세계의 모든 의학 정보와 사례 및 치료법 등을 아는 것이 불가능해요. 왓슨은 그러한 인간의 한계를 보완하여 수많은 데이터를 수집, 분석, 연구하여 최선의 치료 방법을 알려주는 역할을 해요. 국내에는 2016년 한 병원에 최초로 도입되었는데, 환자들의 만족도가 매우 높은 편이에요. 하지만 인종과 국가마다 다른 질병 양상을 보이고 왓슨과 의사의 진단 일치률도 질병의 종류에 따라 다른 점 등은 아직까지 보완해야 할 점이라고 해요. 하지만 더 많은 데이터를 축적하고 학습시켜서 정확성을 높여 나간다면 의료계에서 인공 지능은 아주 중요한 역할을 할 거예요.

지능을 가진 사물들이 서로 연결되어 소통하는 사물 인터넷(Internet of Things)

▲ 사물 인터넷

사물 인터넷이란 인간을 둘러싼 세상의 모든 사물들이 서로 연결되어 구성된 인터넷이라고 정의 내릴 수 있어요. 이미 우리의 삶 곳곳에서 사물 인터넷을 볼 수 있어요. 가령, 에어컨이 실내 온도를 실시간으로 파악하여 스스로 온도를 조절하거나, 외부에서 스마트폰으로 에어컨 작동 여부를 확인할 수 있는 것이 여기에 해당되지요. 이 기술이 더욱 정교화되면 사람의 개입 없이 사물들끼리 대화를 나누고 정보를 주고받아 삶의 전 영역을 편리하게 발전시킬 거예요.

▲ 왓슨 로고

우리는 지능 정보 기술을 기반으로 한 시대에 살고 있어요. 앞에서 살펴본 '알파고' 와 '왓슨'이 지능 정보 기술 프로그램의 대표적인 사례예요. 이처럼 이미 변화는 시작되고 있고, 세계 각국은 이 기술을 정교화하며 발전시키기 위해 앞다투어 노력하고 있어요. 그렇다면 4차 산업 혁명 시대, 우리의 삶은 어떻게 변화할지 상상해 볼까요?

자율 주행 자동차의 시대는 어떤 모습일까?

· **자율 주행 자동차**
운전자가 차량을 조작하지 않아도 첨단 센서와 그래픽 처리 장치 등 최신 기술을 바탕으로 스스로 운전하는 자동차이다.

· **영화 'Her' (2013)**
인간이 인공 지능 운영 체제와 대화를 나누고 교감하면서 사랑의 감정을 느끼게 되는 내용의 영화이다.

'휴머노이드(humanoid)'는 인간의 신체와 유사한 모습을 갖춘 로봇인데 인간의 지능, 행동, 감각 등을 모방하여 인간을 대신하거나 인간과 협력하여 서비스를 제공하는 것을 목표로 하는 로봇이에요. 과거의 로봇은 인간이 조작한 대로 움직이는 기계 정도로 인식되었다면 지금의 로봇은 인간처럼 지능을 가지고 대화를 나누고 학습을 하며 매일 조금씩 발전해 가는 존재가 되었어요.

이러한 로봇을 '소셜 로봇(social robot)'이라고 불러요. 소셜 로봇은 단순히 사람이 하기 힘든 육체적인 일을 대신하는 로봇이 아니라 사람과 교감하는 감성 중심의 로봇이에요. 인공 지능, 빅 데이터, 사물 인터넷 등의 기술이 융합되어 사람의 심리 상태를 분석하고 이해하여 감정을 표현하며 소통하지요. 대표적인 상업용 소셜 로봇으로 '페퍼(Pepper)'가 있어요. 겉모습은 인간과 완전히 구분되지만 인간의 감정을 읽고 자신의 감정을 표현할 수 있어요. 기술의 발전, 놀랍지 않나요?

· **페퍼(Pepper, 2015)**

인공 지능 기술을 바탕으로 인간의 감정을 인식하는 최초의 로봇. 주로 전시회장에서 손님을 안내하거나 노인을 간병하는 등의 역할을 한다.

· **레스터 델 레이「헬렌 올로이」(1930)**
미국 과학 소설로, 로봇이 사람을 닮고 싶어 하고 인간과 사랑을 하며 결혼을 한다는 내용의 단편 소설이다.

이와 같은 변화로 인해 '로봇 윤리학'이라는 개념이 생기기 시작했어요. 사람의 계획과 조정에서 벗어나 예측 불가능하게 자신의 감정을 표현하는 로봇이라면 행동에 대한 권리와 책임의 문제도 함께 고려해야 하기 때문이지요. 만약 소셜 로봇이 A라는 사람을 위로하기 위해 B라는 사람의 비밀을 노출하거나, 사람을 안아 주려고 하다가 비싼 장식품을 깨뜨리기라도 했다면, 누구에게 책임이 있는걸까요? 지능 정보 기술이 발달해 감에 따라서 로봇의 윤리에 관한 논의도 함께 이루어져야 한다는 목소리가 등장했고, 로봇 윤리학자라는 직업도 생겼답니다.

29강 독서 | 형성 평가

01 밑줄 친 단어의 사전적 의미로 적절하지 <u>않은</u> 것은?

① 한 사회의 대표가 신뢰를 잃으면 그 사회는 <u>구심력</u>이 사라지게 된다.
  → 원운동을 하는 물체나 입자에 작용하는, 원의 중심으로 나아가려는 힘.
② 전기를 띤 <u>도체</u>에 다른 도체를 도선으로 연결하면 전기가 이동한다.
  → 열 또는 전기의 전도율이 높은 물체.
③ 뜨거운 물체에서 오는 열의 대부분은 공기를 통해 전달되는 전도나 대류가 아니라 <u>복사</u>에 의한 것이다.
  → 물질이 공간을 이동하면서 열이 전달되는 현상.
④ 백두산은 우리나라에서 가장 높은 <u>화산</u>으로 여러 지층이 발달해 있다.
  → 땅속에 있는 가스, 마그마 따위가 지각의 터진 틈을 통하여 지표로 분출한 결과로 생긴 구조.
⑤ 이곳은 유속이 느려 토사의 <u>퇴적</u>이 많은 지역이다.
  → 흙이나 생물의 유해 등이 물이나 바람, 빙하 등에 운반되어 쌓이는 일.

02 다음 ⓐ와 ⓑ에 들어갈 단어를 바르게 짝지은 것은?

> 어떤 물질이 녹거나 녹일 때, 물질을 녹이는 물질을 ⓐ , 녹아 있는 물질을 ⓑ (이)라고 하지요. 가령, 설탕을 물에 녹이는 경우 물을 ⓐ (이)라고 하고, 설탕을 ⓑ (이)라고 한답니다. ⓐ 의 종류에 따라서 녹을 수 있는 ⓑ 이/가 달라져요.

	ⓐ	ⓑ
①	용질	용매
②	용매	용질
③	용해	용매
④	용질	용해
⑤	용매	용해

03 다음 국어사전의 ㉠~㉤에 들어갈 말로 적절하지 <u>않은</u> 것은?

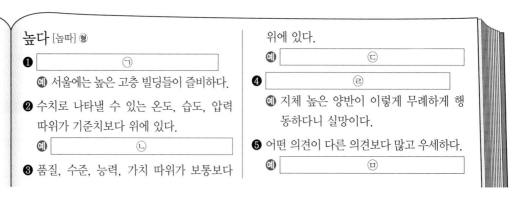

높다 [놉따] 형

❶ ㉠
  예 서울에는 높은 고층 빌딩들이 즐비하다.
❷ 수치로 나타낼 수 있는 온도, 습도, 압력 따위가 기준치보다 위에 있다.
  예 ㉡
❸ 품질, 수준, 능력, 가치 따위가 보통보다 위에 있다.
  예 ㉢
❹ ㉣
  예 지체 높은 양반이 이렇게 무례하게 행동하다니 실망이다.
❺ 어떤 의견이 다른 의견보다 많고 우세하다.
  예 ㉤

① ㉠: 아래에서 위까지의 벌어진 사이가 크다.
② ㉡: 그는 혈압이 아주 높다.
③ ㉢: 어떤 동물은 사람보다 높은 청력을 갖고 있다.
④ ㉣: 지위나 신분 따위가 보통보다 위에 있다.
⑤ ㉤: 형식적인 환경 정책에 대한 비판적 여론이 높다.

04 문맥을 고려할 때, 밑줄 친 말과 바꾸어 쓸 수 있는 말로 가장 적절한 것은?

(1)

> 의사: 신생아의 경우는 외부의 바이러스에 특히 더 취약합니다. 그러니 각별히 아기가 사용하는 물품의 소독을 신경 쓰셔야 합니다. 물론 이러한 세균과 바이러스는 아기의 면역력을 키워 줄 수도 있지요.

① 항인   ② 항체   ③ 항염
④ 항원   ⑤ 항균

(2)

> 연구원 A: 지난주에 서랍에 넣어 둔 이 목걸이가 색이 변하고 부식됐어요. 어떻게 하면 좋을까요?
> 연구원 B: 목걸이에 묻은 땀을 제대로 닦지 않아서 그렇게 된 것 같아요.

① 썩어서 악취가 나요.   ② 금속의 표면이 거칠어졌어요.
③ 산화에 의해 금속 화합물로 바뀌었어요.   ④ 기화로 인해 금속 성분이 바뀌었어요.
⑤ 금속 성분에서 산소가 없는 상태가 됐어요.

05 다음 ㉠~㉤의 사전적 의미로 적절하지 <u>않은</u> 것은?

> ㉠포도당이 연소와 ㉡세포 호흡을 통해 이산화탄소로 ㉢산화될 때 포도당에 원래 존재하던 기존의 결합이 깨어지고 전자가 재배치되어 새로운 결합이 형성된다. 이 과정에서 전자가 높은 에너지 상태에서 낮은 에너지 상태로 이동하면서 에너지가 ㉣방출된다. 이때, 연소에서는 전자의 재배치가 한꺼번에 이루어져 연료 속에 들어 있는 에너지가 한꺼번에 방출되지만, 세포 호흡에서는 ㉤효소들과 전자 전달 물질들의 작용으로 전자의 재배치가 여러 단계로 나뉘어 진행되어 에너지가 조금씩 방출된다.

① ㉠: 단맛이 나고 물에 잘 녹으며 생물의 에너지원으로 쓰이는 탄수화물의 한 종류.
② ㉡: 생물체를 이루는 기본 단위.
③ ㉢: 어떤 물질에 산소가 빠지거나 수소가 결합하는 일.
④ ㉣: 입자나 전자기파의 형태로 에너지를 내보냄.
⑤ ㉤: 생물의 세포 안에서 일어나는 화학 작용을 돕는 물질.

06 다음 그림에 대한 설명에서 '이것'에 해당하는 말로 가장 적절한 것은?

> 화산 활동은 '이것'이 분출되는 현상으로 '이것'은 땅속 깊은 곳에서 암석이 지열로 녹아 반액체로 된 물질이다. 분출된 '이것'에서 기체 성분이 빠져나가고 남은 물질을 용암이라고 한다.

① 퇴적물   ② 마그마   ③ 화산재   ④ 전기   ⑤ 이온

07 다음 대화의 빈칸에 공통적으로 들어갈 수 있는 단어로 가장 적절한 것은?

> 동생: 우와. 멋있다. 오빠 이 꼬리가 달린 별 사진 너무 예쁘지 않아?
> 오빠: 우주의 별에 관한 책을 읽고 있구나!
> 동생: 너무 재밌어. 이 꼬리 달린 별은 태양을 중심으로 타원이나 포물선을 그리며 돈대.
> 오빠: 그렇지 그 별의 이름은 ☐☐☐☐☐(이)라고 해.
> 동생: 오! 역시 똑똑하군. 그럼 한 분야에서 갑자기 뛰어나게 드러나는 존재를 비유적으로 말할 때, ☐☐☐☐☐처럼 등장했다고 하잖아. 같은 단어인거야?
> 오빠: 그렇지. 정말 똑똑하구나.

① 행성　　　　② 금성　　　　③ 항성　　　　④ 혜성　　　　⑤ 수성

08 다음 ㉠~㉤의 사전적 의미로 적절하지 <u>않은</u> 것은?

> 　자전거를 타고 높은 곳에서 낮은 곳으로 내려갈 때에는 ㉠가속도가 붙기 때문에 ㉡속력을 낮추어야 한다. 자전거를 탈 때에는 ㉢지형뿐만 아니라 날씨도 영향을 미치는데, 특히 장마 ㉣전선이 형성되는 여름철에는 자전거를 타고 장거리 여행을 하지 않는 것이 좋다. 또한 ㉤혈당 관리가 필요한 사람은 위험 상황에 대비하여 사탕이나 초콜릿 같은 음식을 늘 지니고 자전거를 타야 한다.

① ㉠: 높이에 따라서 속도가 변하는 정도를 나타내는 물리량.
② ㉡: 물체가 움직이거나 일이 진행되는 빠르기의 크기.
③ ㉢: 땅의 생긴 모양이나 형세.
④ ㉣: 성질이 다른 두 기단의 경계면이 지표와 만나는 선.
⑤ ㉤: 혈액 속에 포함되어 있는 당으로 뇌와 적혈구의 에너지원이 됨.

09 다음 상황을 고려할 때, 빈칸에 들어갈 단어로 가장 적절한 것은?

① 중력　　　　　　　② 인력　　　　　　　③ 전기력
④ 원심력　　　　　　⑤ 구심력

10 밑줄 친 단어의 사전적 의미로 적절하지 <u>않은</u> 것은?

① 우리 회사는 인력 데이터베이스를 탄탄하게 구축하였다.
→ 여러 사람이 공유하여 사용할 목적으로, 통합하여 관리되는 데이터의 집합.
② 일반적으로 한 패킷은 1,024비트의 데이터를 담을 수 있다.
→ 네트워크를 통해 전송하기 쉽도록 자른 데이터의 전송 단위.
③ 오늘날 광섬유는 광통신의 통신 케이블로 사용된다.
→ 영상, 음성, 데이터 따위의 전기 신호를 레이저광의 빛의 신호로 변환하여 전송하는 통신.
④ 주문자 폭주로 회사 홈페이지 서버가 다운되는 사태가 일어났다.
→ 컴퓨터와 컴퓨터 사이, 또는 한 장치와 다른 장치 사이에서 데이터를 원활히 주고받기 위한 규약.
⑤ 우리는 8월 15일을 역사적인 날로 기념하기 위해 국경일로 제정하였다.
→ 제도나 법률 따위를 만들어서 정하다.

11 다음 대화에서 ⓐ에 들어갈 설명으로 가장 적절한 것은?

> 엄마: 엊그제 설치한 인터넷이 안 되네. 업체에 전화해 보니 모뎀이 잘못되었는지 보라고 하는데, 모뎀이 뭐니?
> 아들: 엄마. 모뎀은 (ⓐ   )예요. 이 장치가 잘못되면 인터넷을 할 수가 없어요.

① 컴퓨터와 통신 회선을 연결하며 데이터의 신호를 바꾸어 주는 장치
② 컴퓨터를 비롯한 디지털 기기에서 수치나 명령 등을 기억하는 장치
③ 컴퓨터에서 소리, 빛, 온도 등의 발생이나 변화를 알아내는 기계 장치
④ 인터넷을 하기 위해 컴퓨터의 랜카드에 연결하여 전력을 변환하는 장치
⑤ 컴퓨터 시스템의 작동을 통제하고 프로그램의 모든 연산을 수행하는 장치

12 밑줄 친 단어가 '동음이의'의 관계가 <u>아닌</u> 것은?

① ┌ 온라인으로 견적서 전송이 가능하니 연락 주세요.
   └ 나는 친구들의 전송을 받으며 비행기를 타러 떠났다.
② ┌ 모르는 곳을 갈 때는 지도의 기호를 잘 읽을 줄 알아야 한다.
   └ 그 회사는 젊은 계층의 기호를 잘못 파악하여 마케팅 전략에 실패했다.
③ ┌ 그 작품은 내 젊은 시절 노력의 결정이었다.
   └ 나는 결국 그의 결정에 따르기로 했다.
④ ┌ 수학에서 양수를 나타내는 부호는 '+'이다.
   └ 그는 수첩에 자기만 알아볼 수 있는 부호를 사용했다.
⑤ ┌ 그 난리 속에서도 그는 현상을 극복하려는 의지를 보였다.
   └ 그는 피부 노화 현상이 눈에 두드러져서 스트레스를 받는다.

13 문맥을 고려할 때, 다음 대화에서 밑줄 친 말과 바꾸어 쓸 수 있는 말로 가장 적절한 것은?

(1)
> 친구 1: 요즈음은 문자 메시지를 통해 생각을 실시간으로 주고받잖아.
> 친구 2: 그런데 나는 손편지를 쓰고 전달하는 소통 방식이 그리워.

① 쌍방향적 소통 방식　　　② 디지털 소통 방식　　　③ 아날로그적 소통 방식
④ 다매체 활용 소통 방식　　⑤ 현장적 소통 방식

(2)
> 딸: 엄마 혹시 그 영화 보셨어요? 주인공 여자가 인공 지능인 컴퓨터 소프트웨어와 사랑에 빠져서 내
> 적으로 갈등하는 영화 말이에요.
> 엄마: 아. 그런 영화가 있구나. 인공 지능인 컴퓨터가 사람의 감정에 공감하고 사람을 위로할 수 있다
> 면 충분히 가능할 수 있는 일이겠는걸?

① 프로토콜　　　　　② CPU　　　　　　③ 운영 체제
④ 다이오드　　　　　⑤ 트랜지스터

14 ㉠~㉤의 사전적 의미로 적절하지 <u>않은</u> 것은?

> 　요즘 새로 짓는 아파트의 조명은 대부분 발광다이오드(LED)이다. ㉠LED 조명은 백열등, 형광등 등의
> 재래식 조명과 달리 전기 에너지를 빛 에너지로 ㉡전환하는 효율이 높아 최고 90%까지 에너지를 절감하
> 는 장점이 있다. 또한 현관 입구와 드레스룸은 ㉢센서를 설치하여 자동으로 조명이 켜지도록 ㉣설계하고
> 화재 감지기 역시 곳곳에 설치하여 안전을 위한 장치를 마련하고 있다. 또한 ㉤디지털 시대가 가속화되는
> 추세를 반영하여 집안의 전체 에너지 사용량을 실시간으로 수치화하여 보여 주는 장치도 보편화되고 있다.

① ㉠: 전류를 한 방향으로만 흐르게 하는 성질을 가진 소자.
② ㉡: 다른 방향으로 전하여 보냄.
③ ㉢: 소리, 빛, 온도, 압력 따위를 검출하는 감지기.
④ ㉣: 목적에 따라 실제적인 계획을 세움.
⑤ ㉤: 여러 자료를 유한한 자릿수의 숫자로 나타내는 방식.

15 다음 빈칸에 공통적으로 들어갈 수 있는 단어로 가장 적절한 것은?

> ㄱ. 주위가 어두워서 대상의 형체를 [　　　]할 수 없었다.
> ㄴ. 어떤 책이 좋은 책인지 아닌지를 [　　　]하는 것은 쉬운 일이 아니다.
> ㄷ. 내가 혼자 있는 것을 걱정한 그의 [　　　](으)로 동네 이웃들과 밤을 보낼 수 있었다.

① 구별　　　　② 구분　　　　③ 분별　　　　④ 분석　　　　⑤ 인식

16 다음 대화에서 빈칸에 들어갈 수 있는 말로 가장 적절한 것은?

> 남학생: (새로 산 휴대 전화를 자랑하며) 이거 봐라.
> 여학생: 새로 나온 휴대 전화로 바꿨어?
> 남학생: 응. 휴대 전화 잃어버려서 엄마가 사 주셨어.
> 여학생: 좋겠다. 메모리는 커?
> 남학생: 응. 메모리가 기존에 나오는 것 중에 제일 크대. 그래서 (   )

① 데이터의 전송 속도가 아주 빨라졌어.
② 지문 인식 감지기가 정말 예민하게 반응해.
③ 액정이 잠상을 만드는 감광 현상이 안 일어나.
④ 사진이나 동영상 데이터를 많이 저장할 수 있어.
⑤ 화소 수가 많아져서 사진의 화질이 정말 좋아졌어.

17 문맥상 밑줄 친 단어의 쓰임이 적절하지 <u>않은</u> 것은?

① 인삼은 국내산과 중국산을 <u>식별하기</u>가 매우 어렵다.
② 거리 공연으로 인해 새로운 예술 장르가 <u>생성되었다</u>.
③ 이 책은 기존의 내용을 압축하여 5강으로 <u>구성되어</u> 있다.
④ 전문가는 공과 사를 <u>분류하여</u> 일을 처리할 줄 아는 사람이다.
⑤ 학교에서 학생들이 자발적으로 봉사단을 <u>조직하여</u> 체육관을 관리하였다.

18 다음 열쇠 말을 참고하여 오른쪽에 있는 표의 빈칸을 완성하시오.

[가로 열쇠]
1. 물질이 빛에 반응하여 화학적 변화를 일으킴.
2. 규소, 저마늄 따위의 반도체를 이용해서 전기 신호를 증폭하여 발진시키는 반도체 소자.
3. 인터넷상에서 개인이 소유하고 있는 인터넷 주소.
4. 생물이 외계에서 산소를 흡수하고 이산화탄소를 몸 밖으로 내보냄.
5. 어떤 물질이 산소와 결합하거나 수소를 잃는 일.

[세로 열쇠]
6. 정보량의 최소 기본 단위. 8○○는 1바이트임.
7. 소리, 빛, 온도 등의 발생이나 변화를 알아내는 기계 장치.
8. 영상, 음성, 데이터 따위의 전기 신호를 빛의 신호로 바꾸어 보내는 통신.
9. 단맛이 있고 물에 잘 녹으며 생물의 에너지원으로 쓰이는 탄수화물의 종류.
10. 공간적으로 떨어져 있는 물체끼리 서로 끌어당기는 힘.
11. 주어진 정보를 어떤 표준적인 형태로 바꾸거나 표준 형태로 정보화함.

6		7			1	8
2						
9					11	
3		10			4	
				5		

우리 땅 독도의 소중한 가치

"울릉도 동남쪽 뱃길 따라 이백 리 외로운 섬 하나 새들의 고향 그 누가 아무리 자기
네 땅이라 우겨도 독도는 우리 땅~♬♪"

이 노래는 다들 들어 보았을 거예요. 독도가 우리의 땅이라는 사실을 어떻게 증명할
수 있을까요? 우선 독도가 정확히 어디에 있는지 확인해 보겠습니다.

• **대한 제국 칙령 제41호**

대한 제국은 1900년 칙령
제41호를 관보에 게재하여
울릉도와 그 부속 섬인 죽도
와 석도(독도)를 행정 구역
에 편입시켰다.

독도는 한반도 부속 도서로
서 우리나라의 동쪽 끝에 위치
해 있어요. 동도와 서도 및
89개의 바위섬으로 이루어져
있고, 총 면적은 187.55m^{2}예
요. 독도는 화산섬인데, 지금
부터 460만 년 전부터 형성되
기 시작하여 270만 년 전에 바
다 위로 모습을 드러냈어요. 약

250만 년 전에서 1만 년 전 사이에 형성된 울릉도와 120만 년 전에서 1만 년 전 사이에
형성된 제주도에 비하면 훨씬 앞서 형성된 섬이랍니다.

일본은 왜 독도를 자기네 땅이라고 주장할까 생각해 본 적 있나요? 그 이유는 독도가
생태 환경, 경제 등의 측면에서 다양한 가치를 지니기 때문이에요.

우선, 다양한 어종이 풍부하답니다. 우리나라와 일본 사이의 동해는 북한류(쿠릴 해
류의 지류)와 동한난류(쿠로시오 해류의 지류)가 만나는 지점으로 독도에는 대구, 명태
등 한류성 어족과 오징어, 꽁치 등 난류성 어족이 모두 서식하고 있어요.

또한, '메탄 하이드레이트'라는 친환경 에너지 물질이 독도 인근 해저에 6억 톤 이상
이 매장되어 있어요. 이를 경제적으로 환산하면 엄청난 가치예요. 향후 30년간 연 10
조 원 이상의 수입을 얻을 수 있을 것으로 추정되고 있으니 말이에요. 메탄 하이드레이
트는 바닷속 미생물이 썩어서 생긴 퇴적층에 메탄가스, 천연가스 등과 물이 높은 압력
에 의해 얼어붙은 고체 연료라고 할 수 있어요. 화석 연료를 대체할 수 있는 친환경 자
원으로 평가받고 있답니다.

• **독도와 우리나라의 거리**
일본의 돗토리 번에서 에도
막부에 제출한 '죽도지서부
(1696)'에는 울릉도에서 독
도까지의 거리가 독도에서
일본 오키섬까지의 거리보
다 가깝다고 기록되어 있다.

뿐만 아니라 독도는 다양한 멸종
위기 생물들이 서식하는 공간이에요.
조롱이, 물땡땡이, 괭이갈매기 등을
비롯하여 약 780여 종의 희귀 동식물
이 살고 있어요. 2004년 발견된 미생

▲ 조롱이

▲ 괭이갈매기

물 '동해아나 독도넨시스(Donghaeana dokdonensis)'는 2006년 미생물 분류학의 저
명 학술지에 소개되기도 하였답니다.

독도가 대한민국의 영토라고 주장할 수 있는 근거에는 무엇이 있을까요? 역사적으로 짚어 보면 더욱 분명하게 독도가 우리 땅이라는 사실을 알 수 있어요.

『삼국사기』(1145)에 신라 이사부 장군이 '우산국'을 복속하는 과정이 기록되어 있어요. 여기에서 우산국은 독도를 포함한 울릉도를 가리켜요. 이는 『동국문헌비고』(1770)에 '울릉과 우산은 모두 우산국땅이다.'라고 말한 것으로도 알 수 있지요. 뿐만 아니라

▲ 『삼국사기』의 독도 관련 기록

『세종실록』(1454)에는 '우산(독도)과 무릉(울릉도)은 서로의 거리가 멀지 않아 날씨가 맑으면 바라볼 수 있다.' 라고 기록되었고 그 이후 여러 역사서에서 기록을 찾을 수 있답니다.

지금은 일본이 독도를 일본 땅이라고 우기고 있는 상황이지만, 조선 시대 때만 해도 일본은 독도를 조선 땅이라고 분명히 인식하고 있었어요. 동래부 출신의 어부였던 안용복이라는 사람이 1693년 울릉도에서 일본 어부들과 충돌하고 오키 섬으로 납치되었어요. 이 과정에서 두 차례에 걸쳐 안용복이 일본을 오가며 울릉도와 독도가 조선의 영토임을 주장했고, 결국 일본 에도 막부가 독도와 울릉도에 대한 조선의 영유권을 재확인하면서 사건이 종결되었어요.

이때 일본 에도 막부는 돗토리 번에 문서를 보내 울릉도와 독도가 돗토리 번에 속하는지와 이외에 다른 섬은 더 없는지를 문의했어요. 돗토리 번은 그에 대한 답변서를 아래와 같이 보냈답니다.

> 1. 죽도(울릉도)는 이나바와 호키(현재의 돗토리현)에 속하는 섬이 아닙니다.
> 2. 죽도(울릉도)와 송도(독도) 및 그 외 양국(이나바와 호키)에 속하는 섬은 없습니다.

이와 같은 돗토리 번 답변서에 근거하여 에도 막부는 일본 어민들이 함부로 조선의 영토인 울릉도와 독도에서 어업 활동을 하지 못하도록 '죽도(울릉도) 도해 금지령 (1696)'을 내렸어요. 이어 1869년 메이지 정부가 들어서며 조선을 염탐하고 기록한 '조선국 교제시말 내탐서(1870)'를 보면 다음과 같은 기록이 있습니다.

> '송도(독도)는 죽도(울릉도) 옆에 있는 섬입니다. 〈중략〉 대나무보다 두꺼운 갈대가 자라고 인삼도 저절로 나며 어획도 어느 정도 된다고 들었습니다.'

이와 같은 기록 역시 일본이 울릉도와 독도가 조선 땅임을 분명히 인식하고 있었음을 보여 줍니다.

• 최초로 문헌에 기록된 '독도'

지증왕 13년(512년) 여름 6월에 우산국이 항복하고 매년 토산물을 공물로 바쳤다. 우산국은 명주(지금의 강릉 지역)의 정동쪽 바다에 있는 섬으로 울릉도라고도 한다. 땅은 사방 1백 리이다. 우산국 사람들이 지세가 험한 것을 믿고 복종하지 않자, 이사부가 하슬라주(지금의 강릉 지역)의 군주가 되어 말하기를, "우산국 사람들은 어리석고 성질이 사나워 위엄으로 복종시키기는 어려우니 꾀를 써서 복종시키는 것이 좋겠다."라고 하였다. 〈중략〉 사람들이 두려워서 바로 항복하였다.
      – 김부식, 『삼국사기』

찾아보기

ㄱ

가락	176
가속도	208
가시적	212
가재도구	104
가정	145
각골통한	89
갈망	72
감각	142
감광	217
감성	72
감성적	72
감언이설	119
감정	72
감지기	217
강구하다	128
강호	56
강호가도	56, 62
강호한정	56
개념적 의미	46
개명	81
개연성/개연적	144, 151
개입하다	73
객수	72
객지	72
객창감	72
객체	40
거시적	168
거푸집	185
격동기	112
격정	72
결렬	9
결정	217
겸비	169
경각	65
경각심	9
경비	169
경외	72
경제재	161
경험/경험적/경험론	136, 137, 142
계승	184
고르다	209
고수하다	9
고육지책	79
고인	65
고지	153
고질적	47
고찰하다	128
고취	9
고황	57
공기 청정기	215
공론	128
공명	57
공박	144
공사판	113

공시	153
공역	89
공유	169
공익	168
공중	96
공포	153
과묵	80
과유불급	168
과징금	152
과태료	152
관망	128
관아	88
관용적 표현	39
관조(적)	73, 128
광섬유	225
광 통신	225
괴리	81
교육	223
교조적	136
교환 가치	166
구개음화	25
구명	128
구별하다	225
구비	169
구성되다	225
구심력	208
구형	152
군담	96
군은	57
굴절	183
궁구하다	128
궁리하다	128
귀납	151
귀속	169
귀속 재산	169
귀속 지위	169
귀촉도	56
귀추	39
규명하다	128
규방	88
규방 가사	88
규정	137
규중	88
근경	184
근시안적	47
금리	160
급부	152
기각	158
기관	200
기관계	200
기단	209
기대다	185
기부	153
기억 장치	216
기인하다	128
기판력	152
기항	135

기호	217		대치	144
기회주의자	112		데이터	224
기획	172		데이터베이스	224
끼치다	145		도메인	225
			도메인 네임	225
ㄴ			도원결의	79
			도입	9
나목	80		도정	104
나오다	153		도체	208
나위	65		도출하다	9
낙찰	160		도플러 효과	183
난항	135		도화	64
남가일몽	95		도회	112
남발	168		독과점	47
남용	168		동경	72
내면화	169		동반(東班)	88
내포적 의미	46		동반(同伴)	168
냉소적	73		동부하다	17
네트워크	224		동작상	41
노다지	15		동족상잔	110
노동자	113		동질감	81
노복	89		동화	25
노비	89		등급 반의어	40
노안	64		등속도 운동	208
노역	89		디지털	216
녹음	80		떨어지다	161
녹의홍상	87		뜨거운 감자	47
논거	17			
논쟁	17		**ㄹ**	
논제	14, 17			
논증	17, 150		랜선	224
논지	17		로고스	22
높다	201		로봇 윤리학	231
누리	31		리듬	176
ㄷ			**ㅁ**	
다의어	46		마그마	209
다이오드	217		마름	104
단사표음	88		마중물	31
단서	136		마찰음	28
단정	137, 145		만경창파	100
단초	136		만고	65
단표누항	63		만시지탄	103
단표자	88		만연하다	177
단합	160		만유인력	208
담론	128		말미암다	128
담합	160		망양지탄(亡羊之歎)	103
담화	41		망양지탄(望洋之歎)	103
답습	184		망혜	64
당뇨병	200		매개물	73
대류	208		매개체	73
대비	169		매질	176, 182
대전	208		맥락	16
대전제	145		맥수지탄	89, 103
대전체	208		메라비언의 법칙	23
대체	145		메모리	216

메타	136
메타 과학	136
메타 소설	136
메타 지식	136
면역	200
명명	81
명시적	169
모뎀	224
모순	144
모순 형용	78
모음 조화	25
몽유록	94
몽자류	94
무고죄	104
무고하다	104
무상	65
무연하다	116
무정 명사	32
묵중하다	80
문초	8
물아일체	63, 64
물질대사	200
미감	185
미시적	168
미지칭	33
미투리	64
민간인	105

ㅂ

바이트	216
반공	96
반대급부	152
반대 신문	8
반도체	208
반론	14, 144
반모음	25
반모음 첨가	25
반모음화	25
반박	144
반성	80
반어	78
반영하다	80
반환	152
발	88
발생	200
발화	41
방비	169
방향 반의어	40
배격	137
배상	152
배설	88
배제	137
배척	137
배타/배타적	40, 137
백구	64
백미	104
백의민족	87
백일몽	95

벌금	152
범람	168
범주화	9
법적 정의	175
벗어나다	129
변성암	209
변제	161
병설	144
병역	89
병존	144
병진	144
병치하다	144
병행	144
보상	152
보수	223
보안	223
보어	32
보육	223
보전	161, 223
보조 용언	32
보조사	32
보존	161, 223
복사	208
본용언	32
부각하다	16
부귀공명	57
부도체	208
부식	201
부신	17
부역	89
부정	112
부정칭	33
부조리	112
부품	217
부합하다	17
부호/부호화	217, 224
분배적 정의	175
분별하다	225
분열	81
분자	200
분철	41
불가	17
불가결	17
불가분	17
불가불	17
불가사의	17
불가피하다	17
불가해	17
불길하다	96
불특정	33
비리	112
비무장 지대	110
비복	89
비생산적 접사	38
비애	72
비언어적 표현	23
비언어적 표현	8, 23
비육지탄	103
비음화	25

비통사적 합성어	33
비트	216
빅맥지수	167
빈이무원	64
빈천	64

ㅅ

사대부	62, 88
사동	40
사립문	56
사물 인터넷	230
사생결단	105
사생동거	105
사실주의	190
사유	129, 142
사익	168
사전적 의미	46
사차 산업 혁명	230
사회 · 문화적 맥락	16
사회적 담론	128
산림처사	63
산업화	113
산화	201
살다	177
살림	104
삼경	64
삼단 논법	145, 151
삼심 제도	152
상고	152
상기/상기하다	9, 73
상보 반의어	40
상보적	40
상비	169
상서롭다	95, 96
상소	152
상식	129
상정	145
상정하다	145
상호 보완적	40
상환	161
상황 맥락	16
상황적 아이러니	78
상흔	105
생경하다	112
생사고락	105
생사기로	105
생산적 접사	38
생생하다	113
생소하다	112
생식	200
생장	200
서리서리	31
서반	88
서버	224
서자	89
선고	152
선도	97
선어말 어미	32

선천적	136
선행	36
선험적	136
설명 의문문	40
설정	137
성은	57
성찰	80
성현	65
세간	104
세상	112
세속적	56
세시 풍속	70
세태	112
세포	200
세포 융합 기술	206
센서	217
셈여림	176
소명	128
소박하다	184
소셜 로봇	231
소외	113
소자	217
소작농	104
소작인	104
소전제	145
소추	159
속도	208
속력	208
속세	57
속절없다	97
송사	92
송신	224
수령	80
수막	65
수반	168
수복	105
수사 의문문	40
수사학	22
수신	224
수정렴	88
수치	104
수행	153
순항	135
숭고미	72
시급성	17
시나브로	31
시대착오	105
시료	201
시류	112
시비	57, 89
시사성	17
시의성	17
시행	153
시행착오	105
식경	65
식별하다	225
신문	8
신선	97
신작로	112

신표	17
실마리	136
실솔	56
실재감	113
실추	39
심급 제도	158
심문	8
심미성	185
심미안	185
심연	80

ㅇ

아군	105
아날로그	216
아람	31
아이러니	78
악어의 눈물	39
안분지족	63, 64
안빈낙도	63, 64
암묵적	169
암향	64
암향부동	64
압축력	185
앙금	65
애상적	72
액정	216
야단스럽다	96
약점	104
양감	184
양날의 칼	47
양도	153
양반	88
양성 모음	25
양옥	112
어간	32, 38
어근	32, 38
어두 자음군	25
어말 어미	32
어미	32, 38
어불성설	119
어지	30
언어의 기호성	24
언어의 사회성	24
언어의 역사성	24
언어적 아이러니	78
언중유골	119
에토스	22
엘시디(LCD)	216
엘이디(LED)	217
여과	215
여론	128
여우비	31
역군은	57, 62
역설/역설하다	78, 136
연결 어미	32
연역	150
연유하다	128
연음	24
연철	41
연하고질	57, 63
연회	88
열녀	81
영감	177
영겁	65
예비	169
오경	71
오버슈팅	166
완료상	41
완비	169
왕겨	104
외화	166
외환	166
욕망	80
용매	201
용암	209
용질	201
용해	201
우수리	31
우연성	144
우주 정거장	214
운소	24
운영 체제	216
원경	184
원고	152
원근법	184
원금	160
원리금	160
원소	200
원수	96
원심력	208
원자	200
위헌	158
유구무언	113
유리	168
유음화	25
유전자 재조합 기술	206
유정 명사	32
유찰	160
유파	184
유학	65
유혈	76
유형화	9
윤슬	31
은거	56
은자	56
음색	176
음성 모음	25
음소	24
음소 문자	30
음운	24
음절	24
음절의 끝소리 규칙	24
음정	176
음파	176
응집성	16
응찰	160
의결	159

의구하다	103	쟁점	14
의미 중복	41	저어하다	97
이경	64	저자	104
이계	97	저잣거리	104
이기다	97	저해	168
이기론	129	적강	97
이상	81	적군	105
이성(론)	137, 142	적자	89
이십사 절기	70	전가	168
이온	201	전기/전기적	97, 102
이자	160	전기력	208
이자율	160	전기장	208
이전	168	전도	208
이질감	81	전선	209
이치	112	전선면	209
이해관계	168	전성 어미	32
이행	153	전송	217, 224
이행 불능	153	전이	168
인간 소외	113	전장	105
인걸	103	전쟁	96
인도	168	전제	145, 150
인력	208	전축	112
인상주의	184, 190	전하(량)	201
인생무상	65	전화	105
인식론	137	절개	81
인식하다	225	절연체	208
인용	159	절제	80
인장력	185	절차적 정의	175
인터넷 프로토콜	225	절충안	9
일경	64	절충하다	9
일용직	113	점막	185
일장춘몽	95	점성	185
임의적	24	점액	185
입론	14	점착	185
입찰	160	접두사	33, 38
입체파	190	접미사	33, 38
입춘대길	70	접사	33, 38
		정미소	104
ㅈ		정신 분열	81
		정의	170
자규	56	제로섬	168
자기 공명 영상	215	제문	96
자시	64	제시	8
자아	81	제안	8
자유재	161	제언	8
자음군	25	제유	73
자음군 단순화	25	제의	8
자의성/자의적	24	제청	159
자조	81	조명하다	113
자존	81	조소	81
잠상	217	조정	88
장(場)	104	종결 어미	32
장리	89	종속적	41
장막	65	주검	105
장자	89	주관하다	129
재개	39	주기	182
재귀칭	33	주기론	129
재현	190	주렴	88
재화	161	주리론	129

주목	113
주문	96
주물	185
주변적 의미	46
주술	96
주조	185
주창	177
주체	40
주최	129
주파수	176
주형	185
죽장망혜	64
준비	169
준언어	8
준언어적 표현	23
준하다	8
중구난방	113
중력	208
중복	41
중심적 의미	46
중앙 처리 장치	216
중언부언	119
중용	143
중의성	41
중의적 문장	41
증여	153
지능 정보 기술	230
지양	145
지조	81
지주	104
지지력	185
지향하다	145
직관	137
진공관	217
진동	176
진동수	176, 182
진보	223
진폭	182
진행상	41
질감	184
질박하다	184
쌈짜미	160

ㅊ

차별	134
차사	15
차용증	160
차이	134
착상	177
찰나	65
참여하다	73
채권	160
채무	160
천석고황	57
천자	96
천추	65
청구	152
청려장	88

청백리	87
청운지지	63
청일점	87
청출어람	87
체감	161
체화	169
촉발	80
촌철살인	119
최소 대립쌍	24
추론	150
추정	137
출사표	79
출세	57
충동	80
취조	8
치부	104
침식	209

ㅋ

카르텔	160
클라이언트	224

ㅌ

타결	9
타당성	8
타지	72
탄로가	64
탄소 발자국	222
탄식	72
탄핵	159
탈속	56
탈환	105
태평연월	103
태풍의 눈	39
테레일러	224
토론	14
통념	129
통사	33
통사적 합성어	33
통신 규약	225
통용	33
통일성	16
통지	153
통찰하다	128
통화	167
퇴적	209
퇴적암	209
투박하다	184
투사	176
투시	176
투시접	184
투영하다	80, 176
트랜지스터	217

ㅍ

파동	182

파면	159
파생어	33
파손	156
파장	182
파토스	23
판명	128
판별	148
판정	137
판정 의문문	40
패러독스	78
포괄적	44
포도당	200
포착하다	176
포화	105
포획	176
표시하다	225
표음 문자	30
표지	16
표현	190
품사 통용	33
풍류	56
풍수지탄	89, 103
풍습	112
풍치	56
프로토콜	225
플래시메모리	216
피고	152
피동	40
피란	108
피랍	177
피력하다	8
피사체	177
피상속인	177
피선거권	177
피지배	177
픽셀	216
필마	103
필연성/필연적	24, 144, 151

ㅎ

하드 디스크	216
하릴없다	97
하중	185
한계 효용 체감의 법칙	161
한단지몽	95
한탄	72
함축적 의미	46
함흥차사	15
합리론	137
합리성	8
합성어	33
합헌	158
항고	158
항성	209
항소	152
항운	135
항원	200
항체	200

항해	135
해명	128
해상도	216
핵 이식 기술	207
행사	153
행성	209
행장	88
행화	64
향수	72
향유	169
허공	96
헌법 재판소	158
현미	104
현상	217
현장감	113
혈당	200
협상	9
협찬	129
형체	132
혜성	209
호명	81
호접몽	95
호흡	201
혼철	41
홍보	12
홍안	64
홍일점	87
홍진	57, 63
화산	209
화산 활동	209
화성	176
화성암	209
화소	216
확정	137
환곡	89
환기/환기하다	9, 73
환몽 구조	95
환원	145, 201
환유	73
환율	166
활용	32, 36
회고	80
회동	20
회상	73, 80
회의적	73
회한	72
효소	200, 206
효용	161
후원	129
후회	72
휴머노이드	231
흡착	215
흉터	105
흥취	56
희로애락	72
희롱하다	96

인용 사진 출처

- '운산의 금광', 국립민속박물관 15쪽
- '부신', 국립민속박물관 17쪽
- 「삼국지연의도」, 국립민속박물관 79쪽
- '조선 총독부', 국사편찬위원회 86쪽
- '대한민국 임시 정부', 국사편찬위원회 86쪽
- '6·10 만세 운동', 국사편찬위원회 86쪽
- 『광장』, 신밧드북 111쪽
- '1970년대의 빛과 그림자, 경부 고속 도로 건설', 서울역사박물관 118쪽
- '흑올돌이, 흑우순이, 흑우돌이', 축산 진흥원 207쪽
- '대한 제국 칙령 제41호', 동북아역사재단 238쪽
- 『삼국사기』 독도 관련 기록', 동북아역사재단 239쪽

내신에서 수능으로

수능의 시작, 감부터 잡자!

내신에서 수능으로 연결되는 포인트를 잡는 학습 전략

내신형 문항

내신 유형의 문항으로
익히는 개념과 해결법

동일한
소재·유형

수능형 문항

수능 유형의 문항을
통해 익숙해지는 수능

올림포스

[국어, 영어, 수학의 EBS 대표 교재, 올림포스]

2015 개정 교육과정에 따른 모든 교과서의 기본 개념 정리

내신과 수능을 대비하는 다양한 평가 문항

수행평가 대비 코너 제공

국어, 영어, 수학은 EBS 올림포스로 끝낸다.

[올림포스 16책]

국어 영역 : 국어, 현대문학, 고전문학, 독서, 언어와 매체, 화법과 작문

영어 영역 : 독해의 기본1, 독해의 기본2, 구문 연습 300

수학 영역 : 수학(상), 수학(하), 수학Ⅰ, 수학Ⅱ, 미적분, 확률과 통계, 기하

수능 어휘
900개 수록

어휘 기본기를 다져서
수능 국어 만점으로 가자~!

수능 국어 어휘

정답과 해설

수능·모평 국어 빈출 어휘 총정리

EBS i
고교강의

문제를 **사진** 찍으면
해설 강의 무료
Google Play | App Store

[SCAN ME]
교재 상세 정보 보기

수능 국어 어휘

정답과 해설

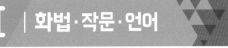

01강 화법·작문·언어 | 화법

문제로 확인하기
본문 10~11쪽

01 ③ **02** ③ **03** ③ **04** ④ **05** ⑤ **06** (1) 경각심 (2)
제언

개념어를 알면 답이 보인다

07 ⑤

01
법원이 어떤 결정을 하기 전 직권으로 당사자에게 궁금한 것을 물어보는 절차를 '심문'이라고 하고, 법원이나 국가 기관이 어떤 사건의 진실을 알기 위해 당사자에게 캐어묻는 절차를 '신문'이라고 한다.

오답 풀이
②, ④ '심사(審査)'는 '자세하게 조사하여 등급이나 당락 따위를 결정함'을 뜻한다.
⑤ '취조(取調)'는 '범죄 사실을 밝히기 위하여 혐의자나 죄인을 조사함'을 뜻한다. '문초(問招)'는 '죄나 잘못을 따져 묻거나 심문함'을 뜻한다.

02
준언어적 표현은 언어를 구사할 때 동반되는 소리의 크기나 높낮이, 말의 빠르기, 억양 등을 뜻한다. 얼굴 표정은 비언어적 표현에 해당한다.

03
'타당성'은 주장과 근거가 긴밀하게 연관되어 있는지, 결론을 이끌어 낸 방식이 합리적인지에 관한 성질을 뜻한다. 어떤 주장에서 논거가 이치에 맞고, 주장을 논리적으로 뒷받침할 때, '타당성이 있다'라고 한다. 제시된 질문들은 타당성을 판단하기 위한 질문에 해당한다.

오답 풀이
① '신뢰성'은 굳게 믿고 의지할 수 있는 성질을 뜻한다.
② '객관성'은 주관에 좌우되지 않고 언제 누가 보아도 그러하다고 인정되는 성질을 뜻한다.
④ '공정성'은 공평하고 올바른 성질을 뜻한다.
⑤ '공익성'은 공공의 이익을 도모하는 성질을 뜻한다.

04
'상기하다'는 '지난 일을 돌이켜 생각하여 내다'의 뜻으

로, 고흐의 「잔디밭」이라는 그림이 미술실에 사진으로 걸려 있다는 사실을 생각하여 내도록 한 것이기 때문에 '상기시키고'가 가장 적절하다.

오답 풀이
① '소개하다'는 '잘 알려지지 아니하였거나, 모르는 사실이나 내용을 잘 알도록 설명하다'를 뜻한다.
② '한정하다'는 '수량이나 범위 따위를 제한하여 정하다'를 뜻한다.
③ '각인시키다'는 '머릿속에 새겨 넣듯 깊이 기억되게 하다'를 뜻한다.
⑤ '회상시키다'는 '지난 일을 돌이켜 생각하게 하다'를 뜻한다.

05
생각하는 것을 털어놓고 말하거나 주장을 펼치는 경우에 '피력하다'를 사용한다.

오답 풀이
① '관철하다'는 '어려움을 뚫고 나아가 목적을 기어이 이루다'를 뜻한다.
② '고수하다'는 '차지한 물건이나 형세 따위를 굳게 지키다'를 뜻한다.
③ '절충하다'는 '서로 다른 사물이나 의견, 관점 따위를 알맞게 조절하여 서로 잘 어울리게 하다'를 뜻한다.
④ '도출하다'는 '판단이나 결론 따위를 이끌어 내다'를 뜻한다.

06
(1) '경각심(警覺心)'은 '정신을 차리고 주의 깊게 살피어 경계하는 마음'을 뜻한다.
(2) '제언(提言)'은 '의견이나 생각을 내놓음. 또는 그 의견이나 생각'을 뜻한다.

오답 풀이
• '노파심(老婆心)'은 '필요 이상으로 남의 일을 걱정하고 염려하는 마음'을 뜻한다. 여기에서 '노파(老婆)'는 '늙은 여자, 할머니'를 뜻한다.
• '공명심(功名心)'은 '공을 세워 자기의 이름을 널리 드러내려는 마음'을 뜻한다.
• '제공(提供)'은 '무엇을 내주거나 갖다 바침'을 뜻한다.
• '제시(提示)'는 '어떠한 의사를 말이나 글로 나타내어 보임'을 뜻한다.

07
ⓐ은 연습이 더 필요한데, 서로 시간이 안 맞아 연습을 하지 못하는 상황에 대한 안타까움과 걱정스러운 마음을 표현한 말이다. '재진술'은 상대방이 한 말을 반복하여 말하는 것을 뜻한다.

오답 풀이
① ㉠은 의문문의 형식을 띠고 있지만 상대방에게 대답을 요구

하는 것이 아니라, 상대방의 말에 동조하고 있다는 뜻을 전달하고 있다. '동조하다'는 '남의 주장에 자기의 의견을 일치시키거나 보조를 맞추다'를 뜻한다.

② ㉡은 자신의 사정을 말하면서 토요일에 연습하자는 앞의 발화에 대한 이유를 드러낸 말이다.

③ ㉢에서 고개를 젓는 것은 상대방의 말에 대한 부정적 반응을 보이는 비언어적 표현에 해당한다.

④ ㉣은 상대방이 제안한 것을 받아들일 수 없는 자신의 형편을 말하면서, 서로 시간이 안 맞는 것에 대한 아쉬움을 드러낸 말이다.

기출로 강해지기   본문 12~13쪽

중심 내용 한눈에 보기 ❶ 추첨 ❷ 신뢰성 ❸ 준비

01 ④   **02** ⑤   **03** ②

01

'찬성 1'은 먼저 '심사 방식'의 문제점을 제시한 후, '추첨 방식'의 장점과 기대 효과를 제시하고 있다.

오답 풀이

① 논제와 관련된 문제 해결의 시급성을 강조하는 내용은 찾아볼 수 없다.

② 용어의 개념을 정의함으로써 논의의 범위를 한정하는 내용은 찾아볼 수 없다.

③ '심사 방식'의 긍정적 측면을 근거로 삼아 새로운 방식인 '추첨 방식'을 반대하고 있는 것이 아니라 그 반대이다.

⑤ '심사 방식'과 '추첨 방식'의 장단점을 절충하여 제삼의 방안을 제언하는 내용은 찾아볼 수 없다.

02

[A]는 상대측의 입론을 반박하기 위해 따져 묻는 반대 신문이다. 상대측이 제시한 근거를 재진술하면서("추첨 방식이 기회를 균등하게 부여한다고 말씀하셨는데"), 상대측이 주장하는 방식을 도입했을 때 예상되는 문제점을 지적하고 있다.

오답 풀이

① 상대측의 입론에서 전문가의 설명을 인용한 내용은 찾아볼 수 없다.

② 상대측이 제시한 사례의 적합성에 대한 의문을 제기하는 부분은 찾아볼 수 없다.

③ '추첨 방식'을 도입했을 때 예상되는 문제점을 지적하고 있으나, '추첨 방식'은 기존 방식이 아니라 새로운 방식에 해당한다.

④ 상대측 주장을 뒷받침하는 근거의 출처를 제시할 것을 요구하는 내용은 찾아볼 수 없다.

03

'공모(公募)하다'는 '일반에게 널리 공개하여 모집하다'를 뜻한다. '모집에 응하거나 지원하다'를 뜻하는 단어는 '응모(應募)하다'이다.

02강 화법·작문·언어 | 작문

문제로 확인하기   본문 18~19쪽

01 ㉠ 응집성, ㉡ 통일성, ㉢ 주제   **02** ⑤   **03** (1) ㉠ (2) ㉣ (3) ㉡ (4) ㉢   **04** ②

개념어를 알면 답이 보인다

05 ②

01

'통일성'과 '응집성'은 글을 구성하는 원리이다. 글의 형식이 주제가 잘 드러날 수 있도록 유기적으로 연결되는 성질을 '응집성'이라고 하며, 글의 내용이 하나의 주제를 중심으로 통일적으로 연결되는 성질을 '통일성'이라고 한다.

오답 풀이

• '제재'는 글의 중심 소재를 뜻한다.

• '합리성'은 이론이나 이치에 합당한 성질을 뜻한다.

• '타당성'은 주장과 근거가 긴밀하게 연관되어 있는지, 결론을 이끌어 낸 방식이 합리적인지에 관한 성질을 뜻한다.

02

'표지(標識)'는 '표시나 특징으로 어떤 사물을 다른 것과 구별하게 함. 또는 그 표시나 특징'을 뜻한다.

오답 풀이

① '수준(水準)'은 '사물의 가치나 질 따위의 기준이 되는 일정한 표준이나 정도'를 뜻한다.

② '상징(象徵)'은 '추상적인 개념이나 사물을 구체적인 사물로 나타냄. 또는 그렇게 나타낸 표지(標識)·기호·물건 따위'를 뜻한다.

③ '특징(特徵)'은 '다른 것에 비하여 특별히 눈에 뜨이는 점'을 뜻한다.

④ '역량(力量)'은 '어떤 일을 해낼 수 있는 힘'을 뜻한다.

03

(1) 어떤 이론이나 주장을 뒷받침하는 근거를 '논거(論據)'라고 한다.

(2) 서로 다른 의견을 가진 사람들이 각각 자기의 주장을 말이나 글로 논하여 다투는 것을 '논쟁(論爭)'이라

고 한다.

(3) 논설이나 논문, 토론 따위의 주제나 제목을 '논제(論題)'라고 한다.

(4) 논하는 말이나 글의 기본 취지나 이를 통해 전달하려는 중심 생각을 '논지(論旨)'라고 한다.

04

'시급(時急)하다'는 '시각을 다툴 만큼 몹시 절박하고 급하다'를 뜻한다. '불가피(不可避)하다'는 '피할 수 없다'를 뜻한다. ㉠에는 '시급'이나 '긴급'이 들어가기에 적절하고, ㉡에는 '불가피'가 들어가기에 적절하다.

오답 풀이
①, ③ '불가결(不可缺)하다'는 '없어서는 아니 되다'를 뜻한다. '긴급(緊急)하다'는 '긴요하고 급하다'를 뜻한다.
④ '불가해(不可解)하다'는 '이해할 수 없다'를 뜻한다.
⑤ '성급(性急)하다'는 '성질이 급하다'를 뜻한다.

05

수정하기 전의 왼쪽 글에서는 실제 역사와 사극의 가치에 대한 생각을 썼기 때문에 초점이 분산되고 있다. 이처럼 주제와 밀접한 연관이 없는 내용이 포함되면 통일성이 깨지거나 논지가 흐려진다. 따라서 사극에 대한 관점이 분명하게 드러나도록 오른쪽 글과 같이 사극의 가치를 부각하는 내용으로 고친 것이다.

오답 풀이
① 왼쪽 글에서 사극의 순기능과 역기능을 함께 제시하지 않았다. 참고로 '순기능'은 '본래 목적한 대로 작용하는 긍정적인 기능'을 뜻하고, '역기능'은 '본래 의도한 것과 반대로 작용하는 기능'을 뜻한다.
③ 왼쪽 글에서 실제 역사의 장점을 위주로 제시했다는 진술도 적절하지 않고, 오른쪽 글에서 사극이 실제 역사에 긍정적 영향을 미친다는 내용은 찾아볼 수 없다.
④ 실제 역사와 사극의 긍정적 기능을 함께 제시하여 일관성이 부족하다는 진술은 맞지만, 사극의 본질은 실제 역사를 온전히 수용하는 데 있다는 입장은 적절하지 않다. 수정한 글에서는 '사극을 실제 역사 그 자체의 재현이 아닌 허구적 창작물로 인식해야 한다.'고 하였다.
⑤ 왼쪽 글에서 실제 역사 반영이 사극에서 중요하다고 제시한 내용은 찾아볼 수 없다.

기출로 강해지기
본문 20~21쪽

중심 내용 한눈에 보기 ❶ 한옥 ❷ 과잉 ❸ 관광 수용력

01 ⑤ 02 ②

01

이 글에서 '관광지 운영에 따른 피해 경감 사례'와 관련된 내용은 찾아볼 수 없다.

오답 풀이
① 사업 경쟁력에 대한 시청 측의 판단은 2문단에 제시되어 있다.
② 시청 측의 사업 추진 계획은 2문단에 제시되어 있다.
③ 사업 추진에 따른 주민 측의 기대 및 우려 사항은 3문단에 제시되어 있다.
④ ○○ 마을 한옥 관광지 사업 관련 통계는 4문단에 제시되어 있다.

02

초안인 〈보기〉에서는 '관광 수용력'이라는 말을 사용하였고, ㉠에서는 이를 '마을이 감당할 수 있는 방문 인원의 최대치'로 풀어 썼다. 독자의 이해를 돕기 위해 개념을 쉽게 풀어 쓴 것으로 볼 수 있다.

오답 풀이
① 인과 관계에 따라 정보의 배열 순서에 변화를 준 것은 아니다.
③ 〈보기〉의 내용 중 통일성을 깨뜨리는 내용은 없으며, ㉠과 같이 고쳐 쓰는 과정에서 삭제한 내용도 없다.
④ 〈보기〉의 글도 ㉠과 마찬가지로 '그러나', '이로 인해', '그에 따라' 등의 표지를 사용하여 응집성을 갖추고 있다.
⑤ '가독성'은 '인쇄물이 얼마나 쉽게 읽히는가 하는 능률의 정도'를 뜻한다. 〈보기〉와 ㉠은 모두 두 문장으로 표현되어 있다.

03강 화법·작문·언어 | 언어 (1)

문제로 확인하기
본문 26~27쪽

01 (1) ⓒ (2) ⓛ (3) ㉠ 02 ㉠ 음운, ㉡ 최소 대립쌍 03 ①
04 (1) 연음 (2) 자음군 (3) 모음 조화 05 ②

개념을 알면 답이 보인다

06 ①

01

(1) 조선 시대에는 '어리석다'를 의미했던 '어리다'가 오늘날에는 '나이가 적다'라는 의미로 바뀐 것은, 시간이 지남에 따라 단어의 의미가 변할 수 있다는 '역사성'과 관련이 있다.

(2) 언어는 소리(형식)와 의미(내용)의 관계가 사회적으

로 약속된 것이기 때문에 어느 한 개인이 마음대로 바꿀 수 없다는 '사회성'과 관련이 있다.

(3) 언어마다 의미(내용)를 나타내는 소리(형식)가 다른 것은 의미와 소리의 관계가 필연적이지 않다는 '자의성'과 관련이 있다.

02

'발'과 '팔'에서 'ㅂ'과 'ㅍ'처럼 말의 뜻을 구별하게 해 주는 소리의 가장 작은 단위를 '음운'이라고 한다. 그리고 의미를 변별하게 하는 음운을 가진 단어들의 쌍을 '최소 대립쌍'이라고 한다.

오답 풀이

- '운소'는 단어의 의미를 구별하는 데 관여하는 음소 이외의 운율적 특징을 의미한다. 소리의 길이나 억양 등 비분절 음운이 이에 해당한다.
- '음절'은 모음, 모음과 자음, 자음과 모음, 자음과 모음과 자음이 어울려 한 덩어리로 내는 말소리의 단위를 의미한다.
- '직접 구성 요소'는 어떤 말을 직접 이루고 있는 두 부분으로 나누었을 때 나오는 요소를 의미한다. 예를 들어 '철수가 밥을 먹었다.'의 경우 '철수가'와 '밥을 먹었다'가 이에 해당되며, '줄넘기'의 경우 '줄'과 '넘기'가 이에 해당된다.

03

초성에는 최대 하나의 자음만이 올 수 있다. ㄴ의 예로 제시된 '끼'나 ㄹ의 예로 제시된 '딸'의 경우 초성에 쓰인 'ㄲ'과 'ㄸ'은 각각 하나의 자음이다.

오답 풀이

② 중성에 올 수 있는 음운은 모음으로 고정되어 있다.

③ ㄴ과 같이 종성 없이 음절을 만들 수도 있고, ㄷ이나 ㄹ과 같이 종성이 올 수도 있는데, 이때 종성에는 자음을 쓴다.

④ ㄱ과 같이 초성이나 종성 없이 중성으로만 음절을 이루기도 한다.

⑤ ㄱ~ㄹ에 공통적으로 중성이 포함되어 있는 것을 통해 음절을 이루기 위해서는 반드시 중성이 필요하다는 것을 알 수 있다.

04

(1) '끝에[끄테]', '빛이[비치]'와 같이 앞 음절의 끝 자음이 모음으로 시작되는 뒤 음절의 초성으로 이어져 나는 것을 '연음'이라고 한다.

(2) 'ㄳ, ㅀ, ㄼ, ...' 등과 같이 두 개 이상의 자음이 무리 지어 나타나는 것을 '자음군'이라고 한다.

(3) 두 음절 이상의 단어에서, 뒤의 모음이 앞 모음의 영향으로 그와 가깝거나 같은 소리로 되는 언어 현상을 '모음 조화'라고 한다. 'ㅏ', 'ㅗ' 따위의 양성 모음은 양성 모음끼리, 'ㅓ', 'ㅜ' 따위의 음성 모음은 음성 모음끼리 어울리는 현상이다.

05

'보+아 → [봐]'는 어간 '보'의 단모음 'ㅗ'가 반모음으로 변하여 어미의 'ㅏ'와 결합하여 이중 모음 'ㅘ'로 바뀐 것이기 때문에 반모음화(㉠)에 해당한다. '기+어 → [기여]'는 어미 'ㅓ'에 반모음이 첨가되어 'ㅕ'로 발음된 것이기 때문에 반모음 첨가(㉡)에 해당한다.

오답 풀이

① '피+어 → [피여]'는 어미 'ㅓ'에 반모음이 첨가되어 'ㅕ'로 발음된 것이기 때문에 반모음 첨가(㉡)에 해당한다.

③ '살피+어 → [살펴]'는 어간의 마지막 모음 'ㅣ'가 반모음으로 변하여 어미의 'ㅓ'와 결합하여 이중 모음 'ㅕ'로 바뀐 것이기 때문에 반모음화(㉠)에 해당한다.

④ '나가+아 → [나가]'는 어간의 마지막 모음 'ㅏ'와 어미의 'ㅏ'가 같아서 둘 중 하나가 탈락한 경우[모음 탈락]에 해당한다.

⑤ '그리+어 → [그려]'는 어간의 마지막 모음 'ㅣ'가 반모음으로 변하여 어미의 'ㅓ'와 결합하여 이중 모음 'ㅕ'로 바뀐 것이기 때문에 반모음화(㉠)에 해당한다.

06

'긁는'과 '짧네'는 공통적으로 자음군이 쓰였는데, 이는 발음할 때에 둘 중 하나를 탈락시켜 발음해야 한다. 원칙적으로 'ㄺ'은 'ㄹ'을, 'ㄼ'은 'ㅂ'을 탈락시키고 나머지 자음을 발음한다.

〈보기〉의 표에서 ㉠ '긁는'의 경우 비표준 발음에서는 'ㄱ'을 탈락시켜 '글는'이 된 뒤, 다시 유음 'ㄹ'의 영향으로 뒤에 오는 'ㄴ'이 'ㄹ'로 바뀌는 유음화가 일어나 [글른]으로 발음하였다. 표준 발음은 'ㄹ'을 탈락시켜 '극는'이 된 뒤, 'ㄱ'이 뒤에 오는 비음 'ㄴ'의 영향으로 비음화가 일어나 [긍는]으로 발음하는 것이다.

㉡ '짧네'의 경우, 비표준 발음에서는 'ㄹ'을 탈락시켜 '짭네'가 된 후, 'ㅂ'이 뒤에 오는 비음 'ㄴ'의 영향으로 비음화되어 [짬네]로 발음하였다. 표준 발음은 'ㅂ'을 탈락시켜 '짤네'가 된 후, 유음 'ㄹ'의 영향으로 뒤에 오는 'ㄴ'이 유음으로 바뀌는 유음화가 일어나 [짤레]로 발음하는 것이다.

01

②에서 어간 '놓-'과 어미 '-기'가 결합하여, 용언 어간 말음의 'ㅎ'과 어미의 'ㄱ'이 거센소리 'ㅋ'로 축약[@]되었다. 축약이란 두 개의 음운이 합쳐져 하나의 음운으로 줄어드는 현상을 말한다. 국어에서는 'ㅎ'과 예사소리 'ㄱ, ㄷ, ㅂ, ㅈ'이 만나면 거센소리로 축약되는 현상이 일어난다. @은 그중에서도 용언의 어간 말음 'ㅎ' 뒤에 예사소리 'ㄱ, ㄷ, ㅈ'으로 시작하는 어미가 올 때 일어나는 축약을 가리키고 있다.

오답 풀이

① '한몫[한목]'을 발음할 때, 종성에 있는 자음군에서 자음 하나가 탈락하므로 ㉡이 일어난다.

③ '꿇지[끌치]'를 발음할 때, 용언 어간 말음의 'ㅎ'과 뒤에 오는 어미의 'ㅈ'이 'ㅊ'으로 축약되므로 @이 일어난다.

④ '값핼[가팔]'을 발음할 때, 종성의 자음군에서 자음 하나가 탈락하므로 ㉡이 일어난다. 'ㅂ'과 'ㅎ'의 축약이 일어나긴 했지만 용언 어간 말음 'ㅎ' 뒤에 'ㄱ, ㄷ, ㅈ'으로 시작하는 어미가 결합할 때 일어나는 축약은 아니기 때문에 @에는 해당하지 않는다.

⑤ '맞흰[마친]'을 발음할 때, 종성의 'ㅈ'과 뒤에 오는 'ㅎ'이 'ㅊ'으로 축약된 것으로 ㉢에 해당하지 않는다. 또한 축약이 일어나긴 했지만 용언 어간 말음 'ㅎ' 뒤에 'ㄱ, ㄷ, ㅈ'으로 시작하는 어미가 결합할 때 일어나는 축약은 아니기 때문에 @에도 해당하지 않는다.

02

@에서는 '하늟'에 조사 '이'가 붙어 '하늘히'로 연음되었으므로 음운의 개수가 7개로 변동이 없다. 그러나 @에서는 '하늟'의 말음인 'ㅎ'과 뒤에 오는 '도'의 'ㄷ'이 'ㅌ'으로 축약되어 '하늘토'로 나타났으므로, 음운의 개수가 8개에서 7개로 줄어들었다.

오답 풀이

② ⓑ의 '하늜'과 ⓒ의 '하늘' 모두 'ㅎ'은 실현되지 않았으며, '하늜'은 관형격 조사 'ㅅ'이 결합되어 있는 것이다.

③ @'하늘토'에서 'ㅌ'은 '하늟'의 말음인 'ㅎ'과 뒤에 오는 조사 '도'의 'ㄷ'이 축약되어 나타난 것이므로, 'ㅎ'의 존재를 알 수 있다. 하지만 ⓑ의 '하늜'에서 는 'ㅎ'의 존재를 알 수 없다.

④ ⓑ의 '하늜'은 관형격 조사 'ㅅ'이 결합한 것이기 때문에 ⓒ와 같이 단독으로 쓰였다고 볼 수 없다.

⑤ @와 @에서는 '하늟'에 조사 '도, 과'가 결합하면 'ㅎ'과 'ㄷ, ㄱ'이 축약되어 '하늘토, 하늘콰'로 나타났다. 현대 국어에 존재하지 않는 조사 '토', '콰'가 따로 존재했던 것은 아니다.

04강 화법·작문·언어 | 언어 (2)

01 ㉠ 활용, ㉡ 어간, ㉢ 어미, ㉣ 접사, ㉤ 파생어, ㉥ 어간, ㉦ 접사, ㉧ 어근   **02** (1) ㉠ (2) ㉡ (3) ㉠ (4) ㉢   **03** (1) 통용 (2) 보조 용언   **04** ④   **05** ②   **06** ③

개념어를 알면 답이 보인다

07 ②

01

'먹다, 먹고, 먹으니, 먹어서, 먹자, …'와 같이 용언이 활용할 때에 변하지 않는 부분인 '먹-'을 어간, 변하는 부분인 '-다, -고, -으니, -어서, -자, …'를 어미라고 한다.

어근과 어근이 결합하면 합성어, 어근과 접사가 결합하면 파생어라고 한다. '치솟다'에서 활용할 때 변하지 않는 부분인 '치솟-'이 어간인데, 이것은 다시 '치-'와 '솟-'으로 나눌 수 있다. '치-'는 의미를 더해 주는 접사, '솟-'은 실질적 의미를 지닌 어근에 해당한다.

02

(1) '있는'에서 어미 '-는'은 형용사 '있다'가 뒤에 오는 명사를 꾸며 주는 관형사 같은 역할을 하도록 만들어 주기 때문에 관형사형 전성 어미라고 한다.

(2) '조용해서'에서 어미 '-어서'는 '카페는 조용하다'와 '책을 읽기에 좋다'는 두 문장을 연결해 주는 역할을 하기 때문에 연결 어미라고 한다.

(3) '읽기'에서 어미 '-기'는 동사 '읽다'를 명사 역할을 할 수 있도록 만들어 주기 때문에 명사형 전성 어미라고 한다.

(4) '좋다'에서 어미 '-다'는 문장을 끝내 주는 역할을 하기 때문에 종결 어미라고 한다.

03

(1) '통용(通用)'은 '서로 넘나들어 두루 씀'을 의미하는 단어이다. 하나의 단어가 두 개 이상의 품사로 넘나들어 두루 쓰이는 것을 '품사의 통용'이라고 한다.

(2) 두 개의 용언이 나란히 올 경우 문장의 주체를 주되게 서술하는 용언을 본용언, 본용언과 연결되어 그것의 뜻을 보충하는 역할을 하는 용언을 보조 용언이라고 한다. 예를 들어 '나는 집에 가고 싶다.'에서 '가고'는 본용언, '싶다'는 보조 용언에 해당한다.

04

우리말의 일반적인 문장 구성 방식과 다르게 결합된 합성어를 비통사적 합성어라고 한다. 용언(동사, 형용사)의 경우 다른 말과 결합할 때에는 ④ '갈(다)+−아+입다 → 갈아입다'처럼 어미와 함께 쓰여야 하지만[통사적 합성어], ① '뛰(다)+놀다 → 뛰놀다', ② '열(다)+닫다 → 여닫다', ③ '오(다)+가다 → 오가다', ⑤ '굶(다)+주리다 → 굶주리다'와 같이 어미 없이 어간이 바로 다른 말과 결합하여 쓰이는 경우[비통사적 합성어]도 있다.

05

'되다', '아니다' 앞에서 조사 '이/가'와 함께 쓰이는 문장 성분은 보어이다. 예를 들어 '건이가 학생 회장이 되었다.'에서 '학생 회장이'가 보어에 해당한다.

06

'나들이'의 직접 구성 요소는 '나들−'과 '−이'이다. 직접 구성 요소에 접사 '−이'가 있으므로 '나들이'는 파생어에 해당한다.

07

'무덤'은 어근 '묻−'과 접사 '−엄'이 결합된 파생어이고, '지붕'은 어근 '집'과 접사 '−웅'이 결합된 파생어이다. 둘 다 파생어이면서 어근의 원형('묻−', '집')을 밝히어 적지 않는 경우(㉠)에 해당한다. '뒤뜰'은 어근 '뒤'와 어근 '뜰'이 결합된 합성어이고, '쌀알'은 어근 '쌀'과 어근 '알'이 결합된 합성어이다. 둘 다 합성어이면서 어근의 원형을 밝히어 적는 경우(㉡)에 해당한다.

오답 풀이
'길이'는 어근 '길−'과 접사 '−이'가 결합된 파생어이면서 어근의 원형을 밝히어 적는 경우에 해당한다.
'마중'은 어근 '맞−'과 접사 '−웅'이 결합된 파생어이면서 어근의 원형을 밝히어 적지 않는 경우에 해당한다.

기출로 강해지기　　　　　본문 36~37쪽

중심 내용 한눈에 보기 ❶ 어미 ❷ 어간

01 ②　02 ④

01

2문단에 따르면 조사는 앞에 결합하는 요소(주로 체언)와 분리되기가 쉽지만, 어미는 그 선행 요소인 어간과 분리되어 쓰일 수 없다.

오답 풀이
① 1문단에 따르면 용언은 어간과 어미로 이루어지는데, 어미에 의하여 여러 문장 성분으로 쓰이면서 다양한 문법적 기능을 한다.
③ 2문단에 따르면 어미는 항상 어간과 결합하여 쓰이므로 그 선행 요소인 어간도 독립적으로 쓰일 수 없다. 이러한 점을 고려하여 학교 문법에서는 어미를 단어로 인정하지 않고 그에 따라 별도의 품사로 설정하지 않는다.
④ 3문단에 따르면 용언은 활용형 중 어간에 평서형 종결 어미 '−다'를 결합한 것을 기본형이라 하여 이것만을 사전에 표제어로 등재한다. 참고로 '등재(登載)하다'는 '일정한 사항을 장부나 대장에 올리다.'를 뜻한다.
⑤ 3문단에 따르면 접미사는 어미와 달리 새로운 단어를 파생시킨다. 바꿔 말하면 어미는 접미사와 달리 새로운 단어를 만들지 못한다.

02

'많이'에서 '−이'는 접미사로, 형용사 '많다'를 부사로 바꾸는 역할을 하였다. '많이'는 품사가 달라졌기 때문에 '많다'와 별도로 사전에 등재된다. 따라서 ㉤의 예로 들어 설명하기에 적절하다.

오답 풀이
① '지나가는'은 어간 '지나가−'에 어미 '−는'이 결합하여 뒤에 오는 체언 '선우'를 꾸며 주는 관형어로 사용되었으므로 ㉠의 예가 될 수 있다.
② '만났어'에 쓰인 어미 '−았−'과 '−어'는 모두 독립적으로 쓰일 수 없다는 점에서 ㉡의 예로 들 수 있다.
③ '병원에'에 쓰인 조사 '에'는 생략하더라도 의미를 전달하는 데 큰 지장이 없기 때문에 ㉢의 예로 들 수 있다.
⑤ '놓이다'는 '놓다'에 접미사 '−이−'가 결합하여 피동의 의미를 지닌 새로운 단어가 되었고, 이 단어는 사전에 등재되어 있으므로 ㉣의 예로 들 수 있다.

05강 화법·작문·언어 | 언어 (3)

문제로 확인하기　　　　　본문 42~43쪽

01 ②　02 (1) 아버지 (2) 할아버지　03 (1) ㉡ (2) ㉠ (3) ㉢ (4) ㉡　04 ④　05 (1) 완 (2) 진 (3) 진 (4) 완　06 ①
개념어를 알면 답이 보인다
07 ⑤

01

'상보(적) 반의어'는 두 단어 사이에 중간 단계나 정도를 나타내는 수식어를 사용할 수 없는 반의어를 말한다.

즉, '살다'와 '죽다', '있다'와 '없다' 등과 같이 모순 관계를 이루는 반의어를 '상보 반의어'라고 한다.

오답 풀이

ㄱ, ㄴ은 등급 반의어에 해당한다.

ㄷ, ㅂ은 방향 반의어에 해당한다.

02

(1) 주체는 문장에서 주어가 지시하는 대상을 뜻한다. 따라서 제시된 문장에서 주어 자리에 쓰인 '아버지'가 주체에 해당한다.

(2) 객체는 문장에서 목적어나 부사어가 지시하는 대상을 뜻한다. 따라서 제시된 문장에서 부사어 자리에 쓰인 '할아버지'가 객체에 해당한다.

03

(1) 생일이 언제인지에 대한 설명을 요구하는 의문문이기 때문에 설명 의문문에 해당한다.

(2) '있다'와 '없다' 중 어느 하나의 대답을 요구하는 의문문이기 때문에 판정 의문문에 해당한다.

(3) 굳이 대답을 요구하지 않고 모든 꽃이 흔들리며 핀다는 것을 말하고 있는 의문문이기 때문에 수사 의문문에 해당한다.

(4) 국어 실력 향상을 위한 공부 방법에 대한 구체적인 설명을 요구하는 의문문이기 때문에 설명 의문문에 해당한다.

04

'동규는 축구를 좋아한다.'와 '수민이는 야구를 좋아한다.'는 서로 대등한 자격을 갖춘 문장이다. 따라서 둘의 순서를 바꾸어 쓰더라도 의미가 크게 바뀌지 않는다. 따라서 ④는 대등하게 이어진 문장에 해당한다.

05

(1) '앉다'의 행위가 끝난 뒤 그 결과가 지속되고 있으므로 완료상에 해당한다.

(2) '내리다'의 행위가 지금도 진행되고 있는 상태이므로 진행상에 해당한다.

(3) '공부하다'의 행위가 지금도 진행되고 있는 상태이므로 진행상에 해당한다.

(4) '먹다'의 행위가 이미 끝난 상태이므로 완료상에 해당한다.

06

중의적 문장은 둘 이상의 의미로 해석될 수 있는 문장을 뜻한다. '약속 장소에 아무도 오지 않았다.'는 하나의 의미로만 해석되기 때문에 중의적 문장이라고 할 수 없다.

오답 풀이

② 철수가 친구들을 그리워한다고 해석할 수도 있고, 철수를 친구들이 그리워한다고 해석할 수도 있다.

③ 누나와 나 중에 누나가 드라마를 더 좋아한다고 해석할 수도 있고, 누나가 나와 드라마 중에 드라마를 더 좋아한다고 해석할 수도 있다.

④ '예쁜'의 꾸밈을 받는 말을 '동생'으로 해석할 수도 있고, '동생의 인형'으로 해석할 수도 있다.

⑤ '웃으면서'의 주체를 지희로 해석할 수도 있고, 교실에 들어오는 친구로 해석할 수도 있다.

07

'형이 친구에게 꽃다발을 안겼다.'는 친구로 하여금 꽃다발을 안도록 한 것이기 때문에 '안겼다'는 사동사에 해당한다. '아기 곰이 어미 품에 포근히 안겼다.'는 아기 곰이 안는 행위를 당하는 것이기 때문에 피동사에 해당한다. 대부분의 경우 목적어와 함께 쓰이면 사동사, 그렇지 않으면 피동사로 볼 수 있다.

오답 풀이

① 둘 다 피동사로 쓰였다.

② '우는 아이가 엄마 등에 업혔다.'에서 '업혔다'는 피동사에 해당하고, '누나가 이모에게 아기를 업혔다.'에서 '업혔다'는 사동사에 해당한다.

③ '나는 젖은 옷을 햇볕에 말렸다.'에서 '말렸다'는 '마르다'의 사동사에 해당하지만, '동생은 집에 가겠다는 친구를 말렸다.'에서 '말렸다'는 '다른 사람이 하고자 하는 어떤 행동을 못하게 방해하다.'를 뜻하는 단어로, 사동사도 아니고 피동사도 아니다.

④ 둘 다 사동사로 쓰였다.

기출로 강해지기   본문 44~45쪽

중심 내용 한눈에 보기 ❶ 한정적 ❷ 비양립 ❸ 상의어 ❹ 상보적

01 ③   02 ①

01

3문단에 따르면 상하 관계에서는 하의어들이 상의어의 의미를 이어받아 상의어를 의미적으로 함의한다. '기구'는 '악기'의 상의어이고, '악기'는 '북'의 상의어이다. 따

라서 이들 상의어가 하의어를 의미적으로 함의한다는 진술은 적절하지 않다.

오답 풀이

① 1문단에 따르면 상의어일수록 일반적이고 포괄적인 의미를 지닌다. 따라서 '타악기'는 '실로폰'의 상의어로서 '실로폰'보다 포괄적인 의미를 갖는다는 진술은 적절하다.

② 3문단에 따르면 상의어보다 의미 자질이 많은 하의어는 상의어를 의미적으로 함축한다. 따라서 '북'은 '타악기'의 하의어이므로 '타악기'의 의미 자질인 [두드림]을 의미 자질 중 하나로 갖는다는 진술은 적절하다.

④ 2문단에 따르면 상하 관계에 있는 단어들은 상의어와 하의어가 상대적으로 정해진다. '타악기'는 '기구'의 하의어지만, '심벌즈'의 상의어이다. 따라서 '타악기'와 '심벌즈'가 '기구'의 공하의어가 아니라는 진술은 적절하다.

⑤ 3문단에 따르면 상의어보다 의미 자질이 많은 하의어는 상의어를 의미적으로 함축한다. 따라서 '악기'의 공하의어인 '현악기'와 '관악기'는 상의어 '기구'보다 의미 자질의 개수가 많다는 진술은 적절하다.

02

2문단에 따르면 공하의어 사이에는 비양립 관계가 성립한다. 따라서 공하의어이면서 상보적 반의 관계에 있는 단어 쌍을 찾으면 되는데, 여기에 해당하는 단어 쌍은 'ⓑ북극'과 'ⓒ남극'이다. '극'을 상의어로 둔 '북극'과 '남극'은 북극이면서 동시에 남극일 수 없으니 비양립 관계(㉠)가 성립하고, 북극이 아닌 것은 남극, 남극이 아닌 것은 북극이 되니 상보적 반의 관계(㉡)도 성립한다.

오답 풀이

'ⓐ 여름'과 'ⓔ 겨울'은 'ⓓ 계절'의 공하의어로 비양립 관계(㉠)가 성립하지만, '여름'이 아닌 것은 '겨울'뿐만 아니라 '봄'이나 '가을'도 될 수 있기 때문에 상보적 반의 관계(㉡)는 성립하지 않는다.

06강 화법·작문·언어 | 형성 평가

형성 평가   본문 48~53쪽

01 (1) ⓒ (2) ㉠ (3) ㉡   02 (1) 미 (2) 부 (3) 부 (4) 재   03 ②
04 ⓐ 동화, ⓑ 비음화, ⓒ 유음화, ⓓ 조음 방법   05 ①   06 ④
07 ③   08 ②   09 ③   10 ①   11 ③   12 (1) ③ (2) ④
13 ③   14 ③   15 ③   16 ⑤   17 ④   18 해설 참조

01

(1) 뜻을 가진 가장 작은 말의 단위를 '형태소'라고 한다.

'밤나무'의 '밤'과 '나무', '보았다'의 '보-', '-았-', '-다'가 각각 형태소에 해당한다.

(2) 말의 뜻을 구별해 주는 소리의 가장 작은 단위를 '음운'이라고 한다. '말'과 '발'의 경우 'ㅁ'과 'ㅂ'에 의해 뜻이 달라지는데 이를 음운이라고 한다.

(3) 모음 단독이나 자음과 모음의 결합으로 하나의 소리 덩어리를 이룬 것을 '음절'이라고 한다. '아'는 모음 단독으로, '가'는 '자음+모음', '약'은 '모음+자음', '곰'은 '자음+모음+자음'으로 이루어진 음절이다.

02

(1) 이 문장에서 '누구'는 모르는[미지(未知)] 사람을 가리키는 대명사이기 때문에 '미지칭'에 해당한다.

(2) 이 문장에서 '누구'는 정해지지 아니한[부정(不定)] 사람을 가리키는 대명사이기 때문에 '부정칭'에 해당한다. 대표적인 부정칭인 '아무'로 바꾸어서 자연스러우면 부정칭으로 판단하면 된다.

(3) 이 문장에서 '어디'는 정해지지 아니한 장소를 가리키는 대명사이기 때문에 '부정칭'에 해당한다. '아무 데'로 바꾸어도 자연스럽다.

(4) 이 문장에서 '당신'은 앞에 나온 '할머니'를 도로 나타내는[재귀(再歸)] 말이기 때문에 '재귀칭'에 해당한다.

03

작문에서 글의 주제와 예상 독자, 글의 유형, 활용하고자 하는 매체의 특성 등을 묶어서 '맥락(脈絡)'이라고 한다.

오답 풀이

① '요소(要素)'는 한 편의 글을 이루는 데 꼭 필요한 성분을 뜻한다.

③ '제재(題材)'는 글의 중심 소재를 뜻한다.

④ '구성(構成)'은 글의 여러 요소들을 유기적으로 배열하거나 서술하는 것을 뜻한다.

⑤ '관습(慣習)'은 어떤 사회에서 오랫동안 지켜 내려와 그 사회 성원들이 널리 인정하는 소통 방식을 뜻한다.

04

㉠에는 비음화가, ㉡에는 유음화가 일어났다. 비음화와 유음화는 모두 '동화(同化)'에 해당한다. '동화'는 말소리가 서로 이어질 때, 어느 한쪽 또는 양쪽이 영향을 받아 비슷하거나 같은 소리로 바뀌는 소리의 변화를 뜻한다. ㉠에서는 'ㄹ'이 비음인 'ㄴ'으로 바뀌었기 때문에 '비음화(鼻音化)'가, ㉡에서는 'ㄴ'이 유음인 'ㄹ'로 바뀌었기

때문에 '유음화(流音化)'가 일어났다고 해야 한다. 〈탐구 자료〉의 표를 참고할 때, 비음화와 유음화는 모두 음운 변동의 과정에서 조음 방법이 바뀌는 것을 확인할 수 있다.

05

동사나 형용사의 어간에 어미가 붙어 문장의 성분이 달라지는 것을 '활용(活用)'이라고 한다. 어미 '-는'은 '가는 사람', '흐르는 강물'과 같이 뒤에 오는 체언을 꾸며 주는 관형사와 같은 역할을 하도록 해주기 때문에 관형사형 전성 어미라고 한다. '-어라'는 '빨리 먹어라.'와 같은 명령형 문장을, '-자'는 '어서 가자.'와 같은 청유형 문장을 만들어 주는 종결 어미이다. '-려고'는 '일찍 가려고 서둘렀다'와 같이 의도나 목적을 나타내는 연결 어미이다.

06

'깨뜨리는'은 '깨뜨리다, 깨뜨리고, 깨뜨리니, …'와 같이 활용한다. 따라서 어간은 변하지 않는 부분인 '깨뜨리-'이고 어미는 변하는 부분인 '-는'이다.

오답 풀이
① '아기장수'는 어근 '아기'와 어근 '장수'가 결합한 합성어이다.
② '맨손'은 접두사 '맨-'과 어근 '손'이 결합한 파생어이다.
③ '쌓인'의 어간은 '쌓이-'이고, 이것은 어근 '쌓-'과 피동 접미사 '-이-'가 결합한 파생어이다.
⑤ '모습이'는 체언인 명사 '모습' 뒤에 조사 '이'가 결합하여 문장에서 주어의 역할을 하고 있다.

07

③은 상대방에게 생각해 봤는지에 대한 여부의 대답을 요구하고 있기 때문에 '판정 의문문'에 해당한다.

오답 풀이
① 상대방에게 같이 가 줄 수 있는지에 대한 여부의 대답을 요구하고 있기 때문에 '판정 의문문'에 해당한다.
② 쉬운 문제이기 때문에 나도 풀 수 있다는 뜻을 전달할 뿐 상대방에게 대답을 요구하는 것이 아니기 때문에 '수사 의문문'에 해당한다.
④, ⑤ 상대방에게 자세한 설명을 요구하고 있기 때문에 '설명 의문문'에 해당한다.

08

'휘날리다'는 어간 '휘날리-'와 어미 '-다'로 분석할 수 있으며, 어간 '휘날리-'는 다시 접두사 '휘-'와 어근 '날-', 접미사 '-리-'로 분석할 수 있다.

09

③의 '고쳐 주었다'에서 앞에 있는 용언인 '고쳐'는 본용언에 해당하고, 본용언 뒤에서 의미를 더하여 주는 '주었다'는 보조 용언에 해당한다.

오답 풀이
①의 '두었다'와 같이 용언이 하나만 나올 경우 본용언으로 봐야 한다.
②의 '견뎌 왔다'에서 '견뎌'가 본용언, '왔다'가 보조 용언에 해당한다.
④의 '가서 봐라'에서는 '가서'와 '봐라' 둘 다 실질적인 의미를 지니고 쓰였기 때문에 모두 본용언에 해당한다.
⑤의 '써 버렸다'에서 '써'가 본용언, '버렸다'가 보조 용언에 해당한다.

10

① '파업을 피할 수 있게 되었다'는 내용을 고려할 때, '의견이 대립된 양편에서 서로 양보받아 일이 마무리되다'를 뜻하는 '타결되다'가 적절하다. '결렬되다'는 '교섭이나 회의 따위에서 의견이 합쳐지지 않아 각각 갈라서게 되다'를 뜻한다.

오답 풀이
② '시급하다'는 '시각을 다툴 만큼 몹시 절박하고 급하다'를 뜻한다.
③ '준하다'는 '어떤 본보기에 비추어 그대로 좇다'를 뜻한다.
④ '고수하다'는 '차지한 물건이나 형세 따위를 굳게 지키다'를 뜻한다.
⑤ '상기하다'는 '지난 일을 돌이켜 생각하여 내다'를 뜻한다.

11

'도출(導出)'은 '판단이나 결론 따위를 이끌어 냄'을 뜻한다. 따라서 제시된 문장의 '최적화된 결과를', '새로운 이론을', '새로운 정보를 결론으로'와 공통으로 어울릴 수 있는 말은 '도출'이다.

오답 풀이
① '유추(類推)'는 '같은 종류의 것 또는 비슷한 것에 기초하여 다른 사물을 미루어 추측하는 일'을 뜻한다.
② '제시(提示)'는 '어떠한 의사를 말이나 글로 나타내어 보임'을 뜻한다.
④ '유도(誘導)'는 '사람이나 물건을 목적한 장소나 방향으로 이끎'을 뜻한다.
⑤ '합의(合意)'는 '서로 의견이 일치함'을 뜻한다.

12

(1) '부합(符合)하다'는 '사물이나 현상이 서로 꼭 들어맞다'를 뜻한다. 따라서 '들어맞는'과 바꿔 쓰기에 적절한

말은 '부합하는'이다.

오답 풀이

① '부각(浮刻)하다'는 '어떤 사물을 특징지어 두드러지게 하다'를 뜻한다.

② '부상(浮上)하다'는 '어떤 현상이 관심의 대상이 되거나 어떤 사람이 훨씬 좋은 위치로 올라서다'를 뜻한다.

④ '규합(糾合)하다'는 '목적을 이루기 위해서 힘이나 사람을 한데 모으다'를 뜻한다.

⑤ '부응(副應)하다'는 '어떤 요구나 기대 따위에 좇아서 응하다'를 뜻한다.

(2) '환기(喚起)하다'는 '주의나 여론, 생각 따위를 불러일으키다'를 뜻한다. 따라서 '불러일으키고'와 바꿔 쓰기에 적절한 말은 '환기하고'이다.

오답 풀이

① '도입(導入)하다'는 '기술, 방법, 물자 따위를 끌어 들이다'를 뜻한다.

② '피력(披瀝)하다'는 '생각하는 것을 털어놓고 말하다'를 뜻한다.

③ '제안(提案)하다'는 '안이나 의견으로 내놓다'를 뜻한다.

⑤ '호출(呼出)하다'는 '전화나 전신 따위의 신호로 상대편을 부르다'를 뜻한다.

13

음성과 기호의 결합과 관련하여 '필연적'과 '자의적'은 반의 관계를 이루고 있다. ③의 '취조'는 '범죄 사실을 밝히기 위하여 혐의자나 죄인을 조사함'을 뜻하고, '문초'는 '죄나 잘못을 따져 묻거나 심문함'을 뜻하므로 서로 유의 관계에 있다고 볼 수 있다.

14

'여우비'는 '볕이 나 있는 날 잠깐 오다가 그치는 비'를 뜻한다. 따라서 ③에서 '지루하게 계속 내리던'과 '여우비'는 서로 어울리지 않는다. '여우비' 대신 '끄느름하게 오랫동안 내리는 비'를 뜻하는 '궂은비'를 쓰는 것이 자연스럽다.

오답 풀이

① '시나브로'는 '모르는 사이에 조금씩 조금씩'을 뜻한다.

② '윤슬'은 '햇빛이나 달빛에 비치어 반짝이는 잔물결'을 뜻한다.

④ '서리서리'는 '감정 따위가 매우 복잡하게 얽혀 있는 모양'을 뜻한다.

⑤ '우수리'는 '일정한 수나 수량에 차고 남는 수나 수량'을 뜻한다.

15

'뿌리'의 중심적 의미는 '식물의 밑동으로서 보통 땅속에

묻히거나 다른 물체에 박혀 수분과 양분을 빨아올리고 줄기를 지탱하는 작용을 하는 기관'이다. ③의 ㉠에 쓰인 '뿌리'는 '사물이나 현상을 이루는 근본을 비유적으로 이르는 말'를 뜻하며 '뿌리'의 주변적 의미에 해당한다. ㉡에 쓰인 '뿌리'가 중심적 의미에 해당한다.

16

'함흥차사(咸興差使)'는 심부름을 가서 오지 아니하거나 늦게 온 사람을 이르는 말이다. 제시된 두 문장에서는 모두 와야 할 사람이 오지 않고 있는 상황이므로 '함흥차사'가 어울린다.

오답 풀이

① '와신상담(臥薪嘗膽)'은 불편한 섶에 몸을 눕히고 쓸개를 맛본다는 뜻으로, 원수를 갚거나 마음먹은 일을 이루기 위하여 온갖 어려움과 괴로움을 참고 견딤을 비유적으로 이르는 말이다.

② '주마간산(走馬看山)'은 말을 타고 달리며 산천을 구경한다는 뜻으로, 자세히 살피지 아니하고 대충대충 보고 지나감을 이르는 말이다.

③ '설상가상(雪上加霜)'은 눈 위에 서리가 덮인다는 뜻으로, 난처한 일이나 불행한 일이 잇따라 일어남을 이르는 말이다.

④ '풍전등화(風前燈火)'는 바람 앞의 등불이라는 뜻으로, 사물이 매우 위태로운 처지에 놓여 있음을 비유적으로 이르는 말이다.

17

'뜨거운 감자'는 중요한 문제이지만 쉽게 다루기 어려운 문제를 비유적으로 이르는 말이다.

오답 풀이

① '양날의 칼'은 잘 사용하면 자신에게 이롭지만, 반대로 서투르게 사용하면 피해를 볼 수 있는 상황이나 현실을 이르는 말이다.

② '악어의 눈물'은 거짓 눈물을 비유적으로 이르는 말이다. 악어는 입 안에 수분을 보충함으로써 먹이를 쉽게 삼키기 위하여 먹잇감을 잡아먹을 때 눈물을 흘리는데 이를 언뜻 보면 잡아먹히는 동물이 불쌍해 눈물을 흘리는 것처럼 보이는 데서 유래한 말이다.

③ '동전의 양면'은 어떤 대상에 대해 평가하거나 판단할 때에 상반되는 두 개의 견해가 가능하다고 말할 때, 혹은 두 가지 요소를 따로 뗄 수 없을 때 쓰는 말이다.

⑤ '콜럼버스의 달걀'은 단순하고 쉬워 보이지만 쉽게 떠올릴 수 없는 뛰어난 아이디어나 발견을 의미한다. 누구도 달걀을 세우지 못하는 상황에서 발상의 전환을 통해 달걀을 깨뜨려서 세운 콜럼버스의 일화에서 나온 말이다.

18

¹배	²타	적		⁸상		¹⁰자
	당			⁹반	모	음
³전	성	어	⁴미			군
			⁵지	시		단
	⁶부	정	칭			순
⁷경	각			¹¹범	주	화

II | 문학

07강 문학 | 고전 시가 (1) - 자연 친화

어휘 더하기   본문 57쪽

◉ 곁에서 시중을 드는 계집종

'시비'에게 밥을 구해 오는 일을 시키고 있으므로, 밑줄 친 '시비'는 곁에서 시중을 드는 계집종을 의미한다.

문제로 확인하기   본문 58~59쪽

01 (1) 탈속 (2) 은거 (3) 공명 **02** ② **03** ② **04** 사립문
05 ① **06** 시비 **07** ② **08** 홍진

01

(1) '속세를 벗어남'의 의미를 갖는 말은 '탈속(脫俗)'이다.
(2) '세상을 피하여 숨어서 삶'의 의미를 갖는 말은 '은거(隱居)'이다.
(3) '공을 세워서 자기의 이름을 널리 알림'의 의미를 갖는 말은 '공명(功名)'이다.

02

㉠은 자연 속에서 벗과 함께 즐길 수 있는 것을 말하는데, '풍류(風流)'와 '흥취(興趣)'가 모두 해당된다. '풍류(風流)'는 '멋스럽고 풍치가 있게 노는 일'을 뜻하며, '흥취(興趣)'는 '즐거움을 일어나게 하는 감정'을 뜻한다. ㉡은 자연과 대조적인 공간이면서 '명리(名利)', 즉 명예와 이익이 있는 곳이므로 '세속(世俗)'이라고 할 수 있다. ㉢

은 임금의 은혜를 가리키는 말이므로 '성은(聖恩)'이 들어가야 적절하다.

03

'자규(子規)'는 한국, 일본, 말레이시아 등지에 분포하는 두견과의 새이며, 다른 말로 두견새, 귀촉도라고 한다.

오답 풀이
① '실솔(蟋蟀)'은 귀뚜라미를 뜻한다.
③ '백구(白鷗)'는 갈매기를 뜻한다.
④ '대붕(大鵬)'은 하루에 구만 리를 날아간다는, 매우 큰 상상(想像)의 새를 뜻한다.
⑤ '원앙(鴛鴦)'은 오릿과의 물새를 말한다.

04

'나뭇가지를 엮어서 만든 문'을 '시비' 또는 '사립문'이라고 한다. 사진 속의 문은 나뭇가지를 엮어서 만든 문이므로 '시비' 또는 '사립문'인데, 3음절로 쓰라고 했으므로 '사립문'이 적절하다.

05

'천석고황(泉石膏肓)'은 자연을 몹시 사랑하여 고치기 어려운 병이 되었다는 것을 의미한다. 이때 병에 걸렸다는 것은 실제로 몸이 아픈 것이 아니라 그만큼 자연을 사랑한다는 것을 강조하는 말이다.

오답 풀이
② '풍월(風月)'은 '맑은 바람과 밝은 달'을 뜻한다.
③ '홍진(紅塵)'은 번거롭고 속된 세상을 비유적으로 이르는 말이다.
④ '인성(人性)'은 '사람의 성품'을 뜻하는 말로 각 개인이 갖고 있는 사고와 태도 및 행동 특성을 나타낸다.
⑤ '자연(自然)'은 '사람의 힘이 더해지지 아니하고 세상에 스스로 존재하거나 우주에 저절로 이루어지는 모든 존재나 상태'를 뜻한다.

06

첫 번째 문장의 빈칸에 들어갈 말은 '시비(侍婢)'로 '곁에서 시중을 드는 계집종'을 의미한다. 두 번째 문장의 빈칸에 들어갈 말은 '시비(是非)'로 '옳고 그름을 따지는 말다툼'을 의미한다. 세 번째 문장의 빈칸에 들어갈 말은 '시비(柴扉)'로 '사립짝을 달아서 만든 문'을 가리킨다. 따라서 빈칸에 공통으로 들어갈 단어는 '시비'이다.

07

'군은(君恩)'의 뜻은 '임금의 은혜'이므로 의미가 유사한 것은 '성은(聖恩)'이다. '성은(聖恩)'의 뜻도 '임금의 은혜'

이다.

오답 풀이

① '탈속(脫俗)'의 뜻은 '부나 명예와 같은 현실적인 이익을 추구하는 마음으로부터 벗어남'이나 '속세를 벗어남'이다.

③ '공명(功名)'의 뜻은 '공을 세워서 자기의 이름을 널리 드러냄. 또는 그 이름'이다.

④ '풍치(風致)'의 뜻은 '격에 맞는 멋'이다.

⑤ '출세(出世)'의 뜻은 '사회적으로 높은 지위에 오르거나 유명하게 됨'이다.

08

'거마가 일으키는 먼지'를 뜻하는 말은 '홍진(紅塵)'이다. 또한 자연은 그의 귀한 예술이 속된 세상에 물들 것을 염려하여 깊은 산골짜기에 감추었다고 볼 수 있으므로, 빈칸에 들어갈 말은 '속된 세상'의 의미를 가진 '홍진(紅塵)'이 적절하다.

기출로 강해지기   본문 60~61쪽

중심 내용 한눈에 보기 ❶ 한가 ❷ 시원(서늘) ❸ 소일 ❹ 춥지
❺ 임금

01 ②   **02** ⑤

01

〈제1수〉부터 〈제4수〉까지 각 수 초장의 전반부에 '강호에 ~이 드니'를 반복하고 있는데, 이때 '봄, 여름, 가을, 겨울'이라는 계절적 배경을 직접 제시하며 시상의 단서를 드러내고 있다. 또한 〈제1수〉부터 〈제4수〉까지 각 수 종장의 마지막 어절에 '역군은이샷다'라는 동일한 시어를 배치함으로써 전체적인 통일성을 확보하고 있다.

오답 풀이

ㄴ. 〈제2수〉부터 〈제4수〉까지는 '초당', '고기', '눈' 등을 통해 내면의 감흥을 간접적으로 제시하고 있는데 반해, 〈제1수〉에서는 '흥이 절로 난다'라고 말하며 내면의 감흥을 직접적으로 나타내고 있다.

ㄷ. 〈제1수〉와 〈제3수〉는 공간적 배경인 시냇가와 강물을 언급하고 있을 뿐 묘사는 나타나지 않으며, 〈제2수〉에서만 파도가 시원한 바람을 보내는 모습을 묘사하고 있다. 또한 〈제4수〉에서는 자연의 모습은 전혀 나타나지 않고 화자 자신의 모습만을 제시하고 있다.

02

이 시가에서 화자가 '사'와 '대부'라는 정체성 사이에서 고뇌하는 모습은 나타나지 않는다. 또한 '강파', '바람' 등

의 자연물과 '소정', '그물' 등의 인공물이 대립하고 있지도 않다. 오히려 '소정'과 '그물'은 화자가 자연의 풍류를 즐기는 데 사용되고 있다.

오답 풀이

① 이 시가에서 화자는 '강호'에서 풍류를 즐기며 개인적 삶을 누리고 있기도 하지만, '역군은이샷다'를 통해 임금을 잊지 않음으로써 신하로서의 삶을 살고 있기도 하다.

② 화자가 시냇가에 앉아 술을 마시는 것은 자연의 풍류를 즐기는 것이기 때문에, 자연에서 누리는 개인적 삶이라 할 수 있다.

③ 화자는 자신의 몸이 서늘해지 것 또한 임금의 은혜라고 말하고 있는데, 이는 신하로서의 정체성을 드러내는 것이다.

④ 화자는 한가롭게 소일하며 사는 삶도 임금의 은혜라고 말하고 있는데, 신하의 입장에서 말한 것이다. 따라서 정치적 성격이 나타난다고 할 수 있다.

08강 문학 | 고전 시가 (2) − 선조들의 삶

어휘 더하기   본문 65쪽

⊙ 식경

나그네가 밤길을 걷고 있는 시간을 의미하므로 '눈 깜빡할 시간'을 의미하는 '경각'은 적절하지 않다. 따라서 '밥 먹을 동안(잠깐 동안)' 정도의 시간을 의미하는 '식경'이 적절하다.

문제로 확인하기   본문 66~67쪽

01 홍안   **02** 죽장망혜   **03** (1) 백구 (2) 무상함   **04** ⑤   **05** ③
06 (1) ○ (2) ×   **07** ①   **08** ④

01

빈칸에 들어갈 말은 '젊은 날의 아름다웠던 얼굴'을 뜻하는 말이다. 따라서 '젊어서 혈색이 좋은 얼굴'이라는 뜻의 '홍안(紅顔)'이 들어가는 것이 적절하다.

02

사진은 대나무로 된 지팡이와 망혜를 보여 주고 있다. 대나무로 된 지팡이를 한자어로 '죽장(竹杖)'이라고 하며, '망혜(芒鞋)'는 '삼이나 노 따위로 짚신처럼 삼은 신'을 말한다. 그리고 이 둘을 합쳐 만든 '죽장망혜(竹杖芒鞋)'는 '먼 길을 떠날 때의 아주 간편한 차림새'를 의미한다.

03

(1) '비거비래(飛去飛來)'란 '날아가고 날아옴'을 뜻하는 말이다. 따라서 빈칸에 들어갈 말은 하늘을 날 수 있는 조류(鳥類)이어야 하는데, '백구(白鷗)'와 '실솔(蟋蟀)' 중에서 조류는 갈매기를 뜻하는 '백구(白鷗)'이다. '실솔(蟋蟀)'는 귀뚜라미를 뜻하므로 조류에 해당하지 않는다.

(2) '무구(無垢)함'은 '때가 묻지 않은 깨끗함'을 의미하며, '무상(無常)함'은 '모든 것이 덧없음'을 의미한다. 그런데 빈칸에 들어갈 말은 세월의 흐름으로 느낄 수 있는 인생의 특징과 관련된 것이므로, 덧없음을 의미하는 '무상함'이 들어가는 것이 적절하다.

04

'빈천(貧賤)'은 '가난하고 천함'을 의미하며, '거(居)'는 '살다, 주거하다'를 의미하므로 '빈천거(貧賤居)'를 ᄒ오리라'는 '가난하게 살겠다'는 의미이다. 따라서 이와 관련 있는 한자 성어는 '편안한 마음으로 제 분수를 지키며 만족할 줄을 안다'라는 의미의 '안분지족(安分知足)'이다.

오답 풀이
① '곡학아세(曲學阿世)'의 뜻은 '바른길에서 벗어난 학문으로 세상 사람에게 아첨함'이다.
② '권토중래(捲土重來)'는 '땅을 말아 일으킬 것 같은 기세로 다시 온다는 뜻'으로, 한 번 실패하였으나 힘을 회복하여 다시 쳐들어옴을 이르는 말이다. 이 말은 중국 당나라 두목의 〈오강정시(烏江亭詩)〉에 나오는데, 항우가 유방과의 결전에서 패하여 오강(烏江) 근처에서 자결한 것을 탄식한 말에서 유래하였다고 한다.
③ '일취월장(日就月將)'의 뜻은 '나날이 다달이 자라거나 발전함'이다.
④ '마부위침(磨斧爲針)'은 '도끼를 갈아서 바늘을 만든다'는 뜻으로, 아무리 어려운 일이라도 끊임없이 노력하면 반드시 이룰 수 있음을 이르는 말이다.

05

이 시조의 초장에서 '성현(聖賢)의 가신 길이 (   )에 흔 가지라'라고 하였는데, 그 뜻은 '성현이 가셨던 길은 오랫동안 변함이 없다'는 것이다. 따라서 빈칸에 들어갈 말로는 '아주 오랜 세월 동안'을 의미하는 '만고(萬古)'가 적절하다. 나머지 단어들은 의미상으로 적절하지 않다.

오답 풀이
① '삼경(三更)'은 '밤 열한 시에서 새벽 한 시 사이'를 의미한다.
② '암향(暗香)'은 '그윽히 풍기는 향기'를 의미한다.

④ '무상(無常)'은 '모든 것이 덧없음'을 의미한다.
⑤ '장막(帳幕)'은 '볕 또는 비바람을 피할 수 있도록 둘러치는 막'을 의미한다.

06

(1) '수막(繡幕)'은 수를 놓아 장식한 장막이므로, 만약 얇은 비단인 '나위(羅幃)'에 수를 놓았다면 '수막(繡幕)'이라고 할 수 있다.

(2) '나위(羅幃)'는 얇은 비단으로 만든 장막을 뜻하지만, '앙금(鴦衾)'은 원앙을 수놓은 이불을 말한다. 따라서 둘 다 '비단'이라는 소재를 사용하여 만든 것이라고 할 수 없다.

07

'삼경(三更)'은 '밤 열한 시에서 새벽 한 시 사이'를 의미하는데, 같은 시간을 뜻하는 말은 '자시(子時)'이다.

오답 풀이
② '축시(丑時)'는 오전 한 시부터 세 시 사이를 뜻한다.
③ '묘시(卯時)'는 오전 다섯 시부터 일곱 시 사이를 뜻한다.
④ '오시(午時)'는 오전 열 한시부터 오후 한 시 사이를 뜻한다.
⑤ '술시(戌時)'는 오후 일곱 시부터 오후 아홉 시 사이를 뜻한다.

08

'암향(暗香)'의 뜻은 '그윽히 풍기는 향기'를 말하며 흔히 매화의 향기를 일컫는다.

오답 풀이
① '이화(梨花)'는 배꽃을 의미한다.
② '도화(桃花)'는 복숭아꽃을 의미한다.
③ '행화(杏花)'는 살구꽃을 의미한다.
⑤ '두견화(杜鵑花)'는 진달래꽃을 의미한다.

기출로 강해지기 본문 68~69쪽

중심 내용 한눈에 보기 ❶ 강호 ❷ 빈이무원 ❸ 백구

01 ⑤   02 ②

01

〈보기〉의 '원헌'은 춘추 시대의 인물이고 '석숭'은 진나라 때의 인물로 둘 다 역사적인 인물이다. 화자는 이들을 통해 가난하든 부유하든 한평생을 살아가는 것은 똑같다고 말하고 있으며, 강호에서 살아가는 자신의 삶에 대한 독자의 공감을 유도하고 있다.

오답 풀이

① 〈보기〉에서 두 명의 인물을 언급하고는 있으나 대화 상황이
아니라 화자의 독백으로 처리하고 있다.

② 〈보기〉에 새로운 공간이 추가된 것은 아니다.

③ 〈보기〉의 내용은 화자가 추구하는 삶과 관련된 것이기 때문
에, 이질적인 이야기라고 할 수 없으며 새로운 갈등을 유발하
고 있지도 않다.

④ 역사 속의 구체적인 인물들을 제시하고 있기는 하나, 인물 간
의 심리적 거리를 나타낸 것은 아니다.

02

[B]의 중장은 화자가 독백을 통해 자연과 더불어 살아가
는 삶을 노래하고 있다. 따라서 대상에게 말을 건네는 방
식을 사용하였다는 것은 적절하지 않다.

오답 풀이

① '천심절벽(千尋絕壁)'을 통해 수직적 이미지가 나타나며, 일
대를 흘러가는 긴 강물을 통해 수평적 이미지가 나타난다.

③ 빈 산에 떠 있는 달은 시각 이미지를 나타내고, 혼자 우는 두
견의 울음은 청각 이미지를 나타내고 있다. 그리고 '비어 있
는 산'과 '혼자 우는 울음'이라는 표현을 통해 애상적 분위기
를 자아내고 있다.

④ '낙화광풍(落花狂風)에 어느 가지 의지하리'에서 '어느 가지
에 의지하겠는가?'는 설의적 표현을 사용한 것이며, 이를 통
해 시적 대상인 '두견새'가 의지할 곳이 없는 처지라는 것을
드러내고 있다.

⑤ [B]의 종장에서는 세속에 관심 없다는 화자의 내면을 직접 드
러내고 있으며, [C]의 종장에서는 낙화광풍의 현실에 서러움
을 느낀다는 마음을 직접 드러내고 있다. 또한 '나'가 직접 노
출되어 있다.

09강 문학 | 현대시 (1) – 감정과 태도

어휘 더하기   본문 73쪽

⊙ 제유

'들판'은 '조국'의 일부에 해당된다. 이렇게 일부분으로
전체를 가리키고 있으므로 '빼앗긴 들'이 '조국'을 의미
하는 것은 '제유'에 해당된다.

문제로 확인하기   본문 74~75쪽

01 매개체 **02** ① **03** (1) 경외 (2) 격정적 (3) 관조적 **04** ②
05 ③ **06** ⑤ **07** ③ **08** ②

01

'영창'이 화자의 내면과 외부 세계를 잇고 있다고 하였으
므로, 빈칸에 들어갈 말은 둘 사이를 맺어 주는 것이다.
따라서 '둘 사이에서 어떤 것을 맺어 주는 것'의 의미를
가진 '매개체(媒介體)'가 적절하다.

02

시의 주된 대상인 접동새는 이 산 저 산 옮아 가며 슬피
울고 있다. 따라서 이 시의 주된 정서는 '슬픔'이라고 할
수 있다. 따라서 '슬퍼하거나 가슴 아파하는 것'을 뜻하
는 '애상(哀傷)'이 적절하다.

03

(1) 거대한 폭포를 보며 자연에 대한 감탄과 두려움을 동
시에 느끼고 있으므로, '경외감(敬畏感)'이라는 단어
가 들어가는 것이 적절하다. '감(感)'을 제외하면 빈
칸에 들어갈 말은 '경외(敬畏)'이다.

(2) 지수는 사랑이라는 감정에 휩싸여 있으므로 '격정적
(激情的)'이라는 단어가 들어가는 것이 적절하다.

(3) 한 여인의 삶을 과장이나 꾸밈없이 관찰한 그대로
그려 내고 있으므로 '관조적(觀照的)'이라는 단어가
들어가는 것이 적절하다.

04

선생님이 커다란 도표를 펼친 것은 학생들의 흥미를 불
러일으키기 위해서이고, 우리가 자원봉사를 하기로 한
것도 소외된 사람들에 대한 사회적 관심을 불러일으키기
위해서이다. 따라서 빈칸에 공통으로 들어갈 말은 '주의
나 여론, 생각 따위를 불러일으킴'의 뜻을 가진 '환기(喚
起)'가 적절하다.

05

아인슈타인은 양자 역학의 해석에 대해 회의적인 태도를
보였는데, 이 때 '회의적(懷疑的)'이라는 말의 뜻은 '어떤
일에 의심을 품는 것'을 말한다. 그런데 아인슈타인은 배
타적인 상태의 공존과 관찰 자체가 물체의 상태를 결정
한다는 개념을 받아들이기 힘들었다는 것은, 그것을 부
정적인 태도로 바라보았다는 것을 의미한다. 따라서 '회
의적'과 바꾸어 쓸 수 있는 말은 '부정적'이 적절하다.

06

이 시에서 화자는 '깃발'을 푸른 해원을 향하여 흔드는 손수건이라고 말하고 있다. 이때 '푸른 해원'은 '이상향'을 의미한다고 볼 수 있다. '이상향(理想鄕)'은 '인간이 생각할 수 있는 가장 좋고 완전한 세계'이므로, 이상향에 대한 태도는 '동경(憧憬)'이라고 보는 것이 적절하다. 화자가 깃발을 통해 이상향을 간절히 그리워하고 바라는 마음을 드러내는 것도 이를 뒷받침한다.

오답 풀이

① '회한(悔恨)'은 '뉘우치고 한탄함'을 의미한다.
② '성찰(省察)'은 '스스로를 반성하고 살핌'을 의미한다.
③ '경외(敬畏)'는 '어떤 대상을 두려워하며 우러러 봄'을 의미한다.
④ '한탄(恨歎)'은 '원통하거나 뉘우치는 일이 있을 때 한숨을 쉬며 탄식하는 것'을 의미한다.

07

'향수(鄕愁)'는 '고향을 그리워하는 마음이나 시름'을 의미하고, '갈망(渴望)'은 '간절히 바람'을 의미하므로, 고향을 간절히 그리워하는 마음과 관련이 있다.

오답 풀이

① '경외(敬畏)'는 '공경하면서 두려워함'을 의미하므로, 고향을 그리워하는 마음과 관련이 없다.
② '애증(愛憎)'은 '사랑과 미움을 아울러 이르는 말'이므로 그리움과는 관련이 없다.
④ '희열(喜悅)'은 '기쁘고 즐거움'을 의미하므로 향수의 감정과는 거리가 멀다.
⑤ '분노(憤怒)'는 '분개하여 몹시 성을 냄'을 의미하므로 고향을 그리워하는 감정과 관련이 없다.

08

〈대화 상황 1〉에서는 지수가 자신의 신세에 대해 뉘우치면서 탄식하고 있으므로, '한탄(恨歎)'이 적절하다. 〈대화 상황 2〉에서는 부모님이 돌아가신 후에는 효도를 하지 않은 것에 대한 뉘우침의 눈물을 흘릴 수 있으므로, '회한(悔恨)' 또는 '후회(後悔)'가 적절하다. '회상(回想)'은 단순히 지난 일을 돌이켜 생각하는 것으로 뉘우친다는 의미가 없으므로 적절하지 않다.

기출로 강해지기   본문 76~77쪽

중심 내용 한눈에 보기 ❶ 휴전선 ❷ 화산 ❸ 득음 ❹ 왜새

01 ③   02 ⑤

01

(가)는 화자가 휴전선 앞에서 느끼는 현재의 감정이나 생각을 드러내고 있을 뿐, 시간의 흐름에 따라 시상을 전개하고 있지 않다. 또한 (나)도 화자가 떠올린 한 소리꾼의 삶을 우포늪과 연관 지어 형상화하고 있을 뿐, 시선의 이동에 따른 시상 전개는 나타나지 않는다.

오답 풀이

① (가)는 '마주 향한 항시 어두움 속에서 꼭 한 번은 천동 같은 화산이 일어날 것을 알면서 요런 자세로 꽃이 되어야 쓰는가'라는 의문문을 통해 설의적 표현을 사용하고 있으며, 이를 통해 언제든 전쟁이 일어날 수 있는 남북의 분단 현실에 대해 안타까움을 드러내고 있다.
② (나)는 '한 대목 절창'을 '폭포 물줄기로 내리친다'고 표현하고 있는데, '절창'은 청각적 심상에 해당되고 '내리치는 폭포 물줄기'는 시각적 심상에 해당되므로 청각을 시각화했다고 할 수 있다. 또한 이를 통해 '절창'이라는 소재를 생동감 있게 드러내고 있다.
④ (가)는 '산과 산이 ~ 쓰는가'라는 동일한 시구를 반복하여 '분단 극복의 의지'라는 주제 의식을 강조하고 있으며, (나)는 한 소리꾼에 대한 이야기를 통해 '우포늪에서 창조된 예술의 경지'라는 주제 의식을 강조하고 있다.
⑤ (가)는 남북 분단의 아픔과 불안감을 '꽃', '화산', '바람'이라는 자연물에 투영하여 나타내고 있으며, (나)는 진정한 소리를 찾으려 노력했던 소리꾼의 바람을 '우포늪 왜새'라는 자연물에 투영하여 나타내고 있다.

02

[E]에서 화자는 날아가는 왜새를 바라보며 평생 절창을 추구했던 소리꾼을 떠올리고 있다. 따라서 날아가는 왜새와 소리꾼을 대비하는 것이 아니라 동일시하고 있는 것이다.

오답 풀이

① [A]에서 화자는 소리꾼이 왜새의 울음이 되어 우항산의 솔밭을 적시고 우포늪에 꽃불을 질러 놓는다고 말하고 있다. 즉, 화자가 왜새 울음소리가 퍼지는 우포늪의 풍경을 보며, 절창을 추구했던 소리꾼을 상상적으로 떠올리고 있는 것이다.
② [B]를 보면 소리꾼의 '텁텁한 얼굴에 달빛 같은 슬픔이 엉겨 수염을 흔들곤 했다'라고 표현하고 있는데, 이는 '슬픔'을 '달빛'에 비유하여 감각적으로 나타낸 것이라 할 수 있다. 이때 '비애'는 '슬픔'을 의미한다.
③ [C]를 보면 화자는 '필생 동안 그가 찾아 헤맸던 소리가 ~ 맑은 가락 속에 있었던가'라며 영탄적 어조로 말하고 있는데, 이를 통해 소리꾼이 평생 찾아 헤맸던 절창을 발견한 것에 대해 화자가 감격했음을 알 수 있다.
④ [D]에서 화자는 왜새들이 '동편제'를 넘어가는 상상의 장면을 떠올리고 있으며, 이 장면을 '소목 장재 토평마을'이라는 현실적 공간과 결부시키고 있다.

10강 문학 | 현대시 (1) - 자아

어휘 **더하기**   본문 81쪽

⊙ 호명(呼名)

....

'이름을 부름'을 의미하는 단어는 '호명(呼名)'이다.

문제로 **확인하기**   본문 82~83쪽

01 나목 **02** ① **03** ② **04** ④ **05** ① **06** (1) 촉발 (2) 괴리 **07** ② **08** 이질감

01

겨울이 되어 '나뭇잎이 떨어지고 가지만 앙상하게 남은 나무'를 '나목(裸木)'이라고 한다.

02

항상 마음이 참되고 미더운 상태가 되도록 자신의 내면을 살피는 것은 스스로의 마음을 반성하며 살피라는 것을 의미하므로, '성찰(省察)하라고'로 바꿔 쓰는 것이 적절하다.

오답 풀이

② '투영(投影)하다'는 '어떤 일을 다른 일에 반영하여 나타냄을 비유적으로 이르는 말'이다.
③ '분열(分裂)하다'는 '감정, 의미, 충동 등의 이상으로 정신이 흐트러지거나 인격이 여러 개로 나뉨'을 의미한다.
④ '회고(回顧)하다'는 '지난 일을 돌이켜 생각함'을 의미한다.
⑤ '과묵(寡默)하다'는 '말이 적고 침착하다'를 의미한다.

03

(가)에서 우뚝 솟은 산은 조용히 자신의 자리에 엎드려 있으며, (나)에서도 화자가 만난 늙은 나무도 수도승처럼 고독하게 서 있다. 이처럼 (가)의 산과 (나)의 나무는 조용하고 고독하게 있으므로, 빈칸에 들어갈 말은 '말이 적고 몸가짐이 신중하다'는 뜻의 '묵중(默重)'이 적절하다.

04

'심연(深淵)'은 '좀처럼 빠져나오기 힘든 구렁을 비유적으로 이르는 말'이며, '늪'은 '땅바닥이 진흙으로 우묵하고 깊게 파이고 항상 물이 많이 괴어 있는 곳'으로 빠져 나오기 힘든 곳이다. 따라서 ⓐ와 ⓑ에 공통적으로 담긴 뜻은 '빠져나오기 힘든 상황'이다.

05

'자조(自嘲)'는 '자기를 비웃음'을 의미한다. 따라서 '자조하다'는 '자기를 비웃다'를 뜻한다.

06

(1) '촉발(觸發)'은 '어떤 일을 당하여 감정, 충동 따위가 일어남'을 의미한다. 시민 연대가 정부를 향해 한순간에 감정이 일어난 것이므로, 빈칸에 들어갈 말로 '촉발(觸發)'이 적절하다.
(2) 법과 제도는 현실과 맞지 않아 차이가 있을 수 있다. 따라서 빈칸에 들어갈 말은 '사실들이 서로 어긋나 생겨난 차이'를 의미하는 '괴리(乖離)'가 적절하다. '분열(分裂)'은 '하나의 집단, 단체, 사상 등이 여러 개로 갈라져 나뉨'을 의미하므로, 두 대상이 서로 맞지 않아 차이가 발생한다는 뜻으로는 사용할 수 없다.

07

이 시의 화자는 자신이 호수 속 깊이 거꾸러진다 하더라도 자신의 뜻을 꺾지 못할 것이라고 말하고 있으며, 바람조차도 자신을 흔들지 못한다고 말하고 있다. 따라서 이러한 화자의 모습과 가까운 단어로는 '원칙이나 신념을 굽히지 아니하고 끝까지 지켜 나가는 꿋꿋한 의지'를 의미하는 '지조(志操)'가 적절하다.

오답 풀이

① 화자가 여러 개로 나뉘는 모습을 보인 것은 아니므로 '분열(分裂)'은 적절하지 않다.
③ 화자가 어떤 대상과 맞지 않는 것에 대한 차이를 나타낸 것이 아니므로 '괴리(乖離)'는 적절하지 않다.
④ '자조(自嘲)'는 화자가 자기 스스로를 비웃는 것을 말하는데, 그러한 모습은 나타나지 않는다.
⑤ 화자가 자신의 모습을 반성하며 살피는 '성찰(省察)'의 모습은 나타나지 않는다.

08

서술자는 예전의 귀에 익지 않은 생경한 음성을 들으며 어색하고 낯설다는 감정을 느끼고 있다. 이렇게 '서로 성질이 달라서 낯설거나 잘 어울리지 않는 느낌'을 '이질감(異質感)'이라고 한다.

01 ② **02** ②

01

화자는 스스로 자신의 삶이 시와는 반역된 생활을 하고 있다며 성찰하고 있다. '나의 친구'는 실제로 화자를 방문한 것이 아니며, 단지 화자가 자신을 성찰하면서 친구가 와서 자신의 꿈을 깨워 주고 그릇됨을 꾸짖어 주기를 바라고 있을 뿐이다.

오답 풀이
① 2연에서 화자는 자신의 주위에 놓인 잡스러운 물건들을 바라보며 성찰하고 있다.
③ 3연에서 화자는 '고생도 마음대로 할 수 없는 세상에서는 / 철 늦은 거미같이 존재 없이 살기도 어려운 일'이라고 말하고 있다.
④ 6연에서 화자는 '자기의 나체를 더듬어 보고 살펴볼 수 없는 시인처럼 비참한 사람이 또 어디 있을까'라고 말하며, 자신을 비참한 존재로 인식하고 있다.
⑤ 8연에서 화자는 시와는 반역된 생활을 하고 있는 것을 '시를 반역한 죄'라고 말하고 있으며, 마지막 행에서는 자신을 '구름의 파수병'으로 규정하고 있다.

02

'나는 이미 정해진 물체만을 보기로 결심하고 있는데'는 화자가 생활에 몰두하려는 모습을 나타낸다. 자식과 아내와 주위 사물만을 바라보겠다는 의미이기 때문이다. 따라서 ㉠과 ㉡의 갈등을 해소한 것이 아니라, ㉠의 모습을 나타낸 것으로 볼 수 있다.

오답 풀이
① 자신이 시와는 반역된 생활을 하고 있다고 인식하는 것은, 자신의 삶이 잘못되어 있다는 것을 반성하는 것이다. 따라서 화자가 자신을 성찰하는 진술한 어조가 나타난다.
③ 7연에서 화자는 자신을 어디로든 가야 한다고 말하고 있다. 이는 현재의 상태에 머물러 있지 않고 시를 추구하는 상태로 나아가려는 것을 의미한다. 이는 ㉠에서 ㉡으로 나아가고자 하는 의지에서 비롯된 것이라고 할 수 있다.
④ 〈보기〉를 보면 ㉡으로 변모하고자 하는 화자는 '반역의 정신'을 추구하고 있음을 알 수 있다. 따라서 화자가 지향하는 '반역의 정신'은 ㉡이 추구하는 것이라고 할 수 있다.
⑤ 화자는 메마른 산정에서 구름을 지키는 파수병으로 자신을 규정하고 있다. 이때 구름은 화자가 새롭게 지향하려는 시를 의미한다. 따라서 화자가 파수병이 되어 구름을 지킨다는 것은, ㉠과 ㉡의 갈등 속에서 새롭게 시를 지향하려는 화자의 의식이 반영된 것이라 할 수 있다.

11강 문학 | 고전 소설 (1) - 양반과 백성

⊙ 맥수지탄(麥秀之嘆)

이 시조는 풀만 무성하게 자란 고려의 궁궐터를 돌아보며, 찬란했던 고려의 오백 년 역사를 떠올리며 슬픔에 젖어 있음을 노래하고 있다. 따라서 고국의 멸망을 한탄함을 이르는 말인 '맥수지탄(麥秀之嘆)'과 관련이 있다.

01 (1) 조정 (2) 사대부 (3) 행장 **02** ④ **03** ⑤ **04** ③ **05** ③
06 환곡, 부역 **07** ⑤
개념어를 알면 **답**이 보인다
08 ①

01

(1) 빈칸에는 '임금이 나라의 정치를 신하들과 의논하거나 집행하는 곳, 또는 그런 기구'를 뜻하는 '조정(朝廷)'이 들어가야 한다.
(2) 빈칸에는 '문무 양반을 일반 평민층에 상대하여 이르는 말'인 '사대부(士大夫)'가 들어가야 한다.
(3) 빈칸에는 '여행할 때 쓰는 물건과 옷이나 가방 등을 입거나 꾸려서 갖춘 상태'를 뜻하는 '행장(行裝)'이 들어가야 한다.

02

'규중(閨中)'는 '부녀자가 거처하는 곳'을 말한다. 비슷한 말로는 '규방(閨房)'이 있다. '규방(閨房)'의 사전적 의미도 '부녀자가 거처하는 방'이다.

오답 풀이
① '연회(宴會)'는 '축하, 위로, 환영 따위를 위하여 여러 사람이 모여 베푸는 잔치'를 말한다.
② '노복(奴僕)'은 '종살이를 하는 남자'의 뜻으로 사내종을 말한다.
③ '부역(賦役)'은 '국가에서 국민에게 대가를 치르지 않고 의무적으로 시키는 노동'을 말한다.
⑤ '관아(官衙)'는 '벼슬아치들이 모여 나랏일을 처리하던 곳'을 말한다.

03

㉠에 들어갈 말은 문에 걸 수 있는 것이어야 한다. 그래야 문에 걸려 있는 ㉠을 걷고 마루로 나올 수 있기 때문

이다. 따라서 '구슬 따위를 꿰어서 만든 발'을 의미하는 '주렴(珠簾)'이 들어가야 한다. 또한 ㉡에 들어갈 말은 물을 떠서 먹을 수 있는 도구이어야 하므로, '한 개의 표주박'을 의미하는 '단표자(單瓢子)'가 들어가야 한다.

오답 풀이

① '일단(一簞)'은 '대나무로 만든 그릇이나 도시락 한 개 또는 거기에 담은 음식'을 의미하므로, 문에 걸려 있기에는 적절하지 않다.

②, ④ '앙금(鴛衾)'은 '원앙을 수놓은 이불'을 의미하므로 문에 걸려 있기에는 적절하지 않다.

③, ④ '청려장(靑藜杖)'은 '명아줏대로 만든 지팡이'를 의미하므로, 물을 떠서 먹을 수 있는 도구로는 적절하지 않다.

04

'서자(庶子)'는 '양반과 양민 여성 사이에서 낳은 아들'을 의미하는데, 홍길동은 양반의 아버지와 천비(賤婢)의 어머니 사이에서 태어났으므로, '서자(庶子)'가 적절하다.

오답 풀이

① '장자(長子)'는 '둘 이상의 아들 가운데 맏이가 되는 아들'을 의미하는데 길동에게는 형이 있기 때문에 적절하지 않다.

② '적자(嫡子)'는 '정실이 낳은 아들'을 뜻하는데, 길동은 천비가 낳은 아들이기 때문에 적절하지 않다.

④, ⑤ 홍길동은 '서자'이기 때문에 양반이나 사대부라고 할 수 없다.

05

'사내종'을 의미하는 '노복(奴僕)'의 반댓말은 계집종이고, 계집종을 의미하는 말은 '시비(侍婢)'이다.

오답 풀이

①, ②, ⑤ 노비(奴婢), 비복(婢僕), 동지(僮指)는 '사내종과 계집종을 아울러 이르는 말'이다.

④ '행장(行裝)'은 '여행할 때 쓰는 물건과 차림'을 이르는 말이다.

06

'조선 시대에 백성들에게 곡식을 꾸어 주고 이자를 붙여 거두던 것'을 '환곡(還穀)'이라고 한다. 또한 '국가에서 국민에게 대가를 치르지 않고 의무적으로 시키는 노동'을 '부역(負役)'이라고 한다.

오답 풀이

'공역(公役)'은 '국가나 공공 단체가 지우는 의무'를 의미하며, '병역(兵役)'은 공역 중에서 국민으로서 수행하여야 하는 국가에 대한 군사적 의무를 말한다.

07

'배설(排設)하다'는 '연회나 의식에 물건을 차려 놓다'의 뜻이다. 따라서 잔치를 배설한다는 것은 잔치에 물건을 차려 놓은 것을 말한다.

08

구천에 돌아가도 눈을 감지 못한다는 것은 그만큼 원통함이 크다는 것을 의미한다. 따라서 '뼈에 사무칠 만큼 원통하고 한스러움. 또는 그런 일'을 의미하는 '각골통한(刻骨痛恨)'이 적절하다.

오답 풀이

② '구사일생(九死一生)'은 '아홉 번 죽을 뻔하다 한 번 살아난다는 뜻으로, 죽을 고비를 여러 차례 넘기고 겨우 살아남을 이르는 말'이다.

③ '사필귀정(事必歸正)'은 '모든 일은 반드시 바른길로 돌아감'을 의미한다.

④ '순망치한(脣亡齒寒)'은 '입술이 없으면 이가 시리다는 뜻으로, 서로 이해관계가 밀접한 사이에 어느 한쪽이 망하면 다른 한쪽도 그 영향을 받아 온전하기 어려움을 이르는 말'이다.

⑤ '연목구어(緣木求魚)'는 '나무에 올라가서 물고기를 구한다는 뜻으로, 도저히 불가능한 일을 굳이 하려 함을 비유적으로 이르는 말'이다.

기출로 감해지기　　　　　본문 92~93쪽

중심 내용 한눈에 보기　❶ 송사　❷ 짚옹고집　❸ 활인구제
❹ 거절(거부)

01 ③　**02** ③　**03** ①

01

참옹고집은 송사 가는 짚옹고집이 마을 사람들을 만날 때마다 자신보다 더 자신처럼 행동하며 자신이 할 말을 먼저 하는 것을 보며 답답함을 느끼고 있다. 참옹고집도 송사 가는 사람이므로, 송사 가는 이의 답답한 심정이 서술자에 의해 드러난다고 할 수 있다.

오답 풀이

① '용모 나와 비슷해 제가 내라 하고 자칭 옹고집이라 하기로, 억울한 분을 견지지 못하여 일체 구별로 송사하러 가는지라'라는 말을 통해 송사의 원인은 진짜와 가짜를 구별하는 것에 있음을 알 수 있고, 금전적 이해관계는 드러나지 않는다.

② 행인들은 참옹고집과 짚옹고집을 구분하지 못하기 때문에 송사 결과에 대해 예측하지 못하고 있다.

④ 송사 가는 이들은 참옹고집과 짚옹고집으로, 두 옹고집 간에 서로를 비방하는 대화가 오고 가지는 않는다.

⑤ 송사 가는 길에 새롭게 등장하는 인물은 마을 사람들이나 행인들인데, 그들의 외양을 묘사한 부분은 나타나 있지 않다.

02

ⓒ에서 짚옹고집은 도술을 부려 참옹고집이 근처에 온 것을 알아차리고 있을 뿐, 참옹고집의 거동을 수상히 여기고 있지는 않다.

오답 풀이

① ㉠은 참옹고집은 짚옹고집이 자신이 할 말을 다 먼저 하니 기가 질려 실성한 사람같이 되었으며, 이로 인해 자신이 아는 사람도 못 알아보고 있다.

② ㉡에서 참옹고집은 짚옹고집이 자신의 재물을 마음대로 쓰는 것을 못마땅하게 여기고 있다.

④ ㉣에서 참옹고집은 집에 들어가지 못하고 마을 뒷산에 앉아 눈물을 흘리며 서러워하고 있다.

⑤ ㉤에서 참옹고집은 집으로 가자는 사환들에게 갈 '마음이 전혀 없다'며 거절의 의사를 표하고 있다.

03

참옹고집은 짚옹고집이 자신의 재물을 마음대로 쓰며 활인구제를 하는 것에 대해 못마땅하게 여기고 있다. 따라서 짚옹고집이 활인구제하는 것에 대해 참옹고집이 어느 정도 인정하고 있지는 않다.

오답 풀이

② 짚옹고집은 송사 가는 길에 마을 사람들을 만나면 '깜짝 반겨 두 손을 잡고' 말하고 있으므로, 정말 반기는 태도를 보이고 있음을 알 수 있다.

③ 짚옹고집은 참옹고집을 불쌍하다고 말하면서, 사환들에게 참옹고집을 잔치에 데려올 것을 지시하고 있다.

④ '전전걸식(轉轉乞食)'은 '정처 없이 이리저리 돌아다니며 빌어먹음'을 뜻하므로, 참옹고집의 생활이 어려움을 나타낸다.

⑤ 참옹고집은 짚옹고집이 자신의 재물로 잔치를 벌이는 것을 보며 분한 마음을 드러내고 있다.

12강 문학 | 고전 소설 (2) – 영웅 이야기

어휘 더하기   본문 97쪽

⊙ 참고 견디어 내는

'이기는'의 대상인 '더위'가 '고통, 고난, 역경'에 해당하는 것이므로, '(고통이나 고난을) 참고 견디어 내는'을 뜻한다고 할 수 있다.

01

해가 설핏 기울어 걸려 있는 곳은 공중이므로, ㉠에는 '땅으로부터 그리 높지 아니한 허공'을 의미하는 '반공(半空)'이 들어가야 한다. 또한 선녀가 죄를 얻어 인간 세상으로 내려온 것이므로 ㉡에는 신선이 인간 세상에 내려옴'을 뜻하는 '적강(謫降)'이 들어가야 한다.

오답 풀이

③, ④ '이계(異界)'는 '인간 세상이 아닌 다른 세상'을 의미하는 말이며, '득도(得道)'는 '오묘한 이치나 도를 깨달음'을 의미한다.

⑤ '규방(閨房)'은 '부녀자가 거처하는 곳'이므로 해가 걸릴 수 있는 공간이 아니다.

02

'하릴없다'는 '달리 어떻게 할 도리가 없다'는 뜻이다. 따라서 '단념할 수밖에 달리 어찌할 도리가 없다'는 뜻의 '속절없다'와 의미가 유사하다.

03

〈보기〉를 보면 사명당이 조선을 향해 절을 하자 서쪽에서 오색구름이 일어나고 천지가 뒤엎어지는 듯한 일이 일어나고 있다. 이는 현실에서는 일어날 수 없는 기이한 것이므로 고전 소설의 '전기적(傳奇的)' 특징에 해당한다고 볼 수 있다.

오답 풀이

② '애상적(哀傷的)'은 '슬퍼하거나 가슴 아파하는 것'을 말한다.

③ '비판적(批判的)'은 '현상이나 사물의 옳고 그름을 판단하여 밝히거나 잘못된 점을 지적하는 것'을 말한다.

④ '냉소적(冷笑的)'은 '쌀쌀한 태도로 업신여기어 비웃는 것'을 말한다.

⑤ '자조적(自嘲的)'은 '자기를 비웃는 듯한 것'을 말한다.

04

(1) '원수(元帥)'는 군대에서 제일 높은 계급을 말한다. 하늘의 아들로 황제나 임금을 가리키는 것은 '천자(天子)'이다.

(2) '군담(軍談)'은 전쟁에 대한 이야기를 말한다. 따라서

전쟁에 대한 이야기를 다루고 있는 「임진록」은 '군담 소설'로 볼 수 있다.

(3) '주문(呪文)'은 '술법을 부리거나 귀신을 쫓을 때 외는 글귀'이므로 신비로운 능력을 발휘하는 것으로 볼 수 있다. 그러나 '제문(祭文)'은 '죽은 사람에 대하여 애도(哀悼)의 뜻을 나타내는 글'이므로 신비로운 능력과는 관련이 없다.

05

그가 다들 들으라는 듯이 큰 목소리로 말한다는 것은 남의 귀를 두려워하지 않는다는 뜻이다. 그리고 그가 떠날까 봐 노심초사한다는 것도 그가 떠나는 것을 두려워한다는 뜻이다. 같은 맥락에서 두 번째 문장에서도 그가 집 밖으로 나서는 것을 두려워한다고 볼 수 있다. 따라서 빈칸에는 '염려하거나 두려워하다'의 의미인 '저어(하다)'가 들어가야 한다.

06

영수와 민지는 무지개를 보며 좋은 일이 생길 것 같다고 말하고 있다. 따라서 빈칸에는 '복되고 또한 일이 일어날 조짐이 있다'를 뜻하는 '상서롭다'가 들어가야 한다.

07

승상은 사부가 환술로써 자신을 희롱하고 있다고 생각하며 따지고 있다. '희롱하다'는 '말이나 행동으로 실없이 놀리다'를 뜻하므로 사부가 자신을 놀리고 있다고 생각하는 것이다.

08

㉠의 '이기다'라는 서술어의 대상이 '반가움'이라는 감정이기 때문에 '이기다'의 의미는 '감정이나 욕망 따위를 억누르다'이다.

오답 풀이
② 친구가 이기지 못하는 대상이 '몸'이므로, '이기다'의 의미는 '몸을 곧추거나 가누다'이다.
③ 형이 이긴 대상이 '역경'이므로, '이기다'의 의미는 '고통이나 고난을 참고 견디어 내다'이다.
④ 우리 팀이 이긴 대상이 '상대 팀'이므로, '이기다'의 의미는 '내기나 시합, 싸움 따위에서 재주나 힘을 겨루어 우위를 차지하다'이다.
⑤ 삼촌이 이긴 대상이 '병'이므로, '이기다'의 의미는 '고통이나 고난을 참고 견디어 내다'이다.

중심 내용 한눈에 보기 ❶ 일영주 ❷ 촉나라 ❸ 오작 ❹ 선동

01 ④   02 ④   03 ①

01

성의는 일영주를 쓰지 못해 '우리 모친이 속절없이 황천에 돌아가시겠도다.'라고 말하며 걱정하고 있다.

오답 풀이
① 성의는 자신의 눈을 멀게 한 사형이 불량하다고 말하며 원망하고는 있으나, 사형에게 복수할 것을 다짐하지는 않는다.
② 호 승상은 단지 성의가 있는 곳 근처를 지나가고 있을 뿐, 성의에게 오작을 보내 성의가 목숨을 구하도록 돕고 있지는 않다.
③ 성의가 단저를 만들어 곡조를 분 것은 특별한 목적이 있어서 한 행동이 아니다. 또한 성의가 처량한 곡조를 분 것은 사형에게 일영주를 뺏겨 모친의 목숨을 구하지 못한 것에 대해 안타까움을 표현한 것이다.
⑤ 호승상은 피리 소리를 들으며 '선동이 옥저를 불어 속객을 희롱하는도다.'라고 말하는데, 이는 선동이 자신의 놀리고 있다고 생각하는 것이 아니라, 그만큼 피리 소리가 아름답고 뛰어나다는 것을 비유적으로 말한 것이다.

02

성의가 부는 피리 소리의 처량한 곡조를 '소리 처량하다'고 하였는데 이는 지나가던 호승상의 발걸음을 멈추게 한 소리이지, 천상계에 성의의 재능을 알리는 소리는 아니다.

오답 풀이
① '청아한 소리'는 '대 소리'를 의미하며, 성의는 이 소리를 통해 자신이 있는 곳이 촉나라 땅임을 짐작하고 있다.
② 까마귀가 우지진다는 것은 근처에 먹을 것이 있다는 것을 알려 주는 소리이며, 성의는 이 소리에 따라 손에 짚이는 과일을 먹으며 허기를 달랬다.
③ 죽림에서 한 대나무가 금풍에 따라 스스로 응하여 소리를 내고 있으며, 성의는 이 소리를 듣고 우는 대나무를 찾아 잡고 칼로 대를 베어 피리를 만들고 있다.
⑤ 사람이 없는 무인지경의 곳에서 지나가던 호승상이 성의의 처량한 피리 소리에 귀를 기울이고 있으므로, 곧 성의와 만나게 될 것임을 짐작할 수 있다. 따라서 성의의 피리 소리는 성의가 타인과 만나는 계기가 되는 소리라고 할 수 있다.

03

ⓐ '만경창파(萬頃蒼波)'는 '만 이랑의 푸른 물결이라는 뜻으로, 한없이 넓고 넓은 바다를 이르는 말'이다. 따라서 들판이 넓게 펼쳐진 곳이라는 뜻풀이는 적절하지 않다.

13강 문학 | 현대 소설 (1) − 일제 강점기~6·25 전쟁

어휘 **더하기**　　　　　　　　　　　본문 105쪽

⊙ 생사고락(生死苦樂)

버마 전선에서 같은 소대에 근무했다면 전쟁에서 삶과 죽음의 상황을 함께 겪었음을 알 수 있다. 따라서 빈칸에 들어갈 한자 성어는 '생사고락(生死苦樂)'이 적절하다.

문제로 **확인하기**　　　　　　　　본문 106~107쪽

01 ⓐ 왕겨 ⓑ 현미 ⓒ 정미소 **02** ② **03** ③ **04** ③ **05** ③
06 상흔 **07** (1) 시행착오 (2) 시대착오
개념어를 알면 **답**이 보인다
08 ⑤

01

ⓐ는 '벼의 겉겨(곡식의 겉에서 맨 처음 벗긴 굵은 겨)'를 가리키므로 '왕겨'이고, ⓑ는 '벼의 겉껍질(ⓐ)만 벗겨 낸 쌀'을 상태를 말하므로 '현미(玄米)'이다. 그리고 '쌀 찧는 일을 전문적으로 하는 곳'을 '정미소(精米所)'라고 하므로 ⓒ에 들어갈 말은 '정미소'이다.

02

㉠은 배참봉 댁에서 어떤 일을 수행하는 것인데, '지주(地主)'는 땅의 주인을 가리키는 말이므로 배참봉 댁에서 수행해야 할 직무에 해당하지 않는다. 따라서 ㉠에 들어갈 말은 '지주를 대신하여 소작권을 관리하는 사람'인 '마름'이다. 그리고 ㉡은 그러한 마름에게 닭을 보내거나 품을 주어야 하는 사람이므로, '다른 사람의 농지를 빌려 농사를 짓고 그 대가로 사용료를 지급하는 사람'인 '작인(作人)'이라고 할 수 있다. 작인이 닭을 보내지 않거나 품을 좀 안 주었을 때 떨어지는 것은 '땅'이라고 할 수 있다. 따라서 ㉢에 들어갈 말은 '땅'이다.

03

〈보기〉의 '자신은 무고하다', ①의 '무고한 백성', ②의 '무고한 인명 피해', ④의 '무고하게 죄를 뒤집어써서'에 사용된 '무고(無辜)하다'는 '허물이나 잘못이 없다'는 뜻으로 쓰였다. 이와 달리 ③의 '남을 도리어 무고하는'에서의 '무고(誣告)하다'는 '사실이 아닌 일을 거짓으로 꾸미

어 해당 기관에 고소하거나 고발하다'의 뜻으로 쓰였다.

04

'전쟁터(戰爭터)'는 '싸움을 치르는 장소'라는 뜻으로, '전장(戰場)'과 같은 의미의 단어이다.

오답 풀이
① '전화(戰禍)'는 '전쟁으로 인한 재화나 피해'를 의미한다.
② '포화(砲火)'는 '총포를 쏠 때 일어나는 불'을 의미한다.
④ '수복(收復)'은 '잃었던 땅이나 권리 따위를 되찾음'을 의미한다.
⑤ '탈환(奪還)'은 '빼앗겼던 것을 도로 빼앗아 되찾음'을 의미한다.

05

③에 쓰인 단어 '치부(恥部)'는 '남에게 드러내고 싶지 않은 부끄러운 부분'을 의미하는데, 예문에 쓰인 '치부(置簿)하다'는 '마음속으로 그러하다고 보거나 여기다'를 의미하므로 그 뜻이 다르다.

06

빈칸에 들어갈 말은 한국 전쟁이 남긴 것이며, 이로 인해 좌절할 수 있는 대상이다. 따라서 '상처를 입은 자리에 남은 흔적'을 의미하는 '상흔(傷痕)'이 들어가는 것이 적절하다.

07

(1) 신제품을 개발하면서 우리 회사는 여러 번의 잘못을 되풀이하다가 점차 알맞은 방법을 찾은 경우이므로 '시행착오(試行錯誤)'가 적절하다.
(2) 좋은 대학을 나와야만 성공할 수 있다는 생각은 '변화된 새로운 시대의 풍조에 비해 뒤떨어진 생각으로 대처하는 일'이므로 '시대착오(時代錯誤)'가 적절하다.

08

ⓐ '아슬아슬한 죽음의 고비'는 '사느냐 죽느냐의 갈림길'을 의미하므로, '생사기로(生死岐路)'가 적절하다.

오답 풀이
① '고진감래(苦盡甘來)'는 '쓴 것이 다하면 단 것이 온다는 뜻으로, 고생 끝에 즐거움이 옴을 이르는 말'이다.
② '내우외환(內憂外患)'은 '나라 안팎의 여러 가지 어려움'을 뜻한다.
③ '맥수지탄(麥秀之嘆)'은 '고국의 멸망을 한탄함을 이르는 말'로 기자(箕子)가 은(殷)나라가 망한 뒤에도 보리만은 잘 자라는 것을 보고 한탄하였다는 데서 유래한 말이다.
④ '사생결단(死生決斷)'은 '죽고 사는 것을 돌보지 않고 끝장을 내려 함'을 의미한다.

중심 내용 한눈에 보기 ❶ 배급 ❷ 갈가마귀떼 ❸ 윤씨 ❹ 전쟁

01 ③ **02** ⑤

01

③의 '굶주린 이리떼'는 사람들이 눈에 핏발이 서서 자루에 곡식을 넣는 모습을 비유한 말이다. 이는 굶주림에 지친 사람들이 곡식을 향해 맹렬하게 달려드는 모습을 나타낸 것이지, 이웃의 죽음조차 외면하는 냉혹한 모습을 나타낸 것은 아니다.

오답 풀이

① '식량'을 얻으려다가 윤씨가 총에 맞아 쓰러지는 내용이 나오는데, 이처럼 후방에서도 사람이 죽는다는 것은 전쟁에 있어 '전장'과 '후방'이 구분되지 않는 혼란한 현장을 보여 주는 것이다.

② 사람들이 갈가마귀떼처럼 몰려들어 가마니를 열었고, 악을 쓰면서 자루에 곡식을 집어넣고 있다. 이는 전쟁이 아니었다면 볼 수 없는 비인간적인 풍경이다. 따라서 악을 쓰며 곡식을 향해 달려드는 사람들을 '갈가마귀떼'에 비유한 것은 인간의 기본적인 존엄성마저 상실한 채 살아가는 사람들을 떠올리게 한다.

④ 윤씨가 꼭 껴안고 있는 쌀자루가 피에 젖어 거무죽죽하다는 것은, 전쟁의 폭력으로 인해 윤씨가 상처를 입었음을 의미한다. 따라서 피에 젖은 '쌀자루'는 전쟁으로 인해 무고한 인물이 입은 상처를 나타낸다고 볼 수 있다.

⑤ 지영이 윤씨를 업고 벼랑을 기어오르는 것은 전쟁 속에서 살아남으려고 하는 행동이다. 따라서 벼랑을 기어오르는 모습은 전쟁 속에서 생존을 위해 몸부림치는 인물의 처지를 나타낸다고 볼 수 있다.

02

'지영은 윤씨를 안아 일으킨다. 그리고 들쳐 업는다. 그는 한 발 한 발 힘을 주며 걸음을 옮긴다. 윤씨를 업고 벼랑을 기어오른다.'에서 총에 맞아 쓰러진 윤씨를 구하기 위한 지영의 연속적인 행위를 제시함으로써 인물이 처한 긴박한 상황을 드러내고 있다.

오답 풀이

① 인물의 회상이 아닌, 작품 밖의 서술자가 인물들의 행위를 현장감 있게 제시하고 있다.

② 강의 얼음이 아직 풀리지 않았다는 내용을 통해 계절적 배경만을 알 수 있으며, 시간적 배경을 묘사하여 인물의 성격 변화를 암시하고 있지는 않다.

③ 윤씨와 지영이라는 인물이 겪는 상황을 구체적이고 현실적으로 드러내고 있으므로, 인물의 경험을 관념적으로 서술한다는 설명은 적절하지 않다.

④ 인물들의 대화가 나타나 있기는 하나, 대화를 통해 과거로 돌아가려고 하는 것이 아니라 피란을 가지 않은 것 때문에 무슨 화를 입지나 않을까 걱정하고 있을 뿐이다.

14강 문학 | 현대 소설 (2) – 근대화·산업화

⊙ 중구난방(衆口難防)

많은 사람들이 핏대를 올리며 소리를 지르고 있는 상황이므로, '막기 어려울 정도로 여럿이 마구 지껄임'을 의미하는 '중구난방(衆口難防)'이 적절하다.

01 신작로 **02** ㉠ – ⓒ, ㉡ – ⓑ, ㉢ – ⓐ **03** ③ **04** ②
05 (1) 노동자 (2) 이치 **06** ① **07** ② **08** 현장감, 소외
개념어를 알면 답이 보인다
09 ③

01

'새로 만든 길'이라는 뜻으로, 자동차가 다닐 수 있을 정도로 넓게 새로 낸 길'을 '신작로(新作路)'라고 한다.

02

㉠ 인물 간의 갈등을 다각적인 측면에서 자세히 살펴보는 것이므로, '일정한 관점에서 어떤 특정한 사실을 자세히 살펴본다'는 뜻의 '조명하다'가 적절하다.

㉡ 현실의 이면에 감추어져 있는 실상을 증언하는 것이므로 '이치에 맞지 아니하거나 도리에 어긋나는 일'이라는 뜻의 '부조리(不條理)'가 적절하다.

㉢ 의태어를 활용하여 대상의 움직이는 모습을 눈앞에서 보는 것처럼 보여 주는 것이므로 '바로 눈앞에서 보는 것처럼 명백하고 뚜렷하다'는 뜻의 '생생하다'가 적절하다.

03

'도회(都會)'의 뜻은 '사람이 많이 살고 상공업이 발달한 번잡한 지역'을 말한다. 따라서 '도회'와 바꿔 쓸 수 있는 말로는 '일정한 지역의 정치, 경제, 문화의 중심이 되는, 사람이 많이 사는 지역'을 뜻하는 '도시(都市)'가 가장 적절하다.

오답 풀이
① '세상(世上)'은 '사람이 살고 있는 모든 사회'를 의미한다.
② '세태(世態)'는 '사람들의 일상생활. 풍습 따위에서 보이는 세상의 상태나 형편'을 의미한다.
④ '농촌(農村)'은 '주민의 대부분이 농업에 종사하는 마을이나 지역'을 의미한다.
⑤ '풍습(風習)'은 '풍속과 습관을 아울러 이르는 말'이다.

04

㉠ 일제 강점기부터 6·25 전쟁까지는 역사적으로 많은 사건이 있었던 시기이므로, '사회의 발전이나 역사가 급격하게 움직이는 시기'를 의미하는 '격동기(激動期)'가 적절하다.

㉡ 격동기의 시기에는 사회의 모습이 변화하므로, '그 시대의 풍조나 경향'을 의미하는 '시류'가 적절하다. 그리고 '유행(流行)'도 '특정한 행동 양식이나 사상 따위가 일시적으로 많은 사람의 추종을 받아서 널리 퍼지는 경향'을 의미하므로 빈칸에 들어갈 수 있다.

㉢ 그때그때의 상황에 따라 자신에게 이로운 쪽으로 행동하는 것은 '기회주의자(機會主義者)'의 모습이다. '기회주의'의 뜻이 '그때그때의 일이 돌아가는 형편에 따라 이로운 쪽으로 행동하는 사람'이기 때문이다. 이와 달리 '사회주의자(社會主義者)'는 '사회주의를 믿거나 주장하는 사람'을 말하는데, '사회주의'는 '사유 재산 제도를 폐지하고 생산 수단을 사회화하여 자본주의 제도의 사회적·경제적 모순을 극복한 사회 제도를 실현하려는 사상'을 의미한다.

05

(1) 빈칸에 들어갈 말은 생산 수단이 없는 사람이어야 한다. 따라서 '노동력을 제공하고 얻은 임금으로 생활을 유지하는 사람'인 '노동자(勞動者)'가 적절하다.

(2) 사람이 나이가 들면서 늙는 것은 자연의 원리에 해당하므로 '사물의 정당한 조리. 또는 도리에 맞는 취지'를 뜻하는 '이치(理致)'가 적절하다.

06

'생경(生硬)하다'는 '익숙하지 않아 어색하다'를 뜻한다. 따라서 반대말은 '어떤 일을 여러 번 하여 서투르지 않은 상태에 있다'는 뜻의 '익숙하다'가 적절하다.

오답 풀이
② '생소하다'는 '어떤 대상이 친숙하지 못하고 낯이 설다'를 의미한다.
③ '어색하다'는 '격식이나 규범, 관습 따위에 맞지 아니하여 자연스럽지 아니하다'를 의미한다.
④ '불편하다'는 '몸이나 마음이 편하지 아니하고 괴롭다'를 의미한다.
⑤ '어렵다'는 '하기가 까다로워 힘에 겹다'를 의미한다.

07

첫 번째 문장은 세상의 상태가 물신주의에 빠져 있음을 나타내고, 두 번째 문장은 '당시 서울의 상태가 작품에 반영된 양상을 살펴보는 것'이므로 빈칸에 들어갈 말은 '세태(世態)'이다.

08

첫 번째 문장은 전쟁터의 현장에서 이루어지고 있는 절박한 상황을 생생하게 느낄 수 있으므로, 빈칸에 들어갈 말은 '어떤 일이 이루어지고 있는 현장에서 느낄 수 있는 느낌'이라는 뜻의 '현장감(現場感)'이다. 두 번째 문장은 산업화 시대에 노동자들이 생산 수단으로부터 멀어지고 있다는 내용이므로, 빈칸에 들어갈 말은 '어떤 무리에서 기피하여 따돌리거나 멀리함'을 의미하는 '소외(疏外)'이다.

09

ⓐ는 수십 명이 거의 동시에 떠들어 대고 있는 상황이므로, '막기 어려울 정도로 여럿이 마구 지껄임'을 이르는 말인 '중구난방(衆口難防)'이 적절하다.

오답 풀이
① '유구무언(有口無言)'은 '입은 있어도 말은 없다는 뜻으로, 변명할 말이 없거나 변명을 못함을 이르는 말'이다.
② '일구이언(一口二言)'은 '한 입으로 두 말을 한다는 뜻으로, 한 가지 일에 대하여 말을 이랬다저랬다 함을 이르는 말'이다.
④ '진퇴양난(進退兩難)'은 '이러지도 저러지도 못하는 어려운 처지'를 이르는 말이다
⑤ '횡설수설(橫說竪說)'은 '조리가 없이 말을 이러쿵저러쿵 지껄임'을 이르는 말이다

중심 내용 한눈에 보기 ❶ 낙동강 ❷ 동척 ❸ 국회 의원 ❹ 원한

01 ③ 02 ①

01

건우 할아버지와 윤춘삼의 이야기는 건우가 써냈던 〈섬 얘기〉에 몇 가지 기막히는 일화가 붙은 것인데, 이를 근거로 건우를 저항적 주체들의 중심인물이라고 말할 수는 없다. 더구나 건우는 아직 어린 학생이기 때문에 저항적 주체가 되기 어려우며, 이 소설에서 저항적 주체의 중심인물 역할을 하는 것은 '건우 할아버지'이다.

오답 풀이

① 〈보기〉에서 '작가는 공동체의 고통에 대한 공감을 바탕으로' 라고 하였으므로 '나'의 이야기는 조마이섬 사람들에 대한 공감을 담아낸 것으로 볼 수 있다. 또한 '나'는 건우 할아버지와 윤춘삼의 이야기를 들으며 그들의 원한을 짐작하고 있으므로 공동체의 고통을 공감하고 있다고 할 수 있다.

② 건우는 〈섬 얘기〉를 통해 조마이섬에 대한 이야기를 하고 있으므로, 땅의 소유권이 바뀌어 왔던 조마이섬의 현실을 증언하는 인물이라고 할 수 있다.

④ 〈보기〉에서 작가는 '부조리한 현실을 전달하고 증언하기 위해' 서술자 '나'의 이야기를 창조했다고 했다. 따라서 '나'의 이야기가 조마이섬과 관련된 몇 가지 기막히는 일화를 다루는 것은 현실의 이면에 감춰진 부조리한 실상을 증언하기 위해서이다.

⑤ 〈보기〉에서 작가는 땅을 둘러싼 권력의 횡포를 비판하고, '뿌리 뽑힌 사람들'의 삶을 서술자와 등장인물을 통해 증언한다고 하였다. 따라서 대대로 땅을 빼앗겨 온 건우 할아버지의 이야기를 제시했다는 것은 '나'의 이야기가 권력의 횡포를 비판하는 것이라고 할 수 있다.

02

ⓐ를 보면 조마이섬 사람들이 오랫동안 땅을 빼앗겨 온 것에 대한 억울함과 원통함을 갖고 있음을 알 수 있다. 따라서 이러한 마음을 가장 잘 나타낼 수 있는 한자 성어는 '뼈에 사무칠 만큼 원통하고 한스러움'을 의미하는 '각골통한(刻骨痛恨)'이다.

오답 풀이

② '노심초사(勞心焦思)'는 '몹시 마음을 쓰며 애를 태움'을 의미한다.

③ '전전반측(輾轉反側)'은 '누워서 몸을 이리저리 뒤척이며 잠을 이루지 못함'을 의미한다.

④ '풍수지탄(風樹之嘆)'은 '효도를 다하지 못한 채 어버이를 여읜 자식의 슬픔을 이르는 말'이다.

⑤ '후회막급(後悔莫及)'은 '이미 잘못된 뒤에 아무리 후회하여도 다시 어찌할 수가 없음'을 의미한다.

15강 문학 | 형성 평가

01 ① 02 (1) ④ (2) ②   03 ⑤ 04 ② 05 ③ 06 ①
07 ⑤ 08 ㉠-ⓑ, ㉡-ⓒ, ㉢-ⓐ 09 ① 10 ④ 11 ⑤
12 ④ 13 ② 14 ① 15 ③ 16 ② 17 ③ 18 전장
19 마름 20 ② 21 해설 참조

01

'사립문'은 '나뭇가지를 엮어서 만든 문짝인 사립짝을 달아서 만든 문'을 가리키며, 이는 다른 말로 '시비(柴扉)' 라고도 한다.

02

(1) 빈칸에 들어갈 말은 화자가 '벗'이라 생각하는 존재이며, '오며 가며' 하는 사이여야 하므로 사람이나 동물이어야 한다. 따라서 '갈매기'를 의미하는 '백구(白鷗)'가 들어가는 것이 적절하다.

(2) 빈칸에 들어갈 말은 창밖에 심은 매화가 머금고 있는 것이어야 한다. 흔히 '그윽히 풍기는 향기'의 뜻인 '암향'은 흔히 매화의 향기를 이르므로, 빈칸에는 '암향(暗香)'이 들어가는 것이 적절하다.

03

㉢은 '임금의 은혜'를 뜻하는 말로 화자가 이렇게 말한 것은 임금이 자신에게 관동 팔백 리를 맡겼기 때문인데, 이는 자신에게 관직을 준 것에 대한 감사의 마음을 나타낸 것이다. 그러나 '공명(功名)'은 '공을 세워서 자기의 이름을 널리 드러냄'을 뜻하므로 비슷한 말이 아니다.

오답 풀이

① '강호(江湖)'의 뜻은 '(옛날에) 시인이나 정치인 등이 현실을 도피하여 살던 시골이나 자연'을 의미하므로, 옛 사람들이 현실을 떠나 지냈던 자연이라고 볼 수 있다.

② '홍진(紅塵)'은 '번거롭고 속된 세상을 비유적으로 이르는 말'이고, '속세(俗世)'는 '갖은 고민과 괴로움으로 가득한 현실의 세상'을 의미하므로, '강호(江湖)'와 대조적인 공간이라고 할 수 있다.

③ '조선 시대에 은자나 시인, 묵객들이 현실을 도피하여 자연을 벗 삼아 지내면서 일으킨 시가 창작의 한 경향'을 '강호가도(江湖歌道)'라고 한다.

④ ㉡이 자연을 몹시 사랑하는 병이라면, '자연의 아름다운 경치를 몹시 사랑하고 즐기는 성벽(굳어진 성질이나 버릇)'을 뜻하는 '천석고황(泉石膏肓)'이라고 할 수 있다.

04

술기운이 점점 올라 기생 노래 같은 것을 놀잇배에다 가득 실었다고 했으니 ㉠에 들어갈 말은 '풍류(風流)'가 적절하다. '기생 노래'는 '멋스럽고 풍치가 있게 노는 것'이라 볼 수 있기 때문이다. '망혜(芒鞋)'는 '삼이나 노 따위로 짚신처럼 삼은 신'이기 때문에 ㉠에 적절하지 않다. 또한 ㉡에는 '조정' 또는 '백성'이 들어가는 것이 적절하다. 경이 편안하도록 지켜야 하는 대상에는 '조정'이나 '백성'이기 때문이다. 하지만 '얇은 비단으로 만든 장막'이라는 뜻의 '나위'는 지켜야 하는 대상이 아니다. 그리고 ㉢에는 '적강(謫降)'이 들어가는 것이 적절하다. 용왕의 아들은 초월적 존재이기 때문에 대성은 '신선이 인간 세상에 내려오거나 사람으로 태어남'의 뜻인 '적강(謫降)'한 인물로 볼 수 있다.

05

정철의 시조에서 화자는 어버이가 살아 있을 때 잘 섬기라고 말하고 있다. 어버이가 돌아가신 후에는 애달프다 한들 어찌할 수 없기 때문이다. 따라서 이 시조와 관련 있는 한자 성어는 '풍수지탄(風樹之嘆)'이다. '풍수지탄(風樹之嘆)'은 '효도를 다하지 못한 채 어버이를 여읜 자식의 슬픔을 이르는 말'이기 때문이다.

오답 풀이
① '맥수지탄(麥秀之嘆)'은 '고국의 멸망을 한탄함을 이르는 말'이다.
② '생사고락(生死苦樂)'은 '삶과 죽음, 괴로움과 즐거움을 통틀어 이르는 말'이다.
④ '간담상조(肝膽相照)'는 '서로 속마음을 털어놓고 친하게 사귐'을 이르는 말이다.
⑤ '곡학아세(曲學阿世)'는 '바른길에서 벗어난 학문으로 세상 사람에게 아첨함'을 이르는 말이다.

06

'이경(二更)'은 '하룻밤을 오경(五更)으로 나눈 둘째 부분'으로, 밤 아홉 시부터 열한 시 사이를 말한다. 그런데 '이경 끝'이라고 하였으므로 빈칸에 들어갈 말은 '시간'을 나타내는 말이어야 하고, '밤 열한 시에서 새벽 한 시 사이'를 나타내는 '삼경(三更)'이 적절하다.

오답 풀이
② '빈천(貧賤)'은 '가난하고 천함'을 뜻한다.
③ '앙금(鴦衾)'은 '원앙을 수놓은 이불'을 뜻한다.
④ '환곡(還穀)'은 '조선 시대에 곡식을 저장하였다가 백성들에게 꾸어 주고 이자를 붙여 거두던 일. 또는 그 곡식'을 말한다.
⑤ '부역(賦役)'은 '국가에서 국민에게 대가를 치르지 않고 의무

적으로 시키는 노동'을 말한다.

07

'노복(奴僕)'은 '종살이를 하는 남자'를 이루다. '남의 집에 딸려 천한 일을 하던 계집종'은 '시비(侍婢)'라고 한다.

08

㉠은 배가 고파서 콩 하나 먹으려다 덫에 덜컥 치어 어쩔 수 없이 이별하게 되었다는 내용으로 빈칸에 들어갈 말은 '어쩔 수 없이'를 의미하는 말이어야 한다. 따라서 '단념할 수밖에 달리 어찌할 도리가 없다'는 뜻의 '속절없다'가 들어가는 것이 적절하다.

㉡은 성인의 덕을 본받고 악인을 두려워하며 사물에 대한 욕심이 없고 술과 여자에 관심이 없으니, 어찌 재산이 많고 지위가 높은 것을 바라겠느냐는 내용이다. 빈칸에 들어갈 말은 '두려워하다'에 해당하는 말이므로 '염려하거나 두려워하다'는 뜻의 '저어하다'가 들어가는 것이 적절하다.

㉢은 그가 겉으로는 공손하게 인사를 올렸지만 그 말투는 상대방을 놀리는 듯한 어투로 들렸다는 것이다. 따라서 빈칸에 들어갈 말은 '말이나 행동으로 실없이 놀리다'는 뜻의 '희롱하다'가 들어가는 것이 적절하다.

09

'규방(閨房)'는 '부녀자가 기거하는 방'으로 천자와 모든 신하가 의논을 하는 곳과 관련이 없다. 그러므로 '규방(閨房)'을 활용한 예문으로 적절하지 않다. 참고로 천자가 모든 신하와 의논하는 곳은 '조정(朝廷)'이다.

10

〈보기〉에서 '춘정을 이기지 못하여'에 쓰인 '이기다'와 ④의 '동생을 잃은 슬픔을 이기고'에 쓰인 '이기다'는 '감정이나 욕망, 흥취 따위를 억누르다'의 뜻으로 쓰였으므로 문맥상 의미가 통한다.

오답 풀이
① '더위를 이기는'에 쓰인 '이기다'의 뜻은 '고통이나 고난을 참고 견디어 내다'이다.
② '몸을 이기지 못한 채'에 쓰인 '이기다'의 뜻은 '몸을 곧추거나 가누다'이다. 즉, 지수가 자신의 몸을 가누지 못하는 것을 나타내는 것이다.
③ '우리 반이 다른 반들을 이기고'에 쓰인 '이기다'의 뜻은 '내기나 시합, 싸움 따위에서 재주나 힘을 겨루어 우위를 차지하다'이다.

⑤ '방망이로 빨래를 이기는'에 쓰인 '이기다'의 뜻은 '빨래 따위를 이리저리 뒤치며 두드리다'이다.

11

빈칸에는 '표 생원'이 나누어 줄 수 있는 대상이 들어가야 하므로 '집안 살림에 쓰는 온갖 물건'을 의미하는 '세간'이 들어가야 한다.

오답 풀이

① '식경(食頃)'은 '밥을 먹을 동안이라는 뜻으로, 잠깐 동안을 이르는 말'이므로, 나누어 줄 수 있는 대상이 아니다.
② '행화(杏花)'는 '살구나무의 꽃'을 뜻하므로, 꼭두각시가 표 생원에게 나누어 주기를 바라는 대상으로 보기 어렵다.
③ '노역(勞役)'은 '몹시 괴롭고 힘들게 일함'을 뜻하는 말이므로, 꼭두각시가 바라는 대상으로 볼 수 없다.
④ '실솔(蟋蟀)'은 '귀뚜라밋과의 곤충'을 의미하는 말이므로, 꼭두각시가 나누어 달라는 대상으로 볼 수 없다.

12

㉠에서 그를 탐험가로 만든 것은 알려지지 않는 세계를 그리워하며 가 보고자 하는 마음이며, ㉡에서 남자는 가족과 함께 보내는 생일을 간절히 그리워하며 바랐다고 할 수 있다. ㉢에서 민준이는 완벽한 사람인 것 같은 아버지를 그리워하며 그처럼 되기를 바라고 있으며, ㉣에서 누구나 여행에 대해 갖고 있는 마음은 가고 싶은 바람일 것이다. 따라서 ㉠~㉣에 공통으로 들어갈 말은 '동경(憧憬)'이 적절하며, '동경'의 뜻은 '어떤 대상을 마음속으로 간절히 그리워하고 바람'이다.

오답 풀이

① '경외(敬畏)'는 어떤 대상을 두려워하며 우러러 보는 것인데, ㉣에서 '두려움'이 있다고 보기는 어렵다. 여행을 가고 싶어 하는 많은 사람들이 두려움을 갖고 있다고 보는 것은 자연스럽지 않기 때문이다.
② '남의 인격, 사상, 행위 따위를 받들어 공경함'을 의미하는 단어는 '존경(尊敬)'이다.
③ '어떤 일을 당하여 감정. 충동 따위가 일어남'을 의미하는 단어는 '촉발(觸發)'이다.
⑤ '원칙이나 신념을 굽히지 아니하고 끝까지 지켜 나가는 꿋꿋한 의지'를 의미하는 단어는 '지조(志操)'이다.

13

외국에 살면 외국의 음식과 언어가 익숙하지 않다는 것이므로, '낯설어'와 바꿔 쓸 수 있는 말은 '어떤 일이 익숙하지 않아 어색하고 낯설다'를 의미하는 '생경하다'이다.

오답 풀이

① '묵중하다'는 '말이 적고 몸가짐이 신중하다'라는 뜻이므로 바

꿔 쓸 말로 적절하지 않다.
③ '저어하다'는 '염려하거나 두려워하다'라는 뜻이므로 바꿔 쓸 말로 적절하지 않다.
④ '촉발하다'는 '어떤 일을 당하여 감정. 충동 따위가 일어나다'라는 뜻이므로 바꿔 쓸 말로 적절하지 않다.
⑤ '환기하다'는 '주의나 여론. 생각 따위를 불러일으키다'라는 뜻이므로 바꿔 쓸 말로 적절하지 않다.

14

'삼순구식(三旬九食)'은 '삼십 일 동안 아홉 끼니밖에 먹지 못한다는 뜻으로, 몹시 가난함을 이르는 말'로, '구'는 '아홉[九]'을 의미한다. 따라서 나머지 넷의 '구'가 의미하는 '입[口]'과 다르다.

오답 풀이

② '유구무언(有口無言)'은 '입은 있어도 말은 없다는 뜻으로, 변명할 말이 없거나 변명을 못함을 이르는 말'이다. 따라서 '구'의 뜻은 '입[口]'이다.
③ '중구난방(衆口難防)'은 '뭇사람의 말을 막기가 어렵다는 뜻으로, 막기 어려울 정도로 여럿이 마구 지껄임을 이르는 말'이다. 따라서 '구'의 뜻은 '입[口]'이다.
④ '일구이언(一口二言)'은 '한 입으로 두 말을 한다는 뜻으로, 한 가지 일에 대하여 말을 이랬다저랬다 함을 이르는 말'이다. 따라서 '구'의 뜻은 '입[口]'이다.
⑤ '구밀복검(口蜜腹劍)'은 '입에는 꿀이 있고 배 속에는 칼이 있다는 뜻으로, 말로는 친한 듯하나 속으로는 해칠 생각이 있음을 이르는 말'이다. 따라서 '구'의 뜻은 '입[口]'이다.

15

이 시에서 화자는 산에 핀 산도화와 물에 발을 씻는 암사슴을 고요한 마음으로 관찰하고 있다. 따라서 이러한 화자의 모습은 관조적(觀照的) 태도라고 할 수 있다. 관조적 태도란 '고요한 마음으로 사물이나 현상을 관찰하거나 깊이 생각하는 것'을 의미한다.

오답 풀이

① '비판적(批判的)'은 '현상이나 사물의 옳고 그름을 판단하여 밝히거나 잘못된 점을 지적하는 것'을 의미하는데, 이 시에서 화자가 대상의 잘못된 점을 지적하는 내용은 나타나지 않는다.
② '냉소적(冷笑的)'은 '쌀쌀한 태도로 업신여기어 비웃는 것'을 의미하는데, 이 시에서 화자는 대상을 비웃고 있지 않다.
④ '회의적(懷疑的)'은 '어떤 일에 의심을 품는 것'을 의미하는데, 이 시에서 화자가 대상이나 상황에 대해 의심을 품는 내용은 나타나지 않는다.
⑤ '자조적(自嘲的)'은 '자기를 비웃는 듯한 것'을 의미하는데, 이 시에서 화자가 자기 스스로를 비웃는 듯한 태도는 나타나지 않는다.

16

첫 번째 문장에서 초가들은 모두 슬레이트나 기와지붕의 집들로 바뀌어 버렸으므로 '나'는 낯설고 어색한 느낌이 들 것이다. 따라서 빈칸에는 '익숙하지 않아 어색하다'는 뜻의 '생경하다'가 들어가는 것이 적절하다. 두 번째 문장에서도 '마치 조선 시대에서 갓 튀어나온 것' 같은 사람에게 어색한 느낌을 받고 있는 것이며, 세 번째 문장에서도 '마치 외계어를 듣는 것' 같다는 것은 어색한 느낌이 든다는 것이다. 따라서 두 번째와 세 번째 문장의 빈칸에도 '생경하다'가 들어가는 것이 적절하다.

17

(가)의 화자는 거울을 통해 '거울 속의 나'를 만날 수 있다고 말하고 있다. 즉 거울을 통해 '나'를 만나서 살펴보고 있는 것이다. 또한 (나)에서는 ⓐ가 '화자가 자신의 내면을 들여다보며 살피는' 것이라고 하였다. 따라서 ⓐ에 들어갈 말은 '성찰(省察)'이 가장 적절하다. '성찰(省察)'은 '자기의 마음을 반성하고 살피는 것'을 뜻한다.

오답 풀이
① '갈망(渴望)'은 '간절히 바람'의 의미인데, 화자가 내면을 간절히 바라고 있지는 않다.
② '경도(傾倒)'는 '온 마음을 기울여 사모하거나 열중함'을 의미하므로 내면을 살피는 것과 관련이 없다.
④ '괴리(乖離)'는 '서로 어그러져 동떨어짐'을 의미하므로, 자신의 내면을 들여다보고 살피는 것이 아니다.
⑤ '수복(收復)'은 '잃었던 땅이나 권리 따위를 되찾음'을 의미하므로, 내면을 들여다보는 것과 관련이 없다.

18

'싸움을 치르는 장소'를 뜻하는 말은 '전장(戰場)'과 '전쟁(戰爭)터'가 있는데, 이 중 두 글자로 이루어진 말은 '전장(戰場)'이다. 또한 '전장(戰場)'의 첫 번째 글자인 '전(戰)'은 '싸움'을 의미하고, 두 번째 글자인 '장(場)'은 '어떤 일이 행하여지는 곳'을 의미한다.

19

'마름'은 '지주를 대리하여 소작권을 관리하는 사람'을 뜻한다. '부재하는 지주를 대리하여 추수기의 작황을 조사하고 소작인으로부터 직접 소작료를 거둬들여 지주에게 상납하는 일'을 하였던 '대리 감독인'은 '마름'에 해당한다.

20

적군의 '썩어 문드러진 살덩이와 뼈'라는 것은 적군의 죽은 시체를 의미한다. 따라서 '죽은 사람의 몸을 이르는 말'인 '주검'이 들어가는 것이 적절하다.

21

1무					10전	장
2상	3서	롭	다		기	
	자				11적	12강
4무		6도	7회			호
5고	황		한			
하		8동		13애	14상	적
다		9경	외		흔	

III | 독서(인문·사회·예술)

16강 독서 | 인문 (1) - 동양 철학

어휘 더하기   본문 129쪽

⊙ ④

제시된 문장에 쓰인 '벗어나다'는 문맥상 '어려운 일이나 처지에서 헤어나다'를 뜻한다. 이와 같은 뜻으로 쓰인 것은 ④의 '벗어나다'이다.

오답 풀이
① '벗어나다'는 '구속이나 장애로부터 자유로워지다'를 뜻한다.
② '벗어나다'는 '규범이나 기준, 이치 등에 맞지 않고 어긋나다'를 뜻한다.
③ '벗어나다'는 '공간적 범위나 경계 밖으로 빠져나오다'를 뜻한다.
⑤ '벗어나다'는 '동아리나 어떤 집단에서 빠져나오다'를 뜻한다.

문제로 확인하기   본문 130~131쪽

01 (1) 담론 (2) 관조 **02** ④ **03** ② **04** ① **05** (1) ②
(2) ⑤ **06** ②
실전 어휘 를 알면 답이 보인다
07 ③

01

(1) 어떤 화제에 대하여 이야기를 주고받으며 논의하는

것을 '담론(談論)'이라고 한다.

(2) 고요한 마음으로 사물이나 현상을 관찰하거나 비추어 보는 것을 '관조(觀照)'라고 한다.

오답 풀이
(1) '담합(談合)'은 '서로 의논하여 합의함'을 뜻하고, '담소(談笑)'는 '웃고 즐기면서 이야기함'을 뜻한다.
(2) '관망(觀望)'은 '한발 물러나서 어떤 일이 되어 가는 형편을 바라봄'을 뜻하고, '관측(觀測)'은 '육안이나 기계로 자연 현상 특히 천체나 기상의 상태, 추이, 변화 따위를 관찰하여 측정하는 일'을 뜻한다.

02

'규명(糾明)'은 '어떤 사실을 자세히 따져서 바로 밝힘'을 뜻한다. 문맥을 고려할 때, ④의 밑줄 친 부분에는 '어떤 잘못이나 실수에 대하여 구실을 대며 그 까닭을 말함'을 뜻하는 '변명(辨明)'이 적절하다.

오답 풀이
① '판명(判明)'은 '어떤 사실을 판단하여 명백하게 밝힘'을 뜻한다.
② '구명(究明)'은 '사물의 본질, 원인 따위를 깊이 연구하여 밝힘'을 뜻한다.
③ '해명(解明)'은 '까닭이나 내용을 풀어서 밝힘'을 뜻한다.
⑤ '소명(疏明)'은 '까닭이나 이유를 밝혀 설명함'을 뜻한다.

03

ㄱ~ㄷ의 문맥을 고려할 때, 공통으로 들어가기에 적절한 단어는 '통념(通念)'이다. '통념'은 '일반적으로 널리 통하는 개념'을 뜻한다.

오답 풀이
① '상념(想念)'은 '마음속에 품고 있는 여러 가지 생각'을 뜻한다.
③ '개념(概念)'은 '어떤 사물이나 현상에 대한 일반적인 지식'을 뜻한다.
④ '속설(俗說)'은 '사람들 사이에서 전해 내려오는 설명이나 의견'을 뜻한다.
⑤ '인식(認識)'은 '사물을 분별하고 판단하여 앎'을 뜻한다.

04

이(理)와 기(氣)의 원리를 통해서 우주 속에 존재하고 있는 모든 현상을 설명하는 성리학의 이론을 '이기론(理氣論)'이라고 한다. '이(理)'는 '만물의 이치, 원리, 질서'를 이르고, '기(氣)'는 이(理)에 대응되는 것으로 물질적인 바탕을 이른다.

05

(1) 어떤 대상을 깊이 생각하고 연구하는 것을 뜻하는 말은 '고찰(考察)하다'이다.

오답 풀이
① '강구(講究)하다'는 '좋은 대책과 방법을 궁리하여 찾아내거나 좋은 대책을 세우다'를 뜻한다.
③ '주관(主管)하다'는 '어떤 일을 책임을 지고 맡아 관리하다'를 뜻한다.
④ '관찰(洞察)하다'는 '사물이나 현상을 주의하여 자세히 살펴보다'를 뜻한다.
⑤ '고증(考證)하다'는 '예전에 있던 사물들의 시대, 가치, 내용 따위를 옛 문헌이나 물건에 기초하여 증거를 세워 이론적으로 밝히다'를 뜻한다.

(2) '말미암다'는 '어떤 현상이나 사물 따위가 원인이나 이유가 되다'를 뜻하며, '기인(起因)하다'와 바꾸어 쓸 수 있다.

오답 풀이
① '도입(導入)하다'는 '기술, 방법, 물자 따위를 끌어 들이다'를 뜻한다.
② '유인(誘引)하다'는 '주의나 흥미를 일으켜 꾀어내다'를 뜻한다.
③ '발발(勃發)하다'는 '전쟁이나 큰 사건 따위가 갑자기 일어나다'를 뜻한다.
④ '초래(招來)하다'는 '어떤 결과를 가져오게 하다'를 뜻한다. '초래하다'의 앞에는 결과에 해당하는 내용이 나오고, '기인하다'의 앞에는 원인에 해당하는 내용이 나온다.
예 부주의가 사고를 <u>초래한다</u>. / 사고는 부주의에서 <u>기인한다</u>.

06

문맥을 고려할 때, ②의 '사유(事由)'는 '일의 까닭'을 뜻한다.

오답 풀이
①, ③, ④, ⑤에 쓰인 '사유(思惟)'는 '대상을 두루 생각하는 일'이나 '개념, 구성, 판단, 추리 따위를 행하는 인간의 이성 작용'을 뜻한다.

07

'탈피(脫皮)하다'는 '일정한 상태나 처지에서 완전히 벗어나다'를 뜻하며, 제시된 문장의 문맥을 고려할 때 '벗어나다'와 바꿔 쓰기에 가장 적절하다.

오답 풀이
① '해소(解消)되다'는 '어려운 일이나 문제가 되는 상태가 해결되어 없어지다'를 뜻한다.
② '감면(減免)되다'는 '매겨야 할 부담 따위가 줄어들거나 면제되다'를 뜻한다.
④ '도피(逃避)하다'는 '도망하여 몸을 피하다'를 뜻한다.
⑤ '탈출(脫出)하다'는 '어떤 상황이나 구속 따위에서 빠져나오다'를 뜻한다.

중심 내용 한눈에 보기 ❶ 몸기계 ❷ 심주지각설 ❸ 사유

01 ④ 02 ③ 03 ①

01

1문단에 따르면 홉슨과 최한기 모두 인체가 외부 동력에 의한 기계적 인과 관계에 지배되는 것이 아니라 그 자체가 생명력을 가지고 자발적인 운동을 한다고 보았다. 따라서 ④의 진술은 적절하지 않다.

오답 풀이

① 1문단에 따르면 최한기는 홉슨의 저서를 접한 후 인체를 일종의 기계로 파악하고자 하는 생각이 더 분명해졌다. 따라서 홉슨의 『전체신론』은 기계론적 의학 이론에 관한 내용을 담고 있음을 알 수 있다.

② 2문단에 따르면 홉슨은 뇌가 운동뿐만 아니라 지각을 주관한다는 뇌주지각설을 주장하였다.

③ 1문단에 따르면 최한기는 '몸기계' 개념을 본격적으로 사용하기에 앞서 인체를 형체와 내부 장기로 구성된 일종의 기계로 파악하고 있었다. 이러한 생각이 홉슨의 저서를 접한 후 더 분명해졌다 하였으므로 ③의 진술은 적절하다.

⑤ 1문단에 따르면 『전체신론』 저자인 홉슨은 의료 선교사였으며 문한 소급 문제를 해결하기 위해 창조주와 같은 질적으로 다른 존재를 상정하였다. 이를 통해 『전체신론』에 기독교적 세계관이 포함되어 있다고 보는 것은 적절하다.

02

ㄴ. 3문단에 따르면 최한기는 '신기'가 감각 기관을 통한 지각 활동에 의해 외부 세계의 정보를 받아들인다고 주장하였다. 그리고 '신기'는 한 몸을 주관하며 그 자체가 하나로 통합되어 있기 때문에 감각을 통합할 수 있다고 보았다. 따라서 ㄴ은 최한기의 견해와 부합한다.

ㄷ. 3문단에 따르면 최한기는 '신기'는 신체와 함께 생성되고 소멸되는 것이며, 스스로의 사유를 통해 지각 내용을 조정하고, 그러한 작용에 적응하여 온갖 세계의 변화에 대응할 수 있다고 보았다. 따라서 ㄷ은 최한기의 견해와 부합한다.

오답 풀이

ㄱ. 3문단에 따르면 최한기는 지각 활동을 주관하는 '심'은 뇌나 심장 같은 인체 기관이 아니라 몸을 구성하면서 형체가 없이 몸속을 두루 돌아다니는 것이라고 하였다. 따라서 ㄱ은 최한기의 견해와 부합하지 않는다.

ㄹ. 3문단에 따르면 최한기는 '신기'가 하나로 통합되어 있으며 형체가 없이 몸속을 두루 돌아다닌다고 주장하였다. '신기'가 크고 작음으로 구분된다는 내용은 찾아볼 수 없다. 따라서 ㄹ은 최한기의 견해와 부합하지 않는다.

03

'결부하다'는 '일정한 사물이나 현상을 서로 연관시키다.'를 뜻하는 말이다. 따라서 '따로 나누어'와 바꿔 쓸 수 없다.

오답 풀이

② '수록되다'는 '책이나 잡지에 실리다.'를 뜻하므로 ⓒ은 '실린'과 바꿔 쓸 수 있다.

③ '부각하다'는 '어떤 사물을 특징지어 두드러지게 하다.'를 뜻하므로 ⓒ은 '두드러지게 하려'와 바꿔 쓸 수 있다.

④ '수용하다'는 '어떠한 것을 받아들이다.'를 뜻하므로 ⓔ은 '받아들인'과 바꿔 쓸 수 있다.

⑤ '생성되고'는 '사물이 생겨나다.'를 뜻하므로 ⑩은 '생겨나고'와 바꿔 쓸 수 있다.

17강 독서 | 인문 (2) - 서양 철학

어휘 더하기   본문 137쪽

⊙ ④

문맥을 고려할 때, 빈칸에는 '미루어 생각하여 판정함'을 뜻하는 '추정(推定)'이 들어가는 것이 적절하다.

01 (1) 합리론 (2) 메타 (3) 교조적 02 ② 03 ① 04 ④
05 ②

실전 어휘를 알면 답이 보인다

06 ④

01

(1) '합리론(合理論)'은 진정한 인식은 경험이 아닌 태어날 때부터 가지고 난 이성에 의하여 얻어진다고 하는 견해를 뜻한다.

(2) '메타'는 어떤 말 앞에 붙어서 '더 높은', '초월한', '~에 대한'의 뜻을 더해 주는 말이다.

(3) '교조적(敎條的)'은 '역사적 환경이나 구체적 현실과 관계없이 어떠한 상황에서도 절대로 변하지 않는 진리인 듯 믿고 따르는'을 뜻한다.

오답 풀이

'관조적(觀照的)'은 '고요한 마음으로 사물이나 현상을 관찰하거

나 비추어 보는'을 뜻한다.
'경험론(經驗論)'은 인식의 바탕이 경험에 있다고 보아, 경험의 내용이 곧 인식의 내용이 된다는 이론을 뜻한다.

02

제시된 세 문장의 문맥을 고려할 때 공통으로 들어가기에 적절한 단어는 '단초(端初)'이다. '단초'는 '일이나 사건을 풀어 나갈 수 있는 첫머리'를 뜻한다.

오답 풀이

① '배경(背景)'은 '사건이나 환경, 인물 따위를 둘러싼 주위의 정경'을 뜻한다.
③ '기원(基源)'는 '사물이나 일 따위의 기본이 되는 것'을 뜻한다.
④ '발단(發端)'은 '어떤 사건이나 원인의 처음'을 뜻한다.
⑤ '기회(機會)'는 '어떠한 일을 하는 데 적절한 시기나 경우'를 뜻한다.

03

'배(排)'에는 '물리치다'라는 뜻도 있고, '배열(排列)'에서와 같이 '늘어서다', '차례로 섬'이라는 뜻도 있다. '배열'은 '일정한 차례나 간격에 따라 벌여 놓음'을 뜻한다.

오답 풀이

② '배제(排除)'는 '받아들이지 아니하고 물리쳐 제외함'을 뜻한다.
③ '배타(排他)'는 '남을 싫어하여 거부하고 따돌림'을 뜻한다.
④ '배격(排擊)'은 '어떤 사상, 의견, 물건 따위를 물리침'을 뜻한다.
⑤ '배척(排斥)'은 '따돌리거나 거부하여 밀어 내침'을 뜻한다.

04

'역설(力說)하다'는 '자기의 뜻을 힘주어 말하다'를 뜻한다. 따라서 '힘주어 말하였다'와 바꿔 쓰기에 적절한 단어는 '역설하였다'이다.

오답 풀이

① '설득(說得)하다'는 '상대편이 이쪽 편의 이야기를 따르도록 여러 가지로 깨우쳐 말하다'를 뜻한다.
② '강론(講論)하다'는 '학술이나 도의(道義)의 뜻을 해설하며 토론하다'를 뜻한다.
③ '강구(講究)하다'는 '좋은 대책과 방법을 궁리하여 찾아내거나 좋은 대책을 세우다'를 뜻한다.
⑤ '두둔(斗頓)하다'는 '편들어 감싸 주거나 역성을 들어 주다'를 뜻한다.

05

'선험적(先驗的)'은 '경험에 앞서서 인식의 주관적 형식이 인간에게 있다고 주장하는, 또는 그런 것'을 뜻한다. 대상에 관계되지 않고 대상에 대한 인식이 선천적으로 가능함을 밝히려는 인식론적 태도를 말한다.
'직관(直觀)'은 '감각, 경험, 연상, 판단, 추리 따위의 사유 작용을 거치지 아니하고 대상을 직접적으로 파악하는 작용'을 뜻한다.

오답 풀이

① '연상(聯想)'은 '하나의 관념이 다른 관념을 불러일으키는 현상'을 뜻한다.
③, ⑤ '추론(推論)'은 '어떠한 판단을 근거로 삼아 다른 판단을 이끌어 냄'을 뜻한다.
④, ⑤ '경험적(經驗的)'은 '경험에 바탕을 둔 것'을 뜻한다.

06

'규정(規定)'은 '내용이나 성격, 의미 따위를 밝혀 정하다'를 뜻한다. '규칙에 의해 일정한 한도를 정함'을 뜻하는 단어는 '규제(規制)'이다.

중심 내용 한눈에 보기 ❶ 목적 ❷ 베이컨 ❸ 기계론적

01 ③   **02** ②   **03** ⑤

01

1문단에 따르면 아리스토텔레스는 자연물이 단순히 목적을 갖는데 그치는 것이 아니라 목적을 실현할 능력도 타고났다고 하였다. 따라서 ③의 진술은 아리스토텔레스의 견해와 일치한다.

오답 풀이

① 2문단에 따르면 아리스토텔레스는 인간만이 이성을 지닌다고 생각하였다. 따라서 개미의 본성적 운동이 이성에 의한 것이라는 ②의 진술은 아리스토텔레스의 견해와 일치하지 않는다.
② 1문단에 따르면 아리스토텔레스는 자연물의 본성에 따른 목적 실현은 운동 주체, 즉 그 자연물에 항상 바람직한 결과를 가져온다고 하였다. 따라서 자연물의 목적 실현이 때로는 그 자연물에 해가 된다는 진술은 아리스토텔레스의 견해와 일치하지 않는다.
④ 1문단에 따르면 아리스토텔레스는 모든 자연물이 목적을 추구하는 본성을 타고 났다고 하였다. 따라서 낙엽의 운동은 본성적 목적 개념으로는 설명되지 않는다는 진술은 아리스토텔레스의 견해와 일치하지 않는다.
⑤ 1문단에 따르면 아리스토텔레스는 자연물이 외적 원인이 아니라 내재적 본성에 따른 운동을 한다고 보았다. 따라서 자연물의 본성적 운동은 외적 원인에 의해 야기된다는 진술은 아리스토텔레스의 견해와 일치하지 않는다.

02

2문단에 따르면 갈릴레이는 목적론적 설명이 과학적 설명으로 사용될 수 없다고 주장하였다. 그리고 3문단에 따르면 우드필드 역시 목적론적 설명이 과학적 설명은 아니라고 보았다. 따라서 ②는 적절한 진술이다.

오답 풀이

① 2문단에 따르면 갈릴레이는 아리스토텔레스의 목적론을 비과학적이라고 보았다. 그리고 3문단에 따르면 볼로틴은 갈릴레이를 포함한 근대 사상가들이 당시 과학에 기초한 기계론적 모형이 더 설득력을 갖는다는 믿음에 의존하였을 뿐, 아리스토텔레스의 목적론을 거부할 충분한 근거를 제시하지 못했다고 비판하였다.

③ 2문단에 따르면 베이컨은 목적에 대한 탐구가 과학에 무익하다고 평가하였다. 그리고 3문단에 따르면 우드필드는 목적론적 설명이 과학적 설명은 아니지만 목적론이 거짓이라 할 수도 없다고 지적하였다.

④ 2문단에 따르면 스피노자는 목적론이 자연에 대한 이해를 왜곡한다고 비판하였다. 그리고 3문단에 따르면 볼로틴은 근대 과학이 자연에 목적이 없음을 보이지도 못했고 그렇게 하려는 시도조차 하지 않았다고 지적하였다.

⑤ 2문단에 따르면 스피노자는 목적론이 인간 이외의 자연물도 이성을 갖는 것으로 의인화한다는 점을 비판하였다. 그리고 3문단에 따르면 우드필드는 목적론이 옳고 그름을 확인할 수 없기 때문에 목적론이 거짓이라 할 수는 없다고 지적하였다.

03

'기초'는 '근거를 둠'을 뜻한다. '어떤 일의 여파나 영향이 차차 다른 데로 미침.'을 뜻하는 단어는 '파급(波及)'이다.

18강 독서 | 인문 (3) - 논리학·역사학

어휘 더하기   본문 145쪽

⊙ ⑤

제시된 글에서 '끼치다'는 왼쪽의 뜻풀이 중에서 '끼치다²'에 해당한다. ⑤는 '끼치다²'의 의미와 관련이 있다.

문제로 확인하기   본문 146~147쪽

01 (1) ② (2) ④ **02** ③ **03** ⑤ **04** ① **05** ②

실전 어휘를 알면 답이 보인다

06 ①

01

(1) '모순(矛盾)'은 '어떤 사실의 앞뒤, 또는 두 사실이 이치상 어긋나서 서로 맞지 않음'을 뜻한다. '모순 관계'는 '서로 부정하여 둘 사이에 중간 개념을 허용하지 않는 두 개념'을 뜻한다.

오답 풀이

① '보완(補完)'은 '모자라거나 부족한 것을 보충하여 완전하게 함'을 뜻한다.

③ '등치(等値)'는 '두 개의 명제가 동일한 결과를 가져오는 일'을 뜻한다. 예를 들면 '그가 정직하지 않은 것은 아니다.'와 '그는 정직하다.'는 표현이 달라도 동일한 내용을 나타내고 있어 어느 쪽을 사용하여도 동일한 결과를 가져온다.

④ '종속(從屬)'은 '자주성이 없이 주가 되는 것에 딸려 붙음'을 뜻한다.

⑤ '인과(因果)'는 '원인과 결과'를 뜻한다.

(2) '환원(還元)'은 '본디의 상태로 다시 돌아감. 또는 그렇게 되게 함'을 뜻한다.

오답 풀이

① '환수(還收)'는 '도로 거두어들임'을 뜻한다.

② '반환(返還)'은 '빌리거나 차지했던 것을 되돌려줌'을 뜻한다.

③ '소급(遡及)'은 '과거에까지 거슬러 올라가서 미치게 함'을 뜻한다.

⑤ '귀순(歸順)'은 '적이었던 사람이 반항심을 버리고 스스로 돌아서서 복종하거나 순종함'을 뜻한다.

02

'지향(志向)하다'은 '어떤 목표로 뜻이 쏠리어 향하다.'를 뜻하므로 ㄱ, ㄴ, ㄷ의 빈칸에는 '지향'이 들어가기에 적절하다.

오답 풀이

ㄹ은 '인공 원료의 사용' 대신 '천연 원료만을 고집'한다는 내용을 고려할 때 '지양(止揚)하다'가 어울리므로, '지양'이 들어가기에 적절하다. '지양하다'는 '더 높은 단계로 오르기 위하여 어떠한 것을 하지 아니하다'를 뜻한다.

ㅁ은 '다른 작가들이 따르던 관습' 대신 '새로운 장르'를 소개하였다는 내용을 고려할 때 '지양(止揚)하다'가 어울리므로, '지양'이 들어가기에 적절하다.

03

'방증(傍證)'은 '사실을 직접 증명할 수 있는 증거가 되지는 않지만, 주변의 상황을 밝힘으로써 간접적으로 증명에 도움을 줌. 또는 그 증거'를 뜻한다.

오답 풀이

① '반증(反證)'은 '어떤 사실이나 주장이 옳지 아니함을 그에 반대되는 근거를 들어 증명함'을 뜻한다.

② '반박(反駁)'은 '어떤 의견, 주장, 논설 따위에 반대하여 말함'을 뜻한다.

③ '논박(論駁)'은 '어떤 주장이나 의견에 대하여 그 잘못된 점을 조리 있게 공격하여 말함'을 뜻한다.

④ '반론(反論)'은 '다른 사람의 주장이나 의견에 반대하여 말함'을 뜻한다.

04

'병치(竝置)'는 '두 가지 이상의 것을 한곳에 나란히 두거나 설치함'을 뜻한다.

오답 풀이

② '병행(竝行)'은 '둘 이상의 사물이 나란히 감'을 뜻한다.

③ '병렬(竝列)'은 '나란히 늘어섬. 또는 나란히 늘어놓음'을 뜻한다.

④ '비유(比喩)'는 '어떤 현상이나 사물을 직접 설명하지 아니하고 다른 비슷한 현상이나 사물에 빗대어서 설명하는 일'을 뜻한다.

⑤ '대치(代置)'는 '다른 것으로 바꾸어 놓음'을 뜻한다.

05

철학에서 '전제(前提)'는 '추리를 할 때, 결론의 기초가 되는 판단'을 뜻하고, '결론(結論)'은 '추론에서 일정한 명제를 전제로 하여 이끌어 낸 판단'을 뜻한다. '개연적(蓋然的)'은 '그럴 법한 것', '일반적으로 그 일이 생길 가능성이 있는 것'을 뜻한다.

오답 풀이

①, ③ '우연적(偶然的)'은 '마땅한 이유 없이 어쩌다가 일어나는 것'을 뜻한다.

⑤ '필연적(必然的)'은 '어떤 일의 결과나 사물의 관계가 반드시 그렇게 될 수밖에 없는 것'을 뜻한다.

06

'끼치다'는 '영향, 해, 은혜 따위를 당하거나 입게 하다'를 뜻한다. 따라서 ⓒ은 '가하는', '주는', '안기는', '겪게 하는'과 바꿔 써도 자연스럽다. 하지만 '맡기는'과는 의미상 연관성이 없다.

명제라고 할 수 있는 이유는 '총각'과 '미혼의 성인 남성'이 동의적 표현이기 때문이다. 그런데 콰인에 따르면 이것만으로는 두 표현의 의미가 같다는 것을 보장하지 못한다. 따라서 동의적 표현은 언제나 반드시 대체 가능해야 한다는 필연성 개념에 의존해야 하고, 필연성 개념은 다시 '경험과 무관하게 참으로 판별되는 명제'라는 분석 명제 개념에 의존하게 되는 순환론에 빠진다고 하였다.

오답 풀이

① 2문단 마지막 문장에 따르면 콰인은 중심부 지식과 주변부 지식이 원칙적으로 모두 수정의 대상이 될 수 있다고 하였다.

② 1문단 첫문장에 따르면 분석 명제는 경험과 관련 없이 참이 되는 명제이다. 총각을 한 명 한 명 조사했다는 것은 경험과 관련 있으므로 적절하지 않다.

③ 2문단에 따르면 경험과 직접 충돌하지 않는 중심부 지식과, 경험과 직접 충돌할 수 있는 주변부 지식의 경계를 명확히 나눌 수 없기 때문에 콰인은 이 둘을 다른 종류라고 하지 않았다.

⑤ 1문단에 따르면 동어 반복 명제는 경험과 무관하게 참으로 판별되는 분석 명제이다. 그러므로 대체할 경우 그 명제의 참 또는 거짓이 바뀌는 표현을 사용할 수 있을 때, 그 명제를 동어 반복 명제라고 볼 수 없다.

02

'도달(到達)하다'는 '목적한 곳이나 수준에 다다르다.'는 뜻을 지닌 말이다. 따라서 '어떤 수준이나 한계에 미치다.'는 뜻을 지닌 '다다르다'와 바꿔 쓰기에 적절하다.

오답 풀이

① '잇따르다'는 '어떤 사건이나 행동 따위가 이어 발생하다.'를 뜻하므로 ㉠과 바꿔 쓰기에 적절하지 않다.

③ '봉착(逢着)하다'는 '어떤 처지나 상태에 부닥치다.'를 뜻하므로 ㉠과 바꿔 쓰기에 적절하지 않다.

④ '회귀(回歸)하다'는 '한 바퀴 돌아 제자리로 돌아오거나 돌아가다.'를 뜻하므로 ㉠과 바꿔 쓰기에 적절하지 않다.

⑤ '기인(起因)하다'는 '어떠한 것에 원인을 두다.'를 뜻하므로 ㉠과 바꿔 쓰기에 적절하지 않다.

기출로 강해지기 　　　　　　　　　　본문 148~149쪽

중심 내용 한눈에 보기 ❶ 과학적 ❷ 총체주의 ❸ 필연성 ❹ 경계 ❺ 수정

01 ④　02 ②

01

1문단을 보면 "총각은 미혼의 성인 남성이다."를 분석

19강 독서 | 사회 (1) - 법률

어휘 더하기 　　　　　　　　　　　　본문 153쪽

⊙ ❷

'시험에 나올 수 있다.'에서 '나오다'는 '책, 신문 따위에 글, 그림 따위가 실리다'를 뜻한다.

01 ㉠ 선고, ㉡ 피고, ㉢ 원고   **02** (1) 청구 (2) 배상 (3) 반환
03 ① **04** ② **05** (1) ○ (2) ○ (3) × (4) × **06** ②

실전 어휘를 알면 답이 보인다

07 ①

01

'선고(宣告)'는 '법정에서 재판장이 판결을 알리는 일'을 뜻하므로 ㉠에 들어가기에 적절하다. '피고(被告)'는 '개인 간의 권리나 이익 문제 등에 대한 재판에서 소송을 당한 사람'을 뜻하므로 ㉡에 들어가기에 적절하다. '원고(原告)'는 '법원에 재판을 신청한 사람'을 뜻하므로 ㉢에 들어가기에 적절하다.

오답 풀이
'구형(求刑)'은 '형사 재판에서, 법에 따라 피고인이 받을 형벌의 종류와 양을 검사가 판사에게 요구함'을 뜻한다.

02

(1) '청구(請求)'는 '상대편에 대하여 일정한 행위나 급부를 요구하는 일'을 뜻한다.

오답 풀이
• '신고(申告)'는 '국민이 법령의 규정에 따라 행정 관청에 일정한 사실을 진술·보고함'을 뜻한다.
• '재청(再請)'은 '이미 한 번 한 것을 다시 청함'이나 '회의할 때에 다른 사람의 동의(動議)에 찬성하여 자기도 그와 같이 청함을 이르는 말'을 뜻한다.

(2) '배상(賠償)'은 '남의 권리를 침해한 사람이 그 손해를 물어 주는 일'을 뜻한다.

오답 풀이
• '포상(褒賞)'은 '칭찬하고 장려하여 상을 줌'을 뜻한다.
• '납부(納付)'는 '세금이나 공과금 따위를 관계 기관에 냄'을 뜻한다.

(3) '반환(返還)'은 '빌리거나 차지했던 것을 되돌려줌'을 뜻한다.

오답 풀이
• '보상(報償)'은 '남에게 끼친 손해를 갚음'을 뜻한다.
• '반송(返送)'은 '도로 돌려보냄'이나 '민사 소송법에서, 상급심이 원판결을 취소하거나 파기한 경우, 심리를 다시 하게 하기 위하여 사건을 항소심 또는 제일심 법원으로 돌려보냄'을 뜻한다.

03

'벌금(罰金)'은 '범죄를 저지른 사람에게 처벌로 내게 하는 돈'을 뜻한다. '급부(給付)'는 '채권의 목적이 되는, 채무자가 하여야 할 행위'를 뜻한다.

오답 풀이
• '과태료(過怠料)'는 '해야 할 일을 하지 않거나 가벼운 질서를 위반한 사람에게 국가에서 납부하게 하는 돈'을 뜻하고, '과징금(課徵金)'은 '개인이나 기업이 잘못된 경제 활동을 하였을 때, 부당하게 얻은 이익에 대하여 국가에서 거두어들이는 돈'을 뜻한다.
• '배상(賠償)'은 '남의 권리를 침해한 사람이 그 손해를 물어 주는 일'을 뜻한다.
• '변제(辨濟)'는 '남에게 진 빚을 갚음'을 뜻한다.
• '상환(償還)'은 '빌린 돈이나 물건 등을 갚거나 돌려줌'을 뜻한다.

04

'행사(行使)하다'는 '권리의 내용을 실제로 이루다'를 뜻하고, '이행(履行)하다'는 '약속이나 계약 등을 실제로 행하다'를 뜻한다.

오답 풀이
• '수행(遂行)하다'는 '일을 생각하거나 계획한 대로 해내다'를 뜻한다.
• '시행(施行)하다'는 '법률이나 명령 등을 일반 대중에게 알린 뒤에 실제로 그 효력을 나타내다'를 뜻한다.

05

(1) '증여(贈與)'는 '당사자의 일방이 자기의 재산을 무상으로 상대편에게 줄 의사를 표시하고 상대편이 이를 승낙함으로써 성립하는 계약'을 뜻하고, '양도(讓渡)'는 '권리나 재산, 물건 등을 남에게 넘겨줌'을 뜻하고, '기부(寄附)'는 '다른 사람이나 기관, 단체 등을 도울 목적으로 돈이나 재산을 대가 없이 내놓음'을 뜻한다. 셋 모두 무엇인가를 남에게 준다는 의미를 담고 있다.

(2) '증여'와 '기부'가 상대방에게 아무런 대가를 바라지 않는 것과 달리 '양도'는 대가를 받고 준다는 의미가 담겨 있다.

(3) '증여'는 '기부'와 달리 상대편에게 줄 의사를 표시하고 상대편이 이를 받아들일 때 성립한다.

(4) '기부'는 일반적으로 특정인의 이익이 아니라 자선 사업이나 공공사업을 도울 목적으로 내놓는 것을 뜻한다.

06

'통지(通知)'는 '기별을 보내어 알게 함'을 뜻한다. 특정인에게 어떤 사실을 알리는 내용이기 때문에 '통지'가

들어가기에 가장 적절하다.

① '고소(告訴)'는 '범죄의 피해자나 다른 고소권자가 범죄 사실을 수사 기관에 신고하여 그 수사와 범인의 기소를 요구하는 일'을 뜻한다.
③ '공시(公示)'는 '일정한 내용을 공개적으로 게시하여 일반에게 널리 알림'을 뜻한다.
④ '공고(公告)'는 '세상에 널리 알림'을 뜻한다.
⑤ '포고(布告)'는 '일반에게 널리 알림'을 뜻한다.

07

ⓐ의 '나오다'는 '처리나 결과로 이루어지거나 생기다.'는 뜻으로 썼다. 이와 유사한 뜻으로 쓰인 것은 ①이다.

②의 '나오다'는 '어떠한 태도를 취하여 겉으로 드러내다.'의 뜻으로 쓰였다.
③의 '나오다'는 '방송을 듣거나 볼 수 있다.'의 뜻으로 쓰였다.
④의 '나오다'는 '책, 신문 따위에 글, 그림 따위가 실리다.'의 뜻으로 쓰였다.
⑤의 '나오다'는 '상품이나 인물 따위가 산출되다.'의 뜻으로 쓰였다.

기출로 강해지기 　　　　본문 156~157쪽

중심 내용 한눈에 보기 ❶ 계약 자유 ❷ 임의 ❸ 단속

01 ③　**02** (1) ○　(2) ×　**03** ⑤

01

3문단에 따르면 단속 법규를 위반하여 계약을 체결할 경우 벌금이나 과태료 같은 법적 불이익은 있지만 계약 자체는 유효하다. 따라서 ③의 진술은 적절하지 않다.

① 3문단에 따르면 단속 법규와 어긋나게 계약을 하면 당사자들은 벌금이나 과태료 같은 법적 불이익을 받는다.
② 2문단에 따르면 계약 자유의 원칙은 계약의 구체적인 내용 결정 등을 당사자들 스스로 정하는 것이다. 임의 법규는 법률 상으로 규정되어 있더라도 당사자가 자유롭게 계약 내용을 정할 수 있는 법류 규정이다. 반면, 단속 법규는 법률로 정해진 내용과 어긋나게 계약을 하면 당사자들이 법적 불이익을 받는다. 따라서 임의 법규가 단속 법규에 비해 계약 내용의 원칙에 더 부합한다고 할 수 있다.
④ 2문단에 따르면 당사자가 자유롭게 계약 내용을 정할 수 있는 법률 규정을 임의 법규라 하고 당사자들이 법률의 규정과 어긋난 내용으로 계약을 할 경우에 계약 내용이 우선 적용된다.
⑤ 2문단에 따르면 사법(私法)은 개인과 개인 사이의 재산에 적용되는 법이다. 따라서 세입자와 건물주 사이에 임대 계약 과정에서 분쟁이 발생할 경우 사법의 법률 규정이 적용된다.

02

(1) 2문단에 따르면 임대인의 수선 의무 조항은 임의 법규에 해당한다. 따라서 방충망 수선에 관해 당사자들이 계약으로 달리 정하지 않았다면 원칙적으로 법률의 규정이 적용된다. 이 경우 임대인인 건물주에게 수선할 의무가 있음을 1문단을 통해서 알 수 있다. 건물주나 세입자에게 법적 불이익을 준다는 내용은 없다.

(2) 2문단에 따르면 당사자들이 법률의 규정과 어긋난 내용으로 계약을 체결한 경우에 계약 내용이 우선 적용된다. 따라서 계약서에 세입자가 방충망 수선을 한다는 내용이 있으면 세입자가 수선 의무를 지는 것은 적절하다. 그리고 임의 법규의 경우 법률과 어긋나게 계약을 해도 법적 불이익을 받지 않는다고 하였으므로, '법적 불이익을 받는다'는 대답은 적절하지 않다.

03

ⓐ의 '지다'는 '책임이나 의무를 맡다.'의 뜻으로 쓰였으며, 이와 유사한 의미로 쓰인 것은 ⑤이다.

①의 '지다'는 '어떤 현상이나 상태가 이루어지다.'의 뜻으로 쓰였다.
②의 '지다'는 '신세나 은혜를 입다.'의 뜻으로 쓰였다.
③의 '지다'는 '어떤 좋지 아니한 관계가 되다.'의 뜻으로 쓰였다.
④의 '지다'는 '물건을 짊어서 등에 얹다.'의 뜻으로 쓰였다.

20강 독서 | 사회 (2) - 경제

어휘 더하기 　　　　본문 161쪽

⊙ ②

제시된 문장에서 '떨어지다'는 '뒤를 대지 못하여 남아 있는 것이 없게 되다'는 뜻으로 쓰였기 때문에 '동나다'와 바꿔 쓰기에 가장 적절하다. '동나다'는 '물건 따위가 다 떨어져서 남아 있는 것이 없게 되다'를 뜻한다.

01 (1) 보전(補塡) (2) 변제(辨濟) (3) 효용(效用) **02** ③ **03** ㉠
입찰, ㉡ 낙찰, ㉢ 응찰 **04** ② **05** ②

신도 이유를 알면 답이 보인다

06 ①

01

(1) '보전(補塡)'은 '부족한 부분을 보태어 채움'을 뜻한다. 손실을 본 것을 채워 주는 내용이므로 '보전'이 적절하다.

(2) '변제(辨濟)'는 '남에게 진 빚을 갚음'을 뜻한다. 밀린 월세는 일종의 빚에 해당하므로 '변제'가 적절하다.

(3) '효용(效用)'은 '보람 있게 쓰거나 쓰임. 또는 그런 보람이나 쓸모'를 뜻한다. 공격으로 쓸 수도 있고, 수비로 쓸 수도 있으므로 '효용'이 적절하다.

오답 풀이

• '보존(保存)'은 '잘 보호하고 간수하여 남김'을 뜻한다.
• '대여(貸與)'는 '물건이나 돈을 나중에 도로 돌려받기로 하고 얼마 동안 내어 줌'을 뜻한다.
• '전용(專用)'은 '남과 공동으로 쓰지 아니하고 혼자서만 씀'을 뜻한다.

02

일반적으로 금리가 오르는 경우를 설명하고 있다. 금리는 장래에 물가가 오를 것으로 예상되는 경우, 빌리는 사람의 신용도가 낮아 돌려 받지 못할 위험이 높을수록, 빌리는 기간이 길수록 높아진다.

03

㉠ '입찰(入札)'은 '상품의 매매나 도급 계약을 체결할 때 여러 희망자들에게 각자의 낙찰 희망 가격을 서면으로 제출하게 하는 일'을 뜻한다.

㉡ '낙찰(落札)'은 '경매나 경쟁 입찰 따위에서 물건이나 일이 어떤 사람이나 업체에 돌아가도록 결정하는 일'을 뜻한다.

㉢ '응찰(應札)'은 '입찰에 참가함'을 뜻한다.

오답 풀이

• '유찰(流札)'은 '입찰 결과 낙찰이 결정되지 아니하고 무효로 돌아가는 일'을 뜻한다. 응찰 가격이 내정 가격에 미달 또는 초과되는 경우에 일어난다.
• '정찰(正札)'은 '물건의 정당한 값을 적은 종이쪽'을 뜻한다.

04

'담합(談合)'은 '경쟁 입찰을 할 때에 입찰 참가자가 서로

의논하여 미리 입찰 가격이나 낙찰자 따위를 정하는 일'을 뜻한다. 첫 문장에서 '~ 구매 입찰에서 조직적으로 ~ 11개 업체'와 둘째 문장에서 '~ 사업을 수주한 업체 간에 서로 유착 관계를 형성해'를 통해 '담합' 행위가 있었음을 짐작할 수 있다.

오답 풀이

① '단합(團合)'은 '많은 사람이 마음과 힘을 한데 뭉침'을 뜻한다.
③ '담화(談話)'는 '서로 이야기를 주고받음'을 뜻한다.
④ '담판(談判)'은 '서로 맞선 관계에 있는 쌍방이 의논하여 옳고 그름을 판단함'을 뜻한다.
⑤ '조합(組合)'은 '여럿을 한데 모아 한 덩어리로 짬'을 뜻한다.

05

'사람이 바라는 바를 충족시켜 주는 모든 물건'을 '재화(財貨)'라고 한다. 재화 중에서 획득하는 데에 대가가 필요하지 않은 것을 '자유재(自由財)'라고 한다.

오답 풀이

• '재원(財源)'은 '재화나 자금이 나올 원천'을 뜻한다.
• '필수재(必須財)'는 '소득이 증가하는 폭보다 더 작은 폭으로 소비가 증가하는 재화'를 뜻한다. 예를 들면 소득이 10% 증가할 때 필수재의 소비는 10% 이하로 증가한다.
• '공공재(公共財)'는 공중(公衆)이 공동으로 사용하는 물건이나 시설. 도로, 항만, 교량, 공원 따위를 이른다.

06

ⓐ의 '떨어지다'는 '값, 기온, 수준, 형세 따위가 낮아지거나 내려가다.'는 뜻으로 쓰였다. 이와 유사하게 쓰인 것은 ①이다. ⓐ에서는 값이 내려간다는 뜻으로, ①에서는 기온이 내려갔다는 뜻으로 쓰였다.

오답 풀이

②의 '떨어지다'는 '이익이 남다.'는 뜻으로 쓰였다.
③의 '떨어지다'는 '입맛이 없어지다.'는 뜻으로 쓰였다.
④의 '떨어지다'는 '옷이나 신발 따위가 해어져서 못 쓰게 되다.'는 뜻으로 쓰였다.
⑤의 '떨어지다'는 '명령이나 허락 따위가 내려지다.'는 뜻으로 쓰였다.

중심 내용 한눈에 보기 ❶ 경직성 ❷ 오버슈팅 ❸ 균형

01 ⑤ **02** ③

01

2문단에 따르면 국내 통화량이 증가하여 유지될 경우

장기에는 자국 물가도 높아져 장기의 환율은 상승한다. 이때 통화량을 물가로 나눈 실질 통화량은 변하지 않는다. 따라서 '장기의 환율도 변함이 없을 것이다'는 진술은 적절하지 않다.

오답 풀이

① 2문단에 따르면 경제에 충격이 발생할 때 물가는 단기에는 경직적이지만 장기에는 신축적으로 조정된다. 반면 환율은 단기에서도 신축적인 조정이 가능하다.

② 1문단에 따르면 환율은 장기적으로 한 국가의 생산성과 물가 등 기초 경제 여건을 반영하는 수준으로 수렴된다.

③ 1문단에 따르면 환율이 예상과 같은 방향으로 움직이더라도 변동 폭이 예상보다 크게 나타날 경우 경제 주체들은 과도한 위험에 노출될 수 있다.

④ 2문단에 따르면 물가는 단기에는 경직적이지만 장기에는 신축적으로 조정되는 반면, 환율은 단기에도 신축적인 조정이 가능하다. 이러한 물가와 환율의 조정 속도 차이가 오버슈팅을 초래한다.

02

'노출되다'는 '겉으로 드러나다.'를 뜻하는 단어로, 목적어가 필요 없는 자동사이다. 따라서 목적어가 필요한 타동사인 '드러내다'로 바꿔 쓰기에 적절하지 않다.

오답 풀이

① '괴리되다'는 '서로 어그러져 동떨어지다.'를 뜻하므로 ⓐ는 '동떨어져'와 바꿔 쓰기에 적절하다.

② '과도하다'는 '정도에 지나치다.'를 뜻하므로 ⓑ는 '지나친'과 바꿔 쓰기에 적절하다.

④ '촉발되다'는 '어떤 일을 당하여 감정, 충동 따위가 일어나다.'를 뜻하므로 ⓓ는 '일어나는'과 바꿔 쓰기에 적절하다.

⑤ '초래하다'는 '어떤 결과를 가져오게 하다.'를 뜻하므로 ⓔ는 '불러온다'와 바꿔 쓰기에 적절하다.

21강 독서 | 사회 (3) - 사회 일반

어휘 더하기   본문 169쪽

◉ 겸비

제시된 문장에서, 그 장수는 '지혜'뿐만 아니라 '용맹'까지 갖추고 있는 것이므로 '두 가지 이상을 아울러 갖춤'을 뜻하는 '겸비(兼備)'가 들어가기에 적절하다.

문제로 확인하기   본문 170~171쪽

01 ②   **02** ⑤   **03** ③   **04** ⑤   **05** ①   **06** (1) 남용 (2) 거시적 (3) 명시적

지문 이해 를 알면 **답**이 보인다

07 ②

01

제시된 글의 내용만으로 판단하면, 기업과 근로자가 갈등을 겪는 것은 둘의 관계가 '이해관계(利害關係)'를 맺고 있기 때문이다. '이해관계'는 '서로 이해가 걸려 있는 관계'를 뜻한다.

오답 풀이

① '보완 관계(補完關係)'는 '두 개 이상의 재화가 상호 보완하여 한 용도를 이루어, 둘이 동시에 소비될 때 비로소 소비의 만족을 얻을 수 있는 관계'를 뜻한다. 펜과 잉크, 실과 바늘, 커피와 설탕 따위의 관계가 이에 해당한다.

③ '호혜 관계(互惠關係)'는 '정치, 경제 따위에서 서로 특별한 혜택을 주고받는 관계'를 뜻한다.

④ '공생 관계(共生關係)'는 '종류가 다른 생물이 같은 곳에 살며 서로 이익을 주고받는 관계'를 뜻한다. 콩과 식물과 뿌리혹박테리아, 집게와 말미잘, 악어와 악어새, 충매화와 곤충, 개미와 진딧물 등의 관계를 예로 들 수 있다.

⑤ '권리관계(權利關係)'는 '권리와 의무 사이의 법률관계'를 뜻한다.

02

ⓜ의 '억제(抑制)하다'는 '감정이나 욕망, 충동적 행동 따위를 내리눌러서 그치게 하다'를 뜻한다. 따라서 반의어에 해당하는 단어는 '용기나 의욕이 생기도록 기운을 북돋아 주다'를 뜻하는 '격려(激勵)하다'이다. '저해(沮害)하다'는 '막아서 못하도록 해를 끼치다'를 뜻한다.

오답 풀이

① ㉠: '사익(私益)'은 '개인의 이익'을 뜻하며, 반의어는 '사회 전체의 이익'을 뜻하는 '공익(公益)'이다.

② ㉡: '격화(激化)되다'는 '감정이나 행동 등이 지나치게 급하고 거세지다'를 뜻하며, 반의어는 '긴장된 상태나 매우 급한 것이 느슨하게 되다'를 뜻하는 '완화(緩和)되다'이다.

③ ㉢: '혼란(混亂)'은 '뒤죽박죽이 되어 어지럽고 질서가 없음'을 뜻하며, 반의어는 '혼란 없이 순조롭게 이루어지게 하는 사물의 순서나 차례'를 뜻하는 '질서(秩序)'이다.

④ ㉣: '불법(不法)'은 '법에 어긋남'을 뜻하며, 반의어는 '법령이나 규범에 적합함'을 뜻하는 '합법(合法)'이다.

03

'유리(遊離)'는 '따로 떨어짐'을 뜻한다. '수반(隨伴)'은

'어떤 일과 더불어 생김'을 뜻한다.

오답 풀이
'동반(同伴)'은 '일을 하거나 길을 가는 따위의 행동을 할 때 함께 짝을 함'을 뜻한다.

04
두 문장 모두 다른 사람에게 무엇인가를 넘기는 상황이기 때문에 '잘못이나 책임을 다른 사람에게 넘겨씌움'을 뜻하는 '전가(轉嫁)'가 들어가기에 적절하다.

오답 풀이
① '전이(轉移)'는 '자리나 위치 따위를 다른 곳으로 옮김'을 뜻한다.
② '이전(移轉)'은 '권리 따위를 남에게 넘겨주거나 또는 넘겨받음'을 뜻한다.
③ '경감(輕減)'은 '부담이나 고통 따위를 덜어서 가볍게 함'을 뜻한다.
④ '전승(傳承)'은 '문화, 풍속, 제도 따위를 이어받아 계승함'을 뜻한다.

05
'공유(共有)'는 '두 사람 이상이 한 물건을 공동으로 소유함'을 뜻하고, '향유(享有)'는 '누리어 가짐'을 뜻한다.

오답 풀이
②, ⑤ '공유(公有)'는 '국가나 지방 자치 단체의 소유'를 뜻한다.
③, ④ '소유(所有)'는 '가지고 있음. 또는 그 물건'을 뜻한다.

06
(1) '권리나 권한 따위를 본래의 목적이나 범위를 벗어나 함부로 행사함'을 뜻하는 단어는 '남용(濫用)'이다.

오답 풀이
'남발(濫發)'은 '법령이나 지폐, 증서 따위를 마구 공포하거나 발행함'이나 '어떤 말이나 행동 따위를 자꾸 함부로 함'을 뜻한다.

(2) '사물이나 현상을 전체적으로 분석·파악하는 것'을 뜻하는 단어는 '거시적(巨視的)'이다.

오답 풀이
'미시적(微視的)'은 '사물이나 현상을 전체적인 면에서가 아니라 개별적으로 포착하여 분석하는 것'을 뜻한다.

(3) 뒤에 이어지는 '제시되지'를 통해 괄호 안에는 '내용이나 뜻을 분명하게 드러내 보이는 것'을 뜻하는 '명시적(明示的)'이 적절하다는 것을 알 수 있다.

오답 풀이
'암묵적(暗默的)'은 '자기의 의사를 밖으로 나타내지 아니한 것'을 뜻한다.

07
㉠의 '갖추다'는 '있어야 할 것을 가지거나 차리다'의 뜻

이다. '구비(具備)하다'는 '있어야 할 것을 빠짐없이 다 갖추다'를 뜻하므로 ㉠은 '구비하면'과 바꿔 쓰기에 적절하다.

오답 풀이
① '겸비(兼備)하다'는 '두 가지 이상을 아울러 갖추다'를 뜻한다.
③ '대비(對備)하다'는 '앞으로 일어날지도 모르는 어떠한 일에 대응하기 위하여 미리 준비하다'를 뜻한다.
④ '예비(豫備)하다'는 '필요할 때 쓰기 위하여 미리 마련하거나 갖추어 놓다'를 뜻한다.
⑤ '정비(整備)하다'는 '흐트러진 체계를 정리하여 제대로 갖추다'를 뜻한다.

기출로 감해지기   본문 172~173쪽

중심 내용 한눈에 보기 ❶ 배제성 ❷ 경합성 ❸ 사회 기반 시설 ❹ 정부

01 ③   **02** ②   **03** ①

01
ㄱ. 1문단에서 정부는 공공의 이익을 위해 정책을 기획, 수행하여 공공 서비스를 공급한다고 하여 공공 서비스의 제공 목적을 언급하였다.
ㄴ. 1문단에서 정부가 공공 서비스를 공급한다고 하여 공공 서비스 공급의 주체를 언급하였다.
ㄷ. 2문단에서 복지와 같은 개인 단위 공공 서비스에 대한 사회적 요구가 증가함에 따라 관련 공공 서비스의 다양화와 양적 확대가 이루어지고 있다고 하여 공공 서비스 범위의 확대 배경을 언급하였다.

오답 풀이
ㄹ. 공공 서비스의 수익 산정 방식과 관련된 내용은 언급되어 있지 않다.
ㅁ. 공공 서비스의 민간 위탁 방식과 관련된 내용은 언급되어 있지 않다.

02
[A]에서는 공공 서비스의 특성을 배제성과 경합성의 개념으로 설명한 후, 국방과 치안, 공공 도서관을 예로 들어 배제성과 경합성의 정도에 따른 서비스 유형을 소개하고 있다.

오답 풀이
① 공공 서비스의 특성이 변화되는 과정을 기술하고 있지 않다.
③ 공공 서비스의 가치와 효용을 비유적으로 기술하고 있지 않다.
④ 공공 서비스가 지닌 문제점의 원인을 여러 측면에서 살펴보고 있지 않다.

⑤ 공공 서비스에 대한 인식 변화는 서술하고 있지 않다.

03

ⓐ의 '수행(遂行)하다'는 '생각하거나 계획한 대로 일을 해내다'의 뜻으로 쓰였고, ①의 '수행(修行)하다'는 '행실, 학문, 기예 따위를 닦다'의 뜻으로 쓰였으므로 서로 뜻이 다른 단어이다.

오답 풀이
② '열람(閱覽)'은 '책이나 문서 따위를 죽 훑어보거나 조사하면서 봄'을 뜻한다.
③ '충당(充當)'은 '모자라는 것을 채워 메움'을 뜻한다.
④ '위탁(委託)'은 '남에게 사물이나 사람의 책임을 맡김'을 뜻한다.
⑤ '도입(導入)'은 '기술, 방법, 물자 따위를 끌어 들임'을 뜻한다.

22강 독서 | 예술 (1) - 음악·영화·사진

어휘 **더하기**   본문 177쪽

◉ ⑤

⑤의 '살다'는 '어떤 직분이나 신분의 생활을 하다'는 뜻으로 쓰였다. 나머지와 다르게 '죽다'와 반의 관계를 맺지 못한다.

문제로 확인하기   본문 178~179쪽

01 ② **02** ① **03** (1) ④ (2) ② **04** ② **05** ①
실전 어휘를 알면 답이 보인다
06 ①

01

㉠ '가락'은 '소리의 높낮이가 길이나 리듬과 어울려 나타나는 음의 흐름'을, ㉡ '화성(和聲)'은 '일정한 법칙에 따른 화음의 연결'을, ㉢ '음색(音色)'은 '음을 만드는 구성 요소의 차이로 생기는, 소리의 감각적 특색'을 뜻한다.

02

'투영(投影)'은 '물체의 그림자를 어떤 물체 위에 비추는 일'을 뜻하고 '어떤 일을 다른 일에 반영하여 나타냄'을 비유적으로 이르는 말'이기도 하다.

오답 풀이
② '투시(透視)'는 '막힌 물체를 환히 꿰뚫어 봄. 또는 대상의 내

포된 의미까지 봄'을 뜻한다.
③ '투입(投入)'은 '던져 넣음'을 뜻한다.
④ '상영(上映)'은 '극장 따위에서 영화를 영사(映寫)하여 공개하는 일'을 뜻한다.
⑤ '수용(受容)'은 '어떠한 것을 받아들임'을 뜻한다.

03

(1) '만연(蔓延)하다'는 '(비유적으로) 전염병이나 나쁜 현상이 널리 퍼지다'를 뜻한다. 비탈리슴(vitalisme)는 제2차 세계 대전 중 프랑스에서 당시의 문단 및 화단에 만연된 병적인 요소를 제거하고 생명력이 있는 예술의 재건을 도모하려던 운동으로, 나쁜 현상에 해당하는 '병적인 요소'가 '널리 퍼진' 것이므로 '만연(蔓延)한'과 바꿔 쓸 수 있다.

오답 풀이
① '만개(滿開)하다'는 '꽃이 활짝 다 피다'를 뜻한다.
② '만발(滿發)하다'는 '꽃이 활짝 다 피다', '추측이나 웃음 따위가 한꺼번에 많이 일어나다'를 뜻한다.
③ '만무(萬無)하다'는 '절대로 없다'를 뜻한다.
⑤ '만회(挽回)하다'는 '바로잡아 회복하다'를 뜻한다.

(2) '포착(捕捉)하다'는 '꼭 붙잡다'를 뜻한다. 밑줄 친 '잡아내고'와 바꿔 쓰기에 가장 적절한 말은 '포착하고'이다.

오답 풀이
① '획득(獲得)하다'는 '얻어 내거나 얻어 가지다'를 뜻한다.
③ '포획(捕獲)하다'는 '적병을 사로잡다'를 뜻한다.
④ '포괄(包括)하다'는 '일정한 대상이나 현상 따위를 어떤 범위나 한계 안에 모두 끌어 넣다'를 뜻한다.
⑤ '인정(認定)하다'는 '확실히 그렇다고 여기다'를 뜻한다.

04

'진동(振動)'은 '어느 물체가 기준 위치에 대해 주기적으로 변화하는 현상'을 뜻한다. '매질(媒質)'은 '어떤 파동 또는 물리적 작용을 한 곳에서 다른 곳으로 옮겨 주는 매개물'을 뜻한다. 음파를 전달하는 공기가 매질에 해당한다. '진동수(振動數)'는 '연속적인 주기 현상에서, 단위 시간에 같은 상태가 몇 번이나 반복되는가를 나타내는 양'을 뜻한다.

오답 풀이
①, ⑤ '파장(波長)'은 '파동에서, 같은 위상을 가진 서로 이웃한 두 점 사이의 거리'를 뜻한다.
④, ⑤ '전도체(傳導體)'는 '열 또는 전기의 전도율이 비교적 큰 물체'를 통틀어 이르는 말이다. 열에는 금속, 전기에는 금속이나 전해 용액 등이 전도체에 속한다.

05

'피난처(避難處)'는 '재난을 피하여 거처하는 곳'을 뜻하며 여기에서 '피(避)'는 '피하다'를 뜻한다.

오답 풀이

②의 '피사체', ③의 '피지배', ④의 '피해', ⑤의 '피선거권'에 쓰인 '피(被)'는 '입다, 당하다'를 뜻한다.

06

㉠의 '살다'는 '본래 가지고 있던 색깔이나 특징 따위가 그대로 있거나 뚜렷이 나타나다'는 뜻으로 쓰였다. 이와 유사한 의미로 쓰인 것은 ①의 '살다'이다.

오답 풀이

② '살다'는 '불 따위가 타거나 비치고 있는 상태에 있다'는 뜻으로 쓰였다.

③ '살다'는 '움직이던 물체가 멈추지 않고 제 기능을 하다'는 뜻으로 쓰였다.

④ '살다'는 '어느 곳에 거주하거나 거처하다'는 뜻으로 쓰였다.

⑤ '살다'는 '어떤 사람과 결혼하여 함께 생활하다'는 뜻으로 쓰였다.

기출로 강해지기

본문 180~181쪽

중심 내용 한눈에 보기 ❶ 기본음 ❷ 진동수 ❸ 타악기 ❹ 협화

01 ③ 02 ② 03 ⑤

01

1문단에 따르면 부분음 중에서 가장 진동수가 작은 것이 기본음이다. 〈그림〉에서 가장 진동수가 작은 부분음인 기본음의 진동수는 110Hz이고, 이 110Hz의 진동수를 가진 기본음의 세로 길이가 가장 길다는 것을 알 수 있다. 따라서 기본음의 세기가 가장 크다는 것은 적절하다.

오답 풀이

① 2문단에 따르면 〈그림〉은 고른음의 소리 스펙트럼이다. 2문단에서 고른음은 현악기나 관악기에서 발생한다고 하였으므로 타악기인 심벌즈의 소리 스펙트럼이라고 한 것은 적절하지 않다.

② 1문단에 따르면 인간의 귀는 기본음의 진동수를 복합음의 진동수로 인식한다. 따라서 〈그림〉의 경우 복합 진동수는 기본음, 즉 진동수가 가장 작은 부분음인 110Hz로 인식될 것이다.

④ 2문단에 따르면 〈그림〉은 소리 스펙트럼은 복합음을 구성하는 단순음 성분들의 세기를 진동수에 따라 그래프로 나타낸 것이다. 따라서 시간의 경과에 따른 부분음의 세기 변화와는 관련이 없다.

⑤ 2문단에 따르면 음색은 부분음들로 구성된 복합음의 구조,

즉 부분음들의 진동수와 상대적 세기에 의해 결정된다. 따라서 220Hz에 해당하는 부분음이 사라진다면 부분음들의 상대적 세기가 달라질 것이고 이로 인해 복합음의 구조가 바뀔 것이므로 음색도 변할 것이다.

02

P와 Q사이의 음정은 550÷440=5/4이고, Q와 R사이의 음정은 660÷550=6/5이다. 5/4가 6/5보다 크기 때문에 P와 Q사이의 음정은 Q와 R 사이의 음정보다 넓다.

오답 풀이

① P와 Q 사이의 음정은 5/4이다. 이는 [A]에 제시된 장3도 음정은 5/4와 일치한다. 따라서 P와 Q 사이의 음정은 장3도이다.

③ [A]에 따르면 협화 음정은 약분된 분수의 분자와 분모가 1, 2, 3, 4, 5, 6으로만 표현되는 음정이다. P와 R 사이의 음정은 660÷440=6/4=3/2이고, 분자와 분모가 각각 3과 2이므로 P와 R 사이의 음정은 협화 음정이다.

④ 〈보기〉의 음들은 현악기인 바이올린을 연주했을 때 발생하는 고른음이므로 기본음 진동수의 정수배의 진동수를 갖는 부분음들로 이루어진다. P의 기본음은 440Hz이므로 P의 부분음은 440Hz, 440×2 = 880Hz, 440×3 = 1320Hz, ...인데, 880Hz은 S의 기본음이기도 하다.

⑤ P와 S 사이의 음정은 880÷440=2, Q와 R 사이의 음정은 660÷550=6/5이다. 분자와 분모에 들어가는 수가 커질수록 협화도는 작아지므로 P와 S 사이의 음정은 Q와 R사이의 음정보다 협화도가 크다.

03

㉠의 '말하다'는 '어떤 뜻을 나타내다'는 뜻으로 쓰였다. 이와 유사한 의미로 쓰인 것은 ⑤의 '말하다'이다.

오답 풀이

①의 '말하다'는 '평하거나 논하다.'는 뜻으로 쓰였다.

②의 '말하다'는 '어떠한 사실을 말로 알려 주다.'는 뜻으로 쓰였다.

③의 '말하다'는 '생각이나 느낌 따위를 말로 나타내다.'는 뜻으로 쓰였다.

④의 '말하다'는 '무엇을 부탁하다.'는 뜻으로 쓰였다.

23강 독서 | 예술 (2) - 미술·건축

어휘 더하기

본문 185쪽

◉ ⑤

---

⑤의 '기대다'는 '기대다²'로 '근거로 하다'는 뜻으로 쓰였다.

01 (1) 질박 (2) 점성　**02** ④　**03** ③　**04** ③　**05** ②　**06** ⑤

<del>실전 어휘</del>를 알면 <del>답</del>이 보인다

07 ⑤

01

(1) '매끈한 세련미와 귀족적인 위엄'과 대비되는 내용을 써야 하기 때문에 '꾸민 데가 없이 수수함'을 뜻하는 '질박(質朴)'이 가장 잘 어울린다.

오답 풀이

'순박'은 '거짓이나 꾸밈이 없이 순수하며 인정이 두터움'을 뜻하고, '화사'는 '화려하게 고움'을 뜻한다.

(2) '시간이 지남에 따라 ~ 결합하면서 굳어진다'는 내용을 고려할 때, '차지고 끈끈한 성질.'을 뜻하는 '점성(粘性)'이 가장 잘 어울린다.

오답 풀이

'연성(軟性)'은 '부드럽고 무르며 연한 성질'을 뜻하고, '탄성(彈性)'은 '물체에 외부에서 힘을 가하면 부피와 모양이 바뀌었다가, 그 힘을 제거하면 본디의 모양으로 되돌아가려고 하는 성질'을 뜻한다.

02

'답습(踏襲)하다'는 '예로부터 해 오던 방식이나 수법을 좇아 그대로 행하다'를 뜻하므로 '베끼듯이 그대로 따라 하면'과 바꿔 쓰기에 적절하다.

오답 풀이

① '계승(繼承)하다'는 '조상의 전통이나 문화유산, 업적 따위를 물려받아 이어 나가다'를 뜻한다.

② '수용(受容)하다'는 '어떠한 것을 받아들이다'를 뜻한다.

③ '추구(追求)하다'는 '목적을 이룰 때까지 뒤쫓아 구하다'를 뜻한다.

⑤ '쇄신(刷新)하다'는 '나쁜 폐단이나 묵은 것을 버리고 새롭게 하다'를 뜻한다.

03

'㉠원경(遠景)'과 '㉡근경(近景)'은 서로 상반된 의미를 지닌 단어들이다. '가공(架空)'은 '이유나 근거가 없이 꾸며 냄. 또는 사실이 아니고 거짓이나 상상으로 꾸며 냄'을 뜻하고, '허구(虛構)'는 '사실에 없는 일을 사실처럼 꾸며 만듦'을 뜻하기 때문에 두 단어는 유의 관계에 있다고 볼 수 있다.

오답 풀이

① '가중(加重)'은 '부담이나 고통 따위를 더 크게 하거나 어려운 상태를 심해지게 함'을 뜻하고, '경감(輕減)'은 '부담이나 고통

따위를 덜어서 가볍게 함'을 뜻한다.

② '상승(上昇)'은 '낮은 데서 위로 올라감'을 뜻하고, '하강(下降)'은 '높은 곳에서 아래로 향하여 내려옴'을 뜻한다.

④ '공급(供給)'은 '교환하거나 판매하기 위하여 시장에 재화나 용역을 제공하는 일. 또는 그 제공된 상품의 양'을 뜻하고, '수요(需要)'는 '어떤 재화나 용역을 일정한 가격으로 사려고 하는 욕구'를 뜻한다.

⑤ '구체적(具體的)'은 '사물이 직접 경험하거나 지각할 수 있도록 일정한 형태와 성질을 갖추고 있는 것'을 뜻하고, '추상적(抽象的)'은 '어떤 사물이 직접 경험하거나 지각할 수 있는 일정한 형태와 성질을 갖추고 있지 않은 것'을 뜻한다.

04

'압축력(壓縮力)'은 '물질 따위에 압력을 가하여 그 부피를 줄이는 힘'을 뜻한다. '인장력(引張力)'은 '물체의 중심축에 평행하게 바깥 방향으로 작용하여 물체가 늘어나게 하는 힘'을 뜻한다.

오답 풀이

②, ④, ⑤ '지지력(支持力)'은 '버티거나 버티게 하여 주는 힘'을 뜻한다.

05

'심미안(審美眼)'은 '아름다움을 살펴 찾는 안목'을 뜻한다.

오답 풀이

① '감식안(鑑識眼)'은 '어떤 사물의 가치나 진위 따위를 구별하여 알아내는 눈'을 뜻한다.

③ '관찰안(觀察眼)'은 '사물이나 현상을 주의하여 자세히 살펴보고 식별하는 안목'을 뜻한다.

④ '근시안(近視眼)'은 '미래를 짐작하거나 사물 전체를 보는 지혜가 없고 당장의 부분적인 현상만 보는 것을 비유적으로 이르는 말'을 뜻한다.

⑤ '천리안(千里眼)'은 '사물을 꿰뚫어 볼 수 있는 관찰력이나 멀리서 일어난 일을 바로 알아내는 능력'을 뜻한다.

06

'주물(鑄物)'은 '쇠붙이를 녹여 거푸집에 부은 다음, 굳혀서 만든 물건'을 뜻한다. 따라서 '플라스틱 쓰레기를 녹여 만든'이라는 내용과 어울리지 않는다.

오답 풀이

① '질감(質感)'은 '어떤 재료에서 느껴지는 독특한 느낌'을 뜻한다.

② '미감(美感)'은 '아름다움에 대한 느낌'을 뜻한다.

③ '양감(量感)'은 '화면에 나타난 대상의 부피나 무게의 느낌'을 뜻한다.

④ '거푸집'은 '만들려는 물건의 모양대로 속이 비어 있어 거기에 쇠붙이를 녹여 붓도록 되어 있는 틀'을 뜻한다.

07

ⓐ의 '기대다'는 '남의 힘에 의지하다'는 뜻으로 쓰였다. 이와 유사한 뜻으로 쓰인 것은 ⑤의 '기대다'이다.

오답 풀이

①의 '기대다'는 '근거로 하다'의 뜻으로 쓰였다.

②, ③, ④ '기대다'는 '몸이나 물건을 무엇에 의지하면서 비스듬히 대다'의 뜻으로 쓰였다.

기출로 **강해지기** 본문 188~189쪽

중심 내용 한눈에 보기 ❶ 바실리카 ❷ 공공 ❸ 위계

❹ 트란셉트

01 ② 02 ③ 03 ⑤

01

1문단에 따르면 바실리카 형식은 고대 로마 제국 시대에서 비롯된 것으로 원래는 시장이나 재판소와 같은 공공 건축물에 쓰였던 것이다. 따라서 종교적 기능을 가진 로마 시대의 건축에서 유래했다는 설명은 적절하지 않다.

오답 풀이

① 1문단에 따르면 바실리카식 성당은 4세기경부터 출현하여 이후 평면 형태의 부분적 변화를 겪었다.

③ 3문단에 따르면 시간이 흐르면서 성직자의 위상이 점차 높아지고 종교 의식이 확대됨에 따라 건물은 더욱 웅대하고 화려해졌다.

④ 2문단에 따르면 바실리카식 성당은 초기에는 동서 방향으로 긴 직사각형의 모습을 하고 있다. 그리고 3문단에 따르면 시간이 흐르면서 남북 방향의 트란셉트라는 공간이 추가되어 열십자 모양의 건물이 되었다.

⑤ 1문단에 따르면 서양 건축 예술의 역사는 성당 건축을 빼놓고는 이해할 수 없는데, 그 기본은 바실리카 형식에서 크게 벗어나지 않았다.

02

3문단으로 보아, 성직자의 위상이 점차 높아지고 종교 의식이 확대됨에 따라 트란셉트라는 공간이 추가되었다.

오답 풀이

① 2문단을 보면, 아일은 복도로 활용되었다.

② 2문단을 보면, 나르텍스는 일반인들의 출입구와 현관이 있는 공간이다.

④ 2문단을 보면, 앱스는 신성한 제단이 자리한 공간으로 오직 성직자만이 들어갈 수 있다.

⑤ 2문단을 보면, 네이브는 일반 신자들이 예배에 참여하는 공간이다.

03

'위계(位階)'는 '지위나 계층 따위의 등급'을 뜻한다. '존경할 만한 위세가 있어 점잖고 엄숙한 태도나 기세'를 뜻하는 단어는 '위엄(威嚴)'이다.

24강 독서 | 형성 평가

형성 평가 본문 192~197쪽

01 ② 02 ⑤ 03 (1) ② (2) ⑤ 04 (1) ④ (2) ⑤ 05 ④

06 ③ 07 ③ 08 ② 09 ③ 10 ① 11 ② 12 새옹지마

13 ① 14 ④ 15 ④ 16 ① 17 ⑤ 18 해설 참조

01

②에 쓰인 '보전(補塡)'은 앞에 오는 '손실을'이라는 말을 고려할 때 '부족한 부분을 보태어 채움'을 뜻한다. '온전하게 보호하여 유지함'을 뜻하는 말은 '보전(保全)'이다.

02

'답습(踏襲)'은 '예로부터 해 오던 방식이나 수법을 좇아 그대로 행함'을 뜻한다. '어떤 방안, 물건 따위를 처음으로 생각하여 냄'을 뜻하는 '창안(創案)'과는 반대의 뜻이기 때문에 빈칸에 들어가기에 적절하다.

오답 풀이

① '연계(連繫)'는 '어떤 일이나 사람과 관련하여 관계를 맺음'을 뜻한다.

② '전가(轉嫁)'는 '잘못이나 책임을 다른 사람에게 넘겨씌움'을 뜻한다.

③ '규명(糾明)'은 '어떤 사실을 자세히 따져서 바로 밝힘'을 뜻한다.

④ '고찰(考察)'은 '어떤 것을 깊이 생각하고 연구함'을 뜻한다.

03

(1) '배상(賠償)'은 '남의 권리를 침범하여 손해를 입힌 사람이 그 손해를 물어 주는 일'을 뜻한다.

오답 풀이

① '보상(補償)'은 '남에게 끼친 손해를 갚음'을 뜻한다.

③ '포상(褒賞)'은 '칭찬하고 장려하여 상을 줌'을 뜻한다.

④ '변상(辨償)'은 '남에게 진 빚을 갚음'을 뜻한다.

⑤ '상환(償還)'은 '갚거나 돌려줌.', '남이 부담하여야 할 돈이나 의무를 자기가 부담하였을 경우에 그 사람에게 자기의 부담

을 갖게 하는 일'을 뜻한다.

(2) '개연성(蓋然性)'은 '일반적으로 그 일이 생길 수 있는 가능성'을 뜻한다.

오답 풀이
① '효용성'은 '보람 있게 쓰거나 쓰이는 성질'을 뜻한다.
② '허구성'은 '사실에서 벗어나 만들어진 모양이나 요소를 가지는 성질'을 뜻한다.
③ '필연성'은 '사물의 관련이나 일의 결과가 반드시 그렇게 될 수밖에 없는 요소나 성질'을 뜻한다.
④ '우연성'은 '우연히 이루어지는 성질'을 뜻한다.

04

(1) '포착(捕捉)하다'는 '꼭 붙잡다'를 뜻하므로, '꼭 붙잡아야'와 바꿔 쓸 수 있는 단어는 '포착해야'이다.

오답 풀이
① '쟁취(爭取)하다'는 '힘들게 싸워서 바라던 바를 얻다'를 뜻한다.
② '착취(搾取)하다'는 '계급 사회에서 생산 수단을 소유한 사람이 생산 수단을 갖지 않은 직접 생산자로부터 그 노동의 성과를 무상으로 취득하다'를 뜻한다.
③ '취득(取得)하다'는 '자기 것으로 만들어 가지다'를 뜻한다.
⑤ '착안(着眼)하다'는 '어떤 일을 주의하여 보다' 또는 '어떤 문제를 해결하기 위한 실마리를 잡다'를 뜻한다.

(2) '배격(排擊)하다'는 '어떤 사상, 의견, 물건 따위를 물리치다'를 뜻한다. 따라서 '물리치고'와 바꿔 쓸 수 있는 단어는 '배격하고'이다.

오답 풀이
① '계승(繼承)하다'는 '조상의 전통이나 문화유산, 업적 따위를 물려받아 이어 나가다'를 뜻한다.
② '기각(棄却)하다'는 '물품을 내버리다', '소송을 수리한 법원이, 소나 상소가 형식적인 요건은 갖추었으나, 그 내용이 실체적으로 이유가 없다고 판단하여 소송을 종료하다'를 뜻한다.
③ '극복(克服)하다'는 '악조건이나 고생 따위를 이겨 내다'를 뜻한다.
④ '배반(背反)하다'는 '믿음과 의리를 저버리고 돌아서다'를 뜻한다.

05

'끼치다'는 '영향, 해, 은혜 따위를 당하거나 입게 하다'의 뜻으로 쓰였다.

오답 풀이
① '끼치다'는 '기운이나 냄새, 생각, 느낌 따위가 덮치듯이 확 밀려들다'를 뜻한다.
② '끼치다'는 '소름이 한꺼번에 돋아나다'를 뜻한다.
③ '끼치다'는 '기운이나 냄새, 생각, 느낌 따위가 덮치듯이 확 밀

려들다'를 뜻한다.
⑤ '끼치다'는 '어떠한 일을 후세에 남기다'를 뜻한다.

06

'연역'은 일반적인 사실이나 원리를 전제로 하여 개별적인 사실이나 보다 특수한 다른 원리를 이끌어 내는 추리를 이른다. 결론이 이미 전제에 포함되어 있기 때문에 지식의 확장이라고 보기는 어렵다. 이와 달리 '귀납'은 개별적인 특수한 사실이나 원리로부터 일반적이고 보편적인 명제 및 법칙을 유도해 내는 것을 뜻한다. 전제들이 모두 참이라도 결론이 반드시 참이 되는 것은 아니지만 지식의 확장에는 기여한다.

07

'기인(起因)하다'는 '어떠한 것에 원인을 두다'를 뜻하며, 그 앞에 원인에 해당하는 내용이 온다. 이와 달리 '초래(招來)하다'는 '어떤 결과를 가져오게 하다'를 뜻하며, 그 앞에 결과에 해당하는 내용이 온다. ③에서는 '법률을 위반'이 원인, '상대방에게 손실'이 결과에 해당하기 때문에 '초래한'이 적절하다.

오답 풀이
① '남용(濫用)하다'는 '일정한 기준이나 한도를 넘어서 함부로 쓰다'를 뜻한다.
② '저해(沮害)하다'는 '막아서 못 하도록 해치다'를 뜻한다.
④ '지향(志向)하다'는 '어떤 목표로 뜻이 쏠리어 향하다'를 뜻한다.
⑤ '단초(端緒)'는 '일이나 사건을 풀어 나갈 수 있는 첫머리'를 뜻한다.

08

글의 맥락을 고려할 때 ㉡은 '국가, 지방 자치 단체, 은행, 회사 따위가 사업에 필요한 자금을 차입하기 위하여 발행하는 유가 증권'을 뜻하는 '채권(債券)'이라는 것을 짐작할 수 있다. '특정인이 다른 특정인에게 어떤 행위를 청구할 수 있는 권리'는 '채권(債權)'이다.

09

'팽배(澎湃)하다'는 '어떤 기세나 사조 따위가 매우 거세게 일어나다'를 뜻한다. ③에는 '수량이 본디의 상태보다 늘어나거나 범위, 세력 따위가 본디의 상태보다 커지거나 크게 발전하다'를 뜻하는 '팽창(膨脹)하다'가 적절하다.

오답 풀이
① '간주(看做)하다'는 '상태, 모양, 성질 따위가 그와 같다고 보거나 그렇다고 여기다'를 뜻한다.

② '대두(擡頭)되다'는 '어떤 세력이나 현상이 새롭게 나타나게 되다'를 뜻한다.
④ '만연(蔓延)하다'는 '(비유적으로) 전염병이나 나쁜 현상이 널리 퍼지다'를 뜻한다.
⑤ '주창(主唱)되다'는 '주의나 사상이 앞장서서 주장되다'를 뜻한다.

10

환율이 1달러=1,000원에서 1달러=1,500원이 되었을 때, 환율이 상승했다고 한다. 환율이 상승하면 원화 가치가 하락하고, 상대적으로 달러 가치는 상승한다. 원화의 가치가 하락한 것을 '원화의 평가 절하'라고 말하기도 한다.

11

'양도인'은 '권리, 재산, 법률에서의 지위 따위를 남에게 넘겨주는 사람'을 뜻하고, '양수인'은 '남의 물건을 넘겨받는 사람'을 뜻한다. 따라서 '양도인'과 '양수인'은 반의 관계에 있다고 볼 수 있다. '증여(贈與)'는 '물품 따위를 선물로 줌'을 뜻하고, '기부(寄附)'는 '자선 사업이나 공공사업을 돕기 위하여 돈이나 물건 따위를 대가 없이 내놓음'을 뜻하기 때문에 반의 관계라고 할 수 없다.

오답 풀이
① '피고(被告)'는 '민사 소송에서, 소송을 당한 측의 당사자'를, '원고(原告)'는 '법원에 민사 소송을 제기한 사람'을 뜻한다.
③ '공익(公益)'은 '사회 전체의 이익'을, '사익(私益)'은 '개인의 이익'을 뜻한다.
④ '암묵적(暗黙的)'은 '자기의 의사를 밖으로 나타내지 아니한 것'을, '명시적(明示的)'은 '내용이나 뜻을 분명하게 드러내 보이는 것'을 뜻한다.
⑤ '지배(支配)'는 '어떤 사람이나 집단, 조직, 사물 등을 자기의 의사대로 복종하게 하여 다스림'을, '피지배(被支配)'는 '지배를 당함'을 뜻한다.

12

(1)은 '원리금', (2)는 '짬짜미', (3)은 '심미성', (4)는 '거푸집', (5)는 '인상주의'의 뜻풀이에 해당한다. 이에 해당하는 단어를 오른쪽 표에서 지우면 '새옹지마'라는 한자 성어가 남는다. '새옹지마(塞翁之馬)'는 인생의 길흉화복은 변화가 많아서 예측하기가 어렵다는 말이다. 옛날에 변방에 살던 노인이 기르던 말이 오랑캐 땅으로 달아났다. 노인이 낙심하였는데, 그 후에 달아났던 말이 준마를 한 필 끌고 와서 그 덕분에 훌륭한 말을 얻게 되었다. 그러나 얼마 지나지 않아 아들이 그 준마를 타다가 떨어져서 다리가 부러지는 사고를 당해 노인이 다시 낙심하

였다. 그런데 그로 인하여 아들이 전쟁에 끌려 나가지 아니하고 죽음을 면할 수 있었다는 이야기에서 유래한다.

13

'비록 볼품없게 보일지 몰라도 아주 튼튼하'다는 상인의 말을 고려할 때, 빈칸에는 '투박'이 들어가기에 적절하다. '투박하다'는 '생김새가 볼품없이 둔하고 튼튼하기만 하다'를 뜻한다.

오답 풀이
② '유려하다'는 '글이나 말, 곡선 따위가 거침없이 미끈하고 아름답다'를 뜻한다.
③ '각박하다'는 '인정이 없고 삭막하다'를 뜻한다.
④ '조악하다'는 '거칠고 나쁘다'를 뜻한다.
⑤ '실팍하다'는 '사람이나 물건 따위가 보기에 매우 실하다'를 뜻한다.

14

'피사체(被寫體)'는 '사진이나 영상을 찍는 대상이 되는 물체'를 뜻한다.

15

문맥을 고려할 때, 들뢰즈의 '주름' 개념이 랜드스케이프 건축가들에게 창조적인 자극을 준 것이기 때문에 '영감(靈感)'이 들어가기에 가장 적절하다. '영감'은 '창조적인 일의 계기가 되는 기발한 착상이나 자극'을 뜻한다.

오답 풀이
① '공상(空想)'은 '현실적이지 못하거나 실현될 가망이 없는 것을 막연히 그리어 봄. 또는 그런 생각'을 뜻한다.
② '반감(反感)'은 '반대하거나 반항하는 감정'을 뜻한다.
③ '압력(壓力)'은 '권력이나 세력에 의하여 타인을 자기 의지에 따르게 하는 힘'을 뜻한다.
⑤ '역효과(逆效果)'는 '기대하였던 바와는 정반대가 되는 효과'를 뜻한다.

16

지나치게 운동을 하여 몸이 아픈 상황이기 때문에 '정도를 지나침은 미치지 못함과 같다'를 뜻하는 '과유불급(過猶不及)'이 들어가기에 적절하다.

오답 풀이
② '각주구검(刻舟求劍)'은 융통성 없이 현실에 맞지 않는 낡은 생각을 고집하는 어리석음을 이르는 말이다. 초나라 사람이 배에서 칼을 물속에 떨어뜨리고 그 위치를 뱃전에 표시하였다가 나중에 배가 움직인 것을 생각하지 않고 칼을 찾았다는 데서 유래한다.
③ '적반하장(賊反荷杖)'은 도둑이 도리어 매를 든다는 뜻으로, 잘못한 사람이 아무 잘못도 없는 사람을 나무람을 이르는 말

이다.

④ '낭중지추(囊中之錐)'는 주머니 속의 송곳이라는 뜻으로, 재능이 뛰어난 사람은 숨어 있어도 저절로 사람들에게 알려짐을 이르는 말이다.

⑤ '금의야행(錦衣夜行)'은 비단옷을 입고 밤길을 다닌다는 뜻으로, 자랑삼아 하지 않으면 생색이 나지 않음을 이르는 말이다.

17

'난항(難航)'은 '폭풍우와 같은 나쁜 조건으로 배나 항공기가 몹시 어렵게 항행함'을 뜻하는데, 여러 가지 장애 때문에 일이 순조롭게 진행되지 않음을 비유적으로 이를 때에 쓰인다. '순항(順航)'은 '순조롭게 항행함. 또는 그런 항행'을 뜻하는데, 일 따위가 순조롭게 진행됨을 비유적으로 이를 때에 쓰인다.

18

		¹반			⁵전	⁷이
	²질	박	하	다		해
³미	감					관
시			⁶상		⁸한	계
⁴적	⁵재	적	소		동	
	화			⁹이	기	론

IV | 독서(과학·기술)

25강 독서 | 과학 (1) – 생명 과학·화학

어휘 더하기   본문 201쪽

⊙ 아래에서부터 위까지 벌어진 사이가 크다.

제시된 문장의 '그 천장은 높아서'에 쓰인 '높다'는 '아래에서부터 위까지 벌어진 사이가 크다'는 뜻으로 쓰였다.

문제로 확인하기   본문 202~203쪽

01 원자   **02** 이온   **03** ①   **04** ①   **05** ③   **06** 효소
07 (1) 생장   (2) 포도당
를 알면 답이 보인다
08 ②

01

빈칸에 들어갈 말은 '물질을 구성하는 가장 작은 입자'이므로 '원자(原子)'가 적절하다.

02

'전하를 띠는 원자'를 '이온'이라고 한다. 따라서 원자가 전자를 잃어 (+)전하를 띠는 입자가 되면, 이는 양이온이라고 할 수 있다. 또한 땀을 흘릴 때 수분을 통해 배출되는 나트륨과 칼륨도 이온의 일종이다.

03

'용매(溶媒)'는 '어떤 액체에 물질을 녹여서 용액을 만들 때 그 액체를 가리키는 말'이다. 소금물에서 녹아 있는 물질인 용질은 '소금'이므로, 이를 녹이는 데 쓴 용매는 '물'이다.

04

몸속으로 침입한 '항원(抗元)'을 제거하기 위해 만드는 것이 '항체(抗體)'이다. ㉠에는 '항원(抗元)'과 결합하여 반응을 일으키는 대상이 들어가야 하므로 '항체(抗體)'가 적절하다. 또한 ㉡은 시험을 하기 위한 대상이므로, '시험, 검사, 분석 따위에 쓰는 물질이나 생물'을 의미하는 '시료(試料)'가 들어가는 적절하다.

05

'어떤 물질이 산소와 결합하는 것'을 '산화(酸化)'라고 하므로 사과가 산소와 만나서 이루어지는 작용은 '산화(酸化)'에 해당된다. 따라서 ㉠에는 '산화(酸化)'가 들어가야 한다. 또한 ㉡은 금속이 산소와 만나는 현상을 가리키므로, '금속이 산화에 의해 금속 화합물로 변하는 것'을 의미하는 '부식(腐蝕)'이 들어가는 것이 적절하다.

06

사람이 체내에서 비섬유소를 포도당으로 분해하는 것 같은 화학 작용을 할 때, 이를 돕는 역할을 하는 것을 '효소(酵素)'라고 한다. 따라서 빈칸에 들어갈 단어는 '효소(酵素)'이다.

07

(1) '개체가 에너지와 물질을 이용하여 자라는 것'을 '생장(生長)'이라 하고, '생물이 자신과 닮은 개체를 만

들어 종족을 유지하는 것'을 '생식(生殖)'이라고 한다. 개체가 에너지와 물질을 이용하여 자라는 것은 '생장(生長)'에 해당된다.

(2) '혈당(血糖)'은 포도당이 혈액 속에 있을 때 부르는 말이다. 따라서 식물이 광합성을 통해 만들어 내는 것은 '혈당(血糖)'이 아니라 '포도당(葡萄糖)'이다. 즉, 이 포도당이 혈액 속에 있어야만 '혈당(血糖)'이라 부를 수 있는 것이다.

08

㉠의 '이용 효율이 높다'는 것은 이용 비율이 보통보다 위에 있는 것을 의미한다. 따라서 ㉠은 '값이나 비율 따위가 보통보다 위에 있다'는 뜻이다. 이와 같은 의미로 사용된 것은 ②의 '수입 의존도가 높다'이며, 이는 '수입에 의존하는 비율이 보통보다 위에 있다'는 것을 의미한다.

오답 풀이
① '하늘이 높다'에서 '높다'의 뜻은 '아래에서부터 위까지 벌어진 사이가 크다'이다.
③ '건물은 높이가 매우 높다'에서 '높다'의 뜻은 '아래에서 위까지의 길이가 길다'이다.
④ '주민들의 목소리가 높다'에서 '높다'의 뜻은 '어떤 의견이 다른 의견보다 많고 우세하다'이다.
⑤ '전문가로서 이름이 높다'에서 '높다'의 뜻은 '이름이나 명성 따위가 널리 알려진 상태에 있다'이다.

기출로 강해지기
본문 204~205쪽

중심 내용 한눈에 보기 ❶ 냄새 ❷ 이중 ❸ 라디칼 ❹ 산소

01 ④ 02 ③ 03 ④

01

3문단에서 'A 지방질의 오메가-6 지방산 사살에 있는 탄소에서 산화 작용이 일어나 산패에 이르게 된다'고 하였다.

오답 풀이
① '오메가-3 지방산'은 불포화 지방산이므로, 한 개 이상의 이중 결합 구조가 있다.
② 지방산에서 글리세롤과 결합된 탄소를 제외한 모든 탄소는 수소와 결합되어 있다. 따라서 지방산에서 글리세롤과 결합된 탄소가 수소와 결합되어 있다는 설명은 적절하지 않다.
③ 이중 결합의 수가 많을수록 산패가 더 잘 일어나는 것은 '포

화 지방산'이 아니라 '불포화 지방산'이다.
⑤ 지방질 한 분자에는 글리세롤 한 분자와 지방산 세 분자가 결합되어 있다고 하였다. 따라서 지방산 한 분자에 글리세롤 세 분자가 결합되어 있다는 설명은 적절하지 않다.

02

A 지방질에서 변화한 알릴 라디칼이 산소와 결합하는 것은 맞지만, 알릴 라디칼은 A 지방질보다 에너지가 높다.

오답 풀이
① A 지방질에서 산하 작용이 일어나 산패에 이르게 될 때, 외부 에너지의 영향으로 홀수의 전자를 갖는 분자로 변화되기도 하는데 이를 '라디칼 분자'라고 한다.
② 하이드로퍼옥사이드가 분해되어 알코올, 알데히드 등의 화합물로 변화한다. 따라서 '알코올'은 '하이드로퍼옥사이드'의 분해 과정을 거쳐 만들어진다고 할 수 있다.
④ A 지방질에서 생성된 하이드로퍼옥사이드가 분해되어 알코올, 알데히드 등의 화합물로 변하는데, 이 화합물들이 비정상적인 냄새를 나게 한다.
⑤ A 지방질에서 생성된 퍼옥시 라디칼은 주위에 있는 다른 오메가-6 지방산 사슬과 반응하여 새로운 알릴 라디칼을 만들고, 자신은 하이드로퍼옥사이드로 변화한다.

03

④의 '영향을 받다'에서 '받다'는 '다른 사람이 하는 행동, 심리적인 작용 등을 당하거나 입다'를 의미한다. 그런데 ④의 '차가 난간을 받다'에서 '받다'는 '머리나 뿔 등으로 세게 부딪치다'를 의미하므로, 같은 의미로 사용된 것이 아니다.

오답 풀이
① ⓐ: '산화 작용이 일어난다'에서 '일어나다'는 '어떤 일이 생기다'의 의미이다. ①의 '지진이 일어나다'도 지진이라는 일이 생기는 것이므로, 같은 의미로 사용된 것이다.
② ⓑ: '지방질은 사슬 모양을 이루다'에서 '이루다'는 '몇 가지 부분이나 요소들을 모아 일정한 성질이나 모양을 가진 존재가 되게 하다'의 의미이다. ②의 '빗방울이 무늬를 이루다'도 빗방울이 모여 일정한 모양을 가진 존재가 되게 한 것이므로, 같은 의미로 사용된 것이다.
③ ⓒ: '영향을 주다'에서 '주다'는 '남에게 어떤 일이나 감정을 겪게 하거나 느끼게 하다'의 의미이다. ③의 '피해를 주다'도 상대에게 '피해'라는 일을 겪게 한 것이므로, 같은 의미로 사용된 것이다.
⑤ '냄새를 나게 하다'에서 '나다'는 '소리, 냄새 따위가 밖으로 드러나다'의 의미이다. ⑤의 '좋은 냄새를 나게 하다'는 것도 냄새를 밖으로 드러나게 한 것이므로, 같은 의미로 사용된 것이다.

26강 독서 | 과학 (2) - 물리학·지구 과학

⊙ 음정이 고르다, 맥박이 고르다

'음정이 <u>고르다</u>', '맥박이 <u>고르다</u>'의 '고르다'는 '상태가 정상적으로 순조롭다'의 뜻으로 쓰여 '고르다³'의 ❷에 해당한다.

오답 풀이

• '치아가 <u>고르다</u>', '수준이 <u>고르다</u>'에서 '고르다'는 '여럿이 다 높낮이, 크기, 양 따위의 차이가 없이 한결같다'의 뜻으로 쓰여 '고르다³'의 ❶에 해당한다.

• '호흡을 <u>고르다</u>'에서 '고르다'는 '제 기능을 발휘하도록 다듬거나 손질하다'의 뜻으로 쓰여 '고르다²'의 ❷에 해당한다.

• '눈썹을 <u>고르다</u>'에서 '고르다'는 '울퉁불퉁한 것을 평평하게 하거나 들쭉날쭉한 것을 가지런하게 하다'의 뜻으로 쓰여 '고르다²'의 ❶에 해당한다.

문제로 확인하기

01 ⓐ 구심력, ⓑ 원심력   **02** ㉠ - ⓑ, ㉡ - ⓐ   **03** ②   **04** ⑤
05 (1) 마그마, 용암 (2) 항성   **06** ①   **07** 반도체   **08** 전선

실전 어휘를 알면 **답**이 보인다

09 ①

01

ⓐ는 공을 원의 중심으로 끌어당기고 있으므로, '원운동을 하는 물체나 입체에 작용하는' 원의 중심으로 나아가려는 힘'을 의미하는 '구심력(求心力)'에 해당된다. ⓑ는 공이 바깥으로 나아가려 하고 있으므로, '원운동을 하는 물체나 입체에 작용하는, 원의 바깥으로 나아가려는 힘'을 의미하는 '원심력(遠心力)'에 해당된다.

02

㉠: 난방기를 바닥에 설치하고 냉방기를 천장에 설치하는 것은 공기가 이동함으로써 열이 전달되는 성질 때문이다. 따라서 빈칸에 들어갈 말은 '기체나 액체에서 물질이 이동함으로써 열이 전달되는 현상'을 나타내는 '대류(對流)'가 적절하다.

㉡: 물체의 상태에 따라 '열에너지가 옮겨 가는 현상'을 '열전달'이라고 하는데, '열이 물체 속을 이동하는 일'을 '전도(傳導)'라고 한다. 고체와 액체는 물질을 통해 열이 이동하므로 빈칸에 들어갈 말은 '전도(傳導)'가 적절하다.

03

'인력'은 '반발력'과 반대되는 개념으로 제시되고 있으며, 분자 사이의 걸이가 멀어지면 인력은 감소한다고 하였다. 따라서 '인력(引力)'은 '물체끼리 서로 끌어당기는 힘'임을 알 수 있다.

04

산소 분자가 다른 분자들과 충돌을 할 때마다 변하는 것은, 분자의 운동 방향과 속력이다. 어떤 분자의 정확한 운동 궤적을 알기 위해 필요한 것이 '분자의 운동 방향과 ( )'이라고 하였다. 따라서 빈칸에 들어갈 말은 '물체가 움직이거나 일이 진행되는 빠르기의 크기'를 의미하는 '속력(速力)'이다.

05

(1) '땅속 깊은 곳에서 암석이 지열로 녹아 반액체로 된 물질'을 '마그마'라고 하며, 이 마그마가 분출되어 기체 성분이 빠져나가면 이를 '용암(鎔巖)'이라고 한다.

(2) '항성(恒星)'은 '천구 위에서 서로의 상대 위치를 바꾸지 않고 별자리를 구성하며 스스로 빛을 내는 별'을 말하는데, 태양은 스스로 빛을 내기 때문에 '항성(恒星)'에 해당된다. '행성(行星)'은 중심 별의 주위를 도는 천체로서 스스로 빛을 내지는 못한다.

06

영수의 말에 의하면, 이 암석은 흙이나 생물의 유해가 물, 빙하, 바람에 의해 운반되어 와서 쌓여 만들어진 것이라고 하였다. 따라서 빈칸에 들어갈 말은 '퇴적(堆積)'이 적절하다.

07

'열 또는 전기의 전도율이 높은 물체'를 '도체(導體)'라 하고, '전기가 잘 흐르지 않는 물질'을 '절연체(絕緣體)'라 하며, 도체와 절연체의 중간 정도에 해당하는 것이 '반도체(半導體)'이다. 다음에서 설명하고 있는 물질은 '전기 전도율이 도체와 절연체의 중간 정도'라고 했으므로, '반도체(半導體)'에 해당된다.

08

'기단(氣團)'은 '넓은 지역에 걸쳐 있는, 수평 방향으로 거의 같은 성질을 가진 공기 덩어리'를 말하며, '전선(前

線)'은 '성질이 다른 두 기단의 경계면이 지표와 만나는 선'을 말한다. 그런데 기온, 습도, 바람 등의 일기 요소는 '전선(前線)'을 경계로 변화하므로, '장마'라는 '일기(日氣)'와 관련된 것은 '전선(前線)'이라고 할 수 있다.

09

양전기가 원자에 '고르게' 퍼져 있다는 것은, 양전기가 큰 차이 없이 골고루 퍼져 있는 것을 의미하고, 이때 쓰인 '고르다'는 '높낮이, 크기, 양 등이 차이가 없이 한결같다'의 의미로 쓰였다. '그 식물은 전국에 고른 분포를 보인다'라는 문장의 의미는 식물이 전국에 골고루 퍼져 있다는 것을 의미하므로 ㉠과 같은 의미로 사용되었다.

오답 풀이

② '적당한 단어를 골라야 한다'에 사용된 '고르다'의 품사는 '동사'이며, '여럿 중에서 가려내거나 뽑다'의 의미로 쓰였다.

③ '그는 목소리를 고르며'에 사용된 '고르다'의 품사는 '동사'이며, '무엇을 하기에 좋게 다듬거나 손질하다'의 의미로 쓰였다.

④ '울퉁불퉁한 곳을 ~ 판판하게 골랐다'에 사용된 '고르다'의 품사는 '동사'이며, '상태나 모양이 들쑥날쑥하던 것을 규칙적이고 일정하게 만들다'의 의미로 쓰였다.

⑤ '날씨가 고르지 못한 환절기'에 사용된 '고르다'의 품사는 '형용사'이며, '날씨, 음정 등의 상태 변화가 크지 않고 정상적이다'의 의미로 쓰였다.

기출로 강해지기
본문 212~213쪽

중심 내용 한눈에 보기 ❶ 행성 ❷ 공전 ❸ 만유인력

01 ③ **02** ④ **03** ②

01

1문단의 첫 번째 문장을 보면 코페르니쿠스는 천체의 운행을 단순하게 기술할 방법만을 찾았을 뿐, 그것이 일으킬 형이상학적 문제에는 별 관심이 없었다.

오답 풀이

① 2문단의 마지막 문장에서 '우주의 단순성을 새롭게 보여 주는 이 법칙들'이라고 말하고 있는데, 이것이 가리키는 것은 브라헤와 케플러의 행성 운동 법칙이다.

② '브라헤'가 제안한 것 중에서 '우주의 중심에 지구가 고정되어 있다'는 것은 아리스토텔레스의 이론에 해당하며, '지구 외의 행성들은 태양 주위를 공전한다'는 것은 코페르니쿠스의 이론에 해당한다. 따라서 두 이론을 절충한 모형을 제시했다고 할 수 있다.

④ 아리스토텔레스의 형이상학을 고수하는 다수 지식인과 종교

지도자들은 코페르니쿠스의 이론을 받아들이지 않았는데, 그 이유는 그의 태양 중심설이 인간을 한갓 행성의 거주자로 전락시키는 것으로 여겼기 때문이다. 따라서 인간을 행성의 거주자로 보는 것을 지지하지 않았다고 할 수 있다.

⑤ 3문단의 세 번째 문장을 통해 '만유인력'이 '두 질점이 서로 당기는 힘'이라는 것을 알 수 있다. 또한 '지구보다 질량이 큰 태양과 지구가 서로 당기는 만유인력이 서로 같음을 증명할 수 있다'라는 문장을 통해, 태양과 지구의 질점이 서로 당기는 힘이 동일함을 알 수 있다.

02

'브라헤'는 '지구가 우주의 중심에 고정되어 있다'고 하였는데, 이는 아리스토텔레스의 지구 중심설을 벗어나지 못했음을 의미한다.

오답 풀이

① 아리스토텔레스는 우주의 중심에 고정되어 움직이지 않는 지구의 주위를 달, 태양, 다른 행성들의 천구들과, 항성들이 붙어 있는 항성 천구가 회전한다는 지구 중심설을 내세웠다. 따라서 항성 천구가 고정되어 있다는 내용은 적절하지 않다.

② 행성이 태양에서 멀수록 공전 주기가 길어진다는 점에서 단순성이 충족된 것은, '프톨레마이오스의 우주론'이 아니라 '코페르니쿠스의 우주 모형'이다.

③ 코페르니쿠스의 우주론이 이전의 지구 중심설보다 단순한 것은 맞지만, 아리스토텔레스의 형이상학과 양립 가능한 것은 아니었다. 지구는 우주의 중심이며 다른 천구가 지구 주위를 돈다고 본 아리스토텔레스와 달리, 코페르니쿠스는 우주의 중심을 지구가 아니라 태양으로 보았기 때문이다.

⑤ 케플러는 브라헤의 천체 관측치를 활용하여 태양 주위를 공전하는 행성의 운동 법칙들을 수립하고 있는데, 이 때 '행성들이 태양 주위를 공전한다'고 보는 것은 신플라톤주의에 해당하므로 신플라톤주의에서 경험적 근거를 찾았다는 설명은 적절하지 않다.

03

ⓑ의 '만들다'는 '노력이나 기술 따위를 들여 목적하는 사물을 이루다'를 뜻하므로 '연구하여 새로운 안을 생각해 내다'를 의미하는 '고안(考案)하다'가 바꿔 쓰기에 적절하다. 코페르니쿠스가 지구가 자전하는 우주 모형을 새롭게 생각해 내어 만든 것이기 때문이다.

오답 풀이

① ⓐ의 '일으키다'는 '어떤 사태나 일을 벌이거나 터뜨리다'를 의미하므로 '떨쳐 일어나다'를 의미하는 '진작(振作)하다'와 바꿔 쓰기에 적절하지 않다.

③ ⓒ의 '지니다'는 '원래의 모양을 그대로 가지고 있다'를 의미하므로 물건을 지니고 있다'를 의미하는 '소지(所持)하다'와

바꿔 쓰기에 적절하지 않다.

④ ⓓ의 '받아들이다'는 '다른 사람의 의견이나 비판 따위를 찬성하여 따르다'를 의미하므로 '국가나 정부, 제도, 계획 따위를 이룩하여 세우다'를 의미하는 '수립(樹立)하다'와 바꿔 쓰기에 적절하지 않다.

⑤ ⓔ의 '구하다'는 '문제에 대한 답이나 수, 양을 알아내다'를 의미하므로 '돈이나 점수 등을 더하다'를 의미하는 '가산(加算)하다'와 바꿔 쓰기에 적절하지 않다. 그리고 만일 '가산(加算)하다'를 쓰게 되면 그 앞에 있는 '더하여'라는 말과 의미가 중복되는 문제가 발생한다.

27강 독서 | 기술 (1) - 전자 공학

어휘 더하기   본문 217쪽

◉ (1) 전송(餞送) (2) 기호(嗜好) (3) 부호(富豪) (4) 결정(結晶)

(1) '서운하여 잔치를 베풀고 보낸다는 뜻으로, 예를 갖추어 떠나보냄을 이르는 말'인 '전송(餞送)'이 적절하다.

(2) '즐기고 좋아함'을 뜻하는 '기호(嗜好)'가 적절하다.

(3) '재산이 넉넉하고 세력이 있는 사람'을 뜻하는 '부호(富豪)'가 적절하다.

(4) '애써 노력하여 보람 있는 결과를 이루는 것이나 그 결과를 비유적으로 이르는 말'인 결정(結晶)이 적절하다.

문제로 확인하기
본문 218~219쪽

01 ㉠ 디지털, ㉡ 아날로그, ㉢ 액정 **02** ① **03** ④ **04** 화소
05 ⑤ **06** ② **07** 트랜지스터
** 을 알면 답이 보인다**
08 ④

01

(가)의 손목 시계는 시간을 수치로 바꾸어 나타내고 있으므로, ㉠에 들어갈 말은 '디지털'이며, (나)의 손목 시계는 시간을 시침과 분침을 통해 연속된 물리량으로 나타내고 있으므로, ㉡에 들어갈 말은 '아날로그'이다. 또한 LCD는 액정을 이용하여 문자나 숫자 표시, 영상을 나타내는 장치이므로 ㉢에 들어갈 말은 '액정'이다.

02

일반 컴퓨터가 0과 1을 이용하여 나타내는 정보의 최소

단위를 '비트'라고 한다. 따라서 빈칸에 들어갈 말은 '비트'이다.

오답 풀이

② '소자(素子)'는 '장치, 전자 회로 따위의 구성 요소가 되는 낱낱의 부품'을 말한다.

③ '센서'는 '소리, 빛, 온도 등의 발생이나 변화를 알아내는 소자'를 말한다.

④ '메모리'는 '컴퓨터를 비롯한 디지털 기기에서 수치나 명령 등을 기억하는 장치'를 말한다.

⑤ '바이트'는 정보량의 단위로서, 8비트가 1바이트이다.

03

'중앙 처리 장치'는 '컴퓨터 시스템 전체의 작동을 통제하고 프로그램의 모든 연산을 수행하는 가장 핵심적인 장치'를 말한다. 따라서 컴퓨터 프로그램의 모든 연산을 수행하는 장치는 '중앙 처리 장치'라고 할 수 있다. 또한 '메모리'는 '컴퓨터를 비롯한 디지털 기기에서, 수치나 명령 등을 기억하는 장치'를 말하므로 데이터를 저장하기 위해 충분히 있어야 하는 것은 '메모리'라고 할 수 있다.

04

'화소(畫素)'란 '텔레비전이나 사진 전송에서, 화면을 전기적으로 분해한 최소의 단위 면적'을 말하는데, 화소의 개수가 많을수록 이미지를 선명하게 나타낼 수 있다. 따라서 빈칸에 들어갈 말은 '화소(畫素)'이다.

05

'물질이 빛을 받아 화학적 변화를 일으키는 것'을 '감광(感光)'이라고 한다. 따라서 필름에 빛을 쪼였을 때 화학적 변화가 일어나는 것은 '감광(感光)' 현상이라고 할 수 있다. 또한 '잠상(潛像)'을 눈에 보이게 만드는 것을 '현상(現像)'이라고 한다.

06

왼쪽 그림에서 ⓐ는 대상에게 반사된 빛을 인식하는 역할을 하는데, 이렇게 '소리, 빛, 온도 등의 발생이나 변화를 알아내는 소자(素子)'를 '센서'라고 한다.

07

'규소'나 '저마늄'으로 만들어진 반도체를 '세 겹'으로 접합하여 만든 반도체 소자를 '트랜지스터'라고 한다. 이러한 트랜지스터는 진공관에 비해 작고 가벼우며 반영구적으로 사용할 수 있다는 장점을 갖고 있다.

08

ⓓ '복원'과 ④의 '복원하기는 어렵다'에 사용된 '복원'은 둘 다 '원래대로 회복함'을 의미하는 '복원(復原)'이다. 따라서 동음이의어에 해당되지 않는다.

오답 풀이

① ⓐ '전송'은 '글이나 사진 등을 전류나 전파를 이용하여 먼 곳에 보냄'을 의미하지만, ①의 '친구를 전송할 계획'에서의 '전송(餞送)'은 '예를 갖추어 떠나보냄'을 의미한다.

② ⓑ '기호'는 '어떤 뜻을 나타내기 위해 쓰는 여러 가지 표시'를 의미하지만, ②의 '대중의 기호'에서의 '기호(嗜好)'는 '즐기고 좋아함'을 의미한다.

③ ⓒ '부호'는 '어떤 뜻을 나타내려고 따로 정하여 쓰는 기호'를 의미하지만, ③의 '부호가 부럽지 않다.'에서의 '부호(富豪)'는 '재산이 많고 권력이 많은 사람'을 의미한다.

⑤ ⓔ '결정'은 '무엇을 어떻게 하기로 분명하게 정함'을 의미하지만, ⑤의 '노력의 결정이다'에서의 '결정(結晶)'은 '오랜 노력 끝에 얻은 좋은 결과'를 의미한다.

기출로 강해지기   본문 220~221쪽

중심 내용 한눈에 보기 ❶ 플로팅 게이트 ❷ 0 ❸ 쓰기 ❹ 1
❺ 읽기 ❻ 흐름

01 ① **02** ③

01

이 글은 '플래시 메모리'가 '셀'이라고 하는 수많은 스위치들로 이루어져 있다고 하면서 플래시 메모리의 구조를 밝히고 있다. 또한 이를 바탕으로 플래시 메모리가 데이터를 쓰고 지우고 하는 것과 같은 작동 원리를 설명하고 있다.

02

플래시 메모리의 데이터 〈1 0〉을 〈0 1〉로 수정하려면, 우선 데이터를 지워야 한다. 그런데 데이터를 지우려면 모든 셀마다 G에 0V, p형 반도체에 20V의 전압을 가해야 하므로 ㉠과 ㉡에 20V의 전압을 가해야 한다. 이때 ㉠과 ㉡ 둘 다 전압을 가하는 것은 데이터 지우기가 블록 단위로 이루어지기 때문이다. 또한 데이터를 지운 다음에는 데이터를 새로 써야 하는데, 〈0 1〉의 데이터를 쓰려면 1을 쓰려는 셀의 G에는 20V, p형 반도체에는 0V의 전압을 가해야 한다. 따라서 〈0, 1〉에서 '1'은 두 번째 셀에만 데이터를 기록하는 것이므로 ㉣에만 20V의 전압을 가해야 한다.

어휘 더하기   본문 225쪽

◉ 만들었다.

첫 번째 문장의 '조직하다'는 '특정한 목적을 달성하기 위하여 여러 개체나 요소를 모아서 체계 있는 집단을 이루다'는 뜻으로 쓰였고, 두 번째 문장의 '제정하다'는 '제도나 법률 따위를 만들어서 정하다'는 뜻으로 쓰였다. '만들다'에는 '기관이나 단체 따위를 결성하다', '규칙이나 법, 제도 따위를 정하다'라는 뜻이 있으므로 '조직하다', '제정하다' 두 단어의 내용을 공통으로 의미할 수 있는 고유어는 '만들다'이다.

문제로 확인하기   본문 226~227쪽

01 도메인 **02** ⑤ **03** (1) 데이터 (2) 부호화 **04** ② **05** ⓐ 광섬유, ⓑ 광 통신 **06** ③ **07** 전송

실전 어휘를 알면 답이 보인다

08 ②

01

'eㅇs.co.kr'과 같은 인터넷 주소를 '도메인'이라고 한다. 따라서 빈칸에 들어갈 말은 '도메인'이다.

02

컴퓨터와 컴퓨터 사이에 데이터를 원활히 주고받기 위해 약속한 규약을 '프로토콜'이라고 하고, 인터넷 주소를 '도메인'이라고 한다. 그런데 ㉠에 들어갈 말은 유동 IP 주소를 부여하는 규칙에 해당하므로 '프로토콜'이 적절하다. 또한 ㉡에 들어갈 말은 컴퓨터를 서로 연결시켜 주는 체계를 의미하므로, '네트워크'가 적절하다. ㉢에 들어갈 말은 다른 컴퓨터를 분별하여 알아보는 것이므로, '식별하다'와 '인식하다'가 모두 가능하다.

03

(1) 컴퓨터에 저장할 수 있으며, 컴퓨터로 처리할 수 있도록 전산화된 정보를 '데이터'라고 한다. 따라서 빈칸에 들어갈 말은 '데이터'이다.

(2) 주어진 정보를 어떤 표준적인 형태로 바꾸거나 표준 형태를 정보화하는 것을 '부호화(符號化)'라고 한다. 박 상병이 적의 통신 기호라는 표준적인 형태를 정보화했으므로 빈칸에 들어갈 말은 '부호화'가 적절하다.

04

'주된 정보의 제공이나 작업을 수행하는 컴퓨터 시스템'을 '서버'라고 한다. 이처럼 홈페이지의 주된 작업을 수행하는 컴퓨터 시스템을 '서버'라고 하는데, 접속자 수의 증가로 주된 작업이 멈췄다면 이는 주된 컴퓨터 시스템인 '서버'가 다운된 것이다. 따라서 빈칸에 들어갈 말은 '서버'이다.

05

'빛을 이용하여 정보를 전달할 때 쓰는, 빛을 전파하는 가는 유리 섬유'를 '광섬유'라고 한다. 그런데 ⓐ는 내부에서 빛이 진행하도록 하는 유리이므로 '광섬유'라고 할 수 있다. 그리고 ⓑ는 이러한 광섬유를 이용하여 전기 신호를 빛의 신호로 바꾸어 보내는 통신을 의미하므로, '광 통신'이라 할 수 있다.

06

표의 맨 왼쪽 칸을 보면 데이터가 1패킷당 0.275원으로 되어 있다. 따라서 '패킷'은 데이터를 전송하는 단위임을 알 수 있다. 실제로 '패킷'은 '네트워크를 통해 전송하기 쉽도록 자른 데이터의 전송 단위'를 의미한다.

07

'글이나 사진 등을 전류나 전파를 이용하여 먼 곳에 보냄'을 뜻하는 말을 '전송(電送)'이라고 한다. 팩스를 통해 다른 사람에게 내용을 보내는 것이나 전산망을 통해 자료를 주고받는 것은 모두 '전송(電送)'이라고 할 수 있다. 또한 대용량의 데이터를 실시간으로 다른 사람에게 보내는 것도 '전송(電送)'에 해당된다.

08

ⓒ의 '나타내다'는 '보이지 아니하던 어떤 대상이 모습을 드러내다'는 의미이다. 4개의 필드에 숫자를 사용하여 IP 주소의 모습을 드러내기 때문이다. 그런데 '표시(標示)하다'도 '표를 하여 외부에 드러내 보이다'의 뜻이 있으므로 ⓒ과 바꿔 쓰기에 적절하다.

오답 풀이
① 각 컴퓨터들이 가져야 하는 고유 IP 주소는 IP에 따라 만들어지는 것이다. 이때 '만들어지다'는 힘과 기술에 의해 없던 것이 새로 생겨나는 것이므로 '사물이 생겨나다'의 의미인 '생성(生成)되다'로 바꿔 쓰는 것이 적절하다. '제조(製造)되다'는 '공장에서 큰 규모로 물건이 만들어지다'를 의미하므로 ㉠과 바꿔 쓰기에 적절하지 않다.

③ 도메인 네임을 문자로 이루어져 있는데, 이때 '이루어지다'는 도메인 네임이 문자들의 요소가 모여 전체가 되었음을 의미한다. 따라서 '몇 가지 부분이나 요소들이 모여 일정한 전체가 짜여 이루어지다.'를 의미하는 '구성(構成)되다'로 바꿔 쓰는 것이 적절하다. '발생(發生)되다'는 '어떤 일이나 사물이 생겨나게 되다'를 의미하므로 ㉢과 바꿔 쓰기에 적절하지 않다.

④ 클라이언트가 IP 주소를 알아낸 것은 몰랐던 것을 알게 된 것이다. 그런데 '인정(認定)하다'는 '확실히 그렇다고 여기다'를 의미하므로 ㉣과 바꿔 쓰기에 적절하지 않다.

⑤ '프로토콜'은 '한 장치와 다른 장치 사이에서 데이터를 원활히 주고받기 위해 약속한 여러 가지 규약'이다. 따라서 프로토콜에 맞춘다는 것은 그 규약의 방식에 따라 패킷을 주고받는다는 것이다. 그런데 '비교(比較)하다'는 '둘 이상의 사물을 견주어 서로 간의 유사점, 차이점, 일반 법칙 따위를 고찰하다'를 의미하므로 ㉤과 바꿔 쓰기에 적절하지 않다.

기출로 **강해지기**   본문 228~229쪽

중심 내용 한눈에 보기   ❶ 송신기   ❷ 압축   ❸ 채널   ❹ 오류
❺ 전압

01 ②   **02** ④

01

송신기가 소스 부호화를 통해 기호를 부호로 변환하여 전송하면, 수신기는 전송된 부호를 원래의 기호로 복원한다.

오답 풀이
① 데이터를 압축하기 위해 기호를 0과 1로 이루어진 부호로 변환하는 과정을 '소스 부호화'라고 한다. 따라서 영상 데이터가 압축되는 것은 '소스 부호화'의 과정이다.

③ 잉여 정보를 추가하는 과정을 '채널 부호화'라고 하는데, 잉여 정보를 추가하는 이유는 오류를 검출하고 정정하기 위해서이다.

④ 송신기에서 부호를 전송하면 채널의 잡음으로 인해 오류가 발생하며, 이를 해결하기 위해 채널 부호화 과정을 거치는 것이다. 하지만 채널 부호화 과정은 잉여 정보를 추가하여 오류를 정정하는 것이지, 오류의 발생 자체를 막는 것이 아니다.

⑤ 전송할 기호에 잉여 정보를 추가하여 오류에 대비하는 과정은 '소스 부호화'가 아니라 '채널 부호화'이다.

02

3문단에서 '차등 부호화'는 기준 신호를 활용하여 부호의 비트가 0이면 전압을 유지하고 1이면 전압을 변화시킨다고 하였다. '비'의 부호는 '10'이므로 삼중 반복 부호화 과정을 거치면 '111000'이 된다. 이에 대해 차등 부호화를 적용하고 기준 신호가 양(+)이라면, 부호 '111000'

은 '음, 양, 음, 음, 음, 음'의 전압을 갖는 전기 신호로 변환될 것이다. 왜냐하면 기준 신호가 양(+)이고 부호의 비트가 1이면 전압을 변화시키기 때문에 처음은 '양(+)'에서 전압이 변하여 '음(−)'이 되고, 이후 같은 방식으로 변환하면 된다.

오답 풀이

① 기호 집합의 엔트로피는 기호 집합에 있는 기호를 부호로 표현하는 데 필요한 평균 비트 수의 최솟값이다. 그런데 기호 집합 {맑음, 흐림, 비, 눈}은 평균 2개의 비트로 이루어져 있으므로 평균 비트 수의 최솟값은 2이며 엔트로피도 2이다.

② '흐림비맑음흐림'은 '흐림'은 01, '비'는 10, '맑음'은 00, '흐림'은 01로 부호화되므로, '01001001'이 아니라 '01100001'로 바뀔 것이다.

③ 삼중 반복 부호화 과정은 '0'과 '1'을 각각 '000'과 '111'로 부호화하여, 수신기에서 수신한 부호에 0이 과반수이면 0으로 판단하고 1이 과반수이면 1로 판단하는 것이다. 따라서 수신한 부호가 '110001'이라면 '110'을 '1'로, '001'을 '0'으로 보아 '10'으로 판단할 것이고, 수신한 부호가 '101100'이라면 '101'을 '1'로, '100'을 '0'으로 보아 '10'으로 판단할 것이다. 따라서 둘 다 '10'이므로 판단할 날씨는 '비'로 동일할 것이다.

⑤ 기준 신호가 양(+)의 전압일 때 처음의 '음'은 전압이 변하였으므로 부호는 '1'로 볼 수 있다. 그 다음에는 '음'이 2번 연이어 나타나며 전압을 유지하고 있으므로 부호의 비트는 '00'이다. 그 다음에 처음 '양'이 나온 것은 전압이 변한 것이므로 부호의 비트는 '1'이고 그 다음은 전압이 변하지 않았으므로 부호의 비트는 '00'이다. 이를 조합하면 특정 날씨의 부호는 '100100'으로 볼 수 있다. 그런데 삼중 반복 부호화를 거쳤다고 했으므로 '100'과 '100'으로 구분할 수 있는데 둘 다 '0'이 과반수이므로 '00'으로 판단할 수 있다. 그러므로 날씨는 '맑음'으로 판단될 것이다.

29강 독서 | 형성 평가

형성 평가　　　　　　　본문 232~237쪽

01 ③　02 ②　03 ①　04 (1) ④　(2) ③　05 ③　06 ②
07 ④　08 ①　09 ①　10 ④　11 ①　12 ④　13 (1) ③
(2) ③　14 ②　15 ③　16 ④　17 ④　18 해설 참조

01

③의 '복사(輻射)'는 '물체로부터 열이나 전자기파가 사방으로 방출됨'을 의미한다. 즉, '열이 방출되어 전달된다'는 표현은 적절하지만 '물질이 공간을 이동하면서' 열이 방출되는 것은 아니므로 단어의 사전적 의미가 적절하지 않다.

02

ⓐ '용매(溶媒)'는 '어떤 액체에 물질을 녹여서 용액을 만들 때 그 액체를 가리키는 말'로, 액체에 액체를 녹일 때는 많은 쪽의 액체를 이르는 말이다. ⓑ '용질(溶質)'은 '용액에 녹아 있는 물질'로, 액체에 다른 액체가 녹아 있을 때에는 양이 적은 쪽을 가리키는 말이다. '용해(溶解)'는 '녹거나 녹이는 일'을 뜻한다.

03

㉠ 아래의 예문으로 보아, ㉠에는 '아래에서 위까지의 길이가 길다'의 뜻이 들어가야 한다. ①의 '아래에서 위까지의 벌어진 사이가 크다.'라는 뜻풀이에 적절한 예문은 '가을에는 하늘이 높다.'가 있다.

04

(1) '항원(抗元)'은 외부에서 '생체 속에 침입하여 항체를 형성하게 하는 단백성 물질'로 세균, 바이러스 등이 있다. '항체(抗體)'는 '항원의 자극에 의하여 생체 내에 만들어져 특이하게 항원과 결합하는 단백질'로, 생체에 그 항원에 대한 면역성이나 과민성을 준다.

오답 풀이

① '항인(降人)'은 '항복한 사람'을 의미한다.
③ '항염(抗炎)'은 '염증을 억제하거나 없앰'을 의미한다.
⑤ '항균(抗菌)'은 '균에 저항함'을 의미한다.

(2) '부식(腐植)되다'는 '금속이 산화 따위의 화학 작용에 의하여 금속 화합물로 변화되다'는 의미이다. 따라서 목걸이가 부식되었다는 것은 금속이 가지고 있는 고유의 금속 속성이 화학 작용에 의해 바뀌었다는 의미이다.

05

㉢ '산화(酸化)'는 '어떤 물질이 산소와 결합하거나 수소를 잃는 일'을 말한다. ③의 설명인 '어떤 물질에 산소가 빠지거나 수소가 결합하는 일'은 '환원(還元)'이라고 한다.

06

'마그마'는 땅속 깊은 곳에서 암석이 지열(地熱)로 녹아 반액체로 된 물질을 가리킨다. 마그마가 식어서 굳어져 생긴 것이 화성암이고, 지상(地上)으로 분출하여 형성된 것이 화산이다.

오답 풀이

① '퇴적물(堆積物)'은 암석의 파편이나 생물의 유해 따위가 물, 빙하, 바람, 중력 따위의 작용으로 운반되어 땅 표면에 쌓인

물질이다. 퇴적물이 굳어지면 퇴적암이 된다.

③ '화산재(火山-)'는 화산에서 분출된 용암의 부스러기 가운데 크기가 4mm보다 작은 알갱이이다.

④ '전기(電氣)'는 전자의 이동으로 발생되는 에너지의 한 형태이다.

⑤ '이온'은 '전하를 띠는 원자'로, 전기적으로 중성인 원자가 전자를 잃으면 양전하를 가진 이온이 되고(양이온), 전자를 얻게 되면 음전하를 가진 이온(음이온)이 된다.

07

'혜성(彗星)'은 '가스 상태의 빛나는 긴 꼬리를 끌고 태양을 초점으로 긴 타원이나 포물선에 가까운 궤도를 그리며 운행하는 천체'를 말한다. 또한 어떤 분야에서 갑자기 뛰어나게 드러나는 존재를 비유적으로 이르는 말로 사용되기도 한다.

오답 풀이
① '행성(行星)'은 중심 별의 강한 인력(끌어당기는 힘)의 영향으로 타원 궤도를 그리며 중심 별의 주위를 도는 천체이다.
② '금성(金星)'은 지구에 가장 가까이 있는 천체로서 수성(水星)과 지구 사이에 있으며, 크기는 지구와 비슷하다.
③ '항성(恒星)'은 천구 위에서 서로의 상대 위치를 바꾸지 아니하고 별자리를 구성하는 별로, 맨눈으로 볼 수 있는 별 가운데 행성, 위성, 혜성 따위를 제외한 별 모두가 해당된다.
⑤ '수성(水星)'은 태양에서 가장 가까운 행성이다.

08

㉠ '가속도(加速度)'는 '단위 시간에 대한 속도의 변화율'로 높이가 아니라 시간에 따라서 속도가 점점 더해지는 물리량이다. 따라서 높이에 따라서 속도가 변하는 정도라고 한 ①의 설명은 적절하지 않다.

09

① '중력(重力)'은 지구 위의 물체가 지구로부터 받는 힘, 지구와 물체 사이의 만유인력(질량을 가지고 있는 모든 물체가 서로 잡아당기는 힘)과 지구의 자전에 따른 물체의 구심력을 합한 힘을 이른다.

오답 풀이
② '인력(引力)'은 공간적으로 서로 떨어진 거리에 있는 물체끼리 서로 당기는 힘이다.
③ '전기력(電氣力)'은 전기를 띠고 있는 물체 사이에 작용하는 전기의 힘으로, 전기장의 세기와 전하량에 비례하며 끄는 힘과 미는 힘이 있다.
④ '원심력(遠心力)'은 원을 도는 운동을 하는 물체가 중심에서 바깥으로 나아가려는 힘으로 '구심력(求心力)'과 반대되는 개념이다.
⑤ '구심력(求心力)'은 물체가 원운동을 할 때 물체를 원의 중심으로 끌어당기는 힘이다.

10

④의 '서버'는 주된 정보의 제공이나 작업을 수행하는 컴퓨터 시스템으로, 클라이언트 시스템이 요청한 작업이나 정보의 수행 결과를 돌려준다. ④의 설명은 '프로토콜'에 관한 내용이다.

11

'모뎀'은 통신 시설을 통해 데이터를 주고받을 때, 컴퓨터와 통신 회선 사이를 연결하며 신호를 바꾸어 주는 장치이다.

12

④의 '부호'는 두 문장 모두 '일정한 뜻을 나타내기 위하여 따로 정하여 쓰는 기호'의 의미로 사용되었다.

오답 풀이
① 첫째 문장의 '전송(電送)'은 '글이나 사진 따위를 전류나 전파를 이용하여 먼 곳으로 보냄'을 뜻하고, 두 번째 문장의 '전송(餞送)'은 '예를 갖추어 떠나보냄'의 의미로 동음이의어 관계이다.
② 첫째 문장의 '기호(記號)'는 '어떠한 뜻을 나타내기 위해 쓰이는 부호, 문자, 표지 따위를 통틀어 이르는 말'이고, 여러 두 번째 문장의 '기호(嗜好)'는 '즐기고 좋아함'을 의미하므로 '동음이의어' 관계이다.
③ 첫째 문장의 '결정(結晶)'은 '애써 노력하여 보람 있는 결과를 이루는 것'의 비유적 표현이고, 두 번째 문장의 '결정(決定)'은 '행동이나 태도를 분명하게 정함'을 의미하므로 '동음이의' 관계이다.
⑤ 첫째 문장의 '현상(現狀)'은 나타나 보이는 현재의 상태를 의미하고, 두 번째 문장의 '현상(現象)'은 '인간이 지각할 수 있는, 사물의 모양과 상태를 의미하므로 동음이의' 관계이다.

13

(1) '아날로그'는 '어떤 수치를 길이라든가 각도 또는 전류라고 하는 연속된 물리량으로 나타내는 일'을 의미한다. 일반적으로 디지털 기술이 발달하기 이전의 방식이나 감성을 '아날로그적 방식' 혹은 '아날로그적 감성'이라고 한다.
(2) '운영 체제'는 '컴퓨터의 하드웨어 시스템을 효율적으로 운영하기 위한 소프트웨어'를 뜻한다.

오답 풀이
① '프로토콜'은 '컴퓨터와 컴퓨터 사이, 또는 한 장치와 다른 장치 사이에서 데이터를 원활히 주고받기 위하여 약속한 여러 가지 규약'을 뜻한다.

② 'CPU'는 'Central Processing Unit'의 약자로 '중앙 처리 장치'라고 한다. 컴퓨터 시스템 전체의 작동을 통제하고 프로그램의 모든 연산을 수행하는 가장 핵심적인 장치이다.

④ '다이오드'는 전류를 한 방향으로만 흐르게 하는 성질을 가진 소자로, 이극 진공관(음극에 필라멘트를, 양극에 금속판인 플레이트를 연결하여 만든 진공관) 및 반도체 다이오드를 통틀어 이르는 말이다.

⑤ '트랜지스터'는 '규소, 저마늄 따위의 반도체를 이용해서 전기 신호를 증폭하여 발진시키는 반도체 소자'를 뜻한다.

14

ⓒ '전환(轉換)'은 '다른 방향으로 바뀌거나 바꿈'을 의미한다. 따라서 '다른 방향으로 전하여 보냄'이라는 뜻풀이는 적절하지 않다.

15

ㄱ의 빈칸에는 '서로 다른 일이나 사물을 구별하여 가름'을 의미하는 말이 들어가야 한다. ㄴ의 빈칸에는 '세상 물정에 대한 바른 생각이나 판단'을 의미하는 말이 들어가야 한다. ㄷ의 빈칸에는 '어떤 일에 대하여 배려하여 마련함'을 의미하는 말이 들어가야 한다. 따라서 위의 세 가지 뜻을 모두 가지는 단어인 '분별(分別)'이 적절하다.

오답 풀이

① '구별(區別)'은 성질이나 종류에 따라 차이가 남. 또는 성질이나 종류에 따라 갈라놓음을 의미하는 말로 '공과 사의 구별'과 같이 사용할 수 있다.

② '구분(區分)'은 일정한 기준에 따라 전체를 몇 개로 갈라 나눔을 의미하는 말로 '문학과 비문학을 구분하는 기준'과 같이 사용할 수 있다.

④ '분석(分析)'은 얽혀 있거나 복잡한 것을 풀어서 개별적인 요소나 성질로 나눔을 의미하는 말로 '원인을 분석하다.'와 같이 사용할 수 있다.

⑤ '인식(認識)'은 사물을 분별하고 판단해서 아는 일을 의미하는 말로 '소통의 중요성을 인식하다'와 같이 사용할 수 있다.

16

'메모리'는 디지털 기기에서 수치나 명령 등을 기억하는 장치로 메모리의 크기가 클수록 담을 수 있는 정보의 용량이 크다. 따라서 메모리가 기존에 나오는 것 중에 제일 크다는 것은 '사진이나 동영상 데이터를 많이 저장할 수 있다.'는 의미와 같다고 할 수 있다.

17

'분류(分類)'는 '나눔'으로 바꾸어 표현할 수 있는 단어로 종류에 따라서 가르는 것을 의미하는 말이다. '장르별 도서 분류' 등과 같이 사용할 수 있다. 따라서 ④는 '분류'가 아니라, '성질이나 종류에 따라 갈라놓음'을 의미하는 '구별(區別)'이 적절한 표현이다.

18

⁶비		⁷감			¹감	⁸광
²트	랜	지	스	터		통
		기				신
⁹포					¹¹부	
³도	메	¹⁰인			⁴호	흡
당		력		⁵산	화	

memo

고교

EBS 국어 어휘 시리즈

수능 국어 어휘

어휘 기본기를 다져서 수능 국어 만점으로 가자!

7개년 수능·모평 국어 빈출 어휘와 배경지식을
집중 학습하는 교재!

수능, 모의평가, 학력평가에서 뽑은

800개의 핵심 기출 문장으로

중학 영어에서 수능 영어로

업그레이드!

수능

모의평가

학력평가

고1~2 내신 중점 로드맵

과목	고교 입문	기초	기본	특화	+단기
국어	고등 예비 과정	윤혜정의 개념의 나비효과 입문편/워크북	**기본서** 올림포스	**국어 특화** 국어 국어 독해의 원리 문법의 원리	단기 특강
영어		어휘가 독해다!		**영어 특화** Grammar Reading POWER POWER Listening Voca POWER POWER	
	내 등급은?	정승익의 수능 개념 잡는 대박구문	올림포스 전국연합 학력평가 기출문제집		
		주혜연의 해석공식 논리 구조편			
수학		**기초** 50일 수학	**유형서** 올림포스 유형편	**고급** 올림포스 고난도	
		매쓰 디렉터의 고1 수학 개념 끝장내기		**수학 특화** 수학의 왕도	
한국사 사회		**인공지능** 수학과 함께하는 고교 AI 입문 수학과 함께하는 AI 기초	**기본서** 개념완성	고등학생을 위한 多담은 한국사 연표	
과학			개념완성 문항편		

과목	시리즈명	특징	수준	권장 학년
전과목	고등예비과정	예비 고등학생을 위한 과목별 단기 완성	●	예비 고1
	내 등급은?	고1 첫 학력평가+반 배치고사 대비 모의고사	●	예비 고1
국/수/영	올림포스	내신과 수능 대비 EBS 대표 국어·수학·영어 기본서	●	고1~2
	올림포스 전국연합학력평가 기출문제집	전국연합학력평가 문제 + 개념 기본서	●	고1~2
	단기 특강	단기간에 끝내는 유형별 문항 연습	●	고1~2
한/사/과	개념완성 & 개념완성 문항편	개념 한 권+문항 한 권으로 끝내는 한국사·탐구 기본서	●	고1~2
국어	윤혜정의 개념의 나비효과 입문편/워크북	윤혜정 선생님과 함께 시작하는 국어 공부의 첫걸음	◐	예비 고1~고2
	어휘가 독해다!	학평·모평·수능 출제 필수 어휘 학습	◐	예비 고1~고2
	국어 독해의 원리	내신과 수능 대비 문학·독서(비문학) 특화서	◑	고1~2
	국어 문법의 원리	필수 개념과 필수 문항의 언어(문법) 특화서	◑	고1~2
영어	정승익의 수능 개념 잡는 대박구문	정승익 선생님과 CODE로 이해하는 영어 구문	●	예비 고1~고2
	주혜연의 해석공식 논리 구조편	주혜연 선생님과 함께하는 유형별 지문 독해	●	예비 고1~고2
	Grammar POWER	구문 분석 트리로 이해하는 영어 문법 특화서	●	고1~2
	Reading POWER	수준과 학습 목적에 따라 선택하는 영어 독해 특화서	●	고1~2
	Listening POWER	수준별 수능형 영어듣기 모의고사	●	고1~2
	Voca POWER	영어 교육과정 필수 어휘와 어원별 어휘 학습	●	고1~2
수학	50일 수학	50일 만에 완성하는 중학~고교 수학의 맥	●	예비 고1~고2
	매쓰 디렉터의 고1 수학 개념 끝장내기	스타강사 강의, 손글씨 풀이와 함께 고1 수학 개념 정복	●	예비 고1~고1
	올림포스 유형편	유형별 반복 학습을 통해 실력 잡는 수학 유형서	●	고1~2
	올림포스 고난도	1등급을 위한 고난도 유형 집중 연습	●	고1~2
	수학의 왕도	직관적 개념 설명과 세분화된 문항 수록 수학 특화서	●	고1~2
한국사	고등학생을 위한 多담은 한국사 연표	연표로 흐름을 잡는 한국사 학습	●	예비 고1~고2
기타	수학과 함께하는 고교 AI 입문/AI 기초	파이선 프로그래밍, AI 알고리즘에 필요한 수학 개념 학습	●	예비 고1~고2